臺灣的學校建築

湯 志 民 著

國立政治大學教育學系教授
教育行政與政策研究所教授
兼 政 大 附 中 校 長

五南圖書出版公司 印行

再版序言

　　21世紀，臺灣的學校建築，從荷（西）據、明代、清朝、日據，到光復迄今，三百年來不斷更迭，由教堂、孔廟、書房、義學、書院、日式標準化校舍、波浪式教室，到現代化的學校建築，以及整體性景觀和校園規畫，其間演變，因教育需求增加、校地空間擴充、教育經費挹注、空間革新理念，以及有計畫的逐年興築更新，可以看到臺灣的大學、中小學和幼兒園的建築設施，展現許多不同的發展模式、文化活力和嶄新風貌。近11年，走過臺灣本島每一縣市，超過500所以上的大學、中小學和幼兒園，一步一腳印紮實的踩在校園的每一寸土地上，可以清楚的看到臺灣學校建築的歷史、發展、文化和特色，心裡的感動與本書的點滴記載，同步共鳴，臺灣學校建築之美和活力，值得細心閱讀、體會與品味。

　　本書出版迄今三年，深獲各界肯定與支持，因臺灣學校建築面臨轉型，演變速度較快，加以師範校院、教育系所和相關研究系所之研究進修課程擴增，特將本書加以修訂，以為臺灣新世紀的學校建築發展留下更多見證，並提供更豐富的研究資料。本書再版修正重點如下：

　　一、在文字修正上，部分文字說明有誤，均已加以修正。

　　二、在文章內容上，新增高中設備標準的修訂說明，大幅更新臺灣公私立大學校地面積資

料，新增臺灣學校建築發展大事紀資料，各項教育統計更新至 93
學年度，並提供更多新校園規畫和學校建築研究資訊。

　　三、在規畫實例上，第六章臺中縣重建學校規畫配置的介紹抽
換一例，並更新和刪減一些圖片。

　　本書修正，費時近年，能夠順利大幅改版，首先要感謝五南圖
書出公司發行人楊榮川的慨允協助，政大附中廖秘書文靜和倪主任
履冰，政大教研所研究生叢培麒、賴虹汶、鄭聿芳和羅雅賢老師，
教四學生黃瓊誼和吳佳樺，協助蒐集、整理、打印和校對資料，黃
玉英老師、賴協志老師惠供許多新資料，內心無任銘感。特別是，
母親的鞠育之恩，妻子祝英無怨尤的關愛與鼓勵，是生活和寫作的
最大精神支柱，在此併申最深摯之謝忱，並請方家不吝賜教。

湯志民　謹誌

民國 95 年 1 月

序
言

　　臺灣，美麗的 Formosa，這塊蘊育理想、熱情、希望的福地，數百年的歷史，因關愛走出悲情，因理想深切省思，因熱情而有活力，因希望創造未來。有可愛歷史的臺灣，值得了解，臺灣學校的歷史發展和學校建築之美，更令人想親近、閱讀與體會。

　　臺灣的學校建築，從荷（西）據、明代、清朝、日據，到光復迄今，三百年來不斷更迭，學校格局、規模、樣貌、風格，有明顯的階段性改變，由教堂、孔廟、書房、義學、書院、日式標準化校舍、波浪式教室，到現代化的學校建築，以及整體性景觀和校園規畫，其間演變，也因教育人數和教學需求增加，校地空間日益擴充，教育設施經費大量挹注，尤其是學校建築規畫有許多革新理念，加以有計畫性的逐年興築更新，可以看到臺灣的大學、中小學和幼兒園的建築設施，也呈現許多不同的發展模式、文化活力和嶄新風貌。很早就想寫一本和臺灣有關的書，民國84 年在撰述本土教育環境規畫時，為尋求「本土」概念，以及對「臺灣」意象有更深刻的靈感和體會，特參閱不少臺灣建築風格和史蹟專著，有了基本的觀念，再到臺灣各地觀察古厝、合院、廟宇、義學、書院和林家花園等，實地印證，然後開始學校建築尋根之旅。迄今近八年，走過臺灣本島每一縣市，超過 400 所以上的大學、中小學和幼兒園，或因以苦行僧的精神實地

踏勘，一步一腳印紮實的踩在校園的每一寸土地上，可以清楚的看到臺灣學校歷史發展的文化和本土特色，感受到百年學校、校園史蹟、百年老樹的學校建築之美，發現到教學空間革新、開放空間規畫、校園創意設計和社區學校發展的理念新意，也見識到九二一地震倒塌校舍和重建新校園的復原活力，心裡有一份深沈的感動，也想將這份感動以「臺灣的學校建築」為名，為臺灣的學校建築留下歷史見證，並以學術論著方式增加其探究的魅力，同時匡補現有臺灣學校建築歷史發展和理論研究資料之缺口與不足。

有鑑於此，並為師範校院、教育系所和建築系所相關課程和研究之需，特以筆者近八年有關臺灣學校建築研究的散篇文章作為基礎，加入各級學校建築新興與縣市學校建築轉型的新增資料，再將國科會專案的學校空間革新研究成果併入，依時間序系統性整編以撰著本書，惠供國內學校建築學術研究和實務規畫之參考。全書計分四篇七章：第一篇「尋根——發展文化」，分為二章，分別探討臺灣學校建築的發展和文化；第二篇「迎曦——創意活力」，分為二章，分別論述臺灣學校建築的創意和耐震；第三篇「躍進——新興轉型」，分為二章，分別探究臺灣學校建築的新興和轉型；第四篇「遠眺——革新思維」，單列一章，特別探析臺灣學校建築的革新。本書撰寫的方向、內涵與特色如下：

一、在撰寫原則上，冀求體例與結構完整、理論與實務並重，以兼顧學術性與實用性之價值。

二、在題材範圍上，大體以臺灣的大學、中學、小學和幼稚園學校建築為主軸思考，儘量整理和臚列具有代表性的學校建築發展資料和圖片，並探析影響臺灣學校建築的設備標準，以求周延。

三、在內容架構上，以臺灣學校建築的發展時序為經，以尋根、迎曦、躍進和遠眺為脈絡，就臺灣學校建築的發展和文化、活力和耐震、新興和轉型、革新和研究，逐層分述。

四、在立論角度上，從學校建築的發展脈絡，探究臺灣學校建築的發展沿革、規畫理念、現況特色和未來革新方向，使論述內涵兼具歷史性、教育性、實用性與前瞻性。

五、在規畫實例上，介紹最新規畫興建的大學、中學、小學和幼稚園，尤其是耐震學校的設計及震災重建新校園的實例，藉以吸收新知，激盪理念。

六、在撰寫文體上，力求結構嚴謹、標題清晰、文字順暢、圖文呼應，並依美國心理學會（APA）2001年第五版「出版手冊」之規定格式註解，以收易讀易解之效。

本書撰寫費時近年，能夠順利出版，首先要感謝五南圖書出版公司發行人楊榮川和總編輯王翠華的慨允協助出版，政大附中籌備處廖秘書文靜和倪助教履冰，在炎炎夏日，犧牲假期，逐字修稿、校稿、編排，大安國中李璟芳老師、重陽國小劉家婷老師、政大教育系研究生林宜樺、謝佩璇，教四學生王虹文、教三學生林怡君協助蒐集、整理、打印和校對資料，內心無任銘感。特別是，母親的鞠育之恩，妻子祝英細心的關照和鼓勵，是生活和寫作的最大精神支柱，在此併申最深摯之謝忱。

本書倉促付梓，謬誤、疏失之處在所難免，敬祈方家先進不吝匡正賜教。最後，謹將此書獻給我的母親、妻子和所有關愛臺灣的人，並敬申對父親無限的思念！

湯志民　謹誌

民國91年8月8日

圖表次

表次

圖表次

圖
表
次

圖次

圖表次

第一篇

尋根——
文化發展

Chapter 1

臺灣學校建築的發展

不中不日不西。

又中又日又西。

臺灣也！

　　　　　　　　——高燦榮

　　學校建築（school buildings）是為達成教育目標而設立的教學活動場所，此一教學活動場所包括校舍（buildings）、校園（campuses）、運動場（play grounds）及其附屬設施（facilities）。學校建築規畫（the school building planning）係以教育理念、學校環境和建築條件為基礎，以人、空間、時間和經費為基本向度，使校地、校舍、校園、運動場與附屬設施的配置設計能整體連貫之歷程（湯志民，民 81）。因此，學校建築隨著時空的轉變，因地域文化風格之互異，而各有不同發展之際遇。

　　過去二千年來，學校建築的學習空間有非常戲劇性的變化，早先並無所謂的教育設施，有好幾個世紀，教室的設計十分簡陋，所謂「教育的物品」（things of education），充其量只是一些長凳子、桌子、書本、筆、紙張，再加上一塊石黑板的組合，而所謂的學校也只不過是在結構上

像信封般的遮掩體（shelters）而已（*Castaldi, 1994*）。19 世紀初，美國開始實施公共教育，即期望他們的學生能在特定空間內受教，因此，在學校的興建和設計上投資了大量的經費，也增加了對這些空間的外觀、布置和方位的意識（conscious）（*Cutler, 1989*）。1880 年代美國著名的建築師Sullivan提出現代建築的基本原則——「形式跟隨功能」（form follows function），對學校建築設施的設計，產生了重大的影響。

就臺灣學校建築的發展而言，日據時代以前，以清朝所創設的書院，在文化傳承上最值得細心體會，正如王鎮華（*民 75*）所言：

> 沒有文化背景的建築，就像沒有自己主張的語言。
> 在臺灣「簡陋」的傳統建築中，我清晰地看到了我們的文
> 化背景。
> 透過建築的語言，全省各地僅有的十餘所書院建築，
> 只要你用心傾聽，
> 它仍充分表達了中國傳統教育的主張。
> 我感覺到一種精神上的自信，正等著我們
> 以了解去點燃。（第 7 頁）

日據時代，1895 年 3 月日本公布「學校建築圖說及設計大要」，其教室設計標準，支配以後 90 年的學校建築發展，也是今日臺灣若干日治時期遺留下來的學校建築範型的源頭（*黃世孟，民 79*）。臺灣標準化的校舍發展，直至近 15 年來，才有較明顯的突破而更具可觀之處。臺灣學校建築的發展，可以日據時代為分水嶺，分為三大時期：一為清前時期（1895 年以前），以書院的設置為重點；二為日據時代（1895～1945 年），以日式標準化學校和臺灣基督長老教會所興建之建築為特色；三為光復以後（1945 年以後），

學校建築逐漸興盛（*湯志民，民 86*）。本章擬就清前時期的書院、日據時代的學校和光復以後的學校等三方面，加以探討。

第一節

清前時期的書院

　　清前時期（1895 年以前），臺灣文教機構及書院設施，擬分為三部分：(1)文教機構的設立；(2)書院空間的配置；(3)臺灣書院的實例，加以說明。

一　文教機構的設立

　　臺灣日據以前的文教機構的設立，可分為三個階段：(1)荷西時期（1624～1661 年）的文教機構；(2)明鄭時期（1661～1683 年）的文教機構；(3)滿清時期（1684～1895 年）的文教機構，茲分別加以說明。

(一)　荷西時期的文教機構

　　荷西時期（1624 年～1661 年），計 38 年，是臺灣文教機構的發端。秦漢時代，臺灣叫做「東鯤」；三國時代的吳國，稱臺灣為「夷洲」；隋朝的紀錄中，將臺灣寫成「流求」，至元代又傳寫成「留求」、「琉球」（*郭弘斌，民 90*）。臺灣與中原的民間往來，在宋朝已很頻繁，自元朝在澎湖設巡檢司以後，臺灣即在中國掌握

之中，「臺灣」之名起用於明朝。1544 年，葡萄牙商船航經臺灣附近海面，看見山嶽連綿，森林蔥翠，讚稱臺灣島為「Ilha Formosa」，意即「美麗之島」，此即「福爾摩沙」（Formosa）的由來。1621 年（或謂 1624 年），鄭芝龍於北港上岸，1624 年，荷蘭占領安平，在此之前臺灣還沒有正式的文教機構成立，但文化之根已移植。1628 年鄭芝龍受撫後，1630 年曾有數萬移民來到臺灣，這段時期，南部荷蘭人的教會與北部西班牙人（於 1626 年基隆上岸，1642 年為荷人所逐）的教育，與傳教合一，留下相當影響（王鎮華，民 75；遠流臺灣館，民 89）。荷蘭和西班牙分據臺灣南北部，均設有臺灣太守，當時太守是最高的行政長官，也是最高的教育主管，惟實際掌握教育實權乃是教會，一如中古時代的歐洲，教會即學堂（汪知亭，民 67）。學校附設於教堂，教會者負執行教化實務（鄭慶宗，民 92）。

1632 年，西班牙天主教神父 Esquivel 在雞籠（現基隆）創辦教育漢人及日本人子弟之學校，稱之為「學林」，教授教理、拉丁語、文藝和神學等課程，希望養成前往中國與日本傳教之牧師，然翌年因 Esquivel 神父身亡，而使「學林」之教學中斷（林天祐等，民 89）。

1636 年，荷蘭基督教牧師 Junius（1629 年來臺）在平埔族新港社（今臺南縣新市鄉社內村）開辦學校，招收學童 70 人，教授 ABC 羅馬字及基督教要理，此校有正式的教室，比以前無專用屋舍進步許多。據 1638 年的統計：(1)新港社學生有男 45 人，女 56 人，社人歸依基督教者千人；(2)目加溜灣社學生計 84 人，每逢星期日該社及鄰近 3 社聚集禮拜堂聽道者有 1,008 人；(3)蕭壠社學生計 145 人，有一座禮拜堂寬 36 英尺（約 11m）、深 165 英尺（約 50.1m）和很好的學校，聚此聽道者達 1,300 人；(4)麻豆社有一座禮拜堂寬 35 英尺（約 10.7m）、深 181 英尺（約 55.2m）和一座學校，聽道者達 2,000 人；學校除校舍外，尚有教師宿舍數幢。當時

招收的學生大約為 10 至 13、14 歲之間，教學採用由荷蘭牧師創立
的新港語羅馬拼音讀本及以拉丁字母寫出新港語，此外並授以早晚
的禱文、十誡、基督教要理、聖歌等，新港語可通行於臺南地區如
新港、目加溜灣、蕭壠（今佳里鎮）、麻豆、大目降（今新化鎮，
後被大武壠社侵占）、大武壠、赤崁和臺灣窩等各社。1627 年，
荷蘭基督教牧師Candididus率先來新港教育原住民兒童，自己先學
習當地的新港語，並以羅馬拼音創造「新港文字」，此開臺灣方言
拉丁化的嚆矢，新港及其鄰近的原住民青年多能以鵝管拼寫其方
言，書信、作文和契約之類的文書亦皆能以羅馬字寫成。這些學羅
馬字而能讀寫的原住民，稱之為「教冊仔」，滿清時期臺灣原住民
和漢人之間的田契等文書，皆為教冊仔所寫，直至日本據臺後才終
止，由於這些教冊仔以羅馬拼音所寫的原住民語和漢字對照的契文
曾在新港發現，後來的學者將這些文書稱為「新港文書」（sinkan
manuscript），這是原住民所留下空前絕後的寶貴遺產（*汪知亭，民
67；郭弘斌，民 90*）。

(二) 明鄭時期的文教機構

明鄭時期（1661～1683 年），計 23 年，是中原文化的根與泥
土結合的時期。1661 年，鄭成功攻下臺灣，翌年鄭成功猝逝，鄭
經繼位，1665 年大臣陳永華向鄭經建議建聖廟設學校：

> 昔成湯以百里而王、文王以七十里而興，豈關地方廣闊？
> 實在國君好賢，能求材以相佐理耳。今臺灣沃野數千里，
> 遠濱海外，且其俗醇；使國君能舉賢以助理，則十年生
> 長、十年教養、十年成聚，三十年真可與中原相甲乙。何
> 愁偏促稀少哉？今既足食，則當教之。使逸居無教，何異

禽獸？須擇地建立聖廟、設學校，以收人材。庶國有賢
士，邦本自固；而世運日昌矣。（王啟宗，民88，第8頁）

　　明永曆20年（康熙5年，西元1666年）臺灣第一座孔廟在承
天府（臺南）落成，陳永華親自出掌文教，設太學、社學，各地里
社普設學校，延中土通儒，「教之、育之，臺人至是始奮學」，中
原文化於是開始在臺灣生根（王啟宗，民88；王鎮華，民75、78；汪
知亭，民67），臺南孔子廟是臺灣文教的開始，開啟了臺灣儒學的
先聲，在清朝為官辦最高學府——臺灣府儒學所在，因此有「全臺
首學」（如圖1）之稱，現已列入國家第一級古蹟（遠流臺灣館，民
89）。

臺南孔子廟（一級古蹟）設立於
明代，是臺灣第一所最有規制的
學校

圖1：全臺首學臺南孔子廟（1666年）

　　孔子廟有二類，一類是和孔子故鄉、血緣有關的曲阜孔子廟，

另一類是設在地方官學中的地方級孔子廟。地方級孔子廟與地方學校的建築合併設置在一起，形成一組龐大的建築群，在建築群的外圍，圍以圍牆，各府縣誌對此「廟學合一」的建築稱之為「學宮」。其建築元素大致可分成五類：(1)主要的祭祀空間；(2)祭祀所需的配套建築或空間；(3)禮制下象徵的建築元素；(4)學校的建築；(5)地方的祠堂。(1)(2)(3)組成孔子廟的部分，學校中的建築以明倫堂為核心，地方的祠堂則因地因時而異（*傅朝卿和廖麗君，民 89*）。學宮的建築元素，詳如表 1 所示。

表 1 學宮的建築元素

建築分類	建築名稱
主要的祭祀空間	大成殿、東西廡、崇聖祠
祭祀所需的配套建築或空間等	燎所、瘞所、庖所、神廚、禮器庫、樂器庫等
禮制下象徵的建築元素	萬仞宮牆 牌坊：道貫古今坊、德侔天地坊及泮宮坊等 門：櫺星門、大成門 泮池
學校的建築	上課用的講堂：明倫堂 各科教室：各種齋舍 教育行政單位：訓導署等 其餘祭祀場所：文昌閣、魁星樓、朱文公祠等
地方的祠堂	名宦、鄉賢、節孝、孝子等祠堂

資料來源：**全臺首學臺南孔子廟**（第 79 頁），傅朝卿和廖麗君，民 89，臺南市：臺灣建築與文化資產出版社。

宋代以後學宮的學校建築，包括：(1)大型的講堂；(2)各種課程的教室；(3)老師的辦公室；(4)老師及學生的宿舍；(5)大型的學校還設有稱為藏書樓或尊經閣的圖書館；(6)明代多設有「敬一亭」，係明世宗規定用來擺放由其頒贈的碑文之建築物；(7)清代以前的學校

還常見用來練習射箭的「射圃」。講堂是學校建築的核心，早期稱為議道堂、明德堂或明倫堂，清代以後幾乎通稱明倫堂，講堂兩側常設有廂房構成一組合院，廂房通常作為教室之用，依照學校開設的課程而有各種的稱呼，例如誠意齋、正心齋、居仁齋、由義齋等。老師的辦公室稱作學署，宿舍稱為宅，學生宿舍稱作號房。朱文公祠、文昌祠、魁星樓與學校建築的關係較密切，常配置在明倫堂院落的附近，以明倫堂為中心。因此，整個學宮建築以孔子廟為核心，以明倫堂為主的學校建築則配置在孔子廟的左右後方，依大成殿與明倫堂之相對配置，有五種關係：(1)內廟外學；(2)前廟後學；(3)右廟左學；(4)左廟後學；(5)左廟右學。臺灣在清代的學宮案例，除了鳳山縣學外，大部分採取右廟左學的形式，左廟右學或右廟左學並未在配置上強調出學習空間與祭祀空間的依存性，反而比較強調兩者的差異性，兩者皆具有獨立存在的可能性（*傅朝卿和廖麗君，民89*）。

臺南孔子廟的建築，採「右廟左學」的規制發展，以左學言，自明倫堂草創，逐漸興築大成坊、朱文公祠、文昌閣、文昌祠、土地祠、官廳、教授廨、泮宮石坊等；以右廟言，自大成殿草創，逐漸興築崇聖祠、東廡、西廡、櫺星門、泮池、禮門、義路、名宦祠、鄉賢祠、大成門、禮器庫、樂器庫、典籍庫等。規模宏偉，占地面積9,000多 m^2，建築物15棟，計19間，共2,100多 m^2，是最具代表性的中國傳統建築。臺南孔子廟的建築元素和空間組織，參見表1和圖2所示，茲略述其建築要者，以知其梗概（*傅朝卿和廖麗君，民89；臺南市文廟管理委員會，民86*）：

1. 明倫堂

即府學所在，入泮生員於此議事策勵，接受府學教授督導。室內鉅幅隔屏仿元代書畫家趙孟頫所書大學章句，呈現進學修德之風

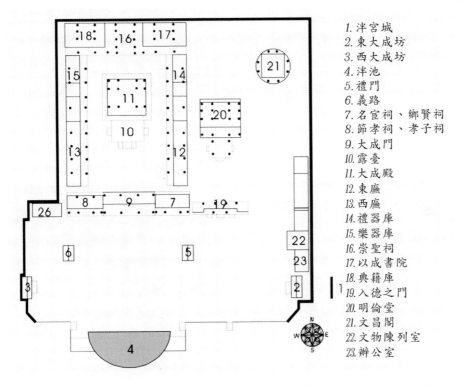

1. 泮宮城
2. 東大成坊
3. 西大成坊
4. 泮池
5. 禮門
6. 義路
7. 名宦祠、鄉賢祠
8. 節孝祠、孝子祠
9. 大成門
10. 露臺
11. 大成殿
12. 東廡
13. 西廡
14. 禮器庫
15. 樂器庫
16. 崇聖祠
17. 以成書院
18. 典籍庫
19. 入德之門
20. 明倫堂
21. 文昌閣
22. 文物陳列室
23. 辦公室

圖2：臺南孔子廟的空間組織

資料來源：**全臺首學臺南孔子廟**（第9頁），傅朝卿和廖麗君，民89，臺南市：臺
灣建築與文化資產出版社。

格。廊前有軒，延伸外展空間。內部陳列數通古碑，皆具文物價
值，尤以嵌立右壁之乾隆42年（1777年）「臺灣府學全圖」碑雕
最美，可知當年孔子廟建築格局與規模。

2.大成坊

　　孔子廟主要出入口，其名稱來自尊崇「大成至聖先師」之意。
東大成坊高懸「全臺首學」匾，最富盛名；西大成坊今與忠義國小
為鄰，甚少開啟。坊為門樓形式，十字形承重牆增加穩定效果，牆

頂前後左右飛起六個燕尾脊，造形優雅而具創意；以斗拱支撐起懸山式屋頂，氣勢軒昂而不失秀麗。東大成坊左側廟外之下馬碑，為花崗石質，高 163cm，寬 36cm，鐫刻滿、漢文字「文武官員軍民人等至此下馬」，康熙 26 年（1687 年）奉旨設立，以示尊崇萬世宗師之道。

3.泮宮石坊

花崗石質，雙脊重簷，四柱三間，建築精神悉仿木構，如鴟尾雀替、反字飛簷、瓦當滴水，皆雕造細緻，尤以夾杆石獅工巧樸拙；乾隆 42 年（1777 年）立於東大成坊外，額鐫「泮宮」二字，乃指郡縣之學，以牌坊代表之，楹聯曰：「集群聖之大成，振玉聲金，道通中外；立萬世之師表，存神過化，德合乾坤。」

4.大成殿

聳立於寬敞合院之中，仰之彌高，進謁彌敬。其建築形式為單棟、歇山、重簷，兩側挑簷由山牆而出，允為特色；墊高臺基，氣勢宏偉。殿前設露臺，為祭孔釋奠大典時六佾舞之所；欄牆上八隻石獅，姿態互異、趣味橫生，為莊嚴肅穆的孔子廟添點輕鬆畫面；臺基四角有清代石刻散水螭首，為洩水流口，散水時姿態、造形至美，又稱鰲首，有獨占鰲頭之意。

屋頂上飾物，無論剪黏、木鐸、藏經筒皆有其喻意，耐人尋味。又因周代人顏色尚朱，故孔子廟牆壁皆為朱漆。大成殿內主祀至聖先師孔子，旁祀四配十二哲，樑柱間懸掛清代以來國家元首頌揚孔子的御匾，如康熙「萬世師表」、雍正「生民未有」、乾隆「與天地參」、嘉慶「聖集大成」、道光「聖協時中」、咸豐「德齊幬載」、同治「聖神天縱」、光緒「斯文在茲」，此八匾的數目及文字與曲阜孔子廟一樣，加上先總統　蔣中正先生「有教無類」、

前總統嚴家淦先生「萬世師表」、故總統　蔣經國先生「道貫古今」、前總統李登輝先生「德配天地」，這是臺灣地區御區最完整的孔子廟。

5.大成門

又稱戟門，為大成殿前之三川門。其前原有一座欞星門，於民國初期傾圮後未再重建。今此門平常僅開側門以供出入，中門則為重大祭典儀式才開啟，以示尊崇。每一扇門上皆飾以108顆門釘，因9為陽數之極，以其倍數來代表威儀與崇敬，配享殊榮。孔子廟建築組群中，以大成門最為華麗，無論吊筒、獅座、斗拱、窗櫺等木作，皆細緻可賞。石鼓造形明朗簡潔，為門柱承軸與承重，具威儀與裝飾作用；楹柱不書對聯，即所謂避免「孔子面前賣文章」之議。

6.東廡、西廡

大成殿前左右廂房，配祀先儒先賢，東廡計有董仲舒、韓愈、范仲淹、周敦頤、邵雍、文天祥、王夫之、顧炎武、王守仁等十八位。西廡計有公孫丑、左丘明、諸葛亮、孔安國、鄭玄、司馬光、歐陽修、程頤、張載等79位。

7.泮池

居大成門之前，向外彎曲作半月狀的水池。因古禮天子太學有學宮稱辟雍，四周環水；諸侯之學只能南面半水，故稱泮宮。孔子曾受封文宣王，孔子廟又與群縣之學並立，故泮池為其規制。昔日士人中了秀才，即稱入泮；謁祭聖廟時，採泮池中水草插於帽上，則稱「采芹」以示文才，今池畔壁中嵌有「思樂泮水」石刻。

㈢ 滿清時期的文教機構

滿清時期（1684～1895 年），計 211 年，臺灣屬福建省，從康熙 23 年的 1 府 3 縣（臺灣府、臺灣縣、諸羅縣、鳳山縣）到光緒 13 年（1887 年）的 3 府 11 縣，平均過 2 年多就設立府縣的儒學（官立學校）（*王鎮華，民 78*）。

臺灣的教育機構主要為儒學、書房、社學和義學書院：

1. 儒學

儒學是地方政府官辦的學校，亦為管理教育行政的機關，府設府儒學，縣設縣儒學，俗稱「老師衙」，都受臺灣道管轄，大多蓋在各府縣的文廟內，偏重科考舉業。臺灣最早創設的儒學是康熙 23 年（1684 年）的臺灣縣儒學（後改稱安平縣儒學）和鳳山縣儒學，翌年設立臺灣府儒學（後改稱臺南府儒學），康熙 45 年設立諸羅縣儒學（後改稱嘉義縣儒學），雍正 4 年（1726 年）設立彰化縣儒學，嘉慶 22 年（1817 年）設立淡水廳儒學（後改稱新竹縣儒學），光緒 2 年設立宜蘭縣儒學，翌年設立恆春縣儒學，光緒 5 年設立淡水縣儒學，光緒 6 年設立臺北府儒學，光緒 15 年設立臺灣府儒學和苗栗縣儒學，光緒 16 年設立雲林縣儒學等，計 13 所。府儒學屬知府，受學政的監督，由教授主持，訓導副之；縣儒學屬知縣，由教諭主持，訓導副之，入學資格限於經學政主考及格的秀才（*汪知亭，民 67*）。儒學衙門的官員有「教授」（正七品）、教諭（正八品）、訓導（從八品）等，其職責為管理學宮、主持春秋祭典、舉辦考試、指導監督生員等（*遠流臺灣館，民 89*）。

2.書房

書房是民間私學，清代臺灣民間最普及的教育機構，或稱之為私塾、民學、書館或學堂，臺灣民間則多稱之為書房（參見圖3）。書房多半由教書人在自宅設立，徵收束脩，也有由富家獨力延師授課，或由街鄰集資延師開設，教導一般人家的孩子讀書識字，由於教師的資格沒有限制，因此凡有科考功名或者讀書人都可以擔任，經費主要來自學生的學費和禮金。書房教育可分為啟蒙和專攻舉子業二種，其塾師，前者稱「蒙師」，後者稱「經師」，啟蒙階段以讀書識字為目的，舉子業階段以應試求功名為目的。入學年齡在6～8歲之間，就學無一定年限，大約分為小學、中學、大學三個

書房為民間私塾，室內通常設置孔子和文昌帝君祭祀空間，至日據時代因教育禁制，逐漸式微。

圖3：書房

資料來源：**臺灣回想（1895～1945）**（第227頁），謝森展，民83，臺北市：創意力文化事業公司。

層次，全部要 10 年的時間，按部就班，完成學業，所謂「十年寒窗」苦讀即為此故。書房的開學，都在每年 1 月 15 日至 2 月 1 日之間，12 月下旬結業，小學以讀「三字經」、「千字文」、「百家姓」、「四書」為主，中學以讀「五經」、作詩對為主，大學以講究制義（八股文）、試帖為主（林文龍，民 88；徐麗霞，民 86；臺北市政府教育局，民 83）。清代並沒有書房數量的統計資料，不過在日本統治初期的明治 30 年（1897 年），全臺灣的書房仍有 1,127 所（遠流臺灣館，民 89），至 1943 年（昭和 18 年）日本總督府頒布廢止私塾令後，才逐漸停辦（謝森展，民 83）。書房是臺灣人所辦的私塾，多由私人經營，以教授漢文為主，通常書房一隅奉祀孔子和文昌帝君。

3. 社學

社學是地方政府以公費在鄉鎮設立的一種民眾學校，只有少數例外設於府、縣、廳治。「社學」有二種不同的意義，一種指的是地方以文會友的自行結社，另一種才是教育機關的學校。以教育為目的的「社學」，依照對象的不同，又分為漢人社學和原住民社學，全部為官府設立，目的在教化鄉民。漢人社學與義學非常相似，常常不加區別，而以原住民為對象的社學，稱為「土番社學」，康熙 34 年（1695 年）臺灣知府靳治揚首創土番社學，主要招收歸順原住民的子弟，課程內容亦以四書、五經為主（汪知亭，民 67；遠流臺灣館，民 89）。康熙 23 年（1684 年）臺灣首任知府蔣毓英首創臺灣縣社學二所，以教育貧寒子弟，依清文獻通考學校考所載：「凡府、州、縣每鄉置社學一，選擇文藝通曉，行誼謹厚者充社師，免其徭役，給饌廩優膳，學政按臨日造名冊，申報考察。」故社學似有普及教育的意味，惟非強迫入學，臺灣所設之社學至康熙 60 年（1721 年）朱一貴之亂後，地方糜爛，義學代而興之，所有

社學多變成義學（*葉憲峻，民85*）。

4.義學

俗稱義塾，是專為窮苦家庭實施啟蒙教育的場所，或由官立，由道、府、縣政府所辦，或為官民義捐，或由富紳私資捐設，不收學費，有時候還發給賞銀，學生年齡在 6 歲至 17 歲，教學內容為讀書寫字，教授課程先以「三字經」，繼以「朱子小學」，然後再讀「四書」亦屬基礎教育；義學皆受政府的行政監督，到日本領臺為止，各地共設了 10 餘所，不過因為許多義學是附屬於書院，會冠以「書院」之稱，因此實際的數目應該還會更多。臺灣最早的義學是康熙 45 年（1706 年）知府衛臺揆所設置的臺灣府義學，以及同年知縣王士俊設置的臺灣縣義學，至於民間義學，根據「臺灣省通志稿」所載：「以規模及設備之完整著稱，而成績可觀者，當推淡水廳下芝蘭一堡即今之士林鎮芝山文昌祠，及枋橋街之大觀義學。」（*徐麗霞，民86；遠流臺灣館，民89*）。士林芝山巖文昌祠義學（現今芝山岩惠濟宮），係道光 20 年（1840 年）間鄉紳潘永清所設（*王鎮華，民75；臺北市政府教育局，民86*）；枋橋街（即今日臺北縣板橋市）之大觀義學，主要係臺灣第一富豪林本源家族林維源、林維讓出資所設。

5.書院

書院是有別於一般學校（官學）的另一種教育系統，發端於唐朝，五代規制漸備，宋元臻於極盛，明清維持不墜，前後連貫一千年（*王啟宗，民73*），其設立由宋朝的「介於私學官學之間」，元朝納入官學，明朝恢復私學，到清朝的逐漸制度化，並負責實際教育。書院主旨在培養治世人才，規模不大，學生人數 20～60 人；書院的學生以甄別（考選）為主，咨送（學官批送）為輔，考試

「首重器識,文藝次之」,清初三年一試,後改每年一試,就試年齡沒有限制;書院課程分經、史、子(理學)、集(文學),外加八股文等考課,通常二月初旬開學,十二月初旬放假。臺灣的書院,都成立於清朝,書院是儒學「只課而不教」(課,指科舉考課非上課)沒落以後,取而代之的學校,由官建、民建或官民合建,授課內容以八股文為主,完全是針對科舉考試而設,學生入學以後,每個月接受考試叫「月課」,成績優異的有獎助學金叫「膏火」,書院的主持人稱之為「山長」。臺灣的書院,始自康熙 22 年(1683 年)靖海侯施琅所創設的西定坊書院,惟性質較接近義塾,康熙 43 年(1704)臺灣第一座具規模的書院——臺南崇文書院成立(*王鎮華,民 75;林天祐等,民 89;遠流臺灣館,民 89*)。乾隆以前的書院大部集中於臺南,乾隆一朝則分布至嘉義、雲林、彰化、新竹、新莊,甚至到達島外的澎湖,嘉慶時更已到達宜蘭,此一路線亦說明了臺灣文教開發的進程。臺灣的書院,包括金門 4 所,史上記載的共 64 所(詳見表 2),在設立年代上,以康熙、乾隆、道光、光緒為盛;在地域分布上,臺南獨多,他處較少;在發展情形上,早期以南部為多,晚期則以中、北部為盛,此與政治及經濟中心之北移有關;若以土地、面積、人口比例言之,臺灣的書院從「渾沌狉獉,非有先王之教」中建起之速,較之內地,毫不遜色(*王啟宗,民 88*)。

光緒 11 年(1885 年)臺灣改建為行省,首任巡撫兼理學政劉銘傳,除充實舊教育外,為配合新興事業的發展及其撫番政策,另創設西學堂、電報學堂、日學堂(惜未實現)和番學堂(*汪知亭,民 67*):

1. 西學堂

開設於 1887 年(光緒 13 年),直轄於巡撫衙門,校址原設在

表2 臺灣書院建築史表

編號	古蹟(級)	書院名	創(重)建年代	位置	官、民建	規模
1		燕南	宋代建	金門		
2		浯州	元代建	金門		
3		西定坊	康熙22年（1683）	今臺南	施琅建	
4		鎮北坊	康熙29年（1690）	今臺南	官建	
5		彌陀室	康熙31年（1692）	今臺南	官建	
6		竹溪	康熙32年（1693）	今臺南	官建	
7		鎮北坊	康熙34年（1695）	今臺南	官建	
8		西定坊	康熙37年（1698）	今臺南	官建	
9		西定坊	康熙43年（1704）	今臺南	官建	
10		崇文	康熙43年（1704） 乾隆24年（1759）新建 嘉慶23年（1818）改建	東安坊府署東偏（今臺南，原在東安坊府舊義學	知府官建	
11		東安坊	康熙44年（1705）	今臺南	官建	
12		西定坊	康熙48年（1709）	今臺南	官建	
13		海東	康熙59年（1720） 乾隆30年（1765）新建	南寧坊府學宮右（今臺南孔廟右，忠義國小現址）	巡道官建	約90m×240m，計48間，全臺最具規
14	*	[中社]（後改名「奎樓」）	雍正4年（1726） 嘉慶11年（1806）改建；民國15年（1926）移建	在西定坊（今臺南。民15年移府前路現址）	巡道官建	
15		[南社]（又稱敬聖樓）	雍正4年（1726） 嘉慶2年（1797改建）	在大南門外（今臺南）	貢生建	
16		正音	雍正7年（1729）	臺灣縣「在縣治左」（今臺南）	官建（奉文設立）	
17		正音	雍正7年（1729）	鳳山縣「在縣治東門內」	官建（奉文設立）	

表2 (續)

編號	古蹟(級)	書院名	創（重）建年代	位置	官、民建	規模
18		正音	雍正 7 年（1729）	諸羅縣「在縣治東南」（今嘉義）	官建（奉文設立）	
19		正音	不詳	彰化縣	官建（奉文設立）	
20		白沙	乾隆 10 年（1745）乾隆 51 年（1786）新建	彰化縣「縣學宮右」（今孔廟旁，另說原在學宮左。最後建在學宮右無誤）	同知官建	
21		鳳閣	乾隆 12 年（1747）	鳳山縣長治一圖里（今高雄縣）	民建	屋24間
22		龍門	乾隆 18 年（1753）	（諸羅）「縣城北文昌宮內」（今斗六）	民建	前後兩進
23		玉峰	乾隆 24 年（1759）	在諸羅縣治西門內（嘉義）	知縣就文廟舊址改建	
24	*	明志	乾隆 28 年（1763）民國 34 年（1945）後重修	「原在興直堡新莊山腳」（今新莊）	貢生胡焯猷獻捐	一座三進
25		南湖	乾隆 29 年（1764）	臺南「小南門外，法華寺旁」，原夢蝶園	知府官建	
26	*	文石	乾隆 31 年（1766）	「文澳西偏（距廳治三百餘步）」（今澎湖）	貢生等捐建	
27	*	浯江	乾隆 45 年（1780）	金門後浦		
28		奎壁	乾隆 46 年（1781）道光 11 年（1831）改奎壁社為書院	鹽水（今新營左邊之鹽水）	民建	
29		明志	乾隆 46 年（1781）創建道光 9 年（1829）改建	移建「廳城西門內」（今新竹）	官倡建	

表2 （續）

編號	古蹟(級)	書院名	創（重）建年代	位置	官、民建	規模
30		[螺青]	嘉慶 8 年（1803） 嘉慶 25 年（1820）	彰化縣南五十里東螺堡（今北斗）	民建	
31	*	引心（蓬壺）	嘉慶 15 年（1810） 嘉慶 18 年遷建 光緒 12 年又改名蓬壺，遷現址	臺南赤崁樓旁	民建（原為呂祖廟，後兼用）	
32		[主靜]	嘉慶 16 年（1811）	彰化南門外	官改建（原為舊倉廒，據彰化縣志78頁）	
33		仰山	嘉慶 17 年（1812） 道光 5 年（1825）移建	在噶瑪蘭廳治西，文昌宮左（今宜蘭）	官建	
34		[萃文]	嘉慶 17 年（1812）	鳳山縣羅漢內門觀音亭（今高雄內門，現為觀亭國小）	民建	30m × 30m
35	*(三)	鳳儀	嘉慶 19 年（1814）	鳳山「新邑署之東偏」	官民共建	屋 37 間
36	*(三)	[振文]	嘉慶 19 年（1814） 光緒 17 年（1891）重建	西螺街外之南	民建	堂 1、宇 1、左右廊6 間
37	*(三)	屏東	嘉慶 20 年（1815） 民國 25 年（1936）遷建	阿堠（今屏東，遷建於屏東公園旁）	官民合建	屋 36 間
38	*	興賢	道光 3、4 年間（1823～24）	員林街（今員林）	貢生建	
39		文開	道光 4 年（1824）	鹿港	官倡建	講堂 書室、前後 門庭、規模宏敞

表2 （續）

編號	古蹟(級)	書院名	創（重）建年代	位置	官、民建	規模
40		羅山	道光9年（1829）	嘉義縣城南門外街	官建	
41		鳳岡	道光10年（1830）	鳳山縣長治里（今高雄）	貢生建	屋24間
42	*(三)	藍田	道光13年（1833）完工；同治3年（1864）遷建；民國5年（1916）又遷建現址	彰化縣北投堡（今南投）	官民共建	
43		登雲	道光15年（1835）	嘉義笨港（新港）	民建	
44		文英	道光16年（1836）	彰化岸理社（今臺中神崗）	民建	
45		朝陽	道光21年（1833）光緒6年重建	阿緱街（今屏東）	官民共建	屋18間
46	*(三)	學海	道光23年（1843）同治3年（1864）重修	艋舺（今臺北萬華）	民捐地官建	
47		修文	道光23年（1843）	西螺堡（今西螺）	貢生建	中進5間、左右廊6間
48		鰲文	道光25年（1845）	彰化（一說今大肚）		
49	*(三)	登瀛	道光27年（1847）	彰化縣北投堡（今南投縣）	民建	
50		奎文	道光27年（1847）	彰化縣他里霧堡（今雲林斗南）	民建	堂宇10餘間
51		金山	道光年間	金門		
52	*	玉山	咸豐元年（1851）	茄冬南堡（今臺南白河）	民建	
53	*(三)	道東	咸豐7年（1857）	線西（今彰化和美）	民建	規模宏大，占地約2000坪，建地700坪，民建巨型書院

表 2 （續）

編號	古蹟 （級）	書院名	創（重）建年代	位置	官、民建	規模
54		樹人	咸豐年間	臺北。「附在保安宮內，日據後才新建現址」	陳維英等設	
55		正心	光緒 2 年（1876）	日月潭		
56		雪峰	光緒 3 年（1877）	鳳山縣港西里（今屏東里港）	民建	屋 7 間
57	*（三）	登瀛	光緒 6 年（1880）	臺北	知府建	
58	*（三）	[明新]	光緒 8 年（1882）民前 3 年遷建現址	臺灣縣（今南投縣集集鎮）	民建	
59		啟文	光緒 9 年（1883）	今埔里	官倡建	
60	*	磺溪	光緒 13 年（1887）	彰化縣大肚下堡（今臺中大肚）		
61	*	英才	光緒 15 年（1889）光緒18年暫設文昌祠中	苗栗	民建	
62		宏文	光緒 15 年（1889）	臺灣縣（今臺中）	民建	
63		明道	光緒 19 年（1893）	臺北	官建	
64		崇基	光緒 19 年（1893）	基隆	民建	
		文昌祠義學	道光 20 年（1840）	士林芝山巖	民建	
		大觀義學	同治 2 年（1863）	淡水板橋街（今板橋）	民建	

註： *1.* 有「*」者，表示目前尚存。
　　2. 為了資料的完備，僅具義學性質「有名無實」的書院（加[ ]者）、有書院性質「有實無名」的兩所重要義學、金門的 4 所書院等，都收錄於此表中。
　　3. 重建年代，分改建、新建、遷建等，相當影響原貌與格局，故附之。
　　4. 知縣、知府、巡道等所建之書院為官建。其餘為民建或官民合建。生員、貢生、監生等有科舉功名之士人，古時為非官非民之階層，以今視之屬民。

資料來源： *1.* 書院教育與建築——臺灣書院實例之研究（第 72-83 頁），王鎮華，民 75，臺北市：故鄉出版社。
　　　　　2. 臺灣的書院（增訂一版）（第 27-30 頁），王啟宗，民 88，臺北市：行政院文化建設委員會。
　　　　　3. 臺灣的書院與科舉（第 25-31 頁），林文龍，民 88，臺北市：常民文化公司。

臺北大稻埕六館街（今臺北圓環附近），1890 年（光緒 16 年）移至登瀛書院西鄰的新址。總監為曾經留學外國的張爾城（或作午城），課程有外國語（英語為主）、地理、歷史、測繪、算學、理化和漢文等科。英人 Hating 及丹麥人 Pumollin 為外國語教授；留學生 2 人為外國語助教，並兼授普通學科；又聘國內學者 34 人教授漢文，並擔任學生監督。每期招收學生 20 人，撤銷前共有學生 64 人。學生在校一切費用均由政府支給，每年學堂支出約銀一萬餘兩。

2. 電報學堂

開設於 1890 年（光緒 16 年），直轄於巡撫衙門，校址設在臺北大稻埕建昌街臺北電報總局內。招收西學堂及福建船政電信學生入堂肄業，當時只收了 10 名學生，以養成司報生及製器手為目的。

3. 番學堂

劉銘傳於 1890 年（光緒 16 年），復在臺北開設番學堂一所，招收屈尺、馬武督方面的番童 20 名。教授漢文、算學、官語、臺語等科。生活起居以及禮儀方面，全仿漢人；每 3 日並由教師引導外遊一次，俾多與漢人接觸。劉銘傳常至學堂視察，考驗學生課業，並多方予以鼓勵。

1891 年，邵友濂繼任臺灣巡撫，因曾與劉銘傳有嫌隙，上任後將西學堂、電報學堂和番學堂，一概撤除，殊甚可惜。

二　書院空間的配置

書院空間的配置，根據王鎮華（民 75）之研究，大體分為精神、教學、居住（含行政）、藏書、服務、交通等類別：

㈠精神空間：除祭祀先師、文昌、鄉賢、名宦等空間外，大門、堂前檐廊側牆、過門等由於常有門額、字畫框，所以頗具精神空間性質。書院中惜字亭、碑等亦具教化作用。惜字亭是崇文敬字的意思，字紙都要拿到亭處燒焚而不許與污物雜處。書院立碑多立於前院，不設碑亭。

㈡教學空間：除講堂外，精神空間、齋舍、庭院等都具有教學性質。

㈢居住空間：山長住後堂側室，監院住處在臺灣書院不可考，廣東書院多住齋舍前頭幾間，行政空間或亦在此。

㈣藏書空間：臺灣書院亦不明位置。文開書院據當地人士說：原有二、三十萬藏書，日人一來就運走了。廣東書院藏書多設在後堂樓上，故稱「尊經閣」或「書樓」。亦有設於廂房、中堂樓上者。

㈤服務空間：如門房、廁所、廚房、浴室、倉庫、水井等。門房多設在門廳側室。廁所常設在後門外另加一排小「外護」（見學海、道東書院）。廚房除後進兩頭的位置（如學海書院）、廂房後頭的位置（如文開、白沙、道東書院），也有另起一外護者。浴室即「湢」房，只被提到，位置不明。倉庫，一般在角落，如有數間，常在最後一進後面另起一列，由後側門聯繫。井的位置與廚房有關，白沙書院在後院左側廂房前，屏東書院左右兩後院各開一井。開一對井或有象徵龍「眼」之意，亦可防範一井竭水之急。

㈥交通空間：雨天多利用前屋簷出挑空間或走廊為走道，至於

進與進之間直接的交通空間，大多設於後院講堂與後堂之間。白沙、明志、學海、屏東、文開等書院都有稱「過廊」、「過廳」或「甬道」；多是捲棚頂。設於門廳與講堂之間的過廊，為避免遮擋了正堂的正面，故多採左右兩小廊的作法，如學海與鳳儀書院。

　　臺灣可考的書院，大多是三進式，四進式僅臺南崇文書院與澎湖文石書院；臺灣三進式書院一般格局，第一進（橫向一列房屋，謂之一進）為門廳，第二進為講堂，第三進後堂為祭祀先賢或文昌君的地方祭祀空間，左右兩廂為齋舍，服務空間位於四個角落的房間（*王鎮華，民 75*）。廣東書院的格局與臺灣類似，其三進一般的配置如圖4，值得參考。書院的空間，隨著動線一實一虛，一收一放，出挑的簷廊配合臺基的變化，空間感很強，紅磚、石灰、木色、黑漆則是書院等中國建築的基本色調，其自然材料端莊秀麗，裝修意匠靈活，門額、柱聯、壁框的裝飾，深富教育意味，文學、哲學與藝術直接融入建築之中；書院大小過門與齋舍房門，有門額，如「龍騰」、「魚躍」（學海書院），「禮門」、「義路」（明志書院），「怡情」、「養性」；「敦詩書」、「悅禮樂」（鳳儀書院），「桂齋」、「蘭齋」（振文書院）等，大門方柱有門聯「賓日有祥興雲有兆」（賓興指科考）、「希賢得地入道得門」（文開書院），簷廊兩面側牆有寫詩或作畫的壁框，饒富意趣，文藝與建築相得益彰。臺灣現存的書院大體保存的有 10 所，部分保存的有6所，臺南的崇文書院是臺灣第一座典型的書院，海東書院是第二所，規模最大（基地長約 240m，寬 90m，房屋百餘間），鹿港的文開書院是紀念第一位寓臺賢士沈文光（字文開）的，甚具歷史意義，積極維護的有藍田和振文等，餘者或荒朽或被占用，殊甚可惜（*王鎮華，民 75、78*）；惟其祭祀先賢或鄉賢的祭祀空間、曲線屋頂、門額、柱聯、壁框，前院嚴肅後院悠遊的庭院

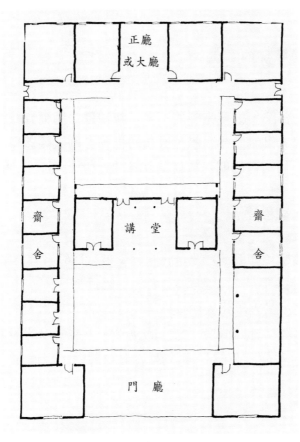

圖 4：三進式書院平面示意圖

資料來源：*書院教育與建築——臺灣書院實例之研究，王鎮華，民 75，第 35 頁。*

設計，以及身教重於言教的師生宿舍關係，對學校建築的規畫，有
其本土文化的參照意義（*湯志民，民 84a*）。

三 | 臺灣書院的實例

　　臺灣的書院，維護完整的不多，無法逐一臚列介紹，僅以與學校教育有關，目前仍在辦學（改為幼稚園）的大觀義學，及與南投縣永昌國小相結合的明新書院為例，進一步說明，以明其梗概。

㈠ 大觀義學

　　大觀義學（如圖5）設立於同治2年（1863年），第三級古蹟（王鎮華，民75）。「大觀」之名，係因面對「大」屯山和「觀」音山而名之，又因漳州人居住在大屯山地帶，泉州人居住在觀音山地帶，「大觀」有「漳泉一家」的寓義。大觀義學的設置，係當時板橋的漳州人及新莊的泉州人因為土地問題，集體械鬥，層出不

與大觀幼稚園共存的大觀義學（第三級古蹟），
燕尾屋脊，紅琉璃瓦頂，現為臺北縣祭孔大典
祭祀之地。

圖5：大觀義學（1863年）

窮，漳州人林維讓、林維源兄弟為促進和諧，將妹妹嫁給泉州人莊
正，莊正是漢文老師，板橋林家捐出土地，成立「大觀義學」，讓
大家在此讀詩書，使漳泉二州人持續已久的械鬥，在禮義的薰陶教
化下，消弭於無形（*臺北縣政府，民 75*）。創置義學同年（同治 2
年），林維讓、林維源和莊正又合辦「大觀書社」，附設於義學，
集合漳、泉雅士，每月聚會，品評詩文，一切費用概由林家支應
（*徐麗霞，民 86*）。

目前仍在辦學中的大觀義學是燕尾屋脊，屋頂為紅色琉璃瓦，
前庭為廣場，左右兩側為幼稚園，中庭兩側各有一拱形門與幼稚園
相通，家長帶幼兒來幼稚園有的會順道向孔子祭拜祈福。大觀書社
中庭右側迴廊牆上有五文昌夫子贊橫匾，右側牆上刻有大觀義學碑
文，將大觀義學創立的動機、命名由來、教育目標、經費籌措等都
說明的非常清楚，正殿奉祀至聖先師孔子之神位，神龕供奉武聖，
陪祀濂洛關閩五先賢及文昌帝君神位，由此可知先民在啟蒙時期，
即以文昌君的孝道、關聖帝君的忠義，魁斗星君的啟智，純陽夫子
的除愚，與朱子窮理致知的治學思考為教學之標準（*彭吉梅，民 77*）。

光緒 25 年（明治 32 年，1899 年），日人在大觀義學辦板橋公
學校（今板橋國小前身），民國 17 年（昭和 3 年，1928 年），林
崇壽、林履信在義學設立「私立板橋幼稚園」，光復後幼稚園一度
停辦，義學荒廢。民國 40 年，因臺北縣內無孔廟，從臺北市孔廟
迎回至聖先師孔子神位。民國 49 年，板橋鎮長楊水生發起組織「大
觀書社管理委員會」，民國 52 年，正式登記為財團法人，民國 57
年，成立「大觀幼稚園」與大觀書社並存，為板橋文教的發祥地
（*徐麗霞，民 86*）。此外，因歷史久遠，白蟻蛀蝕樑柱，臺北縣政
府及省民政廳撥款 34,700,000 元重建，歷經三年完工，於 86 年 3 月
11 日落成。每年臺北縣全縣祭孔大典在此隆重舉行，意義深遠（*湯
志民，民 86*）。

㈡ 明新書院

　　明新書院（如圖6）設立於光緒8年（1882年），民前3年遷建現址（集集鎮永昌里東昌巷 4 號），為第三級古蹟。境域數百坪，基地約 80 坪，係磚、木造平屋，規模宏敞。光復後，成立永昌國民學校，部分宅地畫為校地，入口圍牆俱拆除，並以堂宇充作教室，明新書院始終以結合學校教育為鵠的，不但深具古蹟保存價值，更重要的是承先啟後、重振文風的責任感。

明新書院（第三級古蹟）是現存書院中與校園
（永昌國小）完全融合，規模最大，也最具教
育意境的書院。

圖6：明新書院

　　明新書院之整建正殿以木料整修，面為紅色筒瓦，地坪為紅尺磚和石板，廂房、過水、翼房、拜廊、天井、惜字亭、廁所等均以傳統式造法整建，一切皆以復古為原則。明新書院為簡純單進三合院式建築，座中為三開間正殿，正殿前方為大埕，兩側為廂房，過水相間正殿與廂房，三面有紅磚圍牆。正殿的神龕上主要奉祀文昌

帝君神位，配祀有制字聖人、紫陽夫子神位、大成至聖先師孔夫子神位。書院既有孔子神位，因此也是集集每年祭孔子之所。正殿並懸有「掌握文衡」、「立我蒸民」、「奎壁聯輝」的古匾。神龕上的對聯明白揭示明新的宗旨，有兩對聯曰：「明列名垣耿耿天河星聚五，新登桂籍迢迢雲漢士升三」，「明握文衡淳淳評章嚴古品，新增廟廟雍雍祀典重儒宗」。雙對聯的旨意誠如左右匾「承先啟後」、「明德新民」的大意一樣，揭櫫明新書院明德新民與傳承儒學宗師的宏願。書院外觀與內部的陳設盡是仿古的手法，就連斗室的名稱，也良富雅意，例如，圖書館取名「德齋」，會客室取名「廣聞」，廚房謂之「甘泉」，餐廳謂之「瓊林」，茅坑謂之「自在」。聯結正殿與廂房間的左、右過水，目前闢為地藏王菩薩廟、東嶽大帝廟，供香客祭祀。東廂房外新蓋的德齋館，為古式圖書館，館內除有二十五史、十三經注疏等典章史籍外，整座圖書館還似小型民俗文物館，擺設傳統文物，供今人懷古、垂念（*南投縣文化中心，民 86*）。

第二節

日據時代的學校

日據時代（1895～1945 年），臺灣學校的設立及其建築，擬分為二部分：⑴各級學校的設立；⑵學校建築的發展，加以說明。

日據時代是臺灣近代學校教育制度成立和實施的起源，各級學校的設立，可分為國民教育、中等教育、師範教育和高等教育等四部分，加以說明。

(一) 國民教育

日據時代的國民教育方面，依照發展順序，可概括分為芝山巖學務部學堂、國語傳習所、公學校、小學校、國民學校、蕃人公學校和教育所，以下分別說明。

1. 芝山巖學務部學堂

1895 年（明治28年），臺灣總督府學務部長伊澤修二把學務部遷至芝山巖，並設置了「芝山巖學務部學堂」（芝山巖學堂）（如圖7），這一所學校是日據時代臺灣最初的教育機關，總督府所謂的「全臺教育發祥地」，也是臺灣國民教育的濫觴。伊澤修二（1851～1917 年）係日本長野縣人，著名的教育家；明治 23 年（1890年）創立「國家教育社」，主張以國家力量推動教育事業，闡揚國家主義式的教育觀念，鼓吹忠君愛國思想；明治28年（1895年），伊澤修二毛遂自薦，向第一任臺灣總督樺山資紀表明自己對臺灣教育的建議與抱負，希望臺灣能成為「國家教育」的實驗場，藉由推行國語（日語）的教育政策，達成將臺灣人同化成日本人的目標，總督接受其自薦，並聘他擔任總督府學務部長。伊澤修二推行日語教育，設立「國語傳習所」，主張來臺日本人也應學習臺

語，後因教育經費問題去職，在學務部長任內雖不到 2 年，但卻決定了臺灣 50 年的教育方向（汪知亭，民 67；遠流臺灣館，民 89）。

芝山巖學堂設立於開漳聖王廟（惠濟宮，現為第三級古蹟）內，編制 3 班，教職員 6 人，收臺灣學生 21 人作為日語練習生，分甲組學生 6 人，最早入學，略解日語，乙組學生 8 人，年紀均長，於漢文有相當素養，準備出任官吏及教師，丙組學生 7 人，最後入學，年紀尚幼，於漢文尚無根基（汪知亭，民 67）。

芝山巖學堂是日據時代第一所學校，現為惠濟宮（第三級古蹟）。

圖 7：芝山巖學堂（1895 年）

資料來源：士林國小壹佰年紀念專輯（第 19 頁），臺北市士林國小，民 84，臺北市：作者。

2.國語傳習所

臺灣總督府基於對日本人、臺灣人（閩、客籍）、山胞（現今的原住民）分別教育的政策，1896 年（明治 29 年），公布「臺灣

總督府直轄學校官制」,並設置日本人就讀的「國語學校」,以及給臺灣人讀的「國語傳習所」,其後在國語學校內附設了第一、第二、第三附屬學校,也作為臺灣人主要的初等教育機關。國語(即日語)傳習所,設置在全臺各重要城市,該所分甲、乙兩科,甲科學生年齡為 15 歲以上 30 歲以下,已略有普通知識,修業期限半年,學科有國語、讀書和作文;乙科學生年齡為 8 歲以上 15 歲以下,期限 4 年,學科有國語、讀書、作文、習字、算術,或選設漢文、地理、歷史、唱歌、體操一科或數科;女生可加設裁縫(*汪知亭,民 67;吉野秀公,1927*)。最初傳習所的教學包括臺灣話,但以日語為重點,總督府為了普及「國語」教育,並不徵收學費,另外教職員的薪資及學生的教科書等費用,都由總督府包辦(*遠流臺灣館,民 89*)。

國語傳習所的設置,1896 年(明治 29 年)有臺北國語傳習所(現臺北市太市國小)、淡水國語傳習所、基隆國語傳習所(現基隆市信義國小)、宜蘭國語傳習所(現宜蘭市中山國小)、新竹國語傳習所(現新竹市立新竹國民小學)、苗栗國語傳習所(現苗栗市建功國民小學)、臺中國語傳習所(現臺中市忠孝國小)、鹿港國語傳習所(現彰化鹿港國小)、雲林國語傳習所(現雲林縣鎮西國小)、嘉義國語傳習所(現嘉義市崇文國小)、臺南國語傳習所(現國立南師實小)、鳳山國語傳習所(現高縣鳳山國小)、恆春國語傳習所(現屏東縣恆春國小)和澎湖島國語傳習所(現馬公國民小學),1897 年(明治 30 年)有埔里社國語傳習所和臺東國語傳習所,以及 1900 年(明治 33 年)有豬朥束國語傳習所,計 17 所,並於 1897 年(明治 30 年)~1902 年(明治 35 年)設置 57 所分教場(即分校)(*島嶼柿子文化館,2004a;臺灣教育會,1939*),茲將日據時代國語傳習所和分教場,依臺灣區位、設置年代整理如表 3 所示,以明其梗概。

表3 日據時代的國語傳習所和分教場

國語傳習所 1896（明治29年）/1897（註*者）/1900（註**者）	分教場				
	1897（明治30年）	1898（明治31年）	1900（明治33年）	1901（明治34年）	1902（明治35年）
臺北國語傳習所	桃子園 大稻埕 大料崁 景尾	新庄街 樹林 新店 錫口			
淡水國語傳習所	新庄山腳 和尚洲				
基隆國語傳習所		金包里 頂雙溪 水返腳			
宜蘭國語傳習所		羅東 頭圍			
新竹國語傳習所	新埔	中港 北埔			
苗栗國語傳習所	大甲	苑里 後壠街			
臺中國語傳習所	梧棲 牛罵頭	葫蘆墩 東勢 南投			
* 埔里社國語傳習所		漁池 集集			
鹿港國語傳習所	鹿港	北斗			
雲林國語傳習所	北港				
嘉義國語傳習所		鹽水港 麻豆 蕭壟 新南港 朴子腳 店仔口			
臺南國語傳習所		礁吧哖 灣裡 大穆降里			
鳳山國語傳習所	內埔				
恆春國語傳習所					
** 豬朥束國語傳習所（原恆春國語傳習所豬朥束分教場）					內獅頭
* 臺東國語傳習所	馬蘭 卑南 奇萊		太巴塱 璞石閣 薄薄	古魯社 公埔 知本 太麻里 太魯閣	
澎湖島國語傳習所	白沙島 大赤崁	小池角 隘門			

資料來源：整理自**臺灣教育沿革誌**（第 211-214 頁及附錄），臺灣教育會，1939，臺北市：作者。

3.公學校

國語傳習所設立的時候,各傳習所均採直轄於總督府,經費由總督府支付,1898 年(明治31 年)公布「臺灣公學校令」,將各國語傳習所改為「公學校」,規定公學校的費用改由街庄社去負擔,同年公布「公學校規則」,規定就學年齡為 8 歲以上 14 歲以下,修業 6 年,並可依地方需要和財力縮減為 4 年或延長至 8 年。教育宗旨依公學校令第 1 條宣示:「公學校以對本島人子弟施德教、授實學,以養成國民性格,同時使精通國語為本旨」,教學科目:修業 4 年者有修身、國語(即日語)、算術、漢文、體操、唱歌、裁縫;修業 6 年者增手工、農業和商業,修業 8 年者再增理科和圖畫,自此臺灣的國民教育才算是建立了相當的基礎(*汪知亭,民 67;遠流臺灣館,民 89;臺灣教育會,1939*)。

臺灣公學校成長的速度很快,1898 年(明治31 年)有 55 所,教師 152 人,兒童數 2,396 人,至 1933 年(昭和 8 年)已達 769 所,教師 5,764 人,兒童數 309,768 人(*臺灣教育會,1939*);亦即,35年間,平均每年增加 20~21 校,160 名教師,8,782 名學生。

4.小學校

「小學校」係臺灣總督府為在臺日本人兒童所設立的初等教育機構,雖未明文規定是日本兒童惟一進入的學校,但事實上,進小學校讀書,是日本兒童特有的權利。臺灣第一所的小學校,係創設於 1897 年(明治30 年)的「國語學校第四附屬學校」,為日童初等教育之始,次年總督府頒布「臺灣小學校官制」、「臺灣小學校規則」,正式在臺各地設置小學校。日本內地在明治 23 年(1890年)公布的「小學校令」規定,小學校以留意兒童之身體發達,教授道德教育與國民教育之基礎,及生活所需之普通知識技能為本

旨。臺灣小學校的課程中，並增加教授臺語與漢文等科目，明治
35 年以後配合日本學制，學科漸與日本本國趨於一致，有修身、
國語、算術、日本史地、理科、圖畫、唱歌、體操、裁縫等科目；
明治 40 年（1907 年）以後，隨著日本「小學校令」之修訂，小學
校中也增設農、工、商等實業科目（*遠流臺灣館，民 89*）。小學校
與公學校不同的地方，主要有（*汪知亭，民 67*）：

　　⑴公學校的課本，係由臺灣總督府編輯，而小學校則採用日本
本土的教本，在程度上頗有差異。

　　⑵師資和設備方面，普遍地來看，小學校亦較勝於公學校。

　　⑶小學校畢業生升學的比率遠甚於公學校（*第 47 頁*）。

　　臺灣小學校的數量雖比公學校少很多，但成長的速度也很快，
1897 年（明治 30 年）僅 1 所，教師 1 人，學生 157 人，至 1933 年
（昭和 8 年）已達 135 所，教師 949 人，兒童數 39,344 人（*臺灣教
育會，1939*）；亦即，36 年間，平均每年增加 3～4 校，26 名教師，
1,088 名學生。

　　值得注意的是，1919 年（大正 8 年）公布「臺灣教育令」，
1922 年（大正 11 年）新任總督田健治郎修正「臺灣教育令」，確
立同化主義的施政方針，推行「共學制」，實施日臺共學，臺灣學
童可至日本學童的小學校就讀，日本學童亦可至臺灣學童的公學校
就讀。惟仍依學童的日語能力區分成小學校和公學校，但因臺灣學
童日語能力低落，臺灣人子弟進入小學校的也很少，臺、日共學的
情形並不普遍（*遠流臺灣館，民 89*）。

5.國民學校

　　1941 年（昭和 16 年），正是日本人發動太平洋戰爭的那一年，
隨著日本國內初等教育制度的改革，臺灣的 150 所小學校、820 所
公學校依「國民學校令」，一律改稱為「國民學校」，根據國民學

校令第一條：「國民學校是根據皇國之道而施於初等普通教育，作為國民的基礎鍊成是其目的」，其教育仍以日本軍國主義教育的強化為目的，而「國民學校」在形式上完成了初等教育的一致化，不過實質上課程內容仍有差異（遠流臺灣館，民89；蔡禛雄，民86）。例如，課表有第一號、第二號、第三號之分，課程第一號表國民學校，大多數是日本人和「國語（即日語）家庭」的子弟，修業6年，男生偏重實業教育，女生注重家事教育，實際上是以前的小學校；課程第二號表國民學校，限為不常用日語的家庭子弟，大多數為臺灣人，即以前的公學校；課程第三號表國民學校，日語和實業教育並重，以便偏僻地區人口較少的地方，日臺兒童均可就學，但實際仍係平地原住民就讀的小學（汪知亭，民67；葉憲峻，民85）。

1943年（昭和18年），實施六年制義務教育，國民學校更具可觀的發展。1943年（昭和18年），國民學校有1,074校，教師14,666人，學生862,274人，臺籍兒童就學率71.3%，日籍兒童就學率99.6%；1944年（昭和19年），國民學校增至1,099校，教師15,483人，學生952,525人（汪知亭，民67）。由此顯見，雖然日據時代的「皇民化」政策對臺灣的教育有所偏頗，但與滿清時期相較，國民學校的快速增設，仍為臺灣教育的發展奠下可觀的基礎。

6.蕃人公學校和教育所

日據時代原住民教育，分二個系統實施，一為蕃人公學校，另一為蕃童教育所，茲分別說明如下：

(1)蕃人公學校：為教育行政單位（學務部或文教局）所辦，以行政區域內開化程度較高的平地原住民為對象。始於1896年（明治29年）恆春國語傳習所之豬狫束分教場，1905年（明治38年）改設「蕃人子弟就讀之公學校」，所需費用與公學校一樣由地方負擔，包括恆春廳的圓山埔公學校、高士佛公學校、和率芒公學校，

以及臺東廳的馬蘭公學校、卑南公學校、知本公學校、太麻里公學校、璞石閣公學校、太巴塱公學校、薄薄公學校、太魯閣公學校、呂家公學校、巴塱衛公學校、水尾公學校、麻老漏公學校、臺東公學校、花蓮港公學校、蚊蟀公學校等。修業4年，入學年齡限在7歲以上（較一般國民學校遲一年），教科目包括修身、國（日）語、算術、唱歌及實科（實科包括耕作、栽培、飼育、製作、加工、保存及利用等）。1914年（大正3年）公布「蕃人公學校規則」，將「蕃人子弟就讀之公學校」略稱為「蕃人公學校」，修業年限亦得依地方情況縮短為3年（*葉憲峻，民85；臺灣教育會，1939*）。

蕃人公學校成長的速度也很快，1905年（明治38年）有15所，教師35人，兒童數966人，至1921年（大正10年）已達30所，教師161人，兒童數4,700人（*臺灣教育會，1939*）；亦即，35年間，平均每年約增加1校，8名教師，233名學生。

(2)蕃童教育所：為警政單位（警察本署或警務局）所辦，以行政區域外開化程度較低的山地原住民為對象。1896年（明治29年）由撫墾署、辦務署之蕃務官吏駐在所辦理，但成效不佳；1901年（明治34年）警察本署蕃務課接管山地教育之後，「蕃童教育所」才逐漸在警察官吏派出所中設立，且便於對山地的控制，由當地警察充當教師，辦學經費由總督府支應，並免費提供教科書、學用品及膳宿（*葉憲峻，民85*）。此類教育所之設置，包括1904年（明治37年）的蚊仔只蕃童教育所、達邦蕃童教育所，1907年（明治40年）的白毛蕃童教育所，1908年（明治41年）的屈尺蕃童教育所、楠仔腳蕃童教育所（斗六），1909年（明治42年）的梢來蕃童教育所（臺中）、角板山蕃童教育所（桃園）（參見圖8）。修業4年，入學年齡限在7歲以上，1908年（明治41年）頒布「蕃童教育綱領」教習科目為禮儀、倫理、耕作種藝、手工、國（日）語、計數法和習字，1928年（昭和3年）教科目改為修身、國（日）

圖 8：角板山蕃童教育所

資料來源：**臺灣懷舊**（1895～1945）（第 318 頁），松本曉美和謝森展，民 82 年，
臺北市：創意力文化事業公司。

語、算術、圖畫、唱歌、體操及實科（實科包括耕作、除草、栽
培、飼育、製作、加工、利用及裁縫手藝等）（*臺灣教育會，1939*）。

　　蕃童教育所成長的速度更快，1904 年（明治 37 年）僅有 2 所，
兒童數 20 人，至 1935 年（昭和 10 年）已達 183 所，兒童數 8,291
人（男 4,460 人，女 3,831 人）（*臺灣教育會，1939*）；亦即，35 年
間，平均每年約增加 5～6 校，267 名學生。因利用警察的力量強迫
或誘導原住民入學，所以教育所就學的比率非常的高，據日昭和
17 年（1942 年）的統計，學齡兒童就學者達 86.1%（遠高於同期
臺籍兒童的就學率 65.8），其中以薩塞特（應為「賽夏」）族的
94.26%為最高，泰耶魯（應為「泰雅」）、布農、排灣、茲歐（應
為「鄒」）諸族次之，而以住於蘭嶼的雅美族（擬改稱達悟族）的
67.1%為最低。還有，日本人對於原住民的教育，除注重日語的訓
練，更注意集體的訓練與日式生活的訓練（如著和服，用日式的禮
儀與改用日本式的姓名），這種教育後果，在目前的山地社會中，

仍不難窺其一二（*汪知亭，民 67*）。

　　此外，日據時代比之清代以前，值得注意的突破是幼稚園的發展，幼兒滿 3 歲方可入園，1897 年（明治 30 年）只有 1 所，保姆 1 人，園兒 20 人，1933 年（昭和 8 年）已增至 69 所（公立 32 所，私立 37 所），保姆 147 人（日籍 102 人，臺籍 45 人），園兒 4,015 人（日籍 1,746 人，臺籍 2,269 人），其發展也算相當快速（*臺灣教育會，1939*）。

㈡　**中等教育**

　　日據時代的中等教育，一直保持二個傳統：一為男女絕對分校，不能共學；一為日臺學生分途就學。雖然 1922 年有「日臺共學」的原則，但日、臺學生分途就學的趨向並沒有消除。日本人把中學校、高等女學校、高等學校和大學預科四類學校總稱為「高等普通教育」。

　　以下就中學校和高等女學校之設置分別說明：

1. 中學校

　　在日本男子的中學教育上，1897 年（明治 30 年）成立國語學校第四附屬學校，1898 年（明治 31 年）國語學校第四附屬學校附設五年制尋常中學科，可說是臺灣中學教育的濫觴。1907 年（明治 40 年）公布「總督中學校官制」，將國語學校尋常中學科撤消，單獨設置一所「總督府中學校」，1914 年（大正 3 年）在臺南增設一所中學校，1921 年（大正 10 年）中學校移歸州辦，因此總督府二中學校分別改為「臺北州立臺北第一中學校」（今建國中學現址），「臺南州立臺南第一中學校」（今臺南二中現址），此二校為日本男子所就讀的中學（*汪知亭，民 67*）。日本男子就讀的中學

校，分二部，第一部修業 6 年，年滿 11 歲入學，第一部學生須全部住校，採「學校家庭化」的訓導方式；第二部修業 5 年，年滿 12 歲入學，根據 1907 年（明治 40 年）公布「總督府中學校規則」，教科目包括修身、國（日）語及漢文、英語、歷史地理、數學、博物、物理及化學、法制及經濟、圖畫、唱歌和體操（*臺灣教育會，1939*）。

1915 年（大正 4 年），為臺灣男子在臺中設立一所中學校，1919 年將此中學校改稱「高等普通學校」，1921 年再改名為「臺中州立臺中第一中學校」（即今臺中一中）（*汪知亭，民 67*）。臺灣男子就讀的中學校，修業 4 年，入學年齡限 13 歲以上，學生必須住校，日常生活舉凡食、衣、住、行皆採日式，根據 1915 年（大正 4 年）公布之「臺灣公立中學校規則」，教科目包括修身、國（日）語及漢文、歷史地理、數學、理科、實業、法制及經濟、圖畫、手工、唱歌、體操和英語（選修）（*臺灣教育會，1939*），比之日本子弟的中學校，修業少 1 年，入學年齡高 2 歲，日語和實業科目時數甚多，且英語為選修科。

2.高等女學校

日本女子在臺灣最早的中學教育機構，可追溯至 1904 年（明治 37 年）國語學校第三附屬高等女學校，1907 年附設於總督府中學校內，1909 年（明治 42 年）公布「高等女學校官制」，才獨立設置一所總督府高等女學校，1917 年（大正 6 年）在臺南又設立一所總督府高等女學校，1921 年（大正 10 年）二所高等女學校同時改為州立，分別是「臺北州立臺北第一高等女學校」（即今北一女中），「臺南州立臺南第一高等女學校」（即今臺南女中）（*汪知亭，民 67*）。1909 年（明治 42 年）公布「高等女學校官制」日本女子就讀的中學校，修業 4 年，年滿 12 歲入學，1909 年（明治 42

年）公布「臺灣總督府高等女學校規則」，學科目包括修身、國
（日）語、英語、歷史、地理、數學、理科、圖畫、家事、裁縫、
音樂、體操等（*臺灣教育會，1939*）。

　　臺灣女子最早的中學教育機構，開始於 1897 年（明治 30 年）
的國語學校第一附屬學校分教場，1902 年（明治 35 年）改稱國語
學校第二附屬學校，1919 年（大正 8 年）改制為「臺北女子高等普
通學校」，是臺灣第一所單獨設置的臺人女子中學，同年在彰化增
設第二所女子高等普通學校，1922 年（大正 11 年）此二校分別改
名為「臺北州立臺北第三高等女學校」（即今中山女高），「臺中
州立彰化高等女學校」（即今彰化女中）（*汪知亭，民 67*）。臺灣
女子就讀的中學校，修業 2 年，入學年齡限 14 歲以上，根據 1919
年（大正 8 年）公布之「臺灣公立高等女學校規則」，學科目包括
修身、國（日）語、數學、家事、裁縫、圖畫、音樂、實業和體操
等（*臺灣教育會，1939*）。

　　中學校成長的速度遠低於國民學校，男子中學校方面，1899
年（明治 32 年）只有學生 26 人，1907 年（明治 40 年）只有 1 校，
教師 25 人，學生 270 人，至 1944 年（昭和 19 年）達 22 校（公立
20 校，私立 2 校），教師 482 人，學生 15,172 人（日籍 7,888 人、
臺籍 7,230 人，其他 54 人）；亦即，37 年間，平均每年約增加 0.5
校，12 名教師，403 名學生。

　　女子中學校方面，1904 年（明治 37 年）只有 1 校，教師 12
人，學生 186 人，至 1944 年（昭和 19 年）達 22 校（公立 20 校，
私立 2 校），教師 420 人，學生 13,270 人（日籍 8,396 人、臺籍
4,855 人，其他 19 人）；亦即，40 年間，平均每年約增加 0.5 校，
10 名教師，327 名學生。

　　惟須注意的是，1944 年（昭和 19 年）臺灣全島人數為 642 萬

餘人，其中臺灣人約600萬人，日本人僅38萬餘人，而中學校日、臺籍男生數雖接近，高等女學校日籍生遠高於臺籍生數，但就入學率來看，日本人所進的學校投考較易，入學比例則遠遠高於臺灣人所進的學校（詳見表4）。

表4 日據時代日、臺生中學校入學率比較表

男女校／日臺籍／校名（現校名）	入學率	
	1942 年（昭和 17 年）	1943 年（昭和 18 年）
男子中學校		
日籍學生集中的學校		
臺北州立臺北第一中學校（現建國高中）	80.1%	69.6%
臺北州立臺北第三中學校（現師大附中）	40.8%	70.6%
臺中州立臺中第二中學校（現臺中二中）	77.8%	74.7%
臺南州立臺南第一中學校（現臺南二中）	71.2%	80.8%
臺籍學生集中的學校		
臺北州立臺北第二中學校（現成功高中）	29.2%	21.9%
臺中州立臺中第一中學校（現臺中一中）	16.3%	26.5%
臺中州立彰化中學校（現彰化高中）	5.0%	23.8%
臺南州立臺南第二中學校（現臺南一中）	21.9%	24.3%
高等女學校		
日籍學生集中的學校		
臺北州立臺北第一高等女學校（現北一女中）	61.7%	78.9%
臺中州立臺中第一高等女學校（現臺中女中）	81.3%	79.7%
臺南州立臺南第一高等女學校（現臺南女中）	68.8%	71.9%
臺籍學生集中的學校		
臺北州立臺北第三高等女學校（現中山女中）	21.3%	19.7%
臺中州立臺中第二高等女學校（已歸併臺中女中）	24.7%	33.0%
臺中州立彰化高等女學校（現彰化女中）	21.7%	29.5%
臺南州立臺南第二高等女學校（已歸併臺南女中）	25.7%	22.7%

資料來源：摘自臺灣年鑑，昭和19年，第505-507頁。（引自汪知亭〔民67〕。臺灣教育史料新編（第57-58頁），臺北市：臺灣商務印書館。

　　為了解日據時代中學校設置情形，特參考相關研究（*汪知亭，民 67；臺灣教育會，1939*）及現況，將日據時代臺灣公私立中學校，就男子和女子中學校之原校名、現校名和創校時間，整理如表 5 所示。

　　此外，日據時代職業教育的主要場所是實業學校，1917 年（大正 6 年）、1918 年（大正 7 年）分別成立的總督府商業學校和總督府工業學校，是供日本人就讀的實業學校，修業 5 年（預科 2 年，本科 3 年）；為臺灣人而設的實業學校，最早的是 1919 年（大正 8 年）成立的公立臺北工業學校（今國立臺北科技大學）、公立嘉義農林學校、公立臺中商業學校，修業 3 年，戰時改為 4 年，並增設許多工農實業學校。日據時代的實業學校，農林學校 9 所，工業學校 9 所，商業學校 7 所，水產學校 1 所，計 26 所，除私立開南商工（1939 年〔昭和 14 年〕成立）1 所外，餘皆公立（*汪知亭，民 67*）。公立實業學校規模不大，發展尚可，1922 年（大正 11 年）有教師 96 人，學生 1,223 人，1933 年（昭和 8 年）增至教師 185 人，學生 3,105 人（*臺灣教育會，1939*）。

（三）　師範教育

　　日據時代的師範教育，極為繁複，且常有更迭，一般分為教員講習所、國語學校師範部和師範學校三階段，茲分別要述：

1. **教員講習所**

　　1896 年（明治 29 年）在芝山巖成立教員講習所，是臺灣最早的師資培育機關，招收具有小學教師資格的日本人，實施 6 個月的短期訓練，目的在培養各地小學校、公學校的教師、校長及國語傳習所的所長、教師。課程有「臺灣教育方案」、「臺灣普通語言及

表5 日據時代臺灣公私立中學校一覽表

原校名	現校名	創校時間	備註
男子中學校			
臺北州立臺北第一中學校	臺北市立建國高中	1898年（明治31年） 1921年移至現址	1898年原名國語學校第四附屬學校尋常中學科，設於臺北第一女中現址。1907年，單獨設置，改名總督府中學校。1914年改名總督府臺北中學校。1921年改為臺北州立，並移至現址。
臺北州立臺北第二中學校	臺北市立成功高中	1922年（大正11年）	
臺北州立臺北第三中學校	國立臺灣師大附中	1937年（昭和12年） 1938年移至現址	
臺北州立臺北第四中學校	已停辦歸併建國高中	1941年（昭和16年）	原校舍與建中毗鄰
臺北州立基隆中學校	國立基隆高中	1927年（昭和2年） 1928年移至現址	
臺北州立宜蘭中學校	國立宜蘭高中	1942年（昭和17年）	
臺北州立新竹中學校	國立新竹高中	1922年（大正11年）	
臺中州立臺中第一中學校	國立臺中一中	1915年（大正4年）	
臺中州立臺中第二中學校	國立臺中二中	1922年（大正11年）	原校舍已由臺中農校使用（戰時被毀），現校舍係前臺中第二高女校舍。
臺中州立彰化中學校	國立彰化高中	1942年（昭和17年）	
臺南州立臺南第一中學校	國立臺南二中	1914年（大正3年）	
臺南州立臺南第二中學校	國立臺南一中	1922年（大正11年）	

表 5 （續）

原校名	現校名	創校時間	備註
臺南州立嘉義中學校	國立嘉義高中	1924 年（大正 13 年）	
高雄州立第一中學	高雄市立高雄中學	1922 年（大正 11 年）	
高雄州立高雄第二中學	已停辦併入前校	1944 年（昭和 19 年）	
高雄州立屏東中學校	國立屏東高中	1938 年（昭和 13 年）	
臺東廳立臺東中學校	國立臺東高中	1941 年（昭和 16 年）	
花蓮港廳立花蓮港中學校	國立花蓮高中	1937 年（昭和 12 年）	
私立國民中學校	已停辦	1939 年（昭和 14 年）	
私立臺北中學校	臺北市私立泰北中學	1938 年（昭和 13 年）	
私立淡水中學校	臺北縣私立淡江中學	1938 年（昭和 13 年）	
私立長榮中學校	臺南市私立長榮中學	1939 年（昭和 14 年）	
高等女學校			
臺北州立臺北第一高等女學校	臺北市立第一女中	1904 年（明治 37 年）	
臺北州立臺北第二高等女學校	已停辦	1919 年（大正 8 年）	原校舍由省農林廳使用
臺北州立臺北第三高等女學校	臺北市立中山女中	1897 年（明治 30 年）	原為國語學校第一附屬學校女子分教場，1902 年改名國語學校第二附屬學校，1919 年改稱臺北女子高等普通學校，1922 年改稱臺北州立臺北第三高等女學校。
臺北州立臺北第四高等女學校	已停辦	1942 年（昭和 17 年）	原校舍由省立臺北高級助產護理職業學校使用
臺北州立基隆高等女學校	國立基隆女中	1924 年（大正 13 年）	
臺北州立蘭陽高等女學校	國立蘭陽女中	1938 年（昭和 13 年）	
臺北州立新竹高等女學校	國立新竹女中	1924 年（大正 13 年）	

表 5（續）

日據校名	光復後校名	創校年份	備註
臺中州立臺中第一高等女學校	國立臺中女中		
臺中州立臺中第二高等女學校	已停辦 歸併臺中女中國立	1938年（昭和16年）	
臺中州立彰化高等女學校	彰化女中	1919年（大正8年）	
臺南州立臺南第一高等女學校	國立臺南女中	1919年（大正8年） 1917年（大正6年）	
臺南州立臺南第二高等女學校	已停辦 歸併臺南女中	1921年（大正10年）	原校舍現由國立臺南師院使用
臺南州立嘉義高等女學校	國立嘉義女中		
臺南州立虎尾高等女學校	國立虎尾女中	1922年（大正11年）	
高雄州立高雄第一高等女學校	高雄市立高雄女中	1940年（昭和15年） 1924年（大正13年）	
高雄州立高雄第二高等女學校	已停辦 歸併高雄女中	1943年（昭和18年）	
高雄州立屏東高等女學校	國立屏東女中		
臺東廳立臺東高等女學校	國立臺東女中	1932年（昭和7年）	
花蓮港廳立花蓮高等女學校	國立花蓮女中	1940年（昭和15年） 1937年（昭和12年）	
澎湖廳立馬公高等女學校	已停辦 歸併馬公高中	1943年（昭和18年）	原校舍現由國立馬公高中使用
私立淡水高等女學校	臺北縣私立淡江中學	1938年（昭和13年）	光復後改稱臺北縣立純德女中，後與淡江中學合併，校舍現為私立純德幼稚園使用。
私立長榮高等女學校	臺南市私立長榮女中	1939年（昭和14年）	

註：私立靜修女中創校於1917年（大正6年），日據時代名為「私立靜心女學校」，且未立案，故日據時代高等女學校一覽中，並無該校之名。

資料來源：**臺灣教育史料新編**，汪知亭，民67，臺北市：臺灣商務印書館。

文章」、「國（日）語傳習方案」三學科，共辦7屆，1901年（明

治 34 年）停辦，計培育 226 名日本教師（*汪知亭，民 67*）。

2. 國語學校師範部

1896 年（明治 29 年）在臺北設立國語學校，並在該校之內設置師範部，目的在培養小學師資及教育行政人員，1897 年（明治 30 年），國語學校遷至臺北萬華祖師廟，並同時在城南孔廟舊址（即今臺北市立師範學院現址）籌建新校舍，同年 10 月落成啟用，為臺灣正式師範教育之始；1902 年（明治 35 年），將師範部改為甲、乙兩科，甲科招收日本人，中學校四年級學歷，修業 2 年，乙科招收臺灣人，公學校畢業，修業 3 年；1905 年（明治 38 年）修正國語學校規則，提高資格為甲科招收日本人，中學校畢業（五年），縮短修業為 1 年，乙科招收臺灣人，公學校畢業，延長修業為 4 年；1910 年（明治 43 年）再將師範部甲科改組為小學師範部及公學師範部甲科，並將師範部乙科改為公學師範部乙科（*汪知亭，民 67；臺灣教育會，1939*）。

3. 師範學校

1899 年（明治 32 年）總督府曾在臺北大稻埕設立臺北師範學校，於彰化文廟內設立臺中師範學校，於臺南三山國王廟內設立臺南師範，可惜臺北和臺中二校 1902 年（明治 35 年）先停辦，臺南師範在 1904 年（明治 37 年）亦停辦。

1919 年（大正 8 年）「臺灣教育令」規定以師範學校為師範教育場所，並根據「師範學校規則」、「臺灣總督師範學校規制」，將國語學校改為「臺北師範學校」，將國語學校臺南分校改為臺南師範學校。師範學校設本科和預科，「預科」修業 1 年，6 年制公學校畢業及具同等學力者得入預科，預科教科目包括修身、國語、漢文、數學、圖畫、音樂、實科和體操等，預科修畢及具同等學力

者得入本科;「本科」修業4年,本科教科目,除預科教科目外,另增教育、歷史、地理和理科等(*汪知亭,民67;臺灣教育會,1939*)。

1922年(大正11年)修正師範學校規則,取消師範學校本科和預科,改設普通科和演習科,「普通科」修業男子5年,女子4年,入學資格為小學校畢業者;「演習科」修業1年,入學資格為中學校及修業4年的高等女學校畢業者。師範學校得設置研究科和講習科,「研究科」入學資格為師範學校畢業或小學校本科正教師,公學校甲種本科正教師有志深造者;「講習科」為小學校和公學校師資或教師進修而設,臺北第三高等女學校和彰化高等女學校,即附設有修業1年的講習科。1923年(大正12年)在臺中增設師範學校1所,設置公學師範部普通科2班(*汪知亭,民67*)。

1927年(昭和2年),臺北師範學校擴充分為「臺北第一師範學校」(即今臺北市立師範學院)是日籍學生修業之所,以及「臺北第二師範學校」(即今國立臺北師範學院)是日、臺籍學生修業之所;1928年(昭和3年),臺北第一師範學校增設女子演習科,招收高等女校畢業生修業一年,是臺灣女子師範教育的濫觴(*汪知亭,民67;林永豐,民85;臺北市立師範學院,民84*)。

1929年(昭和4年),各師範學校均普設公學師範部演習科,以便積極培養公學校的師資。1933年(昭和8年),將師範學校演習科增加1年,自此師範學校男生的演習科,已達專科的程度,實為臺灣教育史大事。1940年(昭和15年),於新竹、屏東增設師範學校各1所,1943年(昭和18年)又分別併入臺中、臺南師範學校成為其分部,同年規定師範學校分設預科及本科,預科修業2年,入學資格為國民學校高等科畢業,本科修業3年,入學資格為修畢預科或四年制之中學及高等女學校畢業者(*汪知亭,民67*)。

師範學校的學生,自1919年(大正8年)至1933年(昭和8年),14年間,每年約有1,150人〜1,700人(*臺灣教育會,1939*)。

㈣ 高等教育

高等教育方面，日據時代設立的高等教育機構，主要有 5 所專門學校和 1 所大學，茲要述如下（*汪知亭，民 67*）：

1. 專門學校

臺灣總督府醫學校 1899 年（明治 32 年）成立，1936 年（昭和 11 年）併入臺北帝國大學，改稱臺北帝國大學附屬醫學專門部，修業 4 年，入學資格為中學校畢業，1944 年（昭和 19 年）有教師 33 人，學生 360 人（日籍生 237 人，臺籍生 122 人，其他 1 人），當年的招生錄取率只有 7.5%（1,527 人報考，錄取 115 人）。

臺灣總督府農林專門學校 1919 年（大正 8 年）成立，1928 年（昭和 3 年）併入臺北帝國大學，1942 年（昭和 17 年）獨立設置並遷往臺中市頂橋子頭（今之國光路），翌年改稱臺中農林專門學校（即今國立中興大學），1944 年（昭和 19 年）有教師 25 人，學生 268 人（日籍生 249 人，臺籍生 14 人，其他 5 人），當年的招生錄取率有 22.2%（600 人報考，錄取 133 人）。

1919 年（大正 8 年）臺灣總督府在臺南成立臺灣總督府商業專門學校，在臺北成立臺灣總督府高等商業學校，1926 年（大正 15 年）臺灣總督府高等商業學校改稱臺北高等商業學校，1927 年（昭和 2 年）臺灣總督府商業專門學校廢止，校產移交新設的臺南高等商業學校，1929 年（昭和 4 年）臺南高等商業學校併入臺北高等商業學校，1943 年臺北高等商業學校又改稱臺北經濟專門學校（光復後併入國立臺灣大學，成為該校的法商學院）。1944 年（昭和 19 年）有教師 37 人，學生 437 人（日籍生 313 人，臺籍生 123 人，其他 1 人），當年的招生錄取率有 39.4%（597 人報考，錄取

235 人）。

　　臺南高等工業學校 1927 年（昭和 2 年）成立，1942 年（昭和
17 年）改稱臺南工業專門學校（現為國立成功大學），校舍建築
和環境布置甚佳，機械和電機兩科設備最為完善，在遠東各大學
內，尚屬少見。修業 3 年，入學資格為中學校畢業。1944 年（昭和
19 年）有教師 54 人，學生 752 人（日籍生 643 人，臺籍生 109
人），當年的招生錄取率只有 17.4%（1,761 人報考，錄取 306 人）。

　　私立臺北女子專門學校 1943 年（昭和 18 年）成立，修業 3 年，
入學資格為高等女學校畢業，該校設文科（國語科）和理科（數學
科）各 1 班，每班 40 人，該校學生日籍占 2/3，臺籍占 1/3，光復
後未續辦，原校址由臺北市國語實驗小學使用。

2.臺北帝國大學

　　1928 年（昭和 3 年）成立臺北帝國大學（即國立臺灣大學），
開校時設文政與理農兩學部，1936 年（昭和 11 年）增設醫學部，
1939 年（昭和 14 年）成立熱帶醫學研究所，1941 年（昭和 16 年）
增設預科，1942 年（昭和 17 年）理農學部分為理學部和農學部，
1943 年（昭和 18 年）增設工學部，並成立南方人文研究所及南方
資源科學研究所。臺北帝大還設有大學院，設文學、法學、理學、
農學、醫學等五種博士學位，招收大學畢業生在教授指導下從事 2
年研究工作，期滿後提出博士論文，1937 年（昭和 12 年）～1943
年（昭和 18 年），計授予博士學位 32 人（理學博士 4 人，農學博
士 3 人，醫學博士 25 人），其中臺灣人 5 名皆為醫學博士。臺北
帝大各學部，招收高等學校或大學預科畢業生，採講座制，學生須
修若干講座方准畢業，通常每教授主持一講座，且始終負責此一講
座，絕少變換，教授以研究為工作重心，每一教授皆有研究室，研
究室不僅有大量的圖書可供參考，還有助教授、助手協助做實驗研

究的工作。1944 年（昭和 19 年）有教師 173 人，學生 357 人（日籍生 268 人，臺籍生 85 人，其他 4 人）。

補充說明的是，中學校畢業生要升大學，應至僅有二所專為升大學而設的預備學校，分別是「臺北高等學校」（1922 年〔大正 11 年〕創設）及「臺北帝國大學」的預科（1941 年成立）。臺北高等學校設尋常科修業 4 年，高等科修業 3 年（戰時縮為 2 年）；高等科分文、理二科，入學資格為該校尋常科畢業或中學校修業 4 年者，學生半數是招考，半數為該校尋常科畢業及各中學校長保送者。臺北帝國大學的預科，分文、理二科，理科又分為理農、工、醫三組，修業 3 年，後改為 2 年，入學資格與高等學校高等科相同。但臺灣子弟能進入者畢竟是少數，根據 1944 年（昭和 19 年）的統計，此二校的學生有 1,103 人，臺灣人只有 144 人。

二 | 學校建築的發展 |

學校的興設和學校建築的興建和發展有密切的關係，日據時代學校的興設，係以初等教育的「小學校」和「公學校」為主體，中等教育以上的學校數量較為有限，但與滿清時期相較，各級學校的發展和學校建築的興建，實為可觀；惟同期，臺灣基督長老教會也興建一些具有代表性的學校，值得一併了解。以下分為日式的學校建築和教會的學校建築二部分加以說明。

(一) 日式的學校建築

明鄭時期臺南孔子廟的「學宮」和滿清時期的「書院」，雖有其傳統格局，但未如日據時代，對學校建築與設備有基本的原則和

明確的規定。日式的學校建築，亦因標準的明確制定，而有其特色。

1. 日式學校建築的標準

日據時代，對學校建築與設備已有基本的原則說明或具體明確的規定。例如，國民教育方面，1901 年（明治 34 年）公布「公學校設備規程」，1904 年（明治 37 年）公布「公學校設備標準」。1908 年（明治 41 年）「蕃童教育費標準」規定原住民教育的教室用具、實習器具、消耗品、炊具食器、寢具和教育費額度。1921 年（大正 10 年）「臺灣公立幼稚園規則」第 11 條規定：幼稚園的校地、建物和器具，應與規模相符應，並有適當的保育、管理和衛生。

中等教育方面，1915 年（大正 4 年）「臺灣公立中學校規則」（府令第 2 號）第 4 章第 28 條規定：臺灣公立中學校應具備與其規模相當之校地、校舍、學生宿舍、室外操場、學校設備及職員官舍；校地應選擇遠離風化場所及衛生不佳之處；校舍應適於教學、管理、以及衛生，務求質樸堅固。1922 年（大正 11 年）「臺灣公立中學校規則」（府令第 66 號）第 5 章第 44 條規定：臺灣公立中學校應具備與其規模相當之校地、校舍、體操場、學校設備、寄宿舍及職員宿舍；有農業課程的學校應有實習地。第 45 條規定：校地應選擇衛生、遠離風化場所，避免影響教學及危險場所；校舍應適於教學、管理以及衛生，務求質樸堅固（*臺灣教育會，1939*）。

為進一步了解日據時代學校建築與設備標準之規定，特以「公學校設備規程」和原住民教育設備標準為例，說明如下：

(1)公學校設備規程：1901 年（明治 34 年）頒布「公學校設備規程」，肇因於當時公學校建築雖日益增多，但往往因設備不全，造成教學的不便，或由於風雨而倒塌，而考量制定該規程。「公學校設備規程」計 14 條，因資料珍貴，特依序條陳如下，以知其詳

情（*臺灣教育會，1939*）：

　第 1 條：校地應選擇適合學校規模大小之面積及地形，適
　　　　　於保持乾燥清潔以維護衛生，且須便於兒童上下
　　　　　學之場所。校地應避免接近妨害風化之場所、喧
　　　　　鬧以致影響教學之場所及危險場所。

　第 2 條：應於校地內覓尋一適當之場所以設置操場，若無
　　　　　足夠之土地可設置操場時，應儘可能將操場設置
　　　　　於學校附近。操場須為方形或類似之形狀，並具
　　　　　備與兒童人數相對應之面積大小。操場之一部分
　　　　　應儘可能設置防雨及避暑區。

　第 3 條：為供應乾淨之飲用水，必預有下水道等設施。

　第 4 條：校舍之建築，基於便利教學、管理、衛生之考量，
　　　　　應以質樸堅固為宗旨。校舍形狀為長方形，若須
　　　　　建造二棟以上之校舍時，應保持適當間距，並呈
　　　　　平行並列之形式。校舍須為平房，但若有其他特
　　　　　殊考量，亦可建成二層樓形式。校舍之結構須為
　　　　　木造建材、木骨磚建材、石造建材、磚塊建材或
　　　　　水泥建材等。尤其須能承受風雨等之襲擊，並兼
　　　　　注意避暑、防潮、採光及通風等衛生條件，以利
　　　　　消毒清潔。若依土地現況，無法使用土磚建築校
　　　　　舍時，應以其他堅固之建材建造其基礎及主要部
　　　　　分。外觀則覆以瓦片，或利用與其相仿之方法貼
　　　　　覆，以避免雨水之滲透。

　第 5 條：校舍須依各學年需要，設置一般教室及教員辦公
　　　　　室。除前項外，應視情況設置歌唱、裁縫等特別
　　　　　教室，以及禮堂、兒童休息室、值班室、茶水

間、廁所、倉庫等。

第 6 條：教室的形狀須為長方形，寬 3 間（5.5m）以上，4 間（7.3m）以下；長 4 間（7.3m）以上，5 間（9.1m）以下（1 間：約 1.818m）。教室的大小須符合每一兒童有 3 尺平方（0.83 m^2，間之常規。）教室內應設有通風裝置。教室內之採光窗應安裝於兒童的左側，其大小須配合教室大小，並距離地面 2 尺 5 寸（76cm）。兒童座位之前面及其左右兩側 3 尺（91cm）內不准安裝窗戶。教室內之牆壁顏色須為灰色等中性色彩。教室不准設置於靠近道路或住家附近。

第 7 條：廁所須設於另一棟，且應距水井 4 間（7.3m）以上，教室等 3 間（5.5m）以上之處。廁所須有男女之分，數量應符合兒童人數需求。

第 8 條：除教科用圖書、地圖、黑板、桌子、椅子、時鐘之外，也須備齊其他必需之器具、參考用圖書及公學校相關法令等。

第 9 條：兒童用的桌椅尺寸須依兒童之身高製作。

第 10 條：校地內應設置教員住宅，若因土地情況無法於校地內設置時，須儘可能將其設於學校附近。

第 11 條：校舍要興建、增建、改建或變更時，須備齊校地校舍之圖面坪數及建築設計等資料，向知事廳長提出申請。

第 12 條：既有的學校在校舍之興建、改建、校用器具更新時，礙難依此規定施行者，須等待時機恰當後再依規程行事。

第 13 條：若因土地情況，礙難依此規章執行時，可由知事

廳長向臺灣總督報備，獲得同意者則可不依此規
程辦理。

第14條：此規程施行之相關細則可由知事廳長取得臺灣總
督之許可後制定。

1904年（明治37年）發布「公學校設備標準」（民總第4108
號）的通告。其後，鑑於公學校建築日趨頻繁，恐將欠缺管理上的
統一，故又於1912年（明治45年，大正元年）頒布公學校設備標
準（民學第42號）的通告，並將與設備規定收錄於修改的公學校
規則（府令第40號）中（臺灣教育會，1939）。例如，1912年公學
校規則第8章「設備」，第68條規定，校地內必須有屋外體操場
的設備，屋外體操場應為方形或類似的形狀，其面積是兒童百人未
滿時為150坪以上，兒童百人以上應有平均每人1.5坪的比率；該
規則第70條、80條中，又明白的規定公學校必設屋內體操場，體
操場可兼用為綠蔭運動場及農業實習地（蔡禎雄，民86）。

(2)原住民教育設備標準：原住民教育設備，依1908年（明治
41年）「蕃童教育費標準」（臺灣教育會，1939），包括：

①教室用具：黑板1、計數器1、參考書若干、3人一張桌
子、消耗品若干。

②實習器具：1人年額2圓以內，包括硯、鍬、鐮、鶴嘴、
桶、柄杓、鉈、鋸、錐、小刀、鑿、鉋、砥石、尺、度、墨壺等。

③實習消耗品：1人年額3圓以內，包括筆、紙、墨、鉛
筆、種物等。

④炊具食器：1人年額50錢以內。

⑤寢具。

⑥食費：通學生1人月額1圓以內，寄宿生1人月額3圓以內。

此外，根據1928年（昭和3年）原住民教育所的教育標準第

5 章第 27 條之規定，教育所內應設置收容兒童之寄宿舍暨農業實習地；在農業實習地的設置方面，應儘可能讓每人平均有 10 坪以上的耕作地。

2.日式學校建築的特色

日據時代學校建築特色，可從建校程序、校舍配置、建築式樣等三方面，加以了解。

首先，在建校程序上，日據時代每一所學校的設立，事先都經過慎重的考慮，對於學生的升學與就業的問題，也很早就加以安排；每個州立學校的官制，都是由總督府頒布，且極硬性地規定學校應設的班級和每年應該招收的人數，是一種有計畫的建設和分配，因此升學和就業的問題並不嚴重。再從建校情形觀之，日本人建立一所學校，往往要用三、四年籌備的時間，建校的程序，多數是先建教職員宿舍（包括單身與家庭宿舍），使教職員能夠安心地去做籌備開學的工作；其次是建造辦公室、教室、禮堂、特別教室、游泳池等設備；最後是採購圖書儀器設備，建造學生宿舍、飯廳，等到一切弄妥了才正式開學（*汪知亭，民 67*），此一縝密的規畫和興建程序，值得學習。

其次，在校舍配置上，臺灣的學校建築進入日據時代的 50 年間，受日本學校建築與設備標準的影響，標準化的學校建築，如規格化的教室設計（室內 9m × 7.5m，加單邊走廊 2.5m），黑瓦斜頂、木樑磚造、單面走廊、拱形廊窗、單層挑高約 4m，教室廊側臺度底下有通氣孔，校舍形式沿圍牆設置由「一」字型、「ㄇ」字型而（或）「口」字型，中間一塊操場，陳伯璋（*民 82*）稱之為「日本國旗」，呈現出一致性、標準化的軍國民教育的價值觀念；漢寶德（*民 73*）稱之為「官衙式」的學校建築，以操場和司令臺為重心，學校是傳達政令，訓練國民之場所，莊嚴肅穆，尊重著紀律

與命令，當時國民學校十之八九皆屬此類。正如蔡保田（民66）所論述的：臺灣的老學校多採四合院式校舍，坐北朝南的北屋比較高大，多做辦公室用途，東西房做教室用，其盡頭多做廁所、工友室或雜具室，中間為天井，有花草樹木、遊戲器具等，校舍幾乎完全一樣（參見圖9）；自小學至大學，總要建設一座莊嚴巍峨很像樣的大門，這是西洋學校建築所沒有的現象；而各級學校皆喜歡採用一字形的校舍，不管是一層、二層或三層樓，多是一字型排開，平行列有數間教室，很少變化，排列整齊力求嚴肅，呈現階級分明的軍營式建築，形式簡單而有序，行列清楚，一目了然，因此影響學校內的生活內容，也充分具有管理與控制的性格，服從而不用思考的象徵。

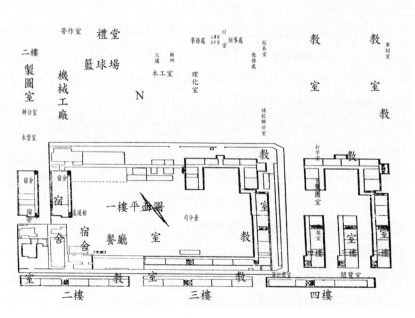

圖9：四合院式校舍設計

資料來源：**學校建築學**（第66頁），蔡保田，民66，臺北市：臺灣商務印書館。

第三，在建築式樣上，日據時期有一些教育設施採用中世紀風格，是日式學校建築式樣的特色，如臺大文學院（1929）和圖書館舊館（1929）、臺南一中小禮堂（1931）是仿羅馬風格，臺灣師大行政大樓（1928）和禮堂（1929）是簡化哥德風格，建中紅樓（1908）則為英國維多利亞時期英格蘭磚造建築（傅朝卿，民88）。這些西洋歷史式樣建築，係因日本自1896年實施明治維新，向列強吸收文明，東京大學聘請英籍Conder教授其影響最大，他訓練的第一代日本西化派建築家，有許多位被派到臺灣任職於總督府營繕課，1900年之後來臺灣的，包括小野木孝治、野村一郎、近藤十郎和森山松之助等，他們受Conder教授的影響，自然的學了一套後期文藝復興建築設計技術。19世紀後期的西歐建築中，有一種樣式稱作後期文藝復興，也可稱為新古典主義（neo classic），甚至又稱為矯飾主義（mannerism），其建築外觀有五大特色：(1)使用希臘或羅馬的柱式（column order）；(2)正面使用三角形或半圓形的山頭（pediment）；(3)屋頂使用陡峭的斜度，上面闢通風窗（dormer window）；(4)中央凸出球頂或高塔，以壯觀瞻，增添氣勢；(5)平面喜用對稱。1923年日本發生關東大地震，許多巍峨壯觀的後期文藝復興式的近代建築被震倒了，剛巧又受到歐美現代主義建築思潮的衝擊，在1920～1935年之間，建築風格改走折衷主義（eclecticism），這種建築雖然在建材和結構都具現代建築的特徵，但其外觀仍擺脫不去古典厚重的形式與細部雕琢的裝飾，它是簡化的古典建築，形式上有幾點的特色，如屋頂有簡化的山頭，正面以變體的柱頭表現柱列或拱廊的節奏感，或者是以優美比例的窗子排列，組成類似柱林的立面。臺灣大學的校舍為臺灣折衷主義的先聲，它的中央大道兩旁種植椰子樹，襯托莊嚴的氣氛，兩旁的校舍採用折衷主義來設計，每一座的入口都有坡度趨緩的三角形山頭，門廳前都有拱廊亭子，立面上的長方形窗子排列密集，除了採

光功能外也有加強垂直線條的作用。此外，師大禮堂和中山女高逸仙樓，亦為折衷主義的校舍作品，這些建築還有一項共同特色，即是披上國防色面磚的外衣；什麼是國防色面磚？當時為了考慮防空保護色，北投一帶磚窯廠生產表皮有細溝槽的面磚，色澤分為暗紅色、褐色、淺綠色與灰白色，據分析最初多使用暗紅色與褐色，如師大禮堂用暗紅色，臺大校舍則用褐色（*李乾朗，民 84、85*）。有趣的是，建中、南一中、南二中、雄中和臺南師院，在日據時代興建的主體校舍建築，也因外牆為紅磚，皆稱之為「紅樓」。

㈡ 教會的學校建築

日據時代，臺灣中等以上學校有一部分的學校建築，因新建材、新構造技術和新設計觀念，加上臺灣與外來文化交流之影響，造形、結構較為華麗複雜，最具代表性的是臺灣基督長老教會所興建的學校。教會的學校建築，因本土化，也有其特色。

1. 教會學校建築的興建

臺灣基督長老教會在北部的淡水和南部的臺南，所興建的學校，大約在同一時期興築，大多也成為歷史性建築，頗負盛名。

例如，在北部，最早在 1882 年，由臺灣基督長老教會Mackay（中文名馬偕）所規畫監造的牛津學堂（Oxford College），其平面猶如臺灣民居，東西長 76 英尺（23m），南北長 116 英尺（35m），呈四合院布局，正面有五開間，中央三開間凹入形成走廊，有趣的是屋脊上置有許多類似佛塔的尖形物，充分反映 19 世紀外來建築樣式與臺灣本地建築之間如何融合與並存設計的問題。Mackay 過世後，由 Gauld 和 Dowie 牧師設計和興建淡水女學校、淡江中學八角塔和體育館（*傅朝卿，民 88*）。1916 年，設立淡水女學校（如圖

10），是臺灣第一所女子學校，二層樓的校舍，平面呈四合院形，中央設天井，正面入口上方有高大的山頭，欄杆則使用綠釉陶質花瓶，與紅磚外牆構成良好而明顯的對比；1923 年，興建淡江中學，校舍平面有如三合院，中央部分突出較高的八角塔（如圖 11），

臺灣第一所女子教育學校，二樓校舍平面為四合院形，正面入口高大山頭仍有「淡水女學校」字樣，至為珍貴。

圖 10：私立淡水女學校（1916 年）

淡江中學八角塔校舍，採三合院布局，建築風格獨特，雙龍抱護，圍合的中庭空間靜謐優雅。

圖 11：私立淡江中學的八角塔校舍（1923 年）

兩翼為二層樓，廂房則較低，為一層樓建築風格介於中國式與英國城堡之間；校園內的體育館亦落成於 1923 年，是一種鐵骨桁架大跨距的建築，室內設籃球場，它的外觀很像臺灣的傳統民宅，在外來的技術與臺灣的樣式相互結合的嘗試中，這座體育館達到最成熟的程度（*李乾朗，民 81*）。

在南部，1916 年興建長榮中學，長榮中學校內現仍可見幾座古老的建築，其中現充用為音樂館者為原來之教堂，平面為長方形，入口正面略突出，設拱廊，柱子使用西洋柱頭，欄杆則為中國式的陶質花磚，側面和背面均設半圓拱廊，拱圈上以粉刷技巧模仿石塊，具特色。音樂館後面有教室及宿舍，教室為一層式，其形式頗為少見，係在兩坡頂的四周再加上迴廊而成，迴廊的柱子雖為樑柱，但屋架卻為中國式的木樑架，內窗則是西洋式，呈現二種建築文化交流之趣味；另外，宿舍為長形的兩層樓紅磚建築，上下皆有拱廊，屋簷上置三角形山頭，很接近廈門常見的洋樓（*李乾朗，民 81*）；1923 年興建的長榮女中校舍，單純的半球形圓屋頂（dome），反映了他們作為新英格蘭清教徒的理想，非常清楚的柱列系統，顯現宗教家的理智，難能可貴的是他們願與鄉土結合，其走廊具人性尺度，有臺灣亭仔腳的趣味（*李乾朗，民 84*）。

2.教會學校建築的特色

教會興建的學校建築，呈現明顯的本土化，與日式學校建築採用中世紀風格的西洋歷史式樣建築，各異其趣。教會學校建築的特色，也可從建校程序、校舍配置、建築式樣等三方面，加以了解。

首先，在建校程序上，教會興建的學校建築，多數由教會的神職人員自己設計，再鳩工興築，如 Mackay 規畫監造的牛津學堂、Dowie 牧師設計的淡江中學八角塔等，與日本人由官方興建，大異其趣。

其次，在校舍配置上，成ㄇ字型的三合院型態，如牛津學堂、淡江中學八角塔、長榮女中長榮大樓等，採用臺灣民居的合院式建築型態，為教會學校建築本土化的特色之一。

第三，在建築式樣上，大多以臺灣傳統民宅為原型，再於開口部及內裝修上反映西方宗教的特質，淡水女學校、淡江中學八角塔、長榮中學校史館、長榮女中長榮大樓和臺南神學院教室（1903）等均屬之，這些建築多數是以閩洋折衷或是閩南裝飾風格來興建，不過淡江中學校體育館，整座建築外貌宛若一座傳統民宅（山牆呈現金形和水形馬背），卻是個特例。此外，為因應臺灣濕熱氣候所採用的拱廊或迴廊，以及採用本地生產的磚材，也經常出現於教會建築。

第三節

光復以後的學校

光復以後臺灣學校建築的重要發展，擬分為四部分：(1)各級學校設備標準的奠基；(2)六○年代國中校舍的設計；(3)七○年代學校建築的進展；(4)八○年代學校建築的興起，加以說明。

一 各級學校設備標準的奠基

臺灣光復之後（1945 年以後），各種學校校舍或建築設備標準的研訂，仍然規範著臺灣學校建築的發展。以下擬就幼稚園設備標準、國民小學設備標準、國民中學設備標準、高級中學設備標

準、大專校院設備標準等，分別整理說明。

(一) 幼稚園設備標準

教育部於民國 50 年公布「幼稚園暫行設備標準」，78 年公布「幼稚園設備標準」（*教育部國民教育司，民 78*），比之日據時代，有更多原則性的說明和詳實的標準，茲將其主要項目和具體規定，依園地選擇、園地配置、園舍面積、園舍建築、活動室、室外運動場、園庭和附屬設施等加以整理，詳如表 6 所示。觀之「幼稚園暫行設備標準」和「幼稚園設備標準」將近 30 年之發展，其規定的主要趨勢，評析如下：

1. 園地選擇：將幼兒步行具體規定為距離「5～10 分鐘」，並將經濟發展後的「交通便捷」也納入。

2. 園地配置：園舍基地面積由固定（40%）改為彈性（40～50%），並增加容積率 100% 之規定。

3. 園舍面積：每生室內外面積，更彈性的依院轄市、省轄市、郊區及其他地區，各有不同的標準。

4. 園舍建築：將單調的形式（一、ㄱ）建議刪除，園舍高度彈性提高到以二樓為限，南向的方位改為南北向，園舍種類增加更多與教學有關的空間（如遊戲室、觀察室、視聽室、圖書室、教具室、儲藏室、寢室、餐廳等），行政上則增加園長室和地下室。

5. 活動室：為提升教學品質，降低活動室人數（由 1 班 40 人，降為 30 人），牆壁因教學之需採用開放形式者可以彈性分隔，增加照明（不低於 250Lux）、室溫（20～25℃）和濕度（60～65%）之規定，以提供更舒適的物理環境。

6. 室外運動場：運動器具更具體規定，增加跑道（南北向 25m 長跑道）、大型遊樂設備（如溜滑梯、鞦韆、攀爬架等）、活動範

圍較小的遊戲設備（如小型沙坑、塑膠小型水池、搖木馬等），以及行車水泥道宜採彎曲路線，以減少衝力之安全規定。

表6 幼稚園設備標準主要項目之具體規定

項目	幼稚園暫行設備標準 （民國 50 年）	幼稚園設備標準 （民國 78 年）
園地選擇	• 幼兒住所附近能步行到達。	• 幼兒步行距離 5～10 分鐘或交通便捷。
園地配置	• 全園場地面積占60%，房屋面積 40%（兒童直接用室 30%，其他 10%）。	• 園舍基地面積占 40～50%（活動室和遊戲室占 30%），容積率 100%。
園舍面積	• 每生室內至少 2 m²，室外 4 m² 以上。	• 每生活動面積，院轄市室內不得小於1.5 m²，室外 2 m² 以上。省轄市室內不得小於 2 m²，室外 4 m² 以上。郊區及其他地區，室內不得小於 3 m²，室外 6 m² 以上。
園舍建築	• 形式以一字式較佳，¬形次之，平房最適宜。 • 活動室方向南向最佳、東南向次之。 • 園舍還有辦公室、保健室、職員宿舍、傳達室、接待室、廚房等。	• 園舍以平房為原則，以二樓為限。 • 方位南北向為最佳，東南向次之。 • 園舍還有遊戲室、保健室、觀察室、視聽室、圖書室、園長室、辦公室、接待室、教具室、儲藏室、寢室、備餐室、餐廳、地下室等。
活動室	• 活動室1班（40 人）1室，室內高約 4m，布置娃娃家、閱覽角等。 • 活動室最好有 2 門，外開，牆壁以能隔音為原則，窗面積約占牆面積 2/3，上距天花板 30cm 左右，下距地面 50～60cm。 • 天花板宜用白色，牆上部可用淺色，牆下部可用較深色。	• 活動室室內面積不得少於 60 m²（每班 30 人，每生至少 2 m²），高度約 3m，採學習角配置。 • 每室設 2 門，外開，牆壁以能隔音為原則（採用開放形式者可以彈性分隔材料）。窗臺高度 50～60cm，窗戶面積占建坪面積 1/4。 • 照明不低於 250Lux，色彩和諧，室溫 20～25℃，濕度 60～65%。

表6 （續）

項目	幼稚園暫行設備標準 （民國 50 年）	幼稚園設備標準 （民國 78 年）
室外運動	• 遊戲場地應在教室南方或東南方，至少包括青草地 1 大塊、繞場之水泥（或三合土）道和各種運動器具。	• 動態運動場提供溜滑梯、鞦韆、攀爬場架等大型遊樂設備。 • 靜態運動場為寬闊草坪，供幼兒活動使用。 • 設置 1 條南北向 25m 長跑道。 • 分齡戶外遊戲場，包活小型沙坑、塑膠小型水池、搖木馬等活動範圍較小的遊戲設備。 • 設小木屋，平房高，分二層，下層放置遊戲器具及用具等，上層是幼兒活動的小樓，有樓梯滑桿爬上滑下，亦可利用木箱代替。 • 水泥地供幼兒騎三輪車、拉手推車，或列隊行進時使用。行車水泥道宜採彎曲路線，以減少衝力。
園庭	• 樹蔭、花草、沙地、蓄養小動物場所、踏水池（水 15cm）、小土山等。	• 前庭宜綠化或做彈性使用。 • 後庭即半戶外教學活動空間，宜安裝小型滑梯、搖木馬、沙箱、踏水池等活動量小的遊樂器械。 • 提供泥土地闢為花園、菜園、飼養小動物，以及幼兒自由挖掘之用。
附屬設施	• 過道應有 2m 以上。 • 盥洗室每 14 人至少設 1 盥洗盆。 • 廁所 20 人 1 位，大便坑以橫條式為宜，坑寬不可超過 11cm。	• 園門採鮮艷暖色，門開兩扇，並開小側門，門高 2.2m，寬 1m。 • 寢室，全日制幼稚園須設置，幼兒臥床長 120cm，寬 75cm，高 30cm，並有 1.1 m^2 室內面積，每排床距至少 60cm。 • 走廊宜設於南向，寬 2.7～3.4m。 • 樓梯寬 1.8m，深度 26cm，高度 14cm，扶手高 52～68cm，欄杆不設橫條，縱條間隙不超過 12cm。 • 洗手臺和水龍頭，每 10～15 人各 1 個，洗手臺高度 50cm。 • 廁所及盥洗室附設於活動室內，採套房式，或設於兩間活動室之中間。廁所門內開，門板高約 120～135cm。大便器，10～15 人 1 個，以蹲式為佳，如為坐式，便缸高 25～28cm；小便器，男童每 20 人 1 個。

7.園庭：重視庭園之功能，增加前庭（綠化或做彈性使用）、後庭（半戶外教學活動空間）功能建議。

8.附屬設施：基於園舍安全和生活，對附屬設施有許多更具體的規定，增加園門、寢室、走廊、樓梯、洗手臺和水龍頭之要求，以及廁所及盥洗室附設於活動室內，採套房式，或設於兩間活動室之中間，更生活化和人性化，還有大便器和小便器分開規定，並提高標準。

值得注意的是，「幼稚園設備」公布實施迄今已逾 13 年，幼教觀念也有諸多改變，幼稚園設備理應檢討更新（教育部現正研訂幼稚園空間規畫與設備基準），以利國內幼教的新興與發展。

此外，教育廳於 67 年另公布「臺灣省幼稚園園址最低總面積標準表」園舍面積基數（以 1 班 40 名幼兒計），省、縣轄市 140 m²（室內占 60 m²，室外占 80 m²），鄉鎮 240 m²（室內占 80 m²，室外占 160 m²），幼稚園每增 1 班增 1 個基數，第 5 班起增半個基數（*臺灣省政府教育廳，民 73*）。

㈡ 國民小學設備標準

教育部於民國 46 年公布「增建國民學校校舍實施要點」，47 年公布「國民學校校舍建築設備暫行標準」，70 年公布「國民小學設備標準」（*教育部國民教育司，民 70*），91 年公布「國民中小學設備基準」（*教育部，民 91*）。為了解光復後國民小學之設備要求，特就 47 年的「國民學校校舍建築設備暫行標準」和 70 年的「國民小學設備標準」，將其主要項目和具體規定，依校地選擇、校地配置、校舍建築、普通教室、運動場地、學校庭園和附屬設施等加以整理，詳如表 7 所示，以利參考比較其間之異同和發展。觀

表 7 國民小學設備標準主要項目之具體規定

項目	國民學校校舍建築設備暫行標準 （民國 47 年）	國民小學設備標準 （民國 70 年）
校地選擇	• 設置於學區交通便利並鄰近多數居民之地點，以校舍為中心之學區，其半徑以不超過 1 公里為原則。	• 學區適中位置、交通便利、鄰近多數居民之地點，以學校為中心之學區，其半徑以不超過 1.5 公里，徒步不超過 30 分鐘。 • 校地距離公路至少 30m，以免噪音干擾教學活動。 • 鄉村國小設在山坡地者，其傾斜度不超過 1/12，並選擇南向的傾斜地為宜。
校地配置	——	• 校地面積，10 萬人口都市計畫區之國小，每生 $10.67\,m^2$。 • 1 萬人口以下都市計畫區內之國小，每校面積不得小於 1.8 公頃；1 萬人口以上都市計畫區內之國小，每校面積不得小於 2 公頃。
校舍建築	• 教室非不得以不建樓房，如建樓房，每棟至少應有二座樓梯。 • 教室方向以南向或東南向並一面採光為原則。 • 教室以坐北向南，美術教室以北向為宜。 • 教室數，1～2 學級設 1～2 間，3～4 學級設 3～5 間，5～6 學級設 5～7 間，7～12 學級設 7～15 間，13～18 學級設 13～22 間，19～24 學級設 19～29 間，25～30 學級設 25～36 間，31～36 學級設 31～42 間，普通教室每班 1 間（容納 50 人），餘酌設專科教室。 • 專科教室有勞作、家事、自然、音樂、美術等教室。 • 教室建築以多用途為原則，如普通教室、禮堂兼作美術、音樂、勞作、體育教室及風雨操場，2 間以上相連教室兼作禮堂。 • 辦公室每人 $3～4\,m^2$。	• 市區之學校以建築三層樓為原則，鄉村以單層為宜。 • 建築結構和基礎以鋼筋混凝土為主。 • 教室數，1～6 班設 1～8 間，7～12 班設 7～16 間，13～24 班設 13～30 間，25～36 班設 25～44 間，37～48 班設 37～60 間，普通教室每班 1 間（容納 50 人），餘酌設專科教室。 • 專科教室有綜合教室或工藝（勞作）、自然、家事、音樂（$120\,m^2$，高 4m）、美術（$120\,m^2$）、社會等教室。 • 教室建築以多用途為原則，如普通教室、禮堂兼作美術、音樂、勞作、體育教室及風雨操場，2 間以上相連教室兼作禮堂。 • 綜合教室面積，小型容納 100 人，大型容納 400 人為原則。 • 圖書室，6 班以下 1.5 間教室大，7～24 班 2 間教室大，25 班以上獨立設館。閱覽座位，24 班以下 50 人座，25～36 班 80 人座，37～48 班 100 人座，每座位 2 m^2。 • 辦公室每人 $4～7\,m^2$。

表7 （續）

項目	國民學校校舍建築設備暫行標準 （民國 47 年）	國民小學設備標準 （民國 70 年）
校舍建築（續）	• 圖書室或閱覽室應酌設，校舍不足者應利用各班級教室或走廊，設置圖書箱或圖書架。 • 保健室 12 學級以上設置 1 間。 • 禮堂面積以能容納全校師生和半數以上家長為原則；兼作運動場者，應合於籃球場面積，高度至少 6m。 • 設教職員宿舍，以鄰近學校而不在校內為宜，其面積以教職員及其眷屬每人 15～30 m²。	• 保健室 24 班以上設置 1 間（83 m²）。 • 禮堂面積，24 班以下的學校以能容納全校師生為原則。 • 離島僻遠地區學校要設置教師員工宿舍。
普通教室	• 教室每室容納 50 人，每生 1.8～2 m²，教室高度 3.7m。 • 教室應建附室與教室相連，其面積為教室的 1/8～1/5。 • 教室門之大小能使兒童於 2 分鐘走出或進入為原則。 • 門窗玻璃面積占地面 1/4～1/3，窗距地面高度 0.8～1m，窗距教室前端 2～3m，距教室後端 0.45m。	• 教室每室容納 50 人，面積至少 63 m²，高度 3.5m，視需要設附室。 • 窗戶面積占教室地面 1/4，教室宜採上下開放之兩節窗。 • 照明不低於 200Lux，室溫 17～23℃，濕度 60～65%。 • 天花板宜用白色或乳白色，牆壁宜用淡色，牆基可用較深顏色。
運動場地	• 運動場之設置，12 學級以下，中高年級宜分設，12 學級以上，低中高年級均宜分設。 • 遊戲運動場面積，每生 3.3～8 m²。低年級遊戲運動場宜設於低年級教室附近。 • 運動場、小農園、苗圃宜設在校舍後面或靠後之兩旁，並遠離教室和辦公室。	• 跑道以半圓式為原則，12 班以下 150m，13～24 班 150～200m，25～36 班 200～250m，37～48 班 250～300m，49 班以上 300～400m。 • 球場包括躲避球場、簡易籃球場、簡易壘球場、簡易足球場、簡易手球場等。 • 各校應設體育館，如有困難，則設風雨操場，37 班以上設置體育館和風雨操場各 1 所，體育館長 26～32m，寬 18～22 m，風雨操場 20～24m，寬 14～16m。 • 游泳池視經費酌置。 • 遊戲場分低年級遊戲場和高年級遊戲場，包括滑梯、鞦韆、浪木、梅花樁、蹺蹺板、攀登架、輪胎活動場、迴轉椅、踏臺、肋木、雲梯、爬竿、弔球、繩橋和垂直跳躍架等器材設備。

表7 （續）

項目	國民學校校舍建築設備暫行標準 （民國47年）	國民小學設備標準 （民國70年）
學校庭園	• 教室之前後宜鋪草坪或闢花圃，惟教室前後之樹木，不可妨礙室內光線。	• 校園規畫應與整個校舍相配合，設置戶外教室、教材園、遊戲場、庭園、農場（鄉村學校）等，並種植花木、裝置藝術品，力求環境美化。
附屬設施	• 走廊力求寬敞。 • 廁所位置離水井和廚房100m，並與教室和辦公室隔離，以免有礙衛生。 • 男女廁所分置，男生小便器50～100人1個，大便器25～50人加設1個；女生15～25人大便器1個。	• 走廊淨寬兩側有教室者至少2.4m，其他走廊淨寬至少1.8m，相連的教室愈多，走廊須愈寬。 • 樓梯及平臺淨寬至少1.3m以上，每級踏步高度16cm以下，深度26cm以上。 • 洗手臺每2間教室，設置1座，每座應有水龍頭3個。 • 男生大便槽每40～50人1坑，小便槽每100人應有4～6m（或小便斗6個）；女生蹲位，每20～25人1坑。

之「國民學校校舍建築設備暫行標準」和「國民小學設備標準」逾20多年之發展，其規定的主要趨勢，評析如下：

1. 校地選擇：原學區半徑放寬（以不超過 1 公里改為 1.5 公里），並增加徒步時間（不超過 30 分鐘）、避免噪音干擾（校地距離公路至少30m），以及鄉村國小設在山坡地之規定，如傾斜度不超過 1/12 和擇南向傾斜地為宜，以增教學、安全、採光和通風之效。

2. 校地配置：原無相關規定，後來新增校地面積，並對不同都市計畫區人口數之國小，有彈性的規定，如 10 萬人口之國小，每生 $10.67\,m^2$；1 萬人口以下都市計畫區內之國小，每校面積不得小於1.8公頃；1 萬人口以上，每校面積不得小於 2 公頃。

3. 校舍建築：因應經濟發展、建築技術提高，臺灣土地寸土寸金和教育逐漸普及，原教室樓層放寬（原不建樓房，改為市區學校

以建築三層樓為原則），建築結構和基礎要求以鋼筋混凝土為主；教室方位，增加美術教室以北向之規定；教室數，增加 37〜48 班之規定，教室上限增加 1 間（如 7〜12 班設 7〜15 間，改為 7〜16 間）；專科教室，增加社會教室，有的具體說明面積（如音樂教室 120 m²，高 4m；美術教室 120 m²）；圖書室的重要性提高，原原則性要述，改為在數量和面積，閱覽座位數和面積，有更具體明確的規定（如 6 班以下 1.5 間教室大，7〜24 班 2 間教室大，25 班以上獨立設館；閱覽座位，24 班以下 50 人座，25〜36 班 80 人座，37〜48 班 100 人座，每座位 2 m²）；辦公室面積，大幅提高（原每人 3〜4 m²，增為 4〜7 m²）；保健室數量降低，原 12 學級以上設置 1 間，改為 24 班以上設置 1 間，可能為減少護士編制員額考量；禮堂面積降低，但具可行性和符合實情，原皆要能容納全校師生，改為 24 班以下的學校才要，因容納 1,200 人（50 人 × 24 班）的禮堂，內空間比現在學校興建容納 1 座標準籃球場的面積還大，禮堂造價昂貴，並考慮教學和平日使用功能，此一思考合理。

4. 普通教室：主要增加照明（不低於 200Lux）、室溫（17〜23℃）和濕度（60〜65%）等規定，以提供更舒適的物理環境。

5. 運動場地：重視學校體育和運動，運動場設施項目增多，並分項具體說明。主要增加：跑道和長度規定（如 37〜48 班 250〜300m）；球場種類，有躲避球場和一些簡易球場；為因應氣候增加運動機會，規定各校應設體育館或風雨操場，並告知具體面積；游泳池，因場地和經費受限，只輕點視經費酌置；遊戲場，增加高年級遊戲場並說明遊戲器具名稱（如滑梯、鞦韆、浪木、梅花樁、蹺蹺板、攀登架、輪胎活動場……等）。

6. 學校庭園：由單純的種植，不妨礙室內光線，發展到重視整體規畫，在綠化之外，還強調美化，甚至教育性情境，如裝置藝術

品，設置戶外教室、教材園、農場（鄉村學校）等。

7.附屬設施：基於校舍安全和生活化之需求，對附屬設施有許多更具體的規定。增加走廊、樓梯、洗手臺和水龍頭之要求，以及將大便槽和小便槽分開規定，數量上男生增多可接受，女生減少應改進。

　　至於，教育部（民91）公布的「國民中小學設備基準」，將原來厚達700多頁的「國民小學設備標準」（民國70年），簡化為僅32頁的設備基準，優點是減少許多細項設備的說明，並依九年一貫課程的學習領域分別要述「共通性設備基準」和「個殊性設備基準」，同時增加校園整體規畫和環境指標（包括音、光、熱、空氣、綠化、文化環境等）的具體說明，提高學校的整體性規畫和教育情境的設計；缺點是少了圖示，參閱不易明確。新公布的「國民中小學設備基準」，與民國70年的「國民小學設備標準」，其主要的新增或差異要述如下，以利了解未來之發展：(1)校地配置：新增校舍建築用地約占3/10，運動空間用地約占3/10，綠地、庭園、步道用地約占4/10；都市計畫區內之國小，每校面積增為不得小於2公頃（原1.8公頃），每生校地面積增為12 m²（原為10.67 m²），都市計畫區外之國小，每校面積增為不得小於1.8公頃（原0.9公頃），每生校地面積增為25 m²（原15 m²）。此外，並具體建議校園空間依活動性質（如分為動態區、靜態區、中性區、文化活動區及生態教育區等）和空間功能（如分為教學空間、服務教學空間、行政空間、公共服務空間、戶外空間、生態空間、資源回收空間等），進行整體規畫；(2)校舍建築：普通教室面積，以每班35人為基準（原為50人），室內每生2 m²，雙面走廊教室計112.5 m²，單面走廊教室90 m²，每班學生18人以下者教室面積75 m²（含走廊）。專科教室，面積依普通教室1.5～3倍設置，數量上

增加49～54班、55～60班、61～66班、67～78班、79～96班及97班以上之規定，利於都會大型學校設置之參照，並符應資訊時代新增「資訊教室」40班以下1間（225 m²）、41～80班2間（450 m²）和81班以上3間（675 m²）之基準；此外，新增教師室面積以每位教師5 m²以上伸算（原規定以在教室辦公為原則），另因應學校本位管理之發展，增加家長會室、校友會室、教師會室等空間。(3)普通教室：照明（原規定不低於200Lux）提高為桌面不低於350Lux，黑板不低於500Lux；新增噪音大於60dB之地區，應設置隔音設施之基準；教室說話最適餘響時間，應控制在0.41秒以內。(4)運動場地：新增每生運動場面積以6 m²以上為原則，跑道以400m為理想，至少需有200m，如地形受限以1條直線跑道為優先，比之以前更為具體彈性；方位上，新增跑道直道和球場南北縱向之基準；游泳池，新增長25m（條件許可得設置50m）、深1.2m（淺0.8）、8水道之具體說明；遊戲場，則不說明器材，改為對安全、適性、分區和維護之原則要求。(5)附屬設施：新增資源回收、水資源再利用（雨水回收系統）、有機肥資源處理區、污水垃圾處理設備、安全監控設備、自然能源應用設備（如風力、太陽能、中水屋頂位能設備）等基準；廁所，男生每100名大便器2～3個，小便器4～5個，總量與原規定大致相同，女生每100名大便器7～8個，比原規定（4～5個）增加，且建議設置盥洗間1間，以利女生生理期之處理，在性別空間的處理上大有進步。(6)教學設備，依九年一貫課程的學習領域分別要述「共通性設備基準」和「個殊性設備基準」，比原規定簡要且具彈性。餘限於篇幅，不另贅述。

此外，早在民國45年，臺灣省辦理省立小學和國民學校成績考核，即將「校舍及設備」列為六大項標準中之第一大項，在總分1,000分中占100分，其各小項占分比重分別為：(1)校址：地點適

中，通學便利，場地寬大較高，計 10 分；(2)校舍：數量夠用，分配適當，保養得當，計 15 分；(3)教室：採光合理，通氣適宜，布置得當，足敷應用，桌椅高度合於標準，黑板與地面之距離適合，計 30 分；(4)禮堂、會議室及運動場：布置適合，便於開放，計 15 分；(5)校具、圖書儀器：數量夠用，管理得當，便於使用，計 10 分；(6)環境布置：有教育意義，支配適當，計 10 分；(7)衛生設備：安排適當，數量夠用，計 10 分（*臺灣省政府教育廳，民 73*）。由此可知，光復之後，國民小學的學校建築和設備，即甚受政府之重視，而校園開放和環境布置，也已列入學校規畫設計重點，實值肯定。

㈢ 國民中學設備標準

教育部於民國46年公布「中學暫行設備標準」，53 年公布「中學設備標準」（*教育部中等教育司，民 53*），內含初級中學設備標準和高級中學設備標準；之後，為籌備與增進九年國民教育設施，以充實國民中學教學設備，乃於民國 59 年公布「國民中學暫行設備標準」（*臺灣省政府教育廳，民 73*），76 年公布「國民中學設備標準」（*教育部國民教育司，民 76*），91 年公布「國民中小學設備基準」（*教育部，民 91*）。為了解光復後國民中學之設備要求，特就 53 年的「中學設備標準」（初級中學設備標準）和 76 年的「國民中學設備標準」，將其主要項目和具體規定，依校地選擇、校地配置、校舍建築、普通教室、運動場地、學校庭園和附屬設施等加以整理，詳如表 8 所示，以利參考比較其間之異同和發展。觀之「中學設備標準」（初級中學設備標準）和「國民中學設備標準」逾 20 多年之發展，其規定的主要趨勢，評析如下：

表8 國民中學設備標準主要項目之具體規定

項目	中學設備標準（初級中學設備標準）（民國 53 年）	國民中學設備標準（民國 76 年）
校地選擇	• 設置於交通便利但應避免穿越鐵路，力求環境優美且有發展餘地。	• 學區適中位置、交通便利、鄰近多數居民之地點，以學校為中心之學區，其半徑以不超過 1.5 公里，徒步不超過 30 分鐘。 • 鄉村國中設在山坡地者，其傾斜度不超過 1/12，並選擇南向的傾斜地為宜。
校地配置	• 校地面積，設於都市或市郊者，12 班以下 19,835 m² （6,000坪），18 班以下 26,446 m²（8,000 坪），24 班以下 33,058 m²（10,000 坪），36 班以下 46,281 m²（14,000 坪）。 • 校地面積，設於鄉鎮者，12 班以下 26,446 m²（8,000 坪），18 班以下 36,363 m²（1,1000 坪），24 班以下 46,281 m²（14,000坪），36 班以下 59,504 m²（18,000 坪）。	• 校地形式以完整的方形或長方形為宜。 • 校地面積，10 萬人口都市計畫區內之國中，每生 17.77 m²。1 萬人口以上都市計畫區內之國中，每校面積不得小於2.5公頃。 • 校地面積，設於都市計畫區內，12 班以下 25,000 m²，13～24 班 25,000～25,596 m²，25～36 班 31,986～38,394 m²，37～48 班 42,648～51,192 m²，49～60班 53,310～63,990 m²，61～72 班 63,972～76,788 m²，73 班以上依比例增加。設於都市計畫區外，12 班以下 14,400 m²，13～24 班 28,800 m²，25～36 班 43,200 m²，37～48 班 57,600 m²，49～60 班 72,000 m²，61～72 班 86,400 m²，73 班以上依比例增加。
校舍建築	• 為經濟利用土地及防颱防震，校舍建築以興建鋼筋混凝土樓房為原則。 • 教室方向以南向或東南向並一面採光為原則。 • 教室數，普通教室每班 1 間（容納 50 人）。特別教室，12 班以下應有博物、理化、視聽、音樂、美術、工藝、家事、生理衛生室等 8 間，13～24 班應增理化、工藝教室各 1，25 班以上再增理化、音樂、美術、工藝教室各 1。	• 學校建築基於教學、活動之便利和安全，以四層樓結構為原則，在颱風頻繁地區，屋頂宜採平頂。 • 學校建築和附屬設備的設計配置須兼顧輕微性肢障、視障、聽障學生的使用和安全。 • 建築結構和基礎以鋼筋混凝土為主。 • 教室以坐北向南，雙面採光為佳，美術教室以北向為宜。 • 教室數，普通教室每班 1 間（容納40～50 人）。專科教室，有社會、理化、生物、地科、視聽、語言、音樂（高 4m）、美術、家政、工藝、童軍、

表8 （續）

項目	中學設備標準（初級中學設備標準）（民國 53 年）	國民中學設備標準（民國 76 年）
校舍建築（續）	• 圖書館，12 班以下 2 間教室大，13～24 班以獨立設館為原則，25 班以上獨立設館。閱覽座位，以在校學生人數度 1/10 為準，1/6 為理想；12 班以下 60 席，13～24 班 120 席，25～36 班 180 席，37 班以上 180 席以上，每席 2 m²。 • 辦公室，12 班以下應有校長室、教務處、訓導處、事務處及人事主計室。12 班以上增設教員休息室、導師辦公室、體育室及學生談話室。 • 會議室 1 間。 • 各科研究室 4 間，可分為社會學科、自然學科、國文科、英文科研究室。 • 保健室 1 間。 • 禮堂（兼體育館）大小以容納全校學生集會為準。 • 活動中心大小以容納全校學生 1/5 為準。 • 設教職員宿舍、學生宿舍、工友宿舍等，數量視需要而定。	電腦等教室，24 班以下 12 間，25～36 班 17 間，37～48 班 20 間，49～60 班 24 間，61～72 班 25 間，每間室內 13.5m×7.5m。 • 圖書館，12 班以下 2 間教室大，13～24 班以獨立設館為原則，25 班以上獨立設館。閱覽座位，以在校學生人數 1/10 為準，1/6 為理想；12 班以下 60 席，13～24 班 120 席，25～36 班 180 席，37 班以上 180 席以上，每席 2 m²。 • 辦公室，包括校長室、教務處、訓導處、總務處、輔導室、諮商室、校史室（視實需）、教具室、印刷室、器材室等各 1 間，人事室、會計室、體育組播音室等各 0.5 間，教師室 2～8 間（依班級數）。 • 保健室 24 班以上設置 1 間，25 班以上設健康中心。 • 禮堂面積，以容納全校師生集會。體育館兼用。 • 活動中心大小以容納全校學生 1/10 為準。
普通教室	• 教室每室容納 50 人，兼作自修室。	• 教室每室容納 40～50 人，面積 67.5 m²（9m×7.5m），高度 3.5m。 • 窗戶面積占教室地面 1/4。 • 室內照明不低於 300Lux，桌面不低於 200Lux，粉筆板不低於 350Lux。噪音不超過 60dB，室溫 20～26℃，濕度 60～65%。 • 天花板宜以白色，牆壁以淡綠、淡黃，牆基可用較深顏色。
運動場地	• 運動場之設計力求可供社區活動使用 • 體育館、游泳池各設 1 座，如學	• 各校須有 200m 以上跑道的運動場。 • 跑道以 400m 半圓式為理想，亦可規畫 300m、250m 或 200m 的跑道，以 6～8

表8 （續）

項目	中學設備標準（初級中學設備標準）（民國53年）	國民中學設備標準（民國76年）
運動場地（續）	校經費困難可從緩。	道為理想。 • 球場包括籃球場、排球場、羽球場、棒（壘）球場、足球場、手球場、網球場等。 • 體育館，因校地狹小非不得已，可與禮堂兼用。 • 游泳池視經費酌置，以長50m、8水道，深1.2～1.4m為理想，校地受限亦可設25m長之游泳池。
學校庭園	• 校園1處。	• 校園規畫應與整個校舍相配合，並廣為種植花木、裝置藝術品，力求環境與校舍美化。 • 校園分為前園、中園、後園，分修主道寬約8～10m，支道寬約5～7m，人行道寬約1～2m，並置休憩椅。
附屬設施	• 廁所，12班以下2間，13～24班4間，25～36班6間。	• 走廊寬2.5m。 • 樓梯及平臺淨寬至少1.6m以上，每級踏步高度18cm以下，深度26cm以上。 • 飲水機每3間教室，設置1臺。 • 洗手臺每2間教室，設置1座，每座應有水龍頭3個。 • 男生蹲位每40～50人1位，小便斗每100人應有4～6m（或小便斗6個）；女生蹲位，每20～25人1位。 • 消防設備，每4間教室置滅火器1具。

　　1.校地選擇：原只交通、環境和發展性的簡則要述，後來增加學區半徑（不超過1.5公里）、徒步時間（不超過30分鐘），以及鄉村國中設在山坡地之規定，如傾斜度不超過1/12和擇南向傾斜地為宜，以增教學、安全、採光和通風之效。

　　2.校地配置：對校地之需求更具體，如校地形式，建議以完整的方形或長方形為宜；校地面積，依學校規模（班級數）彈性規

定，增加 37～48 班、49～60 班、61～72 班及 73 班以上之校地面積，並降低面積標準，同時說明最低標準，如 10 萬人口都市計畫區內之國中，每生 17.77 m²，1 萬人口以上都市計畫區內之國中，每校面積不得小於 2.5 公頃。

　　3.校舍建築：因應經濟發展、建築技術提高，臺灣土地寸土寸金和教育逐漸普及，原教室樓層具體說明（以四層樓結構為原則）；重視無障礙環境，規定學校建築和附屬設備的設計配置須兼顧輕微性肢障、視障、聽障學生的使用和安全；教室方位，原規定南向或東南向及一面採光，後來增列教室以坐北向南，雙面採光為佳，美術教室以北向為宜；為提升教學品質，教室人數降低（原每班容納50 人，降為 40～50 人）；專科教室，增加社會、生物、地科、語言、童軍、電腦等教室種類，數量標準提高，並依學校規模（班級數）具體說明數量和面積（如 24 班以下 12 間，25～36 班 17 間，37～48 班 20 間，49～60 班 24 間，61～72 班 25 間，每間室內 13.5m × 7.5m）；辦公室，主要增加輔導室、諮商室、校史室（視實需）、教具室、印刷室、器材室等；原有各科研究室（4 間），分社會、自然、國文、英文等科設置，後改為教師室（2～8 間），惟後來的發展決大多數都設置「導師室」，使教師「輔導和管理」學生的功能增加，而教師教學研究功能減弱，殊甚可惜；保健室數量降低（原規定 1 間，改為 24 班以上設置 1 間），25 班以上設健康中心則算合理；活動中心面積降低，原要能容納全校學生 1/5，改為1/10，標準低了一些，可再提高；原教職員宿舍數量視需要而定之規定，有其合理性（尤其是偏遠地區），可再酌予補列，以安教心。

　　4.普通教室：主要增加教室規格（如 9m × 7.5m，高度 3.5m）、窗戶面積（占教室地面 1/4）。室內照明（不低於 300Lux，桌面照不低於 200Lux，粉筆板不低於 350Lux）、噪音（不超過 60dB）、室溫（20～26℃）、濕度（60～65%）和色彩（如天花板宜以白

色，牆壁以淡綠、淡黃，牆基可用較深顏色）等規定，以提供更舒適的物理環境。

5.運動場地：重視學校體育和運動，運動場設施項目增多，並分項具體說明。主要增加：跑道和長度最低標準規定（如各校須有200m以上），並依實需彈性規畫（以400m半圓式為理想，亦可規畫300m、250m或200m的跑道）；球場種類，有籃球場、排球場、羽球場、棒（壘）球場、足球場、手球場、網球場等；為因應氣候增加運動機會，規定各校應設體育館或風雨操場，並告知具體面積；游泳池，仍視經費酌設，但清楚建議規格，如以長50m、8水道，深1.2～1.4m為理想，校地受限亦可設25m長之游泳池。

6.學校庭園：由單純的要求「校園1處」，發展到重視整體規畫，要求綠化美化，如將校園分為前園、中園、後園，說明園路系統（主道8～10m，支道5～7m，人行道1～2m），建議廣植花木、裝置藝術品等。

7.附屬設施：基於校舍安全和生活化之需求，對附屬設施有許多更具體的規定，增加走廊、樓梯、飲水機、洗手臺（和水龍頭）以及消防設備之要求，並將男女生廁所蹲位和小便斗之數量，分別規定，以利設置之遵行。

至於，教育部（民91）公布的「國民中小學設備基準」，將原來厚達約800頁的「國民中學設備標準」（民國76年），簡化為僅32頁的設備基準，優缺點一如前述。茲僅就此二者，主要的新增或差異要述如下，以了解未來之發展：(1)校地配置：新增校舍建築用地約占3/10，運動空間用地約占3/10，綠地、庭園、步道用地約占4/10；都市計畫區內之國中，每校面積不得小於2.5公頃，每生校地面積減為14.3 m^2（原為17.77 m^2），都市計畫區外之國中，每校面積增為不得小於2公頃（原1.44公頃），每生校地面積增為

25 m²（原 24 m²）。此外，並具體建議校園空間依活動性質（如分為動態區、靜態區、中性區、文化活動區及生態教育區等）和空間功能（如分為教學空間、服務教學空間、行政空間、公共服務空間、戶外空間、生態空間、資源回收空間等），進行整體規畫；(2)校舍建築：普通教室面積，以每班 35 人為基準（原為 40～50 人），室內每生 2 m²，雙面走廊教室計 112.5 m²，單面走廊教室 90 m²，每班學生 18 人以下者教室面積 75 m²（含走廊）。專科教室，面積依普通教室 1.5～3 倍設置，數量上更大班級數如 79～96 班及 97 班以上之規定，利於都會大型學校設置之參照；此外，新增教師室面積以每位教師 5 m² 以上伸算（原規定以在教室辦公為原則），另因應學校本位管理之發展，增加家長會室、校友會室、教師會室等空間。(3)普通教室：照明（原規定不低於 200Lux）提高為桌面不低於 350Lux，黑板不低於 500Lux；新增噪音大於 60dB 之地區，應設置隔音設施之基準；教室說話最適餘響時間，應控制在 0.41 秒以內。(4)運動場地：新增每生運動場面積以 8 m² 以上為原則，跑道以 400m 為理想，至少需有 200m，如地形受限以 1 條直線跑道為優先，比之以前更為具體彈性；方位上，新增跑道直道和球場南北縱向之基準；游泳池，新增長 25m（條件許可得設置 50m）、深 1.4m（淺 0.9）、8 水道之具體說明。(5)附屬設施：新增資源回收、水資源再利用（雨水回收系統）、有機肥資源處理區、污水垃圾處理設備、安全監控設備、自然能源應用設備（如風力、太陽能、中水屋頂位能設備）等基準；廁所，男生每 100 名大便器 2～3 個，小便器 4～5 個，總量與原規定大致相同，女生每 100 名大便器 7～8 個，比原規定（4～5 個）增加，且建議設置盥洗間 1 間，以利女生生理期之處理，在性別空間的處理上大有進步。(6)教學設備，依九年一貫課程的學習領域分別要述「共通性設備基準」和「個殊性設備基準」，比原規定簡要且具彈性。餘限於篇幅，不另贅述。

　　民國 90 年，臺北市辦理國民中學校務評鑑，筆者有幸參與編擬，其中「環境與設備」列為六大項標準中之一大項，在總分 500 分中占 100 分，其評鑑內容、指標和占分如下：⑴推動與執行：學校建築與校園規畫具有發展性與整體性，文書管理符合規定、具有效率，出納與財物管理，制度完善、程序合法、具有效能，計 15 分；⑵校舍與設備：校地、校舍產權清楚，校舍的規畫與配置，符合需求，各項教學與辦公設備，充分運用，適時更新，管理良善，電力、用水、消防保全與監視等系統，符合法令規定與需求，運動設施完善、充分運用，計 25 分；⑶環境與布置：校園環境優雅、美化綠化良好，無障礙設施符合法令規定與需求，校園情境布置活潑多樣，具有教育意義，計 15 分；⑷營建與購置：依據預算編制有效執行營繕與購置業務，營繕工程程序合法、管理良善、品質良好，財物購置有詳實計畫、符合需求、程序合法，計 15 分；⑸管理與維護：校舍適時維修、管理良好，學校設施與設備定期安檢與維護，紀錄完備，警衛及工友善盡管理與維護的責任，校園開放與場地租借合於相關規定，校園人車動線與停車空間規畫合理，管理成效良好，計 10 分；⑹其他（列舉各校特色），計 5 分。由此可知，光復之後，國民中學的學校建築和設備，即甚受政府之重視，而校園綠化美化、無障礙設施、情境布置、人車動線與停車空間等，皆因應時代變遷列入學校規畫設計評鑑重點，確值肯定。

㈣　高級中學設備標準

　　基本上，教育部 46 年公布的「中學暫行設備標準」和 53 年公布的「中學設備標準」，並未嚴格區分高中和國中設備要求之差異，民國 57 年實施九年國教之後，高中和國中設備分別公布。國中部分，59 年公布「國民中學暫行設備標準」，76 年公布「國民

中學設備標準」；高中部分，分別於民國62年和88年公布和修訂
「高級中學設備標準」（*教育部中等教育司，民62、88*）。為了解光
復後高級中學之設備要求，特就62年和88年的「高級中學設備標
準」，將其主要項目和具體規定，依校地選擇、校地配置、校舍建
築、普通教室、運動場地、學校庭園和附屬設施等加以整理，詳如
表9所示，以利參考比較其間之異同和發展。觀之62年和88年公
布的「高級中學設備標準」，有26年之發展，其規定的主要趨勢，
評析如下：

　　*1.*校地選擇：從配合社區發展和環境地點要求，到加強配合生
活圈、鄰近社區公園綠地及公共設施，整體規畫，讓學校和社區有
更密切的關係，並能與社區資源共享。

　　*2.*校地配置：對校地之需求更具體，如校地面積，依學校規模
（班級數）彈性規定，增加60班以上面積酌予增加，並提高面積
標準，每生彈性放寬，由 $16 \sim 32 \, m^2$，改為 $14.5 \sim 58 \, m^2$；校地分
配，校舍、校園運動場各有比例，以利整體規畫，並突顯校園的重
要（占1/2）。

　　*3.*校舍建築：因應經濟發展、建築技術提高、臺灣土地寸土寸
金、教育逐漸普及和更重視環境的安全舒適，原教室樓層以四層以
上為原則，改為不規定；增加學校建築應符合無障礙校園、環保、
防噪音、防震、防災、防空、疏散要點，並顧及人體工學之要求；
專科教室，增加基礎理化、生命科學、基礎地科、數學、歷史、地
理、三民主義、公民、現代社會、理化、生活、語言、禮儀、生活
科技、軍訓、電腦等教室，13班以上依班級數增加，每間 $135 \sim 180$
m^2（不含準備室）；依教學和研究需求，將「導師辦公室」更改
為各科「教學研究室」，並依學校規模（班級數）彈性規定，提高
數量標準（如 49～60 班 5 間）；辦公室，增加秘書室（40 班以
上）、印刷室、器材室、教師休息室等，輔導室擴大為輔導中心

表9 高級中學設備標準主要項目之具體規定

項目	高級中學設備標準 （民國 62 年）	高級中學設備標準 （民國 88 年）
校地選擇	• 學校設置應配合都市或鄉村之社區發展計畫。校地選擇能適應學校建築的需要，尚應有未來擴充餘地；為免學生穿越鐵路與公路幹道，校門以不面臨交通要道為原則。	• 學校設置應配合生活圈及社區發展。校地選擇應能適應學校建築的需要，如鄰近社區公園綠地及公共設施，應配合規畫。
校地配置	• 校地面積，每一學生 16～32 m²。 • 校地面積，設於市區或市郊，12 班以下 10,000～19,835 m²，18 班以下 11,500～26,446 m²，24 班以下 16,500～35,000 m²，36 班以下 20,000～48,000 m²，48 班以下 26,400～55,000 m²，60 班以下 33,000～62,000 m²。設於鄉鎮，12 班以下 16,500～26,446 m²，18 班以下 20,000～36,363 m²，24 班以下 23,000～46,283 m²，36 班以下 30,000～59,400 m²，48 班以下 36,000～69,300 m²，60 班以下 43,000～79,200 m²。 • 校地分配，校舍及校園占 1/2，運動場占 1/2 為原則。	• 校地面積，每一學生 14.5～58 m²。 • 校地面積，設於都市，12 班以下 22,000～27,000 m²，24 班以下 19,500～44,000 m²，36 班以下 26,000～61,000 m²，48 班以下 32,500～78,000 m²，60 班以下 39,000～95,000 m²，60 班以上面積酌予增加。設於市郊或鄉鎮，12 班以下 25,000～35,000 m²，24 班以下 33,000～57,000 m²，36 班以下 41,000～79,000 m²，48 班以下 49,500～101,000 m²，60 班以下 57,000～123,000 m²，60 班以上面積酌予增加。 • 校地分配，校舍占 1/5，校園占 1/2，運動場占 3/10 為原則。
校舍建築	• 學校建築應符合防空疏散原則。 • 都市及市郊之校舍以四層以上為原則。 • 教室數，普通教室每班 1 間（容納 40～50 人）。特別教室，有生物、化學、物理、地科、社會、視聽、音樂、美術、家事、工場等教室，18 班以下各 1 間，19 班以上依男女合校、男校、女校及班級數增加。 • 各科教學研究室，12 班以下 1 間，13～18 班 2 間，19～36 班 3 間，37～48 班 4 間，49～60 班 5 間。	• 學校建築應符合無障礙校園、環保、防噪音、防震、防災、防空、疏散要點，其設計並顧及人體工學。 • 教室數，普通教室每班 1 間（容納 40～50 人）。專科教室，有基礎理化、物理、化學、生物或生命科學、地科、基礎地科、數學、歷史、地理、三民主義、公民、現代社會、社會、理化、生物、視聽、語言、禮儀、音樂、美術、生活、家政、生活科技、軍訓、電腦等教室，12 班以下各 1 間，13 班以上依班上依班級數增加，每間 135～180 m²（不含準備室）。

表9 （續）

項目	高級中學設備標準 （民國 62 年）	高級中學設備標準 （民國 88 年）
校舍建築（續）	• 各科陳列室，視實需設置。 • 圖書館，12 班以下 2 間教室大，13～24 班以獨立設館為原則，25 班以上獨立設館。閱覽座位，以在校學生人數 1/10 為準，1/6 為理想；12 班以下 60 席，13～24 班 120 席，25～36 班 180 席，37～48 班 240 席，49～60 班 300 席，每席 2 m²。 • 行政辦公室，包括校長室、教務處、訓導處、事務處、輔導室、人事室、會計室、體育室、軍訓教官室、校史室等各 1 間（部分依班級數增加），教師準備室 1～3 間（依班級數），導師辦公室 1～4 間（依班級數）。 • 會議室，12～24 班 63 m²，25～60 班 90 m²。 • 保健室 1 間。 • 禮堂兼體育館，面積以能容納全校 1/2 以上學生集會為準。 • 活動中心，大小以能容納全校 1/10 以上學生為準。 • 教職員宿舍、學生宿舍、工友宿舍等視實需設置。	• 各科教學研究室，12 班以下 1 間，13～18 班 2 間，19～36 班 3 間，37～48 班 4 間，49～60 班 5 間。 • 各科陳列室，視實需設置。 • 原住民民族教育資源教室，另依教育部標準設置。 • 辦公室，包括校長室、秘書室（40 班以上）、教務處、訓導處、總務處、輔導中心（含辦公室、個別諮商室、團體諮詢空間、生涯發展資料室、學生檔案資料室、會客接待室）、人事室、會計室、體育組、軍護室、印刷室、器材室等各 1 間（部分依班級數增加），校史室（視實需），教師休息室 2～6 間（依班級數）。 • 會議室，24 班以下 1 間，25 班以上 1.5 間。 • 保健室，36 班以下 25 坪（83 m²），37 班以上 37 坪（122 m²）。 • 禮堂，視實需設置。 • 活動中心，視實需設置。 • 校友會、家長會辦公室，視實需設置。
普通教室	• 教室每室容納 40～50 人。 • 室內照明不低於 300Lux。	• 教室每室容納 40～50 人，面積 90 m²（不含走廊）。
運動場地	• 24 班以下因都市校地困難者得免附設附跑道之運動場，36 班以下應有 200m 跑道之運動場，37～60 班應有 400m 跑道之運動場。 • 球場包括籃球場、排球場、網球場（12 班以下免設）、足球場、	• 各校須有 200～400m 跑道，6～8 道，紅土或 PU 不拘，含田賽場地（跳遠、跳高、推鉛球等）。 • 球場包括籃球場、排球場、羽球場、手球場、桌球場、網球場等，依班級數增加。另，棒（壘）球場、足球場、合球場、巧固球場、橄欖球場、高爾夫（練

表9 （續）

項目	高級中學設備標準 （民國 62 年）	高級中學設備標準 （民國 88 年）
運動場地（續）	小足球場、棒（壘）球場等設 1 處，並依班級數增加。 ・體育館，37～60 班設 1 座或與禮堂合併，36 班以下至少應有 1 座簡單的室內操場。健身房 18.5m × 29.5m，高 67m；體操場 300～800m²。 ・游泳池，25 班以上 1 座，宜設置地下或第一層使成為室內游泳池，以充分利用。	習）球場等設 1 處，若校地受限，與其他場地兼用。 ・體育館 1 座，體操教室 1 間（地板運動場 12m × 12m），舞蹈教室 1 間（容納 1 班學生），國術教室 1 間，體適能教室 1 間（含健身房及體適能測量室，健身房 20m × 15m，高 4～5m）。 ・游泳池，25～50m × 6～8 水道，宜設室內溫水池。 ・更衣室（含盥洗室）視體育教學實需，設置在教學大樓兩端或適當位置。
學校庭園	・校園分為前園、中園、側園、後園，分修主道寬約 8～10m，支道寬約 5～7m，分支道寬約 3～4m，人行道寬約 1～2m，並置休憩椅。	・校園占校地總面積 1/2。
附屬設施	・廁所，男生大便位每 40 人 1 個，小便槽每 100 人 3m，（100 人以上每 100 人增 1m）；女生便位每 25 人 1 個。每間廁所以 6～8 便位及 5～6m 小便槽為宜。 ・消防設備，每層樓置滅火器 4～6 具。四樓以上之大樓應有水帶式消防設備，最高屋頂應有儲水池。	・廁所，男生大便器每 50 人 1 個，小便器每 30 人 1 個；女生大便器每 15 人 1 個。另，規畫更衣室。

（含辦公室、個別諮商室、團體諮詢空間、生涯發展資料室、學生檔案資料室、會客接待室），以加強對高中生的生涯輔導；保健室標準提高，原規定 1 間，改為 36 班以下 83 m²，37 班以上 122 m²，甚為理想；禮堂和活動中心，簡化為原則性說明，讓其興建更具彈性；比較特殊的是，增加原住民民族教育資源教室，校友會、家長會辦公室（視實需設置）之規定。

4.普通教室：最大的改變與進步的是，脫離傳統教室每間 67.5 m² 的面積，增為 90 m²，較符合「個人空間」和「人體工學」的需求，惟物理環境未規定，美中不足。

5.運動場地：重視學校體育和運動，運動場設施項目增多，並分項具體說明。主要增加：跑道和長度最低標準規定（如各校須有 200〜400m，含田賽場地）；球場種類，增加羽球場、手球場、桌球場等，較特殊的是，增加其他球場，如合球場、巧固球場、橄欖球場、高爾夫（練習）球場等（若校地受限，與其他場地兼用）之規定，擴大學校球類運動種類，以符應外在社會之發展；室內體育設施，增加體操教室（地板運動場 12m×12m）、舞蹈教室、國術教室、體適能教室（含健身房及體適能測量室，健身房 20m×15m，高 4〜5m）。游泳池，建議設室內溫水池，較符合臺灣的環境和教學之運用；更衣室（含盥洗室），視體育教學實需，設置在教學大樓兩端或適當位置，是細節中的大進步，考慮到人性（尤其是女性）需求。

6.學校庭園：由整體明確之規定改為單一強調「校園占校地總面積 1/2」，過於簡單，至少可比照國小增加綠化美化和教育情境之原則說明。

7.附屬設施：女生大便器標準增加，並增加規畫更衣室，是對女性空間的尊重，惟附屬設施甚多，未規定說明，有待斟酌。

最近，教育部修訂「高級中學設備標準」，筆者負責「普通高級中學學校建築及其附屬設備標準」，修訂重點要述如下，以了解未來之發展：(1)校地配置：經研究並參照「國民中小學設置基準」修正，校地分配仍為校舍占 2/10，校園占 5/10，運動場地占 3/10 為原則，每一學生校地面積明確規定都市地區每生 15m²，鄉鎮地區每生 25m² 為原則，每校面積 12 班以下不得少於 2 公頃，13 班以上都

市地區每增一班得增加600m²，鄉鎮地區每增加一班得增加1,000m²，都市地區高中校地不足者，得以樓地板面積抵充，計算公式為 C＝（B－A）×$\frac{4}{5}$，其中B為學校樓地板面積，A為最低樓地板面積，C為抵充校地之樓地板面積；(2)校舍建築：各行政辦公室增加必要的會議室和儲藏空間，教學研究室（教師辦公室）明訂每間容納教師 10 人為原則，另增電算中心（中控室）、兼代課教師辦公室、實習教師辦公室、教師會、交誼廳、物流中心（供學校物品〔如教科書〕暫存或集散之用）等；(3)普通教室：每室容納基準調降為40人，面積仍為90m²（不含走廊）；(4)附屬設備：最大特色是新增並詳述普通教室、行政辦公室、教學研究室和教材製作室等設備。

(五) 大專校院設備標準

教育部民國88年7月12日臺（88）參字第88079450號令發布修正「大學及分部設立標準」，有關學校建築與設備主要規定如下：

1. 獨立學院設立標準

(1)校地

①學校校地可開發使用面積至少應有 5 公頃。

②農學院應另有 5 公頃以上之土地，作為實習農場用地。

③學校所在社區公共設施可供學校作為體育教學使用，且能提出同意使用證明文件，並經主管教育行政機關核准者，其校地面積標準，得酌減該公共設施可提供使用面積之 1/2。但酌減面積不得超過校地面積之 1/5。

(2)校舍

①應有足夠之教學、研究及服務場所，與學校行政、學生活動、住宿所需之校舍及運動場地。

②新設學校申請立案時，校舍建築應完成總樓地板面積達 12,000 m² 以上，並於第二學年開學前完成校舍建築總樓地板面積達 20,000 m² 以上。

③學校校舍建築總樓地板面積，應依不同類型，按每名學生所需校舍樓地板面積標準計算之（參見表 10）。

表 10 獨立學院每生所需校舍樓地板面積

類型	每生校舍樓地板面積 (單位：m²)	
	大學部	研究所
文法商、管理及教育類	10	13
理學、護理及體育類	13	17
工學、藝術及農學類	17	21
醫學類	23	29

資料來源：**大學及分部設立標準**，教育部民國 88 年 7 月 12 日臺（88）參字第 88079450 號令。

(3)設備

①應針對各院、系課程之實際需要，備置足夠之教學、輔助及實驗（習）設備。

②應有圖書館，並備置足夠之基本圖書、資訊、專門期刊及相關設備。

③醫學院應有教學醫院；農學院應有實習農場。

2.大學校院設立分部

(1)分部名稱應標明係本校之分部，並冠以所在地行政區域名稱。

(2)分部校地可開發使用面積至少應有 2.5 公頃；其每名學生所需校舍樓地板面積，應符合第四條第二款第三目之規定。

㈥ 私立學校設備標準

教育部民國88年7月12日臺（88）參字第88079450號令發布修正「各級各類私立學校設立標準」，有關各級私立學校建築與設備主要規定如下：

1. 私立國民小學設立標準

⑴校地

①學生人數在180人以下之學校，其校地可開發使用面積至少應有 27,000 m²。

②學生人數逾 180 人之學校，每增加 1 名學生至少應增加 12.5 m² 之校地面積。

③學校所在社區公共設施可供學校作為體育教學使用，且能提出同意使用證明文件，並經主管教育行政機關核准者，其校地面積標準，得酌減該公共設施可提供使用面積之 1/2。但酌減面積不得超過校地面積之 1/5。

⑵校舍及其他設備：依國民小學設備標準之規定辦理。

2. 私立國民中學設立標準

⑴校地

①學生人數在210人以下之學校，其校地可開發使用面積至少應有 3,360 m²。

②學生人數逾 210 人之學校，每增加 1 名學生至少應增加 13.5 m² 之校地面積。

③學校所在社區公共設施可供學校作為體育教學使用，且能提出同意使用證明文件，並經主管教育行政機關核准者，其校地面積標準，得酌減該公共設施可提供使用面積之 1/2。但酌減面積不

得超過校地面積之 1/5。

(2)校舍及其他設備：依國民中學設備標準之規定辦理。

3.私立高級中學設立標準

(1)校地

①學生人數在 600 人以下之學校，其校地可開發使用面積至少應有 2 公頃。

②學生人數逾 600 人之學校，每增加 1 名學生至少應增加 10 m^2 之校地面積。

③學校所在社區公共設施可供學校作為體育教學使用，且能提出同意使用證明文件，並經主管教育行政機關核准者，其校地面積標準，得酌減該公共設施可提供使用面積之 1/2。但酌減面積不得超過校地面積之 1/5。

(2)校舍及其他設備：依高級中學設備標準之規定辦理。

4.私立高級職業學校設立標準

(1)校地

①學生人數在 600 人以下之學校，其校地可開發使用面積至少應有 2 公頃。

②學生人數逾 600 人之學校，每增加 1 名學生至少應增加 10 m^2 之校地面積。

③農業職業學校應另有 5 公頃以上之土地，作為實習農場用地。

④學校所在社區公共設施可供學校作為體育教學使用，且能提出同意使用證明文件，並經主管教育行政機關核准者，其校地面積標準，得酌減該公共設施可提供使用面積之 1/2。但酌減面積不得超過校地面積之 1/5。

(2)校舍及其他設備：依職業學校規程及各類職業學校設備標準

之規定辦理。

5.私立專科學校設立標準

(1)校地

①學校校地可開發使用面積至少應有 4 公頃。

②農業專科學校應另有 5 公頃以上之土地，作為實習農場用地。

③學校所在社區公共設施可供學校作為體育教學使用，且能提出同意使用證明文件，並經主管教育行政機關核准者，其校地面積標準，得酌減該公共設施可提供使用面積之 1/2。但酌減面積不得超過校地面積之 1/5。

(2)校舍

①應有足夠之教學、實習及特別教室或場所，與學校行政、學生活動所需之校舍及運動場地。

②新設學校申請立案時，校舍建築應完成總樓地板面積達 60,000 m² 以上，並於核准立案之第二學年開學前完成校舍建築總樓地板面積達 10,000 m² 以上。

③學校校舍建築總樓地板面積，應依不同類型，按每名學生所需校舍樓地板面積標準計算之（參見表 11）。

表 11 私立專科學校每生所需校舍樓地板面積

類型	每生校舍樓地板面積（單位：m²）
商業、護理、語言類	10
醫技、藥學、家政、藝術、體育類	12
工業、農業、海事類	14

資料來源：**大學及分部設立標準**，教育部民國 88 年 7 月 12 日臺（88）參字第 88079450 號令。

(3)設備

①應針對各類專科學校之特殊性質及各種課程之實際需要，備置足夠之教學及輔助設備、圖書、儀器標本及模型等；並應設立實習場所及各項設施（如實習工廠、實習商店等），最低限度足供當年教學之用。

②應設圖書館，並備置足夠之基本圖書、資訊、專門期刊及相關設備。

6.私立大學校院設立標準

(1)校地

①學校校地可開發使用面積至少應有 5 公頃。

②農學院應另有 5 公頃以上之土地，作為實習農場用地。

③學校所在社區公共設施可供學校作為體育教學使用，且能提出同意使用證明文件，並經主管教育行政機關核准者，其校地面積標準，得酌減該公共設施可提供使用面積之 1/2。但酌減面積不得超過校地面積之 1/5。

(2)校舍

①應有足夠之教學、實習及特別教室或場所，與學校行政、學生活動所需之校舍及運動場地。

②新設學校申請立案時，校舍建築應完成總樓地板面積達 12,000 m² 以上，並於核准立案之第二學年開學前完成校舍建築總樓地板面積達 20,000 m² 以上。

③學校校舍建築總樓地板面積，應依不同類型，按每名學生所需校舍樓地板面積標準計算之（參見表 12）。

表 12 私立大學校院每生所需校舍樓地板面積

類型	本部每生校舍樓地板面積 （單位：m²）		分部每生校舍樓地板面積 （單位：m²）	
	大學部	研究所	大學部	研究所
文法商、管理及教育類	10	13	15	19
理學、護理及體育類	13	17	20	25
工學、藝術及農學類	17	21	25	32
醫學類	23	29	35	44

資料來源：**大學及分部設立標準**，教育部民國 88 年 7 月 12 日臺（88）參字第 88079450 號令。

(3)設備

①應針對各院、系課程之實際需要，備置足夠之教學、輔助及實驗（習）設備。

②應有圖書館，並備置足夠之基本圖書、資訊、專門期刊及相關設備。

③醫學院應有教學醫院；農學院應有實習農場。

二 六〇年代國中校舍的設計

民國 57 年實施九年國民義務教育，國內首見以大規模的研究，投入許多人力物力研訂國民中學學校建築的各項規畫指標，「波浪式屋頂」和「標準圖」是該期國民中學新建校舍的特色。

(一) 波浪式屋頂

「波浪式屋頂」（參見圖 12），其建築形式表達的象徵意義

波浪式屋頂是臺灣光復後，因應九年義教實
施，所設計具有時代意義的標準化國中校舍造
形。

圖 12：臺北縣立烏來國中的波浪式屋頂

（*臺灣省政府教育廳，民 61，第 5 頁*）：

(1) 1 間教室的長度原計畫為 10m，3 個波浪式頂棚，用 3 來象徵三民主義和倫理、民主、科學，使三民主義教育的特質從建物形象上表達出來。

(2)以 3 間教室相連而構成一個建物群，3 間教室正好是 9 個波浪式頂棚，象徵九年國民教育。

(3)波浪式屋頂活潑而有生氣，希望能產生一種誘發性作用，使學生「成為一個活活潑潑的好學生」。

(4)波浪式屋頂配合懸空長廊，視線無阻，可以看到遠處廣闊的天地，變化學生的氣質。

(5)波浪式屋頂具有較佳的防熱作用，使熱空氣通過通氣孔後減少熱度，使學生能享受舒適的溫度，表示政府對學生健康的關注。

(二) 設計標準圖

臺灣實施九年國民教育新建校舍，使用標準圖並採單元設計。標準圖之設計係委託成功大學建築工程學系負責設計標準藍圖，採用標準圖的理由為：(1)象徵意義，即新教育的時代精神；(2)無論山地或離島均須採取標準圖，不得降低建築標準，意即九年國民教育新建校舍必須維持在規定標準以上；(3)臺灣省教育廳有權在核定年度建築費總額內統籌調配，調劑盈虧，意即藉標準圖控制造價，由控制造價而控制標準；(4)保持安全、實用、經濟、美觀的原則。標準圖計 10 種，採單元設計，有教室、特別教室（分為工藝教室、自然科學實驗室、圖書室等）、行政管理室（分為校長室、辦公室）、附屬建築（分為廚房餐廳、廁所、樓梯）等單元，使標準圖能靈活運用，並由各校配置設計，其建築形式可作適當變更（*臺灣省政府教育廳，民 61*）。茲將 10 種標準圖之設計說明臚列如下（*臺灣省政府教育廳，民 61，第 43-46 頁*）：

1. 普通教室

(1)教室面積最初計畫為長 10m，寬 8m，後以經費關係改為長 9m，寬 7.5m，合為 67.5 m²。預定最高容量為 48 人，每人平均占 1.4 m²。理想容量為 42 人，每人平均容量占 1.6 m²。聯合國教科文組織所擬議之標準，中學生所占教室內部面積為 1.65 m²，如每一教室容納 42 人，每一學生所占面積則接近聯合國教科文組織所定標準。

(2)教室由地面至上層之高度為 3.5m。

(3)教室外之走廊淨空為 2.2m。

(4)教室前端的粉筆板為弧形，其半徑為 16.6m。

(5)粉筆板之左側，利用壁間設計壁櫥，放置教具與清潔用具，並以一部分作為小型圖書櫥。

(6)教室之後牆上做揭示板，板下設掛衣鉤 50 枚。

2.自然科學教室

(1)長度為普通教室 1.5 間長，其寬度與普通教室同，容納人數為 24 人至 28 人。

(2)因給水排水等設備關係，限設樓下。

(3)教室前端附教師準備室及器材室，其面積為半間普通教室大。

(4)粉筆板之右側有門可進入教師準備室，左側有窗口直通器材室。

(5)教室地坪上之木造部分是可以搬出之聽講臺，可置放於講臺四周，於是在講臺嵌入部分可站一排學生，在教室地坪上站一排學生，在聽講臺上站一排學生，如此可使學生在講臺四周清楚的看到教師的示範試驗。

(6)試驗臺之使用，3 人 1 組，2 組共 1 臺，2 臺共用 1 沖水池，地面有斜度以便沖洗。

(7)物理化學儀器、藥品應分開放置，化學用品存放應特別考慮。

(8)排水管應在 2 吋（5.1cm）以上，並防酸鹼腐蝕，加裝清掃頭。

(9)設置天然氣熱源裝置。

(10)裝設防毒用毒氣櫥。

3.工藝教室

(1)普通新建工藝教室代表國中教育發展方向，亦可看出「初中」與「國中」之異同。

(2)為防止操作時所產生的噪音，乃遠離教室單獨建築。

(3)面積長 22.5m，寬 9.6m。為便於教學，此一單元分兩部分，

一部為工場，當中以玻璃櫥分隔，玻璃櫥下部供製圖教室放置圖書，玻璃上部供陳列示範作品及學生成績之用。

(4)工場前方設工具材料室，工具材料室外裝配電板及洗手盆，另一部分為圖書室兼教室。

(5)機器附近牆上設動力電，普通插座，上膠版附近牆上設電熱及普通插座。

(6)紅鋼磚地面，磁磚和磨石子臺度。

(7)裝置警號，作為緊急救難之用。

4.圖書室

(1)圖書室面積為 2 間普通教室大，其門窗與普通教室相同，以便將來學校擴充到有獨立完備之圖書館時，可作為小型集會場所或分隔成為 2 間普通教室。

(2)圖書室分為二部分：一部分為閱覽室，一部分為書庫。閱覽室可以開啟靠近書庫之一扇或二扇門，不用之門可暫時上鎖，以利圖書管理。閱覽室之一端為陳列櫥，可供陳列新書、學生作業成績或小型書展之用。

(3)設置防潮，防蛀及通風設備。

(4)地板鋪軟性材料如塑膠地磚，牆面用無光漆或吸音材料，天花板用吸音材料。

5.校長室

(1)校長室、會客室、會議室共占 1 間教室面積。

(2)預留裝設教學控制器之位置。

(3)校長室附一盥洗室，以免校長與學生共同使用便所，同時也可供貴賓使用。

(4)洗手臺上裝設玻璃鏡一面，供校長隨時檢查儀容之用。

(5)配置地點在學校之中心地區，以便照顧全局。

6. 教、訓單位辦公室

(1)教務、訓導單位辦公室共占 2 間教室面積。

(2)教務處附學生資料室，側為教員休息室。

(3)訓導處附資料室與談話間各一，導師室附談話間一。

(4)檔案室位於教訓兩單位之間，以便共同使用。

7. 一般行政辦公室

(1)一般行政辦公室共占 2 間教室面積，並分為二部分，一部分事務單位辦公室，一部分為人事、主計單位辦公室。

(2)事務單位辦公室附儲藏室與檔案室各 1 小間。

8. 廚房及餐廳

(1)廚房部分附工人臥室、鍋爐間及蒸飯間。

(2)避免裝設燃燒生煤之鍋爐。

(3)設防火、通風、排煙、防蠅及垃圾處理等設備。

(4)廚房及煙囪位置應考慮風向、公共安全及避免空氣污染。

(5)餐廳附販賣部。

9. 廁所

(1)廁所位於樓梯間旁，附抽水設備，自成系統。

(2)廁所分男女時應分置不同樓梯側或不同樓層，門外設洗手臺及放置肥皂處。

(3)臺度較高，防止塗鴉。

10.垃圾道

在走廊之一端特設垃圾道，各樓均設有門，樓下有清除口。

值得注意的是，學校建築規格的標準化設計與建築經費的標準單價，雖可維持一定的水準和公平性，但卻最易扼殺創新的理念，並限制了文化性與時代性的呈現。正如日本空氣調和‧衛生工學會（*1989*）所強調的：

> 「標準設計」之設定是為了提高學校教育設施水準，而這方面也確實發揮了其效果；但另一方面，卻招致偏頗的畫一性，使得學校建築遠離了建築本身應具有的文化性及地區性，同時也無法否認地造成學校建築創意的扼阻。（第 *4* 頁）

Brause（*1992*）也說明學校設計的問題，往往以成本效益（cost effectiveness）為最優先，而非教育效果（educational effectiveness）。于宗先（民 *79*）在「臺灣學校建築的時代觀」一文中，對學校建築的標準單價即疾言批判：

> 私立學校之建築有較多的花樣，惟因經費之限制，其設計仍無法伸展。至於公立學校之建築，可用「制服式」來形容，即所有的中學和小學的建築，設計刻板，色調單調，而品質極差。主要原因不在於經費不足，而在於建築費用「單一價格」的限制，即學校建築之興建，每坪單價完全一樣。（第 *15* 頁）

對於學校建築設施標準化所延伸的問題，黃世孟（*民79*）則認為標準圖有其產生的時代背景，自有其存在的價值，若標準圖趕不及適應時代需求，就易遭批評過度僵硬或限制太多。基本上，學校建築規畫有其「法規」基礎與「理性」空間，也有其「情意」內涵；「法」是建構學校建築空間的基礎，「理」是配置學校建築空間的位序，「情」是豐潤學校建築空間的內涵。學校建築的規畫，不僅要依循「法」則──參照課程標準、設備標準和建築法規辦理；也要發揮「理」性──使學校的校舍建築、庭園景觀和園景設施，在空間配置、情境布置與動線設計上，能整體流暢，有條不紊；更要使其成為有「情」世界──即透過人文教育的氣息的涵泳，使學校成為人性化的教育和生活空間（*湯志民，民83*），同時亦應多一份對鄉土的關懷，期使本土文化得以紮根。

三│ 七〇年代學校建築的進展

教室是學校建築的主體，也是學生在學校生活的中心和主要學習場所，其設計建築之優劣良窳對學生的學習、成長有著深遠的影響。安全舒適的教室給予學生最佳學習、互動的環境和生活空間，不僅易激發學生學習動機及興趣，也可提高學習效率，增進學習效果。反之，牆壁斑駁剝落、窗框鏽爛腐蝕、地層下陷龜裂、樑柱斷裂扭曲、屋頂漏雨滲水岌岌可危、險象環生之教室，不僅有礙觀瞻，減低學習興趣，增加精神壓力，造成情緒困擾，影響身心健全發展，甚至威脅學生的生命安全。

日據時期所建學校多屬磚砌木造，因年久失修，殘破危險者為數甚多。因此，「危險教室」成為七〇年代國民中小學學校建築上的一個特殊問題。有關七〇年代學校建築的進展，擬就危險教室的

問題和改善，以及臺灣學校建築的新進展加以探析。

㈠ 危險教室的問題和改善

七〇年代，政府對危險教室之整修甚為重視，雖然依據教育部、教育廳之調查，國民中、小學（有危險教室的學校約占1/3～1/7）。因此，教育部在「發展與改進國民教育五年計畫」（民66-70年）、「發展與改進國民教育六年計畫」（民72～77年）中，均將「危險教室」列為計畫執行工作重點，投資大筆的經費加以整建，對「危險教室」改善之成效已獲致社會大眾的讚賞與肯定，須提的是，「九二一地震」之後，教育部於89～92年度的「整建國民中小學老舊危險校舍計畫」再投資經費計152.1億元，並預計於94～98年度，每年編列50億元，計250億元（*教育部，民93*），以提升教學環境品質及保障師生安全。以下擬就危險教室的問題探析和改善對策，分別加以探討。

1. 危險教室的問題探析

以下擬先界定危險教室，其次要述危險教室的調查研究和常見現象，再就危險教室的形成原因加以探究。

⑴「危險教室」的界定

何謂「危險教室」？

周肇煒（*民71*）在其「高雄市國民小學學校建築之調查研究」一書中指出：「柱樑發生裂痕、爆開、粉末的現象、混凝土的問題大、鋼筋跟著扭斷或拉斷，這才可以說是危險教室」（*第180頁*）。

教育部曾於豐原高中禮堂倒塌之後，對全國各級學校各種校舍進行全面調查，其對危險教室的認定，從建材的最低耐用年限和結構損毀現象，擬訂具體的重、修建標準如下（*湯志民，民75a*）：

①需拆除重建者

(a)已逾「財產分類標準」規定之最低耐用年限需拆除報廢者。（鋼筋混凝土、預力混凝土 55 年、鋼鐵架構 45 年、加強磚 30 年、磚石載重 25 年、磚石牆木柱 20 年、木或合成樹脂 15 年、金屬（活動房屋）8 年、土牆載重 5 年。）

(b)屋樑或屋柱已有 1/3 以上，發生白蟻蛀蝕或漏雨日久致腐爛且牆壁已有多處裂開 1cm 以上者，致使屋頂或牆壁即將塌陷或已有塌陷者。

(c)由於地基變動或地震影響，致使房屋傾斜、牆壁地面龜裂，樑柱接頭脫開，有倒塌可能者。

②需修建者

(a)凡牆壁框架及基礎尚好，只屋架蝕柱或因漏雨腐爛者，應修建為鋼筋水泥平頂或仍修建瓦頂。

(b)教室各部建築尚完整，而僅天花板破損、門窗殘缺、牆壁水泥剝落、地面破爛者，亦按修建辦理。

由上述的界定可知，凡是教室之損壞會影響使用者之安全或造成傷害者，即為危險教室。其中「教室」主要是指師生常用的普通教室、專科教室、行政辦公室；「損壞」指的是建材超過最低耐用年限需拆除報廢者，或結構上發生破損斷裂的現象——嚴重者如：樑柱斷裂、鋼筋暴露鏽蝕、混凝土呈粉末狀、地面下陷龜裂，輕微者如：牆壁破裂剝落、天花板破損、門窗殘缺等等；「使用者」主要是指教師和學生；「傷害」係指對使用者生理和心理造成不良的影響，亦包括對師生教室生活和教學活動之阻礙；而所謂的「危險」可能是立即性的，可能是緩慢而至的，可能是明顯易見的，也可能是潛伏的（*湯志民，民 75a*）。

(2)「危險教室」的調查研究

「危險教室」在七○年代是國內較受重視的學校建築問題，有關的調查研究報告甚多，茲摘其要者略述如下：

①蔡保田（民66）在「學校建築學」一書中，指出臺灣省國民小學學校建築（自民國51年至64年之間）所面臨的五項重大問題，第一項即為「『危險教室』逐年增多……，不少國小校舍，由陳舊而進入危險的地步」，大有觸目驚心之感。

②周肇煒（民71）實地調查高雄市國民小學學校建築，對高雄市國民小學危險教室的前因後果、心理因素，及其在品質改善上的注意，提出詳細的分析說明，並附多幅危險教室照片佐證釋示，是一篇較有系統且深入的研究報告。

③臺灣省政府教育廳（民66）在「臺灣省國民中小學基本教育設施普查報告」中，指出全省縣市立國民中學計536校，校舍26,597間，經調查認定屬於危險教室，需改建者405間，占1.53%；修建平頂731間，占2.75%；修建瓦頂319間，占1.2%；修建地下室81間，占0.30%。國民小學計2,124校，校舍54,852間，經調查認定屬於危險教室，需改建者3,575，占6.52%；修建平頂5,330間，占9.72%；修建瓦頂3,978間，占7.25%；修建地下室418間，占0.76%。

④教育部（民73）「臺閩地區中小教育調查報告」中指出，在調查的648所國中，有91所有逾齡危險校舍，面積54,411 m^2，占總校舍面積1.2%。在調查的2,428所國小，有812所學校有逾齡危險校舍，面積332,009 m^2，占總校舍面積4.3%。

(3)「危險教室」的常見現象

筆者自民國71～75年，在臺北縣政府教育局、基隆市政府教育局服務期間，一直從事國民中、小學學校建築行政工作，常實際赴各國民中、小學勘察了解，發現各校危險教室常見的現象約有下

列三種：

　　　　①天花板腐爛、門窗破損、牆壁斑駁剝落。（大部分由於防水設施不良造成漏水、滲水而致；部分由於天然災害及平常疏於維護而造成）

　　　　②屋頂、地板、牆壁、樑柱龜裂。（大部分由於偷工減料、設計不當及地層下陷所造成）

　　　　③伸縮縫。（兩棟教室興建之時間不同，造成銜接處龜裂）

　　上述第一種現象整修即可；第二種現象輕者整修，重則須拆除重建；第三種現象雖予以整修填補，但日後仍會斷裂，是目前教室損壞問題中最令人頭痛，而難以徹底解決的問題，尤其增班迅速之學校，校舍逐年興建，最易造成此種現象。

　　(4)「危險教室」的形成原因

　　危險教室形成的原因，如予以細究，至為錯綜複雜。筆者（民75a）根據從事學校建築行政工作的一些經驗暨臺北縣政府工務局實際參與建築工程人員之意見，綜合歸納為下列五項原因（這些原因不一定單獨成立，也可能二項或二項以上交錯而成）：

　　　　①設計不良：如實際工程材料需求、工程力學估算不當，未做地質鑽探等，是屬於建築師之疏忽而造成。

　　　　②維護不當：如缺乏定期維護，年久失修，是學校行政人員之疏忽所造成。

　　　　③天然災害：如颱風災害、水災、地震、雷劈等。以臺灣地區言，颱風與地震頻仍，應特別注意。

　　　　④偷工減料：偷工方面，如減少混凝土攪拌次數、模板提早拆卸、混凝土之砂、石、水泥、水等混合比例不符等；減料方面，如鋼筋、水泥「偷斤減兩」或用次一品級及劣質之材料、偽貨等，屬於營造廠商「見利忘義」之奸狡行為所造成。

　　　　⑤其他：

(a)監工不當。監工過嚴，營造廠商暗地偷工減料；監工過鬆，則明目張膽的偷工減料。

(b)水土保持不良或遭破壞造成地基下陷，其中幅度過大的均勻沈陷和不均勻沈陷對建築物安全有很大的影響。

(c)學校地理位置不當。位處海邊或山邊多雨區之學校，受海風或雨水侵襲，建築物之鋼筋、混凝土、門窗（尤其是木質門窗）易腐蝕風化。

(d)經費不足，使教室分段（非整體性）興建或減少部分工材，易造成伸縮縫或結構不夠堅實、承載力不足、品質低劣之危險教室。

2.危險教室的改善對策

危險教室問題之改善，應從形成「危險」的原因中探尋。筆者（民 75a）曾不揣淺陋就危險教室的改善對策，從應有基本觀念和具體作法提出下列幾點芻蕘之見：

⑴對「危險教室」應有的基本觀念

①新建教室不一定安全：例如中部某縣一所國中體育館於民國 71 年完工，經鑽心試體抗壓試驗，發現水泥含量不足，試體呈現從中劈裂，強度甚低，砂石分離，有握裹不良現象，安全堪慮，致無法驗收使用。73 年北部某縣議會教育小組考察部分國中小學，發現有的學校新建不久的教室已成為危險教室，究其原因是興建前地質鑽探不確實、工程設計不妥，甚至偷工減料所造成。74 年 9 月筆者至臺北縣乾華國小草里分校勘察危險教室，發現該教室興建於民國 64 年，雖為一樓建築（計 6 間），由於鋼筋混凝土（reinforced concrete, RC）柱無橫箍（橫綁鋼筋），無法承受屋頂壓力，致每根 RC 柱皆凸出迸裂，鋼筋暴露鏽蝕，隨時有崩塌之危險。

②逾齡教室不一定危險：教室超過最低耐用年限，不一定要

拆除報廢，如其施工堅實、結構無損、並注意平時維護，繼續使用應無疑慮。歐美學校常有超過百年之學校建築，即為最佳例證。

③美觀的教室非絕對安全：重視外表處理的舊教室難保無「外強中乾」或「金玉其外，敗絮其中」的情況。包裝精美的食品不一定美味可口，教室的安全不可惑於美觀的外表，而應注意其結構或建材質料是否產生影響性的變化。

④結構和建材的質變損毀最為危險：教室的結構以樑柱、地基最為重要，其建材通常為 RC。如教室有樑柱扭曲龜裂、鋼筋暴露鏽蝕、混凝土成粉末狀或地基不均勻下陷之現象，應即停用，速請建築師公會鑑定，並報請主管教育行政機關依程序妥善處理。

⑤危險教室處理務求治本：危險教室之處理不能避重就輕、頭痛醫頭腳痛醫腳、治標不治本，以裝修門面粉飾太平，而應不畏繁瑣務本窮源，追根究柢，應一勞永逸之解決，否則問題依然存在，公帑徒然浪費虛擲。

⑥小問題是大問題產生的根源：除不可抗力的天然災害之外，通常危險教室非猝然而至，而是諸多因素疏失交錯、日積月累形成。如不注意改善小問題（漏水、滲水、混凝土剝落），日後形成難以彌補的大問題（鋼筋鏽蝕、混凝土風化變質）是可以預見的，平時維護優於事後整修，其理不言自明。

⑦危險教室仍將不斷產生：教室興建程序繁雜，自設計、發包、施工至驗收及完工後的檢查維修，任何一個環結的疏失，都將產生危險教室。這不是學校、設計師或營造廠商任何一方可以完全掌握的。惟對「危險教室」的不斷產生，不僅止於「視」其當然，更要「識」其所以然，才能未雨綢繆，防患於未然。

(2)「危險教室」防範改善的具體作法

①教室應整體興建：教室之興建應妥善規畫，將零星工程合併整體興建，不僅可提高工程品質、避免產生伸縮縫，且經濟、美

觀易於維護。

②慎擇建築師：教室的安全與建築師之設計最為密切。教室的設計，應以有責任心、道德感的合格建築師為優先考慮，對於紀錄不良和缺乏責任感之建築師，學校或工務（建設）局應拒絕委託其辦理設計。

③選取優良建材：建材的品質是教室堅固耐久的重要保障，通常鋼筋、水泥應採用具有「正」字標記者；門窗則應因地制宜，濱海或多雨區採用塑鋼或鋁門窗較木質門窗適宜；力霸式輕鋼架和石綿應避免採用。

④做好地質鑽探：不論新建或增建之教室，在設計前，應先就擬設地點之地質詳實鑽探，以為教室結構、地基打樁和寬深度決定之依據。絕不可好逸惡勞，圖一時之便，以學校舊有教室興建情形為準據，視為大同小異，比照辦理。

⑤重視防水防熱：臺灣地處亞熱帶，教室的防水防熱設施最為重要。防水是建築結構安全維護的起點，防熱設施則有助於防水層壽命之延長。

⑥加強防震設計：臺灣地區地震頻仍，學校受震災危害時有所聞。因此，對易被忽略的防震設計應注意加強。

⑦妥慎辦理招標：學校營繕工程應採通訊招標方式，以杜絕圍標、搶標；其次，在訂定底價時，應依工程之品質規格，調查當地市場狀況、物價指數，估定合理底價，以維持工程合理利潤，維護工程品質。

⑧確實監工：工程施工時，應加強監工，以減少營造廠商「偷工減料」和「用料偽裝」之行為，尤其在「關鍵」時刻，如地基和樑柱、牆，灌注混凝土時，應先做抗壓及塌度試驗，學校行政人員應會同建築師在場監督施做，並注意鋼筋數量不可短少、主筋副筋位置不可顛倒、模板不可提早拆卸等等。

⑨定期檢查維修：建築需要保養，學校應依安全檢查相關規定，實施學校建築定期與不定期檢查，詳實記錄，並注意隨時維修及天然災害之防護。預算編列時，應將危險教室之整建列為第一優先，因時因地編列足額經費，以求迅速而有效的解決。

(二) **臺灣學校建築的新進展**

七〇年代臺灣學校建築的新進展，可從校地面積、校舍構造和體育設施等方面之進展，明其梗概。

在校地面積方面，根據教育部（*民 73*）對臺閩地區中小學教育調查報告，民國 60 年 3 月至 70 年 3 月，10 年之間，中小學校平均每校校地面積都增加，國小平均增加 1,800 m^2，國中平均增加 1,600 m^2，高中平均增加 5,400 m^2，高職平均增加 107,000 m^2。平均每生可使用的校舍面積，國小由民國 60 年的 2.41 m^2 增為民國 70 年的 3.46 m^2，國中由 3.54 m^2 增為 4.42 m^2，高中由 8.68 m^2 略減為 8.2 m^2，高職由 7.31 m^2 增為 8.98 m^2（參見表 13）。

在校舍構造方面，有明顯之改變，國小鋼筋混凝土造校舍所占比例由 49.36%增為 76.63%，磚造由 33.64%變為 19.64%，木造由 16.99%變為 2.24%。國中鋼筋混凝土造校舍所占比例由 79.83%增為 89.95%，磚造由 15.67%變為 8.01%，木造由 4.50%變為 0.67%。高中鋼筋混凝土造校舍所占比例由 68.11%增為 78.50%，磚造由 22.76%變為 13.84%，木造由 9.13%變為 2.59%。高職鋼筋混凝土造校舍所占比例由 63.67%增為 71.74%，磚造由 21.83%變為 15.31%，木造由 14.51%變為 4.34%（參見表 14）。一般而言，此 10 年間校舍改建或興建結果，使各級學校鋼筋混凝土造校舍所占比例增加 8%以上（*教育部，民 73*）。

在體育設施方面，根據臺灣省政府教育廳（*民 66*）對臺灣國民

表 13 學校校地面積及每生使用校舍之改變　　　　　　（單位：平方公尺）

校別	時間	平均每校面積	平均每生使用校地面積
國民小學	民國 60 年 3 月 民國 70 年 3 月	15,030.63 16,803.57	15.15 18.29
國民中學	民國 60 年 3 月 民國 70 年 3 月	28,334.87 29,972.38	21.29 18.93
高級中學	民國 60 年 3 月 民國 70 年 3 月	41,128.92 46,518.80	40.41 30.37
高級職校	民國 60 年 3 月 民國 70 年 3 月	83,629.28 190,748.82	79.11 60.02
特殊學校	民國 60 年 3 月 民國 70 年 3 月	…… 30,827.74	…… 95.07

資料來源：**臺閩地區中小學教育調查報告**（中華民國 70 年），教育部，民 73，第 219-220 頁。

表 14 各級學校構造別之改進　　　　　　（單位：%）

校別	時間	計	鋼筋混凝土造	磚造	木造	其他構造
國民小學	民國 60 年 3 月 民國 70 年 3 月	100.00 100.00	49.36 76.63	33.64 19.64	16.99 2.24	0.01 1.49
國民中學	民國 60 年 3 月 民國 70 年 3 月	100.00 100.00	79.83 89.95	15.67 8.01	4.50 0.67	…… 1.37
高級中學	民國 60 年 3 月 民國 70 年 3 月	100.00 100.00	68.11 78.50	22.76 13.84	9.13 2.59	…… 5.07
高級職校	民國 60 年 3 月 民國 70 年 3 月	100.00 100.00	63.67 71.74	21.83 15.31	14.51 4.34	…… 8.61
特殊學校	民國 60 年 3 月 民國 70 年 3 月	…… 100.00	…… 80.64	…… 18.60	…… 0.70	…… 0.06

資料來源：**臺閩地區中小學教育調查報告**（中華民國 70 年），教育部，民 73，第 221 頁。

中小學之普查報告，全省縣市立國中計 536 校，運動場跑道 100m
以上者占 87%，其中設 100m 跑道 1 校，設 200m 跑道 243 校，設
300m 跑道 166 校，設 400m 跑道 57 校；設有活動中心（或風雨操
場）7 所（占 1%）；設有 25m 以下游泳池 2 座，25m 游泳池 4 座，
50m 游泳池 1 座。全省縣市立國小計 2,214 校，運動場跑道 100m 以
上者占 90%，其中設 100m 跑道 375 校，設 200m 跑道 1,569 校，設
300m 跑道 44 校，設 400m 跑道 19 校；設有活動中心（或風雨操
場）12 所（0.5%）；設有游泳池者占 0.6%，其中 25m 以下游泳池
5 座，25m 游泳池 8 座，50m 游泳池 1 座。另據教育部體育司（*民
74*）對臺閩地區學校體育設備之調查，以 3,683 所公、私立各級學
校（含大學、專科、高中、高職、國中、國小）為調查對象，經調
查有跑道的學校計 3,248 校，占 88%，長度以 200m 規格最普遍有
1,593 校，占 49%，以 400m 規格最少僅 167 校，占 5%，跑道質料
以土質居多有 2,382 校，占 73%，以合成樹脂最少僅 15 校；體操房
（館）計有 160 處，約占全部學校比例的 4%，其中公立國小有 78
校有體操房（館），約占 3%，公立國中有 25 校有體操房（館），
約占 4%，公立高中（職）有 17 校有體操房（館），約占 10.6%，
公立專科有 8 校有體操房（館），約占 38.1%，公立大學有 5 校有
體操房（館），約占 31.3%；游泳池數，室內 23 處，室外 137 處，
包括國小 46 處，國中 31 處，高中 49 處，大專以上 34 處，在比例
上大專院校最高，國小最低，水道則以 25m 長占大多數，約 75%。

　　由此可知，七〇年代臺灣的學校建築，雖然校地在擴充中，校
舍也積極的修、改或重建，但各項設施設備的缺乏，卻顯而易見，
尤其是體育設施，簡陋的風雨操場（通常為力霸輕鋼架結構，民國
72 年豐原高中禮堂倒塌後，已正式禁用），數量極為有限的體育
館和游泳池，都值得我們關切。

　　此一時期，較值得注意的是，大陸受到 19 世紀末葉天主教「中

國化」運動及基督教「本色運動」的影響，許多校舍應用了中國古典建築的元素及特徵，造成20世紀前三十年間中國古典式樣新建築之崛起，30所教會大學或學院成立，較著名的有蘇州東吳大學（1901年）、上海震旦大學（1903年）、廣州嶺南大學（1903年）、南京金陵大學（1910年）、南京金陵女子大學（1914年）、上海滬江大學（1918年）、北平燕京大學（1919年）、北平協和醫學院（1919年）、武昌華中大學（1924年）和北平輔仁大學（1925年）等等，雖然對當時的臺灣學校建築未造成直接的衝擊，但在1949年政府播遷來臺之後，則有可觀之影響。私立淡江大學是臺灣的第一個校園實驗場，其第一期六間復古式鋼筋混凝土教室（1954年）屋頂為歇山，入口抱廈則以博風朝向正面（如圖13），鍾靈化學館（1959年）採裝飾步趨，建築簷部以垂珠及雀替處理，學生活動中心（1962年）屋身砌以空心花磚，簷部飾以簡化斗栱，平臺欄杆亦為古典形式，同樣的手法重複出現於城區部大樓（1965年）、視聽教育館（1966年）、驪先紀念科學館（1967年）及大樓（1970年）之中；其次，是私立中國文化大學大成館（1961

淡江大學著名的宮燈大道和歇山頂的教室群，
是中國建築式樣的第一個校園實驗場。

圖13：私立淡江大學歇山屋頂入口唐博風式教室

年）、大義館（1961 年）、大仁館（1965 年）、大恩館（1970 年）
及大典館（1973 年）（如圖 14），構成了臺灣中國古典式樣新建
築最密集之大本營（*傅朝卿，民 82*）。

文化大學處處可見典型的中國宮殿式建築，是
中國古典式樣新建築最密集的大本營。

圖 14：私立文化大學典型的中國宮殿式建築

四 八〇年代學校建築的興起

　　八〇年代來，臺灣學校建築規畫，有較長足的進步，不僅新興
大學和中小學等各級學校發展迅速，宜蘭縣首創全縣中小學校園更
新，成為臺灣學校建築更新和發展的新典範，許多無圍牆的新學
校，所塑造出獨特風格的宜蘭經驗值得學習。臺北市、臺北縣、桃
園縣等，在學校建築的規畫和轉型中，推出開放空間、班群教室、
學科教室、古蹟共構、文化情境等空間革新理念，大放異彩。尤其
是九二一大地震震災學校重建，在教育部「新校園運動」的推展
下，南投縣和臺中縣等震災重建學校更以嶄新的面貌，出現於新世
紀，開創臺灣學校建築發展前所未有的佳績。八〇年代學校建築的

興起，擬就新設中小學的興起和新設大學的興起二部分扼要說明（詳見第五、六章）。

㈠ 新設中小學的興起

八〇年代臺灣的學校建築日益興盛，許多新設國小，如臺北市立明湖、文湖、大湖、南湖、萬福、興華、博愛和修德國小，臺北縣麗園國小；新設國中，臺北市立敦化、天母、百齡、關渡國中和東湖國中，臺北縣立三民國中、雲林縣立雲林國中、臺南市立文賢和崇明國中；新設高中，臺北市立松山高中、國立羅東高中、國立臺南一中和高雄市立中山高中；新設高職，臺北市立內湖高工、國立淡水工商、國立桃園農工和高雄市立三民家商等，皆曾獲中華民國學校建築研究學會（民 81、82、83、84）評介為優良學校建築規畫學校。

其次，還有許多新設校（含學校更新），如臺北市立麗山高中、建成國中；基隆市立長樂和深美國小；臺北縣國立三重高中、新店高中、鶯歌高職、樟樹和崇林國中、德音、大觀、麗林、大崁和康橋國小，桃園縣大崗國中、幸福、文化、龍星、建德和平興國小，新竹市朝山、虎林和陽光國小，苗栗縣仁愛、福星、僑成和大南國小，彰化縣員林國小，臺南市崇明國小，高雄市特殊學校和國昌國中，屏東縣橋智、光華和五溝國小，宜蘭縣蘭陽女中、頭城、員山、復興、中華、國華和南安國中、南屏、光復、凱旋、大溪、梗枋、竹安、龍潭、過嶺、冬山、東興、大洲、南安、東澳、蓬萊、武塔和澳花國小，花蓮縣自強國中、啟智學校、中華、水璉和大興國小，臺東縣國立體育高中、成功商水、加拿、關山和東海國小，澎湖縣中正國小等，在建築造形、庭園景觀、休憩空間、教育情境、科技設備和社區融合等規畫上，有許多值得參考之處。

　　此外，民國88年九二一地震，規模7.3，造成全臺重創，學校建築受損最為嚴重，南投縣中小學幾無倖免，臺中縣中小學也損毀甚巨，幸經政府和民間共同努力，震災地區學校，如南投縣的潭南、至誠、廣英、富功、中寮、永昌、草屯、土城、社寮、集集、光復和延平國小，以及集集、社寮、民和國中和旭光高中，臺中縣霧峰、土牛、中科、中坑、大林和桐林國小等，以及苗栗縣橋成國小等，皆呈現校園的新風貌，建材結構方面加強耐震設計，建築造形大多以斜瓦頂，保留校園自然景觀，結合社區總體營造，也有無圍牆的設計，運動場跑道出現直道或保留為一大片草坪，教室空間較傳統教室更有彈性（如學習區、班群空間等），還有紀念鐘、塔或藝術牆飾等，為臺灣中小學的學校建築另啟新頁。

　　須提的是，國內開放空間學校的設計，如臺北市健康（如圖15）、永安、新生和文昌國小，臺北縣集美、昌平和永吉國小，宜蘭縣蘇澳和南安國小，新竹縣陽光國小，臺南市億載國小、高雄市港和、新上、民權和福山國小，已使臺灣的教育設施發展，邁向新

臺北市第一所無圍牆的開放空間學校，班群設計以三間教室及共用空間為一單元，提供開放教育的實驗場。

圖15：臺北市健康國小

的里程碑。此外，臺北市麗山高中的學科型教室設計，建成國中與歷史性建築共構，都堪稱為佳作。民國94年完工啟用的政大附中，更以人性化情境、文化性景觀、學術性設施、生活化空間、開放性空間、社區化學校、現代化設備和無障礙環境，擘畫 21 世紀教育設施的新藍圖。

㈡ 新設大學的興起

臺灣光復之後，39 學年度，計有大專院校 7 所（大學 1 所、獨立學院 3 所、專科學校 3 所），學生人數 6,665 人，其後因經濟建設之發展，各類專門人才之需求量不斷增加，政府乃極力籌設大專院校，並開放私立大專院校之設立，至 89 學年度大專院校有 150 所，其中大學校院 127 所，專科 23 所，學生人數 1,090,102 人（*教育部，民 90a*），至 92 學年度大專院校有 159 所，其中大學校院 145 所，專科 14 所，學生人數 1,228,727 人（*教育部統計處，民 94a*）。大學的迅速擴充，主因一為技職教育體系的專科改制，提升為技術學院及科技大學，另一為新設大學的紛紛設立。就學校建築而言，大學的擴充，提供更多的硬體教育環境，茲整理現有的大學、設立年代和校地面積（參見表 15），以明其發展梗概。

民國 69 年，高雄中山大學復校，開啟了新大學設立的契機。諸如國立中正大學、國立臺北藝術大學、國立暨南國際大學、國立東華大學、國立雲林科技大學、國立屏東科技大學等，都有完整宏偉的整體性校園規畫，在建築造形風格之塑造，校園景觀之規畫上，各有擅長（*參閱黃世孟主編，民 82*）。

例如，國立中正大學，民國 78 年設校，校地面積 134 公頃，校區規畫完整，行政大樓、文學院、理學院、社會科學院、工學院、管理學院、圖書資訊大樓、共同教室、學生活動中心、占地

表 15　臺灣公私立大學校地面積一覽表

國立大學	校地面積（公頃）	設立年代（或在臺復校時期）	私立大學	校地面積（公頃）	設立年代（或在臺復校時期）
政治大學	103.90	43 年（1954）	東海大學	133.31	44 年（1955）
清華大學	105.51	45 年（1956）	輔仁大學	34.24	52 年（1963）
臺灣大學	126.73	17 年（1928）	東吳大學	15.54	43 年（1954）
臺灣師範大學	21.94	35 年（1946）	中原大學	26.99	44 年（1955）
成功大學	177.91	35 年（1946）	淡江大學	62.58	47 年（1958）
中興大學	54.96	35 年（1946）	文化大學	114.37	52 年（1963）
交通大學	77.16	47 年（1958）	逢甲大學	24.77	50 年（1961）
中央大學	61.39	51 年（1962）	靜宜大學	29.95	52 年（1963）
中山大學	70.29	69 年（1980）	長庚大學	37.26	76 年（1987）
臺灣海洋大學	30.99	42 年（1953）	元智大學	23.91	78 年（1989）
中正大學	134.24	78 年（1989）	中華大學	20.33	79 年（1990）
高雄師範大學	63.93	56 年（1967）	大葉大學	24.25	79 年（1990）
彰化師範大學	51.26	60 年（1971）	華梵大學	34.13	79 年（1990）
陽明大學	47.86	64 年（1975）	義守大學	28.74	79 年（1990）
臺北大學	68.05	89 年（2000）	世新大學	28.52	49 年（1960）
嘉義大學	150.64	54 年（1965）	銘傳大學	36.62	49 年（1960）
高雄大學	82.50	89 年（2000）	實踐大學	53.83	47 年（1958）
東華大學	251.42	83 年（1994）	朝陽科技大學	27.38	83 年（1994）
暨南國際大學	148.21	84 年（1995）	高雄醫學大學	11.84	45 年（1956）
臺灣科技大學	15.46	63 年（1974）	南華大學	49.79	85 年（1996）
雲林科技大學	58.39	80 年（1991）	真理大學	29.65	54 年（1965）
屏東科技大學	1129.75	43 年（1954）	大同大學	9.16	52 年（1963）
臺北科技大學	201.63	83 年（1994）	南臺科技大學	15.92	58 年（1969）
高雄第一科技大學	73.44	84 年（1995）	崑山科技大學	22.35	53 年（1964）
高雄應用科技大學	120.17	52 年（1963）	嘉南藥理科技大學	20.28	55 年（1966）
臺北藝術大學	37.05	71 年（1982）	樹德科技大學	36.30	86 年（1987）
臺灣藝術大學	9.28	83 年（1994）	慈濟大學	39.71	83 年（1994）
臺東大學	32.00	56 年（1967）	臺北醫學大學	7.37	49 年（1960）
聯合大學	63.16	61 年（1972）	中山醫學大學	57.25	49 年（1960）
虎尾科技大學	20.06	69 年（1980）	龍華科技大學	7.08	58 年（1969）
高雄海洋科技大學	18.57	56 年（1967）	輔英科技大學	16.79	57 年（1968）
			明新科技大學	23.09	55 年（1966）
			長榮大學	26.83	82 年（1993）
			弘光科技大學	9.91	56 年（1967）
			中國醫藥大學	8.09	47 年（1958）
			清雲科技大學	5.84	55 年（1966）
			正修科技大學	29.57	54 年（1965）
			萬能科技大學	8.68	61 年（1972）

資料來源：*1.* 大專院校校地校舍面積統計（93 年 2 月底），教育部統計處，民 94b。
　　　　　民 94 年 4 月 30 日，取自 http://www.edu.tw/EDU_WEB/EDU_MGT/STAT-
　　　　　ISTICS/EDU7220001/user4/u8293.htm。
　　　　2. 中華民國教育統計（第 158-166 頁），教育部，民 90a，臺北市：作者。

20 公頃的學人宿舍區等，校舍建築由不同的建築師設計，各有擅長，各具特色（詳見第五章第一節）。

　　國立臺北藝術大學，校園面積 37 公頃，因山坡地起伏較大，並含有兩個山谷，系院配置順應地形，將凹形山谷留為開放空間，建物配置於四週，地勢平坦面積較大的一邊是戲劇、音樂、舞蹈等系，宿舍區位於行政大樓之後，藝術學院建築以斜屋頂和山牆表達中國建築的概念，建築內庭的氣氛，大致以中國民宅建築的趣味，落實為學校群體生活的尺度，整體建築明顯可見「迂折」的手法以塑造龍的意象；敷地計畫（site plan）最重要的是象徵校園智慧中心的圖書館（如圖 16），所在腹地較大，對內對外均為要處且為最高點，具有象徵意義，圖書館的設計將中國屋頂的單脊改變為雙脊，創造了天窗，仍可維持燕尾的造形（*李祖原，民 82a*），其大脊、燕尾、人字規、出廈與肩牆，皆為中國傳統建築所用之元素（*李乾朗，民 84*）。

燕尾造形的圖書館象徵校園的智慧中心。

圖 16：臺北藝術大學圖書館

　　國立雲林科技大學，校區 58 公頃，校園入口大門為 42m 寬之林蔭大道，連接行政與國際會議中心，該校以工程、管理及設計技

術三大群科系為校園教學重心，校區配置分為中央圖書行政、共同
教學區、系館教學群區、理工實驗及工廠實習區、休閒活動區、學
生宿舍區、教授學人宿舍區、運動區及預留各系群未來發展區（黃
有良，民82）。

第四節

學校建築大事紀

　　統整前述各節，臺灣學校建築的發展，可以日據時代為分水
嶺，要分為清前時期、日據時代和光復以後等三大時期，期間學校
的設立和學校建築的發展，各有其重點和特色。

一 清前時期（1895 年以前）

　　清前時期，臺灣學校建築的發展，可分為荷西、明鄭和滿清時
期等三個階段：
　　㈠荷西時期（1624 年～1661 年）：荷西時期，以西班牙天主
教神父Esquivel在雞籠（現基隆）創辦「學林」（1632 年）和荷蘭
基督教牧師 Junius 在新港社開辦學校（1636 年）著稱，中古時代
歐洲教會即學堂，荷蘭人開辦的學校另有校舍和教師宿舍。
　　㈡明鄭時期（1661～1683 年）：明鄭時期，主要設置人稱「全
臺首學」的承天府（臺南）孔廟（1666 年），學校建築為「學宮」
形式，採「右廟左學」的規制發展，左學包括明倫堂、大成坊、朱
文公祠、文昌閣、文昌祠、土地祠、官廳、教授廨、泮宮石坊等，

是最具代表性的中國傳統建築。

　　㈢滿清時期（1684～1895 年）：滿清時期，臺灣的教育機構主要為儒學（13 所）、書院（64 所）、書房、社學和義學，並以書院的設置最為重要，書院配置空間大體分為精神、教學、居住、行政、藏書、服務和交通等空間。

二│日據時代（1895～1945 年）

　　日據時代，是臺灣近代學校教育制度成立和實施的起源，可從各級學校的設立和學校建築的特色，加以了解：

㈠ 各級學校的設立

　　國民教育方面，依照發展順序，可概括分為芝山巖學務部學堂（1895）、國語傳習所（17 所和 57 所分教場）、公學校（1933 年有 769 校）、小學校（1933 年有 135 校）、國民學校（1944 年有 1,099 校）、蕃人公學校（1921 年有 30 所）和蕃童教育所（1935 年有 183 所）。中等教育方面，中學校成長的速度遠低於國民學校，男子中學校（1944 年有 22 校）和高等女學校（1944 年有 22 校）。師範教育，極為繁複，且常有更迭，一般分為教員講習所（1896年）、國語學校師範部（1896 年）和師範學校（1899 年）等三階段。高等教育方面，主要有 5 所專門學校和 1 所大學。

㈡ 學校建築的特色

　　日據時代，以日式標準化學校和臺灣基督長老教會所興建之建

築為特色：

1. 日式學校建築的特色

日據時代，對學校建築與設備有基本的原則說明或具體明確的規定，例如：「臺灣公立中學校規則」（1915、1922 年）、「公學校設備規程」（1901 年）、「蕃童教育費標準」（1908 年）、「臺灣公立幼稚園規則」（1921 年）等，對校地、校舍、教室、校具設備、師生宿舍、體操場或實習場地和器具等，均有明確或原則性的規範。日式學校建築特色：(1)在建校程序上，皆經縝密規畫（籌備 3、4 年），多數是先建教職員宿舍（包括單身與家庭宿舍），使教職員能夠安心地去做籌備開學的工作；其次是建造辦公室、教室、禮堂、特別教室、游泳池等設備；最後是採購圖書儀器設備，建造學生宿舍、飯廳，等一切弄妥才正式開學。(2)在校舍配置上，受設備標準的影響，係標準化的學校建築，如規格化的教室設計（室內 9m × 7.5m，加單邊走廊 2.5m）、黑瓦斜頂、木樑磚造、單面走廊、拱形廊窗、單層挑高約 4m，教室廊側臺度底下有通氣孔，校舍形式沿圍牆設置由「一」字、「ㄩ」字型而（或）「口」字型，中間一塊操場，學校建築以操場和司令臺為重心，莊嚴肅穆，尊重紀律與命令。(3)在建築式樣上，有一些教育設施採用中世紀風格，是日式學校建築式樣的特色，如臺大文學院（1928）和圖書館舊館（1928）、臺南一中小禮堂（1931）是仿羅馬風格，臺灣師大行政大樓（1928）和禮堂（1928）是簡化哥德風格，建中紅樓（1908）則為英國維多利亞時期英格蘭磚造建築。

2. 教會學校建築的特色

臺灣基督長老教會興建的學校建築，呈現明顯的本土化，與日式學校建築採用中世紀風格的西洋歷史式樣建築，各異其趣。教會

學校建築的特色：⑴在建校程序上，多數由神職人員自己設計，再鳩工興築，與日本人由官方興建，大異其趣。⑵在校舍配置上，成ㄇ字型的三合院型態，採用臺灣民居的合院式建築型態，為教會學校建築本土化的特色之一。⑶在建築式樣上，大多以臺灣傳統民宅為原型，再於開口部及內裝修上反映西方宗教的特質，係為閩洋折衷或閩南裝飾風格。

三 光復以後（1945 年以後）

　　光復以後，臺灣學校建築的發展，可分為各級學校設備標準的奠基、六〇年代國中校舍的設計、七〇年代學校建築的進展、八〇年代學校建築的興起等四部分：

　　㈠各級學校設備標準的奠基：臺灣光復之後（1945 年以後），各種學校校舍或建築設備標準的研訂，仍然規範著臺灣學校建築的發展，例如：「幼稚園暫行設備標準」（民國 50 年）、「幼稚園設備標準」（民國 78 年）、「國民學校校舍建築設備暫行標準」（民國 47 年）、「國民小學設備標準」（民國 70 年）、「中學設備標準」（民國 53 年），「國民中學暫行設備標準」（民國 59 年）、「國民中學設備標準」（民國 76 年）、國民中小學設備基準（民國 91 年）、「高級中學設備標準」（民國 62 年、88 年）、「大學及分部設立標準」（民國 88 年）和「各級各類私立學校設立標準」（民國 88 年）等等，對校地選擇、校地配置、校舍建築、普通教室、運動場地、學校庭園和附屬設施等之空間和設備或校舍樓地板面積，皆有具體規定。

　　㈡六〇年代國中校舍的設計：六〇年代，國中校舍的設計，以民國 57 年校舍「波浪式屋頂」和「標準圖」（10 種）為其特色。

波浪式屋頂象徵「三民主義」、「倫理、民主與科學」、「九年國民教育」、「成為一個活活潑潑的好學生」。

㈢七〇年代學校建築的進展：七〇年代，「危險教室」係國民中小學學校建築上的一個特殊問題，教育部在66～70年度五年內，計改建國民中小學危險教室22,529.6間。其次，學校建築的進展，雖然校地在擴充中，校舍也積極的修、改或重建，但各項設施設備的缺乏，卻顯而易見，尤其是體育設施，簡陋的風雨操場（通常為力霸輕鋼架結構），數量極為有限的體育館和游泳池，都值得我們關切。另值得注意的是，有些學校校舍應用了中國古典建築的元素及特徵，例如淡江大學是臺灣的第一個校園實驗場（有歇山頂教室等），中國文化大學是臺灣中國古典式樣新建築最密集之大本營。

㈣八〇年代學校建築的興起：八〇年代，臺灣學校建築規畫，有較長足的進步，不僅新興大學和中小學等各級學校發展迅速，宜蘭縣首創全縣中小學校園更新，成為臺灣學校建築更新和發展的新典範，許多無圍牆的新學校，所塑造出獨特風格的宜蘭經驗值得學習。臺北市、臺北縣、桃園縣等，在學校建築的規畫和轉型中，推出開放空間、班群教室、學科教室、古蹟共構、文化情境等空間革新理念，大放異彩。尤其是九二一大地震震災學校重建，在教育部「新校園運動」的推展下，南投縣和臺中縣等震災重建學校更以嶄新的面貌，出現於新世紀，開創臺灣學校建築發展前所未有的佳績。

綜合上述，並參考相關研究資料（*汪知亭，民67；林天祐等，民89；湯志民，民88a；傅朝卿，民86、88；遠流臺灣館，民89；臺灣省政府教育廳，民73；吉野秀公，1927；臺灣教育會，1939*），將臺灣學校建築的發展，犖犖大者，整理如表16所示，以明梗概，並請方家指正。

表 16 臺灣學校建築發展大事紀

年代	學校建築相關發展事項
1632 崇禎 5 年	西班牙天主教神父 Esquivel 在雞籠（現基隆）創辦「學林」。
1636 崇禎 9 年	荷蘭基督教牧師 Junius 在新港社開辦學校。
1648 永曆 2 年	荷人在麻豆社、赤崁設學校。
1666 永曆 20 年	承天府（臺南）孔廟落成，人稱「全臺首學」。
1683 康熙 22 年	靖海將軍施琅設立臺灣第一所書院——西定坊書院。
1684 康熙 23 年	創建臺灣縣儒學、鳳山縣儒學。
1685 康熙 24 年	設臺灣府儒學於臺南孔廟。
1686 康熙 25 年	諸羅縣設立新港、蕭壠、目加溜灣、麻豆 4 社社學。
1695 康熙 34 年	臺灣知府靳治揚創設土番社學。
1704 康熙 43 年	設立臺灣第一所完善規模書院——崇文書院。
1720 康熙 59 年	建海東書院。
1726 雍正 4 年	創建彰化縣儒學。
1763 乾隆 28 年	貢生胡焯猷設義學，建明志書院。
1780 乾隆 45 年	創建嘉義縣儒學。
1847 道光 27 年	閩浙總督劉韻珂將艋舺文甲書院更名為學海書院。
1873 同治 12 年	板橋林家創設大觀義學。
1879 光緒 5 年	創建淡水縣儒學。
1882 光緒 8 年	臺灣第一所西學堂——牛津學堂成立（現真理大學）。
1883 光緒 9 年	臺灣第一所女子學校——淡水女學堂成立，首屆學生 34 人，全部都是宜蘭的平埔族。
1885 光緒 11 年	臺灣第一所私立中學——長老教會中學成立（現長榮中學）。
1887 光緒 13 年	劉銘傳設西學堂。
1890 光緒 16 年	劉銘傳設臺灣第一所職業學校——臺北大稻埕電報學堂。 劉銘傳設番學堂。
1891 光緒 17 年	Campbell 牧師創辦臺灣第一所盲人學校——訓瞽堂（現國立臺南啟聰學校）。
1895 明治 28 年	伊澤修二創立「國語傳習所」，日據時代第一所學校。 臺灣第一所國民小學——國語學校附屬芝山巖學堂成立（現臺北市士林國小）。
1896 明治 29 年	臺灣正式師範教育之始——國語學校師範部成立，日本人入學。 臺灣最早的教育養成機構——臺北士林芝山巖設教員講習所（短期速成培訓機構）。 發佈「國語學校規則」。

表 16 （續）

年代	學校建築相關發展事項
1897 明治 30 年	臺灣第一所師範學校——臺灣總督府國語學校成立（現臺北市立師範學院）。
	臺灣第一所夜間學校——研修會成立（現臺北市立成淵高中）。
1898 明治 31 年	臺灣第一所幼稚園——臺南關帝廟幼稚園設立。
1899 明治 32 年	7 月 28 日公布「臺灣公學校令」制定臺灣公學校與小學校官制。
	3 月 28 日教育敕語謄本配發公學校。
1900 明治 33 年	「總督府學校」創立。
1904 明治 37 年	臺灣第一所農林學校——臺灣公立嘉義農林學校成立（現國立嘉義大學）。
1908 明治 41 年	第一所番童教育所在嘉義達邦社開設。
	臺北第一中學校本館落成（現建國高中紅樓）。
1909 明治 42 年	臺北醫學專門學校成立。
1914 大正 3 年	角板山蕃童教育所開設。
1915 大正 4 年	長老教會創辦淡水中學。
	公布「中學校官制」。
1916 大正 5 年	臺灣人自籌基金建立的第一所中學——臺灣公立中學校成立（現國立臺中一中）。
	臺北帝國大學醫學院附屬病院落成（現國立臺灣大學附設醫院）
	淡水女學校本館落成（現淡江中學內純德幼稚園）
1917 大正 6 年	臺南長老教中學講堂落成（現長榮中學校史室）
	臺灣第一所商業學校——臺灣總督府商業學校成立（現國立臺北商業專科學校）。
	臺灣總督府臺南高等女學校本館落成（現國立臺南女中自強樓）
1918 大正 7 年	天主教創辦第一所兼收日、臺籍女生的學校——靜修女中
	臺灣第一所工業學校——臺灣總督府工業學校成立（現國立臺北科技大學）。
1919 大正 8 年	公布「臺灣教育令」。
1920 大正 9 年	農民專門學校創立。
1921 大正 10 年	臺北建成小學校成立（現臺北市第二藝術館和建成國中）
1922 大正 11 年	高雄第一尋常高等小學校成立。
	修正「臺灣教育令」，除了普通學校、公學校以外，所有學校都依據日本內地學制實施。
	開始實施日臺「共學制」。

表 16 （續）

年代	學校建築相關發展事項
1923 大正 12 年	總督府高等學校舉行開學典禮，為臺灣最初的高等教育機關。 臺南師範學校本館落成（現國立臺南師範學院紅樓）。 淡水中學校體育館落成。 臺南長老教女學校本館落成（現臺南市私立長榮女中長榮大樓）。 臺南花園尋常小學本館落成（現臺南市公園國小花園樓）。
1925 大正 14 年	淡水中學校本館落成（八角樓）。 高雄中學校本館落成（現高雄中學紅樓）。
1928 昭和 3 年	臺灣第一所大學——臺北帝國大學成立（現國立臺灣大學）。 臺北高等學校本館落成（現國立臺灣師範大學行政大樓）。 臺南第二中學校本館落成（現國立臺南一中紅樓）。 臺中師範學校本館落成。
1928 昭和 3 年	臺北帝國大學文政學部落成（現國立臺灣大學文學院）。 臺北帝國大學圖書館事務室落成（現國立臺灣大學圖書館舊館）。 臺北高等學校講堂落成（現國立臺灣師範大學禮堂）。
1931 昭和 6 年	臺南州立第二中學校講堂落成（現國立臺南一中禮堂）。
1932 昭和 7 年	臺南高等工業學校校舍落成。
1933 昭和 8 年	臺北第一高等女學校校舍落成（現臺北市北一女中光復樓）。
1934 昭和 9 年	臺北帝大增設「熱帶醫學研究所」。 臺南高等工業學校講堂落成。
1936 昭和 11 年	大日本武德會臺南支部武德殿落成（現臺南市忠義國小禮堂）。
1937 昭和 12 年	臺北第三高等女學校校舍落成（現臺北市中山女高逸仙樓）。
1941 昭和 16 年	公布「國民學校令」。
1943 昭和 18 年	六年制義務教育開始實施。 「臺中高等農林學校」創立，翌年改稱「臺中農林專門學校」。
1955 民國 44 年	臺灣第一所師範大學——國立臺灣師範大學成立（由臺灣省立師範學院改制）。
1957 民國 46 年	教育部公布「中學設備暫行標準」。
1958 民國 47 年	教育部公布「國民學校校舍建築設備暫行標準」。
1961 民國 50 年	教育部公布「幼稚園暫行設備標準」。
1962 民國 51 年	臺灣光復後政府首創第一所女子中學——景美女中。
1964 民國 53 年	教育部公布「中學設備標準」。
1968 民國 57 年	蔡保田博士創立「中國學校建築研究社」，並經聯合國教科文組織（UNESCO）亞洲區學校建築中心承認為駐在我國的發展小組。

表 16 （續）

年代	學校建築相關發展事項
	實施九年義務教育，國民中學新校舍採波浪式屋頂造形。
1974 民國 63 年	臺灣第一所技術學院成立（現國立臺灣科技大學）。
1981 民國 70 年	教育部公布「國民小學設備標準」。
1983 民國 72 年	豐原高中禮堂倒塌，內政部規定大型公共建築物不得採用力霸輕鋼架。
	佛教界創辦第一所高等學校——華梵工學院（現華梵大學）。
1986 民國 75 年	蔡保田博士創立「中華民國學校建築研究學會」。
1987 民國 76 年	教育部公布「國民中學設備標準」。
1989 民國 78 年	教育部公布「幼稚園設備標準」。
1990 民國 79 年	人本基金會在臺北縣成立第一所民間體制外教育改革實驗小學——森林小學。
1995 民國 84 年	臺灣第一所餐旅專業學校——高雄餐旅管理專科學校成立（現高雄餐旅技術學院）。
1998 民國 87 年	臺北市政府教育局成立學校建築科（第八科）。
1999 民國 88 年	教育部頒布「高級中學設備標準」。
	臺北市健康國小、臺北縣集美和昌平國小、高雄市新上、福山、民權及港和國小成立，採班群教室開放空間設計。
	臺北市麗山高中成立，採學科型教室設計。
	「九二一大地震」（規模 7.3）及「一〇二二嘉義大地震」學校建築損毀 1,546 校，其中南投縣和臺中縣全毀的學校有 45 校。
	中華民國建築學會（黃世孟博士主政）為地震受災國民中小學提出綠建築規畫設計規範。
2000 民國 89 年	第一所震災重建學校——南投縣永昌國小完工。
	震災學校重建，教育部發起「新校園運動」。
2001 民國 90 年	臺北市建成國中完工遷校，新校舍與歷史性建築共構。
2002 民國 91 年	教育部頒佈「國民中小學設備基準」。
2003 民國 92 年	「九二一地震」等震災學校，復建工程於 12 月 31 日全部完成。
	教育部推展「永續校園」。
2005 民國 94 年	第一所由政府與大學（政大、教育部、臺北市教育局）共同籌建的國立政大附中成立。

Chapter 2

臺灣學校建築的文化

「康河」是劍橋大學的學術泉源

「椰林大道」是臺灣大學的代名詞

「路思義教堂」是東海大學的地標

「西子灣」夕陽斜照是中山大學的浪漫

「紅樓」是建中、南一中的驕傲

「綠園」是北一女中青春的寫照

　　漫步世界百年名校，英國的牛津和劍橋大學、美國的哈佛大學、德國的海德堡大學、大陸的北京大學，貼近風格獨具各勝擅長的百年古典建築，心靈的悸動和震撼，難以言喻。尤其是英國劍橋大學，波光瀲灩清淺蜿蜒的康河（River Cam）自皇后學院（Queen's College）的數學家橋（Mathematician's Bridge）開始，環繞國王學院（King's College）、三一學院（Trinity College）和聖約翰學院（St. John's College），各學院跨越數百年的古典建築，令人嘆為觀止，漫溯康河，全歐最出色的哥德式建築——1446 年興建，1515 年完工的國王學院禮拜堂（King's College Chapel），曠世屹立於青青草原底處，學校建築之優美以此為最，無以倫比。

　　Dober（2000）指出校園景觀（campus landscape）是歷史的積疊，多元風格的形塑有其教育的意義和價值，校園景觀的規畫與設計，應尊重過去並歡迎創新。湯志民（民88a）則將「校園文化與學校建築」，視為表裡的互動關係，強調校園文化，可以是尋根溯源的、歷史傳承的或無限創意的，重要在校園中文化或教育的原創、開展和延伸；學校建築，則是校園文化的具象表徵，反映學校的教育理念和發展方向。例如：

> 臺灣的百年學校，有大學、中小學，象徵百年樹人的珍貴與價值，也見證臺灣教育的蛻變與發展。古樸的校園史蹟建築，有古蹟、歷史性或紀念性建築設施，具有文化教育意涵，也述說著該校的發展源流。蒼勁的百年老樹，有樟樹、榕樹、茄苳、刺桐、金龜樹等等，代表鄉土的發展和學校對鄉土擁抱，它是社區的凝聚力，也是學校師生的共同回憶。（第46-47頁）

校園文化意涵學校人、事、物的互動關係、組織氣氛、發展目標和歷史價值，進而形成學校的獨特風格。中西方建築造形與庭園景觀互異其趣，自有其文化源流上的差異，學校建築的校園文化形塑，對此應有基礎的了解，並能善加運用。校園文化的建構，應考量學校區位（都市或鄉村）、學校層級（中學或小學）、師資素質（專業素養和學術專長）、學生特質（男女合校或分校）、建築設備（發展重點和特色）、經費預算（充裕或短絀）、社區文化（歷史、地理和人文關係）、學校環境（自然環境、社會環境和物質環境）、資源運用（社教機構或文教機構）和教育理念（教育哲學、課程設計和教學方法）等因素，其發展是相當長遠的。當然，歷史悠久學校有其傳承，新設學校也可創新文化，老舊學校不妨嘗試轉型，主要在於建立並留傳有意義、有價值的校園文化（湯志民，民

88a）。

　　臺灣是一個很可愛的地方，學校有許多彌足珍貴的教育設施，近六年來，走過上百所學校，看著具有百年歷史的學校，欣賞古樸的校園史蹟建築、蒼勁的百年老樹、創意的校園設計和優美的學校建築，內心的感動，讓人在校園中留連忘返，不知晨昏；臺灣校園文化的動人之處，可由此細細欣賞與體會。以下擬就校園與文化藝術、臺灣的百年學校、校園的史蹟建築、校園的百年老樹和臺灣的首創學校，分別加以探析和介紹說明。

第一節

校園與文化藝術

　　校園是一項藝術的作品（a work of art），不同於二度空間的繪畫，三度空間的雕塑和建築，其第四度空間是功能（function），而校園還有第五度空間即規畫（planning）（*Gaines, 1991*），其藝術的表達係透過建築與景觀融合於物質環境之中，並反映著我們文化的意義和重要性（*Dober, 1992*）。

　　根據湯志民（*民83*）之觀察與研究，國內校園環境規畫問題，大致如下：

> *1.* 學校規畫設計物重於人，以物役人的「物化」環境，缺乏人性化的教育意味。
> *2.* 建築設施設置偏重經濟性與標準化，缺乏文化性與時代性的象徵性意義。
> *3.* 學校建築的造形、色彩過於呆板單調，在美感的呈現上

顯有不足。

*4.*校園綠化重於美化，園景設施和布置有待強化。

　　近年來，臺灣地區區域性地逐步新（改）建學校，如宜蘭縣、臺北縣、桃園縣，在校園藝術與文化環境的建構上，均有令人激賞的成績（*吳財順主編，民90；王世英主編，民89*）。九二一震災重創臺灣中部地區中小學校二百三十餘所，教育部災後重建工程以「新校園運動」作為核心精神（*教育部，民90b*），為改造學校環境的契機。湯志民（*民90a*）之研究，進行文獻分析、實地參訪和大規模的問卷調查，發現學校空間革新趨向中，校園文化藝術環境的建構受到普遍的重視，在七項空間革新趨向中列名第二。

　　公共藝術是在六〇年代開始被廣泛地談論注意，於八〇年代開始在臺灣萌芽（*曾啟雄，民82；陳靜燕，民86*），81年7月1日頒布「文化藝術獎助條例」，明訂「公有建築物所有人，應設置藝術品，美化建築物與環境，且其價值不得少於該建築物造價百分之一」，確立了公共藝術設置的法令必須性，也提供學校藝術文化環境建構上有力的經濟性支持。惟學校是教育的場所，校園文化藝術環境的建構，非僅是藝術品之堆砌，必須符應教育的特質和需求，並能因應學校風格（如幼稚園、小學、中學和大學）之差異性，作不同要求的規畫。以下擬就校園的隱喻、精神與風格、校園文化藝術環境的要素、校園文化藝術環境的特性等三方面，分別探討。

一　校園的隱喻、精神與風格

　　校園空間、建築、庭園和設施所構成的物質文化，會影響使用者的思想、人格、學習、態度和價值觀，必有其隱藏的深層教育寓

意。以下擬就教育的隱喻、場所的精神和校園的風格,加以分析,
以明其梗概。

㈠ 教育的隱喻

校園,就狹義而言,僅指學校庭園或庭院(school garden, schoo-
lyard, or courtyard),是學校內校舍與運動場地所占校地之外的廣
大空間,提供師生課餘遊憩之所,在空間上可分為前庭、中庭、側
庭與後庭,在規畫上則以栽植花卉草木、設置花壇綠籬與配置園景
設施,如小橋流水、亭臺樓閣、園路水池等為重點。就廣義來說,
係含蓋學校校地之內的所有空間與設施,舉凡校舍、校園、運動場
及其附屬建築和設施皆屬之(*湯志民,民89a;湯志民和廖文靜,民90*)。

校園與公園不同,最大的差異點,即在校園所具有的教育性。
就學校整體意象而言,學校的隱喻(metaphor)明顯地描繪出有關
學校品質和學校革新的意象。Schlechty和Joslin描述一般人對學校
最普遍的意象如下(*引自Sanoff, 1994*):

*1.*學校像工廠(factory):工廠的隱喻暗示大量產出、生產線
技術和品質管制。

*2.*學校像醫院(hospital):醫院的隱喻顯示學校需要去區別
管理和專業決定。

*3.*學校像原木(log):原木的隱喻是指傳統的教育形式,強
調基礎,賦予教師高度的地位並給予資源上的支持。

*4.*學校像家庭(family):家庭的隱喻將兒童視為獨一無二的
個體,視師生為學校中最重要的人際關係。

*5.*學校像戰區(war zone):戰區的隱喻傳達學校與教室生活
中衝突和敵意的形象。Sanoff(*1994*)則認為學校像一個工作場
(place of work),現代的工作場已經從工廠轉變為知識基礎工

業，暗示著學校像知識工作組織（knowledge work organization），未來的學生將成為知識工作者。

　　就校園建築而言，教育的隱喻，也可從建築的形式和空間配置見其端倪。日據時代軍營式四合院的校舍配置，表現尊重紀律與命令的意涵；民國 57 年前後，標準型波浪式設計之校舍，象徵三民主義，倫理、民主、科學及九年國教（湯志民，民 86）。近年，臺灣的學校空間規畫，朝文化藝術環境、生活休憩空間、教學中心學校、兩性平等校園、資訊科技設備、校園無障礙環境、學校和社區融合等方向發展，此一趨向即深刻反映出當代社會對學校教育的革新理念（湯志民，民 90a）。就裝飾布置而言，教育的隱喻可從教室、廊道和集會場各處散布的象徵符號（symbols）和標誌（signs）表現，若校園環境中洋溢現代教育中值得珍視的美德與價值，如尊重、多元、創意、合作等，將有助於學生的潛在學習。參照 Deal 和 Peterson（1999）之研究，校園中表達教育隱喻的顯著象徵符號和標誌，包括：⑴任務陳述；⑵學生作品展示；⑶校旗；⑷過去成就展示；⑸多元化象徵（symbols of diversity）；⑹獎盃和匾額；⑺名人堂（Halls of Honor）；⑻吉祥物（mascots）；⑼歷史性文物與收藏。其中，多元化象徵係指尊重多元文化並致力於不同族群的相互了解與融合，傳達「共享社區」或「地球村」的理念。如美國波士頓市康橋瑞治和拉丁高中（Cambridge Rindge & Latin School）懸掛代表其學生祖國的 90 多面國旗。吉祥物，意謂著一個可以帶來好運的人、動物或物品。美國的學校對於吉祥物的運用十分普遍，成為精神建構的重要工具或手段，如南加大（USC）的「特洛伊勇士」（Tommy Trojan）。

㈡ 場所的精神

學校是一個場所，校園應蘊含什麼精神，表現出什麼樣貌？Norberg-Schulz（*1995*）「場所精神——邁向建築現象學」一書，在建構校園環境上提供下列啟示，可從四方面說明：

1. 在場所建構的微觀方面

場所包括空間組織和特性兩要素，互為表裡，相得益彰，即學校建築除了空間的多寡、大小等「量」的要求外，同時應注意風格、特性等「質」的營造，兩者不可偏廢。風格、特性的營造，可藉由建築的裝飾性主題來表現，並以象徵為媒介，集結生活經驗的意義，創造適合學校自身的一個宇宙意象。

2. 在場所建構的鉅觀方面

場所之於自然大場域，有圖案與背景的關係，若關係破壞，將喪失自我的認同性。學校的建構，應著眼於其存在的歷史場域和地理場域，藉由時間與空間上的綿密聯繫，與自然大場域（背景）取得堅實的連結，以尋求出自己安身立命的所在。

3. 在創造場所認同感方面

人類的認同係以場所的認同為前提，認同感又是歸屬感的基礎，由此可知，避免校園疏離感的產生，可以從創造場所認同感著手。場所的認同感意味著與特殊環境為友，和所處之自然的鄉土地形、地質、景觀、氣候和人為的風俗、儀節、藝術、文化相伴而生，校園環境建構應擇取上述自然與人為環境的各種主題，營砌學校獨一無二的特殊風格，創造校園的場所認同感，進一步增進全校

師生的隸屬感。

4.在承續場所精神方面

尊重場所精神不是抄襲舊有或故步自封，而是肯定場所的認同性，並以新的方式加以詮釋。因此，學校建築新舊關係的處理，應以尊重場所精神為前提，而校園環境的建構，亦應鼓勵學校建築的多元特色和校園景觀的創意表現。

(三) 校園的風格

依牛津字典之定義，風格（style）為「一個以結構或裝飾的特殊性格來區辨的明確建築型態」（a definite type of architecture distinguished by special haracteristics of structure or ornamentation）。就校園而言，風格是一個強力的場所標幟者，運用視覺動力和象徵蘊義，協助實現功能，作視覺上的呼籲，和表現學校的態度和價值觀。校園的風格，在校園景觀上，風格取向有五種（Dober, 1992）：

1. 景觀設計服務並支援功能。
2. 設計配合當地的生態環境。
3. 設計模仿或詮釋較古老的現存風格。
4. 設計反映校園所在地的歷史。
5. 設計為當代藝術的個人性表現。

此外，在建築意象上，應注意呈現學校教育特性。例如，幼稚園是童稚萌芽之所，其學習環境設計應如「兒童的花園」。小學是正式教育的開端，其生活空間和情境設計，宜具生動活潑之氣息。中學是高深學術的準備之所，也是學生體能和社交能量亟待發紓之際，學校情境應呈現亦莊亦諧的氣息。大學是一個學術殿堂，應涵融學術研究氣息，豐富生活交誼空間，校園空間和建築造形宜具莊

嚴壯麗的風格。睽諸世界各國,許多著名的大學,如英國的牛津和劍橋大學,法國的巴黎大學,美國的哈佛、耶魯大學,德國的海德堡大學,日本的東京大學、大陸的北京大學、澳洲的墨爾本大學等,其校園建築本有其獨特的傲人風格,再經過歲月的洗禮,深具人文意象,師生涵泳其間,學術成就大放異彩。

二 校園文化藝術環境的要素

Dewey 有云:「教育即生活」,而文化繁延生活,藝術美化生活,顯見教育、藝術和文化關係密不可分。校園文化藝術環境之建構,應以「教育」、「生活」和「美感」為核心來思考。質言之,「校園」係教育情境以「教育」為核心,「文化」在傳承精神以「生活」為內涵,「藝術」在呈現涵養以「美感」為表徵。「校園」內的「文化」和「藝術」環境,脈絡交織,相互依存,透過時間的演變,形塑校園景觀風格(參見圖 17),結合「教育」、「生活」和「美感」,讓校園展現教育生活之美、生活教育之美、美的生活教育和美的教育生活,師生陶融其間,涵泳人格,美化人生,益增智性。校園文化藝術環境的要素,擬分別就「校園—教育」、「文化—生活」和「藝術—美感」等三層面,加以探析:

㈠ 校園—教育

校園是教育的場所,其所建構的「境教」環境是潛隱性文化教育空間。學校教育,依聯合國教科文組織(*UNESCO, 1996*)的「學習:內在的財富」(Learning: The treasure within)一書,要教學生「學求知」(learning to know)、「學相處」(learning to live

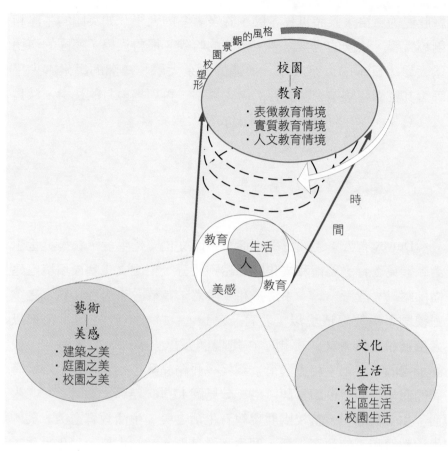

圖 17：校園文化藝術環境的要素

資料來源：校園文化藝術環境的規畫（第 43 頁），湯志民和廖文靜，民 90。載於中
華民國學校建築研究學會（主編），e 世紀的校園新貌，臺北市：作者。

together, learning to live with others）、「學做事」（learning to
do），更要指導學生「學做人」（learning to be）。因此，應透過
人文教育氣息的涵泳，使學校成為人性化的教育和生活空間。其
次，學校建築除了表現於藝術之美外，還有空間規畫的機能之美
（臺灣省國民學校教師研習會，民 88）。亦即，校園教育情境不僅有
表徵性，並能「實質性」協助學校推展教育。

據此，校園的教育情境，從文化藝術角度觀之，有其「表徵性」意義，並能「實質性」協助學校推展教育，在整體情境意象則力呈「人文性」風格。以下分別就表徵教育情境、實質教育情境和人文教育情境加以說明。

1. 表徵教育情境

表徵教育情境係指校園空間、建築、景觀和設施，透過象徵性意義，傳達教育訊息，其訊息傳遞方式是內隱的（tacit）。通常，校園教育情境有其教育隱喻和場所精神，皆具表徵性，文化藝術環境尤然，依其情境布置、造形色彩、象徵符號和標誌，傳達教育訊息。例如，宜蘭許多學校的廣場有龜山島地標圖（如竹安、東興國小），或面海直接看到龜山島（如大溪、梗枋國小），象徵這是宜蘭的學校，並讓孩子不要忘記他們是宜蘭人。其次，慈濟為921地震災後重建的學校（南投縣中興國中、社寮國小），其「人」字形校舍建築，象徵以「人」為中心的意念，關懷人的成長和發展。

此外，學校以圖書館為校園核心（如北京大學、臺灣大學），象徵學校是以教學為中心的學術研究殿堂。其次，學校設置「古亭笨」涼亭（如苗栗縣仁愛國小），象徵學校位於客家莊（「古亭笨」原為客家祖先為防老鼠偷吃穀物的穀倉）。另外，許多原住民學校，在校舍牆飾、教室課表、廊柱，以磁磚裝飾、雕刻或彩繪，留存各族獨特的文化或神話故事，強調原住民文化和教育留存的重要（如臺北縣烏來中小學、屏東縣望嘉國小）。還有，有以建築語彙、庭園水池、雕塑，設計表徵教育情境者，如臺北市大同高中的龍（角）形校門、宰相帽校舍、太極連池和龍騰噴泉，深寓學有所成、步步高升。

2.實質教育情境

實質教育情境，係指校園空間、建築、景觀和設施，具有「實質性」協助學校推展教育之功能，其訊息傳遞方式是外顯的（explicit）。通常，學校的光榮歷史、特有事蹟、優良傳統等，常因某種獨特物質文化的存在，而得以繼續發揚。

例如，劍橋大學，世界著名科學家牛頓就讀時，獨坐校園一角，發現蘋果往下掉的事實，因而啟發靈感，從事研究，發現了地心引力的理論，該校迄今仍將此一地點保留、整理，以為紀念，並啟發更多學生研究發明的意願（林清江，民 70）。臺東縣紅葉國小，設立少棒紀念館，並將練習棒球打擊而嵌入樹幹的輪胎保留，為臺灣棒球的發源地，留下教育之根。南投縣，921 地震災後，重建的學校設立紀念碑（如南投縣中寮國中）或紀念藝廊（如南投縣社寮國小，主要為學校記錄一段慘痛的校史，並激勵師生以「浴火重生」之心，再出發，為學校開創更美好的明天而努力。

此外，校史室的設立（如雲林科技大學、國立三重高中），可將學校的創立、沿革和未來發展，具象表達，讓師生了解其在學校的歷史地位。其次，鄉土教室或資源中心的設置（如成功高中、臺南一中、臺北市士林國小、臺北縣菁桐國小、烏來國中小、高雄縣茂林國中小、臺東縣蘭嶼的朗島國小），透過鄉土文化材料的保存，實施鄉土教育。另外，展示師生作品的藝廊（如臺北市松山高中、新興國中、溪口國小、花蓮縣花蓮高工），可以肯定師生學習成就，展現師生才華。

3.人文教育情境

學校建築不僅是一個遮風避雨、傳授知識的場所，而是具有引人入勝、發人深省、陶冶身心、涵融性情的文化環境；而文化環境

的學校建築，至少要能表現出學術氣氛，具有啟迪智德的作用，並予人美感的領受（賈馥茗，民 58）。古希臘 Plato 的「學苑」（academies）（387B.C.）（林玉體，民 69）和人文教育家 Vittorino 成立的「喜悅之校」（school of pleasure）（徐宗林，民 80），其凝聚人文意念，散發人文氣息的教育情境，實值借鏡。

通常，大學校園廣闊，景觀優美，人文教育意境易顯，中小學因空間、經費和課程之限，雖較難但亦不乏其例。例如，民國 89 年 4 月筆者曾赴美參訪路易斯安那州紐奧良市魯夏學校（Lusher School, New Orleans, Louisiana），該校校舍主建築建於 1852 年，為希臘殿堂造形，庭園高聳的百年老樹和學生休憩臺、涼棚，形成靜謐的精緻校園。課程設計特色，以「藝術」（art）為核心，並布置藝術情境整體配合，例如：社會科讓學生聽各種爵士樂（Jazz）（爵士樂為紐奧良的重要歷史文化之一），數學課運用幾何圖繪畫，教室走廊外牆壁飾藝術照片，並讓學生探究「灌籃」、「烹飪」、「園藝」的藝術等。

總之，人文教育情境是文化的、藝術的，在生活中充滿美感的，其清靜、優雅、靜謐，對「人」關切，讓學校有家的溫馨親和感，師生陶融其間，益增知性情感，實為校園景觀風格形塑的理想意境。

(二) 文化一生活

「文化」（culture）是一個族群或國家的社會、倫理、智識、藝術、政治與工業的成就特質的累積，可以用以與其他族群或國家區辨或比較，包括：想法、觀念、習俗、制度、社團和有形的物體（Good, 1973）。

生活經過歲月的洗禮即為文化，文化以生活為核心。校園中的生活在大社會生活圈中，與社區生活緊密結合，並發展自己獨特的

校園生活。以下分別就社會生活、社區生活與校園生活加以說明：

1.社會生活

社會文化是校園的大環境，社會的生活型態，影響校園文化的形塑。社會文化以民族文化的發展脈絡為核心，族群聚落建築意象代表民族生活文化的源流。臺灣有閩南、客家、外省與原住民等四大族群，與大陸漢民族不僅生活、語言、習慣融通，建築意象更顯現民族社會的發展關聯和特色，如「三合院」的閩南建築，圍屋的客家建築，樸拙的原住民建築和宮殿式的中國建築等。在學校建築上，若能依族群或地域特色形塑校園風格，將有助於我們承續先人過去生活文化的根基。例如，宜蘭縣立冬山國小校舍建築採閩南三合院布局，馬背造形設計，文化大學中國宮殿式建築，表達中國文化傳承意念。其次，校園建築本身有其發展脈絡，其古蹟或歷史建築的保存，有助於我們探溯過去生活文化的源流。例如，臺中縣明臺高中為霧峰林家花園舊址，校內歷史古蹟比比皆是，全校充滿精緻典雅之文化古蹟特色。

2.社區生活

社區文化是社會文化的縮影，更趨近於學校，影響校園文化的形塑。社區文化以鄉土文化為基礎，涉及風土民情，例如：有的社區聚合特殊族群，稱之為閩南鄉鎮、外省眷村、客家莊（如新竹、苗栗社區）或原住民部落（如臺北的烏來、南投的雙龍社區）；有的社區以鄉土地理著稱，依山傍水，稱之為港都（如基隆港都、花蓮港都）、山城；有的社區或有明顯的氣候特色，如竹風蘭雨，新竹風城，宜蘭雨都；有的社區有濃烈的鄉土風情，如臺南鹽水蜂炮；有的社區以特產聞名，如北市文山包種茶、北縣五寮綠竹筍、臺東池上米；有的新興社區，以科技聞名，如新竹科學園區，或以

陶瓷著稱，如北縣鶯歌陶瓷；有的社區以緬懷過去轉型，如平溪的煤、南投的集集車站；有的社區則身處戰地，如金門、馬祖。學校是社區中心，地方鄉土風情及其生活模式所凝聚的社區文化，影響校園文化和生活。校園情境設計與社區生活相結合，可促進社區文化的發展，增進師生的鄉土認同。例如，新竹市虎林國小的風車，詮釋風城意象，濱海的朝山國小，其船形警衛室和風帆校門，形成海濱意象；集集國小活動中心前庭園布置鐵軌枕木，緬懷集集車站的歷史歲月；美濃福安國小新建校舍配置和煙樓造形，融合當地三合院、椰林和平坦的田野等景觀特色，皆能呈現社區總體營造意象，凝聚鄉土情懷，促使學校社區化和社區學校化。

3.校園生活

學校文化（school culture）係指可用以區辨一所學校和另一所學校差異之獨特的價值、儀式、象徵、信念、傳統和行事作風（*Oldroyd, Elsner, & Poster, 1996, p.63*）。亦即，每一學校皆有其獨特的校園文化，此一獨特的校園文化，受到社會文化和社區文化等歷史傳統和環境脈絡發展的影響，但不受其限制。因為，學校本為文化繁延和創生的學習場所，本身在社會發展境遇中，即為文化創源，其獨創的校園文化，舉凡典章制度、儀式活動、節慶典禮、校訓、校徽、校歌、校色、校樹、校風、圖騰和學校吉祥物，各有特色，並以物質文化具象表徵，以資傳延。

校園生活經過歲月的累積，即形成校園的獨特文化。例如，牛津、劍橋大學每年的划船競賽，政大新創的「包種茶節」（自創的校園博覽會），師大的向心儀對象示愛的「西瓜節」，康寧護專的「加冠典禮」，開平高中餐飲科的「拜師大典」，松山高中祈禱升學順利的「包種（中）儀典」，羅東高中舉辦開學和畢業典禮的「德風廣場」等，有的活動在固定的場地，有的含蓋整個校園。此

外，也有學生自發性的集結，形成校園場所的新精神，如政大行政大樓前的階梯廣場，學生經常集結練舞、社團唱歌或作為演唱會的舞臺，使行政的嚴肅外貌蛻轉為全校師生精神交流的融會之地，由此可見校園文化和場所互動的力量，而校園文化的傳承、繁延和創造，需有生活空間蘊育，更不容忽視。

(三) 藝術—美感

藝術表現美感，虞君質（*民75*）指出，造形藝術的美的表現，包含材料（素材）美、形式美和內容美三種要素。藝術的素材是呈現題材內容的線、形和色。藝術的形式是素材的組織結構，「美感法則」即為美學家從藝術形式中所發現的各種美的基本形式，包括對稱與均衡、反覆與漸層、調和與對比、比例與節奏、統調與單純等（*陳朝平，民89*）。藝術的內容之美是指作者所欲表達的思想意涵，能引起人思想或情感上的共鳴。

校園之中，藝術的美主要表現在校舍建築和庭園景觀上，二者整體美感的融合則為校園之美的內涵。以下分別就建築之美、園林之美與校園之美加以說明。

1. 建築之美

建築之美，可從其不同的詮釋意義，明其梗概，茲參考汪正章（*民82*）之見解，解析如下：(1)功能美：建築物的美由功能衍生而出，有用即美，實用是萬美之源。美國建築家Sullivan提出「形式追隨功能」，建築外在的形式美應當服從建築內部功能的需要，建築形式應當由內部功能自然形成。(2)形象美：建築物的美自有外在形式美的規律，建築審美客體的形體、結構、材料、色彩、裝飾、質地、肌理等構圖要素及其所構成的相互關係，表現普遍的美感概

念。⑶蘊意美：建築物的美在於通過建築形式表達某種意義、思想、情感及外在的客觀世界。

建築之美，以能涵融功能美、形象美和蘊意美為最，可從「凝固的音樂」、「石頭的史書」、「木頭的畫卷」、「混凝土的詩篇」、「巨大的空心雕刻」等詮釋和讚譽中（*汪正章，民 82*），深刻體會。

2.庭園之美

中西文化源流互異，庭園景觀各有特色（*Phillips & Foy, 1995*）。例如，中國庭園的亭臺榭舫、荷池水塘，巧、宜、精、雅的特色（*王鎮華，民 78；洪得娟，民 83*）。歐洲庭園布局對稱成幾何圖形，花草如毯，樹籬剪形，氣氛活潑，節奏明顯（*Enge & Schroer, 1990；陳志華，民 79*）。日本庭園池中設島，陸橋相連，園中布溪，水邊置石，誠為大自然之縮影（*龍居竹之介，1991; Carver, 1993; Oster, 1993*）。在校園設計上，能了解並善用中西庭園的風格和文化異趣，自能增添學校庭園的情趣。

3.校園之美

校園，從外表凝神觀賞，會感受到它的造形美；在行進中觀賞，形隨步轉，會感受它的空間美；置身校園內外，多方品評，會感受到它的環境美。校園的「造形美」、「空間美」和「環境美」，是融合建築之美與園林之美的獨特美感表現。

校園之美，漫步其間，最能體會。哈佛大學位於查理斯河畔歷史悠久、造形優雅的古典校舍建築和幽美的庭園景觀；劍橋大學清幽雅致的古典學院建築和述說無數動人故事的康河；史丹佛大學直奔學術殿堂的棕櫚大道，校舍石砌拱形迴廊浪漫的光影變幻，中庭甚富美感的藝術雕像和前庭廣闊優雅的花園廣場；北京大學中國傳統的宮殿式校舍建築和優雅古典的未名湖，臺灣大學延伸文學院建

築語彙的校舍建築和展延椰林大道底處象徵學術殿堂的總圖書館；東海大學的仿唐式院落建築和名聞遐邇的路思義教堂，座落清幽靜謐的榕林草坪之間，優遊漫步，穿梭林間，浸淫校園之美，令人醉心。

三 校園文化藝術環境的特性

校園文化藝術環境，從前述要素的分析中，可大致了解有象徵性、教育性、獨特性、聚焦性、美觀性、歷史性和參與性等七種特性，茲分述如下（*湯志民和廖文靜，民90*）：

(一) 象徵性

中國民族「文化符號」最常表現在古代建築的裝飾上。裝飾含有意匠特徵，運用我國傳統的象徵、寓意和祈望手法，將民族的哲理、倫理思想和審美意識結合起來，用形聲或形意的方式來表達（*陸元鼎和陸琦，1999*）。裝飾的表現手法包括：(1)象徵的比擬，如龍、虎、鳳、龜為四靈獸，以蓮、竹象徵人品高潔。(2)諧音的比擬，如魚躍龍門表示功成名就，蝙蝠諧音「福」。(3)色彩的比擬，如紅色象徵吉祥，以及「天藍地黃」之說。(4)數字的比擬，如單數為陽，偶數為陰。單數以九為最高，為帝王的象徵（*樓慶西，1999*）。運用上述象徵的比擬性質，妝點出校園的文化藝術氣氛的案例頗多，例如：臺北市立松山高中正門入口處以數棵榕樹修剪成「青龍」形狀，隨時間逐漸成長，饒富中國趣味；桃園縣平鎮市文化國小規畫「竹園」，蔚為園庭特色。此外，除了以上屬於中國傳統建築裝飾的象徵性主題外，還可以思考富現代感的象徵性主題，凡特

質上具有詮釋性價值的主題皆可作靈活的運用。臺北縣屈尺國小，設計長頸鹿造形的校門，以長頸鹿「屈一尺、伸一丈」的特性來期勉小朋友，其造形與色彩亦頗具童趣。

(二) 教育性

Deal 和 Peterson（*1999*）指出，象徵符號作為我們秉持信念與期望的代表，在文化凝聚和引以為榮上，扮演強有力的角色，團體因依附於共享的象徵符號而統合為一，並獲得方向與目標。因此，學校在建築設計、創作展出、學校命名或選擇校徽（logos）時，應謹記其象徵符號所傳達的意義。

校舍建築的空間配置和造形風格均透露出教育的隱喻訊息，因此，在學校建築設計上應予審慎斟酌，以符應當代教育理念的發展，以及學校設校理念的訴求。除了建築設計外，校園中公共藝術的設置應能蘊含學校崇尚的價值（如：合作、謙遜、創意、誠信、正直等），提供特殊空間展示學生作品以促進教學成效，庭園景觀設計與教學內容相結合，使校園成為具審美性的大型「教材園」等。臺北縣菁桐國小以山、青蛙、蜻蜓、楓葉等自然鄉土之造景，設計校園情境，與當地山色相融合，建構山城小學「崇法自然」的特殊風格，並提供最佳的鄉土教育環境；花蓮縣卓溪鄉卓楓國小，設置兼重文化傳承之期勉牌，期勉小朋友做個有尊嚴的布農族人。

(三) 獨特性

每個校園有其歷史、地理、與人文上的獨特個性，其藝術與文化的環境建構應當有不同的強調特質。Moore 和 Lackney（*1994*）特別提出「設計多樣性」（design diversity）為美國新學校的 27 種

設計型態之一。即使在類似目的、性質與相同文化、區域之下，可以靈活運用「主題與變異」的手法，使得共同意義的系統中仍有獨特認同性的表現。以區域性學校為例，宜蘭縣的新建學校皆表現宜蘭鄉土的共同氣質，但各所學校均自有特色。學校表現獨特個性，可以從學校校地特性、歷史淵源、地域特色、設校理念等思考角度切入，建立學校專屬之圖騰表徵系統，或在校舍造形、建材選擇、色彩運用或校園景觀上進行創意設計。此外，更可以運用文學上的形象思維的藝術魅力來美化校園。例如：國立三重高中，以所在地及校名「三重」為校徽設計意涵，並建立校色、制服式樣、公文書信樣式等完整學校識別系統；臺北市立古亭國中，在綜合大樓樓頂設置圓形景觀眺望亭，象徵學校所在地古時候守望相助之「鼓亭」（古亭）；臺北縣屈尺國小將教師辦公室命名為「師鐸館」、教師休息室命名為「採菊軒」、廚房命名為「菜根譚工作室」；逢甲大學設置「學思園」，取論語「學而不思則罔，思而不學則殆」之意等等。

(四) 聚焦性

我們對環境的敏感性、適應性和反應會導致不同的行為，因此環境可以透過特殊的設計，使人們因某種目的而欣然地集結在一起，或醞釀一種社會關係，或產生特定的行為反應（Laurie, 1998）。校園景觀設施之布置，應有效運用人們對環境的敏感與適應的心理與行為特性，引發有興味的認知反應，塑造愉悅聚集的空間知覺。

校園中的文化藝術表徵的設置，無論是紀念性建築、老樹或公共藝術，皆應具有聚焦性，包括視覺上的聚焦——審美上的燦然奪目或發人深省，和活動上的聚焦——人群自然匯聚之點，因此校園中的文化藝術表徵不應僅為靜態存在，更進一步應該成為組織周遭

校園環境，形成推動師生互動行為的觸媒元素。就學校規畫而言，在文化藝術表徵的造形設計與色彩選用方面，宜具有獨特、創意、驚奇或美觀的特性，在設置地點方面，則應選擇動線便於到達，以及周緣可容納人群集聚之處。例如：臺灣大學羅馬廊柱式風格的「傅園」和位居校園中心古樸的銅鑄「傅鐘」，是臺大人共同的場所認知符號；臺南一中矗立於校園中央的百年老樹、國立三重高中入口川堂的美濃陶窯燒大壁畫與臺北市立北政國中前庭的瀑布流泉小池，均位於學校人群川流匯聚之處，成為師生同儕交流互動的最佳場所。

㈤ 美觀性

「美感」的存在或產生，有兩個相對的觀點：其一，美是觀賞者內在的感受，是個體對外界刺激的主觀反應。其二，美是客體或經驗所具有的特性，美感的因素存在於客體之中，以「和諧而適當的整體關係」為準則（*陳朝平，民89*）。此外，我們對世界的掌握和感受，係透過對於新奇、變化和刺激的反應，和對重複性與模式的反應二種法則，一方面會尋求不同的新奇訊息，同時又會尋求規律性或模式（*Laurie, 1998*）。

學校建築設施的規畫與設計，應遵循「美感法則」並運用「規律與變化」的對比，創造審美的趣味，例如桃園縣中壢市林森國小，利用玻璃磚營造出的光影，成為趣味十足的藝術走廊。除了須注意視覺感官的滿足外，尚需考量心靈知覺的延展性，例如桃園縣立幸福國小活潑新穎的歐洲城堡式校舍、具童趣的小瓢蟲音樂教室，即是將「迪斯耐樂園、童話世界」的歡樂氣息帶入學校之中。

(六) 歷史性

校園應該是一個累積人文氣息與歷史感動的場所。那環境空間中古老動人的歷史感動以及人文氣息是無法被「製造」或「設計」的，它需要被經歷、被保存、被醞釀（*趙家麟，民87*）。學校應妥善保留經過時間洗禮的歷史建築和老樹，以及表徵、文物等古蹟遺產，因為它們包含所有曾經走訪其間的人的共同記憶，醞釀著濃厚的人文氣息，是校園中過去師生（校友）與現在師生（在校生）情繫之處，並隨著時間過往，源遠流長，繼續開展。例如：有許多學校保留史蹟建築（如國立臺北師範學院、真理大學、長榮中學等），或因遷校保留圍牆板塊、錦標等舊校區遺物（如宜蘭縣冬山國小），以保存校園歷史文化及其源流發展，或以校色、校花等識別系統（如臺北縣金陵女中，延續中國南京金陵女大的紫色和大花紫薇）紹承母校傳統，以誌精神之流傳。當學校經過長時期的發展，將面臨新老建築的處理，王宗年（*民81*）指出，建築上新與老、歷史與現實、時間與空間的對話得有「共同語言」，包括：共同的建築形式語言（如屋頂、門窗構圖軸線等），運用建築符號（如色彩、材質等），尋找新老建築的潛在關係對話（如高度及體量的對比），以及藉助歷史文化的聯想，務使新老建築在一定程度上既反映了建築文化的延續性，又反映出創新精神。例如，臺北市立建成國中以調性一致的紅磚色彩和地標性鐘樓，成功地融合了歷史性建築與新建校舍，使全校區表現出渾然一體的和諧氣氛。

(七) 參與性

場所感（sense of place）的來源有二，其一為場所本身所具有

的特質，其二則是人們自身對於場所的依附。就場所特質而論，某些場所由於其獨特的地理特性，被視為特殊或值得記憶的特質。就場所依附而論，在日常生活裡，個人和社區藉由經驗、記憶和意向而發展出對場所的深刻附著（*呂理煌，民 89 年*）。

學校是一個大家庭，屬於全校師生、家長、社區所共有，校園文化藝術環境的建構亦應重視「眾人的」參與，使文化藝術不僅存在於靜態的作品本身，更能經由活動的歷程，啟動師生、同儕、家長與社區彼此聯繫隸屬的情感，並能進一步發展出對學校的隸屬感與認同感。例如：臺北市立士林國中全校學生參與「2000 年大地彩繪」的藝術圍牆；台北縣鳳鳴國中樓梯間和地下停車場由技藝教育班和其他學生共同彩繪壁飾。

此外，學校是一個生活空間，師生彼此切磋，同儕合作或競逐，應有許多可供個人或團體、私人或公開、大團體或小團體，正式和非正式的活動、學習、研究和交誼的場所和空間，並宜有專屬領域參與文化藝術活動或環境規畫之機會，將校園建構成動力的（organic）文化藝術系統。例如，政治大學的「藝文中心」、國立三重高中的圖書館和臺北縣立菁桐國小的「生活與藝術教室」等等，均屬於鼓勵眾人參與、增進文化藝術活動的中樞。

> 總之，校園不是公園，只有綠化是不夠的。
> 校園是都市重要景觀之一，美是必然的要求。
> 校園不僅是文化傳延之所，更是文化創新之源，應重教育
> 內涵。

什麼樣的校園最美？

自然就是美。能聽到蟲鳴鳥叫，看到群魚悠游，聞到清水花香，撫觸樹影涼風，徜徉綠意盎然，漫步曲徑幽道，走訪亭臺樓

閣，踏過潺潺流水，此一「行到水窮處，坐看雲起時」之境遇，非自然，無以超凡。

校園是教育、文化、藝術陶融之所，校園不只要「自然」，還要「知其然」，更要「知其所以然」。「自然」以綠化為基礎；「知其然」係應了解校園不是公園，應有教育意義，力顯場所精神；「知其所以然」則應了解校園文化藝術環境以「校園─教育」、「文化─生活」和「藝術─美感」等要素建構之緣由，掌握其象徵、教育、獨特、聚焦、美觀、歷史及參與之特性，呈現文化藝術的學校風格。總之，校園景觀風格之形塑，應隱含教育，蘊育文化，涵融藝術，呈現人文意境，以為21世紀校園再創新貌。

第二節

臺灣的百年學校

臺灣在明鄭時期1666年興建全臺首學臺南孔子廟，清朝興建的書院64所，現皆非學校。日據時代是臺灣近代學校制度成立和實施的起源，自1895年成立「芝山巖學堂」（惠濟宮，現為第三級古蹟）──日據時代最初的教育機關，其後分支並衍生設立許多各級學校（*湯志民，民86*）。

迄今，已有不少百年學校逐漸蘊生，以國小而言，至民國93年，計有166所百年學校，設立時間集中在1898年（56所）、1899年（29所）、1900年（18所）這三年，之後每年約設立10所新小學（*教育部國民教育司，民93*）。根據島嶼柿子文化館（*2004b*）、學校百年紀念刊物及相關報載資料得悉，臺灣的百年學校，至少包括：臺北市，士林、老松、大龍、松山、東門、太平、景美、社子

和蓬萊國小，建國中學、中山女高、成淵高中、市立師院和國北師；臺北縣，板橋、新莊、新店、大豐、泰山、蘆洲、樹林、三峽、雙溪、安坑、深坑、淡水、金山、老梅、汐止、八里、石碇和坪林國小；基隆市，仁愛、信義和暖暖國小；桃園縣，大溪、中壢、南崁和新屋國小；新竹市，新竹和北門國小；新竹縣，新埔、北埔、峨眉和竹東國小；苗栗縣，後龍、銅鑼、興隆、南庄、苑裡和建中國小；臺中市，大同國小；臺中縣，清水、新社、大甲和大雅國小；南投縣，南投、草屯、埔里和集集國小；彰化縣，員林、永靖、社頭、和美、馬興、好修、溪湖國小；雲林縣，南陽、土庫、鎮西和文昌國小；嘉義市，崇文國小；嘉義縣，新港和太保國小；臺南縣，臺南師院、南師附小、立人、公園和新化國小、長榮中學；高雄市，舊城國小；高雄縣，岡山、旗山、旗津和美濃國小；屏東縣，里港、唐榮、萬丹、萬巒、車城和滿洲小學；宜蘭縣，中山、羅東和冬山國小；花蓮縣，明禮和太巴塱國小等等。

以下就臺灣地區北中南東，選擇建國高中、新埔國小、清水國小、南師實小、舊城國小和太巴塱國小等 6 所具有代表性的百年中小學（湯志民，民 89b、89c、89d、89e、89f、89g），做一介紹，以了解臺灣百年學校演變過程之梗概。

一 建國高中

建國中學，可說是日據時代臺灣中學教育的濫觴，1898 年 3 月 4 日為「臺灣總督府國語學校第四附屬學校附設五年制尋常中學科」，1898 年 8 月 16 日改為「總督府國語學校第二附屬學校中學科」，1902 年改設「總督府國語學校中學部」，1907 年獨立設校稱為「總督府中學校」，校地為北一女中現址。1908 年在建國中

學現址取得 1.155 公頃校地，開始興築迄今被校內外人士視為建中精神象徵的歌德拜占庭風格紅磚建築——紅樓，原校址則另設「臺灣總督府中學校附屬高等女學校」即今日北一女中之前身，1914年改名「總督府臺北中學校」，1921 年移至現址改為「臺北州立臺北中學」，然後改為「臺北州立臺北第一中學」，1946 年再改名「臺灣省立建國中學」，1967 年臺北市升格為院轄市，遂正式改名為「臺北市立建國高級中學」。

　　建國中學學校建築，最有名的是 1908 年興建的「紅樓」（市定古蹟）（如圖 18），融合巴洛克（Baroque）樣式建築，顯露哥德拜占庭風格，表面飾以紅磚，莊嚴而宏偉，主體校舍規畫為「中」字型，充分顯示出學校（總督府中學校）的特色，校舍由紅磚和木材構成，拱窗拱柱；屋頂上開天窗，有望樓及屋簷，正面中間以一個三角形及梯形組合而成的大山頭飾為中心，左右兩側為鐘樓，上飾弧形簷飾，中央入門處有拱柱，上有平臺及石欄，東西各延伸出二排二層校舍，窗戶皆為半圓拱式，內側迴廊互通，兩翼為辦公室和教室（臺北市立建國高中，民 86）。

「紅樓」（市定古蹟）已成為建中代名詞和校園生活的核心。

圖 18：建國高中紅樓（1908 年）

1994 年完工啟用的教學資源大樓是建中的「新紅樓」，內設圖書館、各科教學研究室、電腦和史地公民專科教室、教學媒體中心和大會議廳，目前是建中的教學重鎮。室外 350m 跑道的操場，曾是連續 20 年全國橄欖球冠軍「黑衫軍」的訓練基地，現為享譽國際的樂旗隊之重要練習場，操場北側的校園古道上，成排一甲子歲月的椰子樹與師生合作設計的地磚大道，形成建中珍視的椰林大道——但不知是否為內心的另一種期許？

此外，建中校園中庭和圍牆四周還有許多鮮為人注意的黑板樹。黑板樹，原產於印度、馬來西亞、泰國、菲律賓、爪哇、非洲等熱帶地區，臺灣則於 1943 年引進，株高可達 30m，樹幹挺直俊秀呈灰褐色，枝條水平狀展開，生長迅速，樹幹筆直且具「獨高」特性，木材輕軟，適合製造黑板，因此得名「黑板樹」。另樹幹的分泌液為食用級的樹膠，可提煉作為口香糖的基質，故又名「糖膠樹」（韋端，民 88）。建中的黑板樹，樹形優雅，四、五樓高，校園角隅一棵近百年的黑板樹，蒼勁挺拔，屹立校園，有一股頂天立地、明朝看我的傲氣。

跨過整個 20 世紀的建中，正以「紅樓」為核心，重新規畫 21 世紀的新校園，將會有一番新風貌，讓我們衷心祝福，拭目以待。

二│ 新埔國小

新竹縣新埔國小創建於 1898 年 3 月 29 日，是新竹縣第一所公立學校，原名「新竹國語傳習所新埔分教場」，1987 年 10 月改名「新埔公學校」，創校初期借文昌廟上課，1901 年遷入現址，1941年改稱「新埔旭國民學校」，1945 年臺灣光復更名為「新埔國民學校」，1965 年改名為「新埔國民小學」，新埔鎮全鎮 9 所小學都

是新埔國小的「分身」（*新竹縣新埔鎮新埔國小，民89*）。

　　新埔古名吧哩嘓，是一個人情味濃厚的客家小鎮。二年前，為蒐集百年老校資料，特到新埔國小參訪，范校長朝煌也是客家人，熱心接待說明，收穫甚豐。

　　該校最具代表性的是1911年興建的老校門，造形典雅，是老校友的共同回憶，有些當年渡海來臺的日本老師，回到學校，都忍不住摩挲著老柱子流淚，因有太多青澀時光裡不滅的痕跡，幾十年來校方為擴大校門數度打算拆除重建，但校友會硬是擋下來，說：「這是惟一可供回憶的古蹟，絕不能拆啊！」，現置於校園中庭（下操場上方），也形成一校二門的特有景象。

　　校長室與下操場間有3棵從日本移植來的銀樺（有80多年），蒼勁挺拔，一字排開。側校門中年級自然教室前有一棵200年的老榕樹，枝葉繁茂、盤根錯節、樹蔭寬廣，是伴隨所有新埔孩子遊戲、成長的伙伴。最有趣的是，校長室有一個難得一見「奉安庫」（如圖19），極為精緻，日據時代是存放日本天皇「教育敕語」謄本的保險櫃，重大節慶由戴白手套、穿官服的教師，像捧聖旨一樣取出敕語宣讀，顯示當年日本人對禮教的重視。「教育敕語」明治23年（1906年）10月30日頒布，原文為：

　　　朕惟，我皇祖皇宗，肇國宏遠，樹德深厚。我臣民，克忠克孝，億兆一心，世世濟厥美，此我國體精華，而教育淵源，亦實存乎此。爾臣民，孝于父母，友于兄弟，夫婦相和，朋友相信，恭儉持己，博愛及眾，修學習業以啟發智能，成就德器，進廣公益，開世務常，重國憲，遵國法，一旦緩急，則義勇奉公，可以扶翼天壤無窮之皇運矣。如是者，不獨朕忠良臣民，又足以彰顯爾祖先之遺風矣。斯道也，實我皇祖皇宗之遺訓，而子孫臣民所當俱遵守也。

通諸古今而弗謬。施諸中外而弗悖。庶幾朕與爾臣民，俱
拳拳服膺，咸一其德。（新竹市新竹國小，民87，第13頁）

「教育敕語」雖有皇民化的殖民教育精神，但以忠孝節義和儒
家德目為基礎，則值肯定。光復後，「教育敕語」被收走，「奉安
庫」雖騰空，但仍有其歷史保存價值，范校長請人維修其對號鎖，
並用以存放校長關防和重要資料，實屬妙用。

日據時代存放日本天皇「教育敕語」，重大節
慶像捧聖旨一樣取出宣讀，顯示當年日本人對
禮教的重視。

圖19：新埔國小奉安庫

三 | 清水國小 |

幾年前，在書店的書架上，看到「解讀清水國小百年影像史」
（蔡紹斌，民87）這一本書，很親切，也很感動。親切的是，正在
蒐集臺灣百年學校的資料，花蓮故鄉慈濟功德會的證嚴上人也是該
校的傑出校友；感動的是，百年學校一向只有學校本身出版的紀念
冊，幾乎看不到有人將百年學校出版，與別人一起分享學校成長的

喜悅,此一不計成本的舉措,令人感動。二年後,途經臺中,特專程繞到清水國小參觀,一償宿願。

臺中縣清水國小,原為臺中國語傳習所牛罵頭分校場,1898年獨立,稱之為牛罵頭公學校,1921年更名為清水第一公學校,1945年臺灣光復更名為清水國民學校,1958年實施九年義務教育改為現名。清水鎮10所國小有一半是由清水國小分出去的學校,計有大楊、大秀、建國、東山和糠榔國小等5校。

學校成立之初是借用清水街文昌祠的一間廂房上課,1935年遷入現址。清水國小正門的門柱造形,有人說係取古代夫子帽的意象設計而成(如圖20),也有人說此校門柱象徵學校的官印,因其意寓至今妥善保存,惟曾稍做加高與加粗的處理。

古代夫子帽意象的校門柱、圓環榕樹、誠字碑
和三合院紅磚教室,構成古樸的大門景觀。

圖20:清水國小古樸的大門景觀

樸實的校門柱後為三合院紅磚教室(擬議列入古蹟),建於遷校之際,ㄇ字形主體建築,琉璃瓦,還原磚,古樸之中,煥發亮麗新氣象。教室抬高的屋基,讓靜態教室空間與動態操場環境之間有所區隔,屋身下半部120公分高的洗石子,不曾脫落。教室走廊前

的圓柱廊道，悠靜雅緻，漫步其間，讓人彷彿感受得到時光的流逝。教室背面凸出來的小空間是用來放掃除用具的，造形獨特，饒富趣味，是日據時代校舍建築難得一見的佳作。

有趣的是，清水國小和其分出的學校——大秀和建國國小，都有「誠」字碑。清水國小的誠字碑立於 1937 年，是日據時代校長川村秀德特別派人遠至芝山巖（日據時代臺灣教育的發源地），運回一塊大石頭，並親筆書寫「誠」字，誠字碑旁的整型榕，甚為優雅，五〇年代曾有一位員林的醫生，開出 10 萬元的天價，讓學校對該樹倍覺珍惜。此外，學校仍保有 1935 年完工的大禮堂和升旗臺，仿三合院紅磚教室造形的警衛室和戶外小舞臺，也為此百年老校延續古樸之風。

頂著烈陽，走出學校，心裡最感動的是，清水國小可能是舊建築物保存最多的一所百年學校，誠屬難能可貴；但，與新校舍至善樓和求真樓之間，傳統和現代的融合，尤應注意，才能安渡學校建築發展轉型的困境。

四 南師實小

臺南師院實小創建於 1898 年，是一所百年老樹最多的百年學校，校舍金型馬背的閩南建築造形，力呈古都傳承歷史的驕傲，百年老樹林立，一入校門即可看到 100 年樹齡的鐵刀木，進入中庭又可看到挺拔聳立 5 樓高有 100 年樹齡的銀樺和白玉蘭，清幽的玉蘭花香傳送琅琅書聲。此外，溜冰場邊有一棵 100 年的金龜樹，操場邊還有一棵 100 年的榕樹，而實小最老的樹是朝陽樓側運動場邊有約 240 年樹齡的刺桐（1762 年種），加上菲律賓紫檀、掌葉蘋婆和竹柏等，校園內計有 27 棵老樹列為保護樹木。該校特繪一老樹位

置導覽圖（如圖 21），並在百年校慶的老樹巡禮活動中，有一段人與樹的感性對話：

如果，我們曾想為孩子留下些什麼
當許許多多的回憶雜沓而至
或許就只剩下
一個觸摸　一個眼神
一點關愛　一抹微笑
而老樹今朝的風光
是否也能在我們內心深處
留下一些悸動？
找出一些空白
到老樹下去吹吹風、想想心事
會發現人依舊、夢還在！（國立臺南師院實小，民 86，第
62-63 頁）

擁有最多百年老樹的百年老校，27 棵列管老
樹，您可以找到鐵刀木、銀樺、白玉蘭、金龜
樹、刺桐等百年老樹在哪裡嗎？

圖 21：南師實小老樹位置導覽圖

五│ 舊城國小

　　高雄市舊城國小，創建於 1900 年 2 月 1 日，創校初期借聖廟上課，原名「舊城公學校」，1921 年改名「左營公學校」，1922 年改稱「左營第一公學校」，1929 年更名「左營公學校」，1941 年改為「左營國民學校」，1945 年臺灣光復更名為「高雄第二國民學校」，1946 年改稱「舊城國民學校」，1968 年改名「舊城國民小學」。

　　舊城國小位於蓮池潭畔，附近有春秋閣、孔子廟等風景名勝，是個景色宜人的好地方。88 年春節到舊城國小，越過春秋閣滿滿的人潮，恍若穿越古時熱鬧市集，百年舊城一點都不舊，新建的四層樓校舍馬背造形，美輪美奐，飄露些許古風。走進寬敞的校門，涼爽的泮月池和古典的孝親亭，形成了美麗的搭配，越過寬大的玄關，映入眼簾的是舊城的精神堡壘──古老傳奇的參天老榕樹和古色古香的悠悠古孔廟，以及綠草如茵的怡心園，再來是大家的歡樂天地欣欣兒童樂園，有許多新穎安全的遊戲器材，校園內綠意盎然，處處朝氣蓬勃，是個兒童學習的好環境。

　　舊城國小臺柱有二，最著名的是悠悠古孔廟（崇聖祠）（參見圖 22），係創校的發源地，清朝康熙 23 年，知縣楊芳聲看到這裡，有山：龜山、半屏山，有水：蓮池潭，山水圍繞、風光秀麗，是地靈人傑的好風水，決定在此興建孔廟。日據時代改為「舊城公學校」，有的建築被拆，有的改為教室，孔廟因而遭破壞，惟一僅存「崇聖祠」，此後，國民政府依原貌加以整修，列為三級古蹟，現則作為鄉土教學教室。古孔廟之後，有巍巍碑林十一方，這些斑駁的碑林自清朝流傳至今，雖然年代久遠，仍保存完整；形狀有橫豎之分，材質細膩，內容繽紛；頌孔聖、記事蹟、表忠誠、彰功勳，

康熙 23 年興建的崇聖祠（第三級古蹟），係
創校發源地，現為鄉土教學教室，與學校參天
百年老樹同列為鎮校之寶。

圖 22：舊城國小崇聖祠（康熙 23 年）

甚具保存價值。

　　另一臺柱是最引人注目的鎮校之寶——參天老榕樹，樹齡屆百
年，枝葉茂盛，昂首佇立校園，點活新穎的校舍，為所有舊城孩子
的童年回憶，妝添永不褪色的綠意。此外，舊城國小的電腦教室，
有舒服的冷氣和電腦遊戲，讓人乘興而來，盡興而返。圖書室，是
智慧之庫，通風良好光線充足，有各式各樣的書籍，方便取閱，入
寶山定不空手而返。視聽教室，有超大型螢幕，配合音響，可觀賞
幻燈片，還可舉辦親子卡拉 OK，是寓教於樂的好地方（*湯志民，
民 89f*）。

六 太巴塱國小

　　太巴塱（Tabalong）是阿美族發源地之一，大約 600 多年前，
阿美族先民從豐濱鄉大港口上岸，部分族人越過東部海岸山脈，到

現在部落北方約 5 公里處的「沙克沙該」（Saksakai）舊部落（今東富村 11 鄰附近）落腳，後來隨著人口的增加，才向西，也就是現在的部落發展。

在太巴塱的傳說中，臺灣原住民九族的創生是這樣的：太巴塱部落的祖先原住在南方 Alapanai-Panai-Yan 的地方，傳到第四代的六個兄弟姐妹中，么妹 Tiyamacaan 被海神看上，海神於是起了一陣洪水強娶么妹而去，家人也因大水來襲而分散各地，母親化為海鳥，父親攀爬山壁變成蛇木，守候著女兒的歸來，大哥 Dadakiyolo 避居深山變成泰雅族的祖先，二哥 Tadiafo 跑到西邊成為臺灣西部原住民的祖先，三子 Abotok 往南跑，發展成為日後的布農族，四弟 Lalakan 和五妹 Doci 則在大雨中坐著木臼隨大水漂流到基拉亞散山下，後來結為夫婦，在天神的幫助下生了三個女兒和一個男孩，二姐 Pah-Pah-Cidal 後來遷往秀姑巒溪畔，成為阿美的創始祖先，其餘二女一男搬到「沙克沙該」定居，繁衍成今天的太巴塱族人（瓦歷斯‧諾幹，民 89）。

早年太巴塱族人在聚落的大溪兩岸，發現許多白色小螃蟹，好像漂動的小花，這種白色的小螃蟹稱為「Hapalon」，便將該地取名為「哈巴龍」，久而久之，出現有「達巴龍」、「哈巴榮」等諧音，日本人依音翻成「太巴塱」，日後逐漸發展，太巴塱成為花蓮縣境最大的阿美族部落，人口約有 4,000 人。

太巴塱國小，位於花蓮縣光復鄉，創立於民前 11 年（1901年），今年剛屆一百年，原名「臺東國語傳習所太巴塱分教場」，1906 年改為「太巴塱公學校」，1922 年更名「太巴塱番人公學校」，1945 年臺灣光復更名為北富國民學校，1958 年實施九年義務教育改名為「北富國民小學」，1994 年改為現名「太巴塱國民小學」。鄰近鄉鎮有許多學校原為太巴塱國小分校或分班，後來獨立的學校，如豐濱、鳳林、光復、東富和西富等國小。

　　該校校園布置有濃濃的阿美鄉土文化風，如校門有阿美族雕飾的柱門，入口處地面以大理石鑲砌的白色螃蟹，讓人想起「太巴塱」校名的由來，進入校園最吸引人目光的是阿美族祖先和小茅草住屋（如圖23），轉進教室廊道，該校最有名的木雕隨處可見，教室名牌和課表也都以木雕為裝飾，木雕記述著祖先的神話故事、對日月山川自然的崇敬和對偶像、美女、戀人的表露，以及阿美族傳統生活內容（如打獵、補魚、農耕、家具、習俗、人物服飾等）。阿美族是母系社會，尊奉母親為太陽，父親為月亮，房柱上刻飾太陽和月亮，表示時時記住父母恩和孝順父母之意。此外，還有民俗工藝作品展示室展現師生作品和阿美鄉土文化；而另一校門以英文拼音的阿美族語校名，猶屬難能可貴（*湯志民*，*民89g*）。

阿美族祖先和小茅草住屋，是校園中最引人的教材園區。

圖23：太巴塱國小阿美族祖先和小茅草住屋

　　茲將所知臺灣百年學校的創校時間、創校名稱和校園史蹟設施，擇要整理說明如表17，以利有志研究者之參考。

表 17 臺灣的百年學校

校名	創校時間	創校名稱	校園史蹟設施
臺北市 　士林國小	1898	八芝蘭公學校	舊禮堂（1916年建） 八芝蘭公學校校門柱
老松國小	1898	1907稱艋舺公學校	蓮花池舊址碑
太平國小	1898	大稻埕公學校	百年樟樹、忠孝扁額 仿舊校舍造形大樓
景美國小	1898	景尾公學校	百年金龜樹2棵
建國中學	1898	國語學校第四附屬學校尋常中學科	紅樓
中山女高	1897	國語學校第一附屬學校女子分教場	逸仙樓（第三級古蹟）
市立師院	1897	臺灣總督府國語學校	百年榕樹（2棵）和菩提
國北師	1897	臺灣總督府國語學校	舊禮堂
臺北縣 　板橋國小	1899	枋橋公學校	枋橋建學碑（第三級古蹟）
新莊國小	1898	興直公學校	古蹟教室 清末火車站改建的教室
新店國小	1898	新店公學校	百年老樹（榕樹、肖楠）
泰山國小	1898	新莊山腳公學校	120年樟樹 祖師廟
樹林國小	1898	樹林公學校	咸豐（1853年）石馬 鄭成功銅像 日據時代校長宿舍 古早廁所
新竹市 　新竹國小	1898	新竹公學校	奉安庫 舊禮堂（1937年建） 水生植物池（1938年建） 教育敕令騰本 校長室日據時代玻璃
新竹縣 　新埔國小	1898	新埔公學校	奉安庫（裝日本天皇教育敕令鐵櫃，堪用） 200年老榕樹 80年老校門柱 日本移植80年銀樺5棵
苗栗縣 　後龍國小	1898	後龍公學校	百年老校鐘 日據時代教師宿舍
銅鑼國小	1898	銅鑼灣公學校	百年老松
興隆國小	1899	雞隆公學校	800年老樟樹
南庄國小	1898	南庄公學校	百年楓樹2棵
臺中市 　大同國小	1899	明治小學	百年校鐘 百年老椰樹二棵
臺中縣 　清水國小	1898	牛罵頭公學校	日據時代教室、禮堂 古代夫子帽校門柱 取材芝山岩誠字碑
新社國小	1898	新社公學校	日據時代校長宿舍

表 17 （續）

校名	創校時間	創校名稱	校園史蹟設施
臺南縣			
南師附小	1898	臺南公學校	百年老樹（鐵刀木、銀樺、玉蘭花、金龜樹、刺桐等）
立人國小	1898	臺南第二公學校	忠孝樓（1938 年建）
			百年茄苳
公園國小	1898	臺南小學校	花園樓（1923 年建）
長榮中學	1885	長老教會中學	音樂館
屏東縣			
里港小學	1900	里港公學校	敬聖亭

註：百年學校不少，限於篇幅，在此僅整理資料較詳實完整者。

資料來源：校園文化與學校建築（第 8-10 頁），湯志民，民 88a。載於中華民國學校建築研究學會，教育資料館（主編），校園文化與學校建築，臺北市：作者。

第三節

校園的史蹟建築

　　校園內有許多具有教育意義的史蹟建築，係本土教育環境規畫（湯志民，民 84a）的重要素材。校園歷史建築保存對於建立地方特色與學校特色是具有潛力的，因此在校園整體發展中，須以學校發展歷史與都市、社區環境歷史以及豐富校園教學、生活內涵的角度，審慎的將珍貴的歷史性建築納入校園整體發展計畫中（林海清、王有煌、蔡淑貞和江季真，民 90）。百年學校不一定有史蹟建築，但有史蹟建築的學校卻不在少數。茲將列為古蹟或歷史性建築者，依大學、中學、小學和幼稚園之分布，擇要敘述。

一 大學校園史蹟

(一) 臺灣大學

臺灣大學 1919 年興建的法學院（市定古蹟），平面呈四合院式，中央留設天井，造形為西洋古典式樣建築，一樓為磚拱，二樓為希臘陶立克（doric order）柱式，女牆及欄杆均用幾何形圖案，屋頂鋪日本黑瓦（*李乾朗，民 87*）。1928 年興建的文學院（市定古蹟）（如圖 24），採折衷主義（eclecticism）以簡潔的線條、尖拱或半圓拱窗表現古典的空間（*李乾朗，民 81*），其建築造形獲臺大人認同，影響所及，臺大建築形式管制準則，要求建築物設門廳，底層建築附設迴廊，建築物面材採用十三溝面磚（*黃世孟，民 82*）。

臺大文學院是臺北帝大成立於現址的最早校舍建築，其建築語彙已成為臺大校園內校舍造形延伸的準則。

圖 24：臺灣大學文學院（1928 年）

民國 87 年興建完成的總圖書館，在椰林大道底處，尤具代表性。此外，臺大 1931 年興建的校門（市定古蹟），形如堡壘，中為警衛室，校門圓柱以「番仔砥」砌成，每塊石材大小不等，但仍保持垂直與水平。

㈡ 臺灣師範大學

臺灣師範大學 1929 年興建的講堂（市定古蹟），中世紀歌德建築風格，屋頂女牆為古堡的城垛造形，門窗採尖拱，講堂後牆仍保存日據時代收藏教育敕語的保險櫃（*李乾朗，民 87*）。

㈢ 臺北科技大學

臺北科技大學 1912 年興建的思賢樓（市定古蹟），是紅磚結構木屋頂的兩層仿歐式建築，結構完整、外觀完好，周邊幽雅的校園環境襯托其古老與靜謐，目前作為陳列校史資料之用。

㈣ 私立真理大學

真理大學 1882 年興建的牛津學堂（Oxford College）（第二級古蹟）（如圖 25），其平面猶如臺灣民居，東西長 76 呎（23m），南北長 116 呎（35m），呈四合院布局，正面有五開間，中央三開間凹入形成走廊，兩側則是凸出廂房的山牆，山牆的斜度較陡，屋簷邊有類似印度建築的火焰形裝飾，更有趣的是屋脊上置有許多類似佛塔的尖形物，據傳為緩和當地一些佛教信徒之反對而設置的，可謂入境隨俗，也充分反映 19 世紀外來建築樣式與臺灣本地建築之間如何融合與並存設計的問題，現在中庭及第二進已被改建，只

臺灣校園內最重要的史蹟建築（二級古蹟），
合院布局，造形設計與臺灣本地建築融合，現
為真理大學校史會館。

圖 25：私立真理大學牛津學堂（1882 年）

剩第一進及左右的廂房為 1882 年原物，入口石楣仍清楚地鐫刻落
成年代（*李乾朗，民 81、84*）。

㈤ 國立成功大學

成功大學 1912 年興建的大成館和舊文學院館，主入口門廊為
古典羅馬式樣，托次坎式柱，連續拱圈迴廊，磚為主要建材；1912
年興建的禮賢樓，以拱圈為主要元素的磚造迴廊式建築；道光 28
年的小西門以及道光 6 年和同治 12 年的大砲。

㈥ 國立臺南師院

臺南師院 1922 年興建的紅樓，東西長約 96m，南向均設走廊，
造形為紅磚折衷式樣，屋簷下有白色橫飾帶環繞整座建築，走廊磚
造欄杆為格子處理。

二 中學校園史蹟

(一) 私立淡江中學

淡江中學 1923 年興建，校舍平面有如三合院，中央部分突出較高的八角塔，這座塔底層為方形，為大廳主空間，中央段為紅磚塔身，開有三個連續拱圈，再往上稍微內縮為白色八角形閣樓與紅瓦屋頂，屋簷下有紅磚的十字飾帶，頂尖還有一個小塔。除了塔身之外，前面還有西式的山牆門廊，下半部為白色飾帶與紅磚相間的處理，門楣上為石材鐫刻「私立淡水中學校」幾個字的門額，兩側則飾以百燈，門額上為「信望愛」三字的欄窗，其上再覆以傳統的出簷。主體兩側原為繞以磚拱的一層護龍，以彰顯八角塔的雄偉，不過後來陸續增建成二樓。護龍端部以山牆收頭，並於偏中庭部位各設一座比中央塔較低的八角塔，塔身亦為紅磚，接近屋簷處開有窗戶並飾以傳統的綠色琉璃花磚，屋頂則覆傳統臺灣瓦。此為許多西方建築語彙與臺灣本土建築語彙的混用與融合，可以說是日據時期閩洋折衷風格建築的佳例（傅朝卿，民 88）。風格介於中國式與英國城堡之間。此外，校園內的體育館亦落成於 1923 年，它的外觀很像臺灣的傳統民宅，在外來的技術與臺灣的樣式相互結合的嘗試中，這座體育館達到最成熟的程度。

(二) 臺北市立建國高中

建國高中 1908 年興建的「紅樓」（市定古蹟），融合巴洛克

（Baroque）樣式建築，顯露哥德拜占庭風格，表面飾以紅磚，莊嚴
而宏偉，主體校舍規畫為「中」字型，充分顯示出學校（總督府中
學校）的特色，校舍由紅磚和木材構成，拱窗拱柱，屋頂上開天窗，
有望樓及屋簷，正面中間以一個三角形及梯形組合而成的大山頭飾
為中心，左右兩側為鐘樓，上飾弧形簷飾，中央入門處有拱柱，上
有平臺及石欄，東西各延伸出二排二層校舍，窗戶皆為半圓栱式，
內側迴廊互通，兩翼為辦公室和教室（*臺北市立建國高中，民86*）。

㈢ 臺北市立北一女中

　　北一女中1933年興建的光復樓（市定古蹟），平面為曲尺形，
入口女牆有植物花葉圖樣裝飾，建築外觀門窗形式簡潔，教室走廊
附置物櫃。此外，書寫「正直、堅強、嫻淑」的校訓碑（如圖
26），是創校30週年（1934年）的紀念碑，據悉當年北一女中學
生，入校門經過此校訓碑時要行禮，該校訓碑曾失蹤一段時間，民
國84年11月在警衛室後的大樹下挖出，當時樹根盤根錯結，顯見

校訓碑上書寫「正直、堅強、嫻淑」，現置於
綠園之中，具有啟示意義和歷史價值。

圖26：北一女中日據時代的校訓碑（1934年）

時日甚久,現已移至入門右側庭,配合庭園布置甚為優雅。

㈣ 臺北市立中山女高

中山女高 1936 年興建的逸仙樓(第三級古蹟),是日據時代融合古典文藝復興及現代建築風格的重要建築(*臺北市政府教育局,民 85*),鋼筋混凝土造,教室走廊附置物櫃。

㈤ 國立臺南一中

臺南一中 1928 年興建的紅樓,一字型空間配置,坐南朝北,兩正中央為主入口,一、二樓兩側為辦公室和教室,廊柱壁面仍留下許多歷史意象的彈孔痕跡;1931 年興建的小禮堂,與臺大文學院同屬臺灣少見的仿羅馬(romanesque)式樣,東西長約 23m,南北長約 14m,內為大集會空間、一個舞臺、八角形後臺和準備室,整個空間類似仿小型羅馬巴西利卡式小教堂,正(西)面大山牆屋簷為一道精緻的洗石子倫巴底(lombardy)帶,其最大的特色是連續小拱圈,拱圈內為不開口的盲拱。

㈥ 國立臺南二中

臺南二中 1915 年興建的紅樓和 1918 年興建的講堂,造形均為紅磚折衷式樣,紅樓目前只留南面原主要巨大拱圈入口,講堂現為學生休閒中心,室內空間有如西方宗教建築般,由兩排柱子分為中央大空間及兩側通廊。

(七) 國立臺南女中

　　臺南女中 1917 年興建的自強樓，一字型空間配置，坐南朝北，一樓主入口位於北面，兩側為辦公室和教室，南面設走廊，二樓為教室，造形為紅磚折衷式樣，但也應用巴洛克建築之語彙，入口門廊四面均有拱圈，上為圓山牆，整個面的處理彷彿是一個巨大的帕拉底歐母題（palladio motif），比例則有巴洛克甚至矯飾主義的誇大作法，全棟建築的基座為洗石子，開有氣孔以利防潮，屋身基本上為磚材，屋頂為四披式灰瓦。

(八) 私立長榮中學

　　長榮中學 1916 年興建音樂館，設拱廊，柱子使用西洋柱頭，欄杆則為中國式的陶質花磚，其後教室為一層式，形式頗為少見，係在兩坡頂的四周再加上迴廊而成，迴廊的柱子雖為樑柱，但屋架卻為中國式的木樑架，內窗則是西洋式，呈現二種建築文化交流之趣味；另外，宿舍為長形的兩層樓紅磚建築，上下皆有拱廊，屋簷上置三角形山頭，很接近廈門常見的洋樓（*李乾朗，民 81*）。

(九) 私立長榮女中

　　長榮女中 1923 年興建的長榮大樓（如圖 27），造形為紅磚折衷式樣及亞熱帶拱圈式樣之混合體，空間配置為倒三合院，開口朝（內）南，東西兩翼為辦公室和教室，屋頂彷如日本傳統建築博風面之弧山牆後，為一八角型小屋塔，上覆金屬頂。全棟建築屋頂均為傳統臺灣屋瓦，東西兩端是以傳統馬背收頭。

長榮大樓空間配置為倒三合院，屋頂為一八角型金屬頂小屋塔，全棟屋頂覆臺灣屋瓦，東西兩端以馬背收頭。

圖27：私立長榮女中長榮大樓（1923年）

三 小學校園史蹟

(一) 臺北縣板橋國小

板橋國小有二樓高的枋橋建學碑，是因板橋林本源家族捐贈校地和興建經費，於1899年創立枋橋公學校，日方特找日本名書法家日下部東作書「建學碑」。

(二) 臺中縣清水國小

清水國小日據時代有70年歷史的校舍，ㄇ字型主體建築，古

樣的紅磚牆，亮麗的琉璃瓦（*李永烈主編，民88*）。

(三) 南投縣永昌國小

永昌國小內光緒 11 年興建，光緒 34 年遷建的明新書院（第三級古蹟），為單進三合院式建築，座中為三開正殿，正殿前方為大埕，兩側為廂房，正殿屋面為紅色筒瓦，地坪為紅尺磚和石板，正殿奉祀文昌帝君，配祀有孔夫子神位，因此也是集集每年祭孔之所。左、右過水目前闢地藏王菩薩和東嶽大帝廟，書院四周仿若農村公園，牛車、石磨、酒甕和惜字亭，將書院庭園妝點得古樸而生動（*南投縣立文化中心，民86*）。民國 88 年 9 月 21 日芮氏規模 7.3 的「九二一大地震」，造成明新書院重大的損害，現已修復。

(四) 臺南市公園國小

公園國小 1923 年興建的花園樓，一字型空間配置，一樓川堂兩側為辦公室，二樓的教室，造形為紅磚折衷式樣，門廊為三拱圈形式。

(五) 臺南市忠義國小

忠義國小 1936 年興建的禮堂（如圖 28），原為日據時代的臺南武德殿，整座武德殿規模很完整，除了練習柔道與劍道的武德殿主體外，尚設有練習射箭的大弓道場，可惜現已不存。事實上，現存的臺南武德殿是第二次重建的建物，第一次興建的武德殿位於現在民生綠園邊，為木構造建築，後來才遷至臺南神杜外苑之東北隅，緊接著臺南孔廟重新興建此殿。雖然此座武德殿係以鋼筋混凝土仿木構所建，但基本上是採用日本傳統的社殿規制與風格。在空

該禮堂原為日據時代臺南武德殿，採日本傳統的社殿規制與風格，是相當難得的校園史蹟建築。

圖28：臺南市忠義國小禮堂（1936年）

間方面，主入口設於二樓，必須拾階經過門廊而入，一樓為各種附屬服務空間，二樓為主體空間，西面為柔道場，東面為劍道場，北面正對入口則為神棚（神龕），其後有梯可下一樓，屋頂為鋼桁架系統，下釘木質天花板。在造形構成方面，臺南武德殿很明顯地具有屋頂、屋身及基座三部分，屋頂為由入母屋根（歇山頂）上突出破風形成複合屋根（十字脊頂），正脊脊吻為鴟尾，入母屋破風則除了五個小窗之外尚有龜甲形懸魚，垂脊則以鬼瓦收頭。

屋身方面於南北向以仿木構件洗石子，以入口為中心，左右各四開間，東西兩端為樓梯。基座實即地面一層，處理上較為厚重但仍開窗以供採光之用，門廊則是唐破風處理，破風軒由左右各三柱成一組支撐。以新材料及新技術營建新的社殿式樣在1930年代曾於日本風行一時，東京大學之七德堂即為一例。戰後，臺南神社外苑全部改為忠義國小，臺南武德殿被改為學校的禮堂，一直使用至今。現今屋瓦改為金屬面，使原有特色受到影響，不過從規模及建築的品質來看該殿仍是現存同類建築中最特殊而且最具代表性的一

座（*傅朝卿，民88*）。

㈥ 臺南市立人國小

立人國小 1938 年興建的忠孝樓，L 型的空間配置，兩翼為行政空間和教室，入口與主要樓梯位於轉角斜切形成的中央主體，造形類似西方藝術裝飾式樣（art deco）有層層相疊的線腳及紋飾，門廊為圓弧形，柱頭是簡化的幾何紋樣（*傅朝卿，民86*）。

㈦ 臺南縣菁寮國小

菁寮國小 1954 年興建的木造禮堂和木造辦公室（縣定古蹟），木造禮堂空間容量很大，學校的畢業典禮，地方的婚喪喜慶、選舉、社區團康活動等，都在此舉辦；農忙時，軍隊會駐營在木造禮堂一段時日幫農民收割稻子，充分發揮禮堂社區化的功能。此外，木造辦公室是全縣最古老的辦公室，冬暖夏涼，畢業生回母校目光無不集中在木造辦公室，成為校園生活點滴的回憶（*湯志民，民88a*）。

㈧ 高雄市舊城國小

舊城國小康熙 23 年的崇聖祠（第三級古蹟），是創校的發源地，位於校園一角，為重要的鄉土教學教室（詳見本章第二節）。

四 幼稚園校園史蹟

(一) 臺北縣私立大觀幼稚園

大觀幼稚園設立於同治二年（1863 年）的大觀義學（三級古蹟）（*王鎮華，民 75*），燕尾屋脊，屋頂為紅色琉璃瓦，正殿奉祀至聖先師孔子之神位，神龕供奉武聖，陪祀濂洛關閩五先賢及文昌帝君神位，每年臺北縣全縣祭孔大典在此隆重舉行，意義深遠。

(二) 私立純德幼稚園

純德幼稚園設於淡江中學內，校舍原為 1916 年設立的淡水女學校，是一座二層樓的校舍，平面呈四合院形，中央設天井，正面入口上方有高大的山頭，欄杆則使用綠釉陶質花瓶，與紅磚外牆構成良好而明顯的對比。

第四節

校園的百年老樹

百年學校不一定有百年老樹，有百年老樹的學校，環繞著它有訴說不完的故事，它也必然是所有師生的共同回憶。

校園百年老樹樹種最多的，依序為榕樹 29 棵，樟樹 10 棵，茄

茭 8 棵，刺桐 6 棵；年代最久遠的，為宜蘭縣南澳鄉澳花國小 600
年樟樹和苗栗縣銅鑼鄉興隆國小 800 年樟樹；百年老樹成對的有臺
北市立師院的「母女榕」和景美國小的「老夫老妻」金龜樹；校園
百年老樹數量和種類最多的學校，是臺南師院附小。

以下就臺灣的校園百年老樹，依樹種最多的榕樹、樟樹、茄
茭、刺桐和其他等，依序介紹百年老樹，以了解臺灣百年老樹引人
之處。

一| 百年榕樹 |

小時候，我很愛爬樹，最能讓孩子懸盪其間，編織美麗童年
的，莫過於榕樹，雙腳倒掛，看著相反的世界，直覺時間也可以倒
回，一直在童年。

民國 88 年春節，由臺南市到南投市，5 個小時的車程，忍受
嚴重的春節車潮，一路奔馳，為的是看百年老校南投國小前庭種植
於嘉慶年間的 200 年老榕樹（如圖 29），它已是社區的活動中心，
九二一大地震之後，鄰里居民的帳蓬緊緊的圍靠四周，不知之前曾
庇佑過多少人？不知嘉慶君遊臺灣時，是否來過，樹是不是他種的？

花蓮縣壽豐鄉水璉國小，有 4 棵百年榕樹。1 棵在校門入口
處，以阿美族的壁飾為背景，樹下有休憩桌椅，是個休閒好去處。
2 棵在球場邊，伴隨遊戲場，與阿美族兒童的歡笑，共築兒童樂
園。另 1 棵我最喜歡，獨立於運動場偌大草坪一隅，蒼勁有力，樹
形優雅，與世無爭，卻有讓整個校園鮮活起來的畫龍點睛之效。樹
後，新校舍的阿美族壁飾，襯托著百年榕樹伸入天際的枝葉，適可
隱見枝葉下阿美族美麗舞蹈的躍動，詮釋原住民動人的生命本質
（湯志民，民 88b）。

嘉慶年間的老榕樹，是社區的活動中心，九二
一大震後災民的倚靠，不知曾庇佑過多少人？

圖 29：南投市南投國小 200 年榕樹

二 百年樟樹

　　臺灣是一個很可愛的地方，學校有許多彌足珍貴的教育設施，近 9 年來，走過上百所學校，看著百年學校，欣賞古樸的校園史蹟、蒼勁的百年老樹和創意的校園設計，內心的感動，讓人在校園中留連忘返，不知晨昏。

　　每次回花蓮老家，一定到與花蓮縣交界的宜蘭縣澳花國小，為的是看那一棵跨越臺灣教育史二輪（全臺首學臺南孔廟創於 1666 年）有 600 年歷史的老樟樹（宜蘭南澳第一號珍貴老樹），依山傍水佇立於三層樓高的新建校舍邊，孤傲、自信，是山城的守護神，也是泰雅族孩子們的美麗的回憶。假日，孩子群聚於碩大的樹幹之間，即將西下的夕陽斜照，孩子白皙的臉頰更為透紅，為童年留下動人的紅彩（如圖 30）。

　　另一個感動的是，利用第一次週休二日的假期，花費來回 6 小時的車程，擠在車潮洶湧的北二高上，專程奔波到苗栗縣銅鑼鄉百

泰雅族孩子，群聚於碩大樹幹之間，夕陽斜
照，為孩子留下童年動人的紅彩。

圖30：宜蘭縣澳花國小600年樟樹

臺灣校園中年歲最久的老樟樹，躲過地震，躲
過空襲，佇立其前，逆溯時間序流，有「逝者
如斯夫！不舍晝夜」的情懷。

圖31：苗栗縣興隆國小800年樟樹

年老校興隆國小，為的是看臺灣校園內樹齡最久達800年的一棵老
樟樹（苗栗縣的列管老樹）（如圖 31），稱之為「擎天巨龍」，
是學校和地方上的精神堡壘。枝葉茂盛，樹形優雅，屹立於臺灣教

育史之前，800年歲月的馳騁，神奇的躲過民國24年的大地震以及二次大戰末期美軍（將學校誤為軍營）的500公斤炸藥的轟炸，佇立其前，逆溯時間序流，令人油然而生孔子「逝者如斯夫！不舍晝夜」的情懷與感觸（*湯志民，民88c*）。

三 百年茄苳

「茄苳」原產中國大陸南部、印度、印尼、琉球和臺灣。屬於常綠或半落葉喬木，樹高 15～20m，樹冠幅 12～15m，為陽性植物，需強光，具有生長快，耐熱、耐旱、耐濕、耐瘠、易移植之特性，樹冠濃綠，是優良的庭園遮蔭樹（*薛聰賢，民87*）。茄苳因壽命長，又名「重陽木」，由九月九日重陽節是敬老節，可知「重陽」有長久長壽（九九）之涵義，同時也會讓人想起宋代李清照「醉花陰」詞的生活寫照：

> 薄霧濃雲愁永晝，瑞腦噴金獸。
> 佳節又重陽，玉枕紗幮，半夜涼初透。
> 東籬把酒黃昏後，有暗香盈袖。
> 莫道不消魂，簾捲西風，人比黃花瘦。

87年初，春節返鄉，到花蓮縣宜昌國小看百年老樹。在偌大的PU跑道底處，二棵百年老樹佇立校舍前端分立二處，左邊一棵是百年刺桐，右邊一棵則是百年茄苳，濃蔭清涼，翠綠昂仰，充滿生命活力，輕易將單調校舍點活。

88年2月，到臺東縣海端鄉海端國小——一所布農族的學校，一入校門立即被一棵參天的百年茄苳吸引（如圖32）。密密濃蔭，

百年茄苳，密密濃蔭，樹冠如雲，趕路旅人，
停車歇腳，品茗酌酒，即使日正當中，也有
「莫道不消魂」的滋味在心頭。

圖 32：臺東縣海端國小百年茄苳樹

樹冠如雲，趕路旅人，停下車，歇下腳，樹下乘涼，品茗點，喝小
酒，暢談國事、家事、天下事，即使日正當中，非「把酒『黃昏』
後」，卻有「半夜涼初透」、「暗香盈袖」、「莫道不消魂」的滋
味在心頭。趕路？再說吧（*湯志民，民 88d*）！

四　百年刺桐

「刺桐」原產印度、馬來西亞、太平洋諸島，屬於落葉喬木，
樹高 6～12m，樹冠幅 4～8m，為陽性植物，需強光，具有生長快，
耐熱、耐旱、耐瘠、易移植之特性，主要花期 3～5 月，春季落葉，
落葉後枝幹健美，開花美豔，能誘蝶、誘鳥，是高級校園樹（*薛聰
賢，民 87*）。

民國 83 年 3 月，第一次到宜蘭壯圍鄉參觀享負盛名的過嶺國
小，無圍牆的設計令人震憾，精巧典雅的入口小亭給人無比的親切

感，美麗的庭園區接著映入眼簾，入校舍前斜置的洗石粒石和矮樹籬步道，左側是饒富趣味的綠籬迷宮，右側則是由該鄉遷入有200年樹齡的刺桐，樹形極為優雅，春季刺桐花盛開，飄落的花葉，在璀璨的陽光照耀下，為大地妝添一片亮麗的粉彩，似也輕悄悄的告訴我們「春來了！」。從社區透看入口小亭，落花繽紛的刺桐，格外動人，也為學校是社區的後花園，作了最生動的註解（*湯志民，民89h*）。

民國87年1月底，因到臺南師院而無意中發現臺南師院實小的可愛，它是一所百年老樹最多的百年老校。最老的樹，是朝陽樓側運動場邊1762年迄今有240年樹齡的刺桐（如圖33），清朝時期府城城垣植刺桐防護，因此臺南府城曾有刺桐城之稱；每至春夏之際，滿樹殷紅的刺桐，花開燦爛，欣賞其姿，如飲醇酒般，令人迷醉，老樹之美，盡在其中，難怪南師實小老師與之相處，有「一樹春花，紅豔枝頭，如醉郁之酒，迷醉人間」的詠嘆（*國立臺南師院實小，民86*）。

實小教師對刺桐有「一樹春花，紅豔枝頭，如醉郁之酒，迷醉人間」的詠嘆。

圖33：南師實小240年的刺桐

五| 百年菩提樹、芒果樹

　　「菩提」梵語，意譯正覺，即明辨善惡、覺悟真理之意。菩提樹又名摩訶菩提，佛教徒相傳釋迦牟尼曾在此樹下得證菩提果而成佛，故以名樹。菩提樹原產印度，晉唐時始傳入我國，其果實稱為菩提子，用做念佛數珠（吳澤炎、黃秋耘和劉葉秋，民81）。我很喜歡禪宗六祖慧能的偈語：「菩提本無樹，明鏡亦非臺；本來無一物，何處惹塵埃。」，有一種直證本性，無求品自高的灑脫；惟世人感慨，人在江湖，凡塵俗事紛擾，常有「何處惹塵埃」之嘆！臺北市立師院的百年菩提樹，校園僅見，價值非凡，其枝幹蒼勁挺拔，佇立於行政大樓角隅，名為「育英菩提」，不僅為師院作育英才的本質下了最佳註解，看到它也讓人想起另一詩偈：「白髮蒼蒼似銀條，樹老無根怕風搖；家有黃金貯百斗，難買菩提路一條。」

　　芒果原產於印度，為漆樹科熱帶果樹，印度民間流傳著許多在芒果樹下結成良緣的愛情故事，因此印度人暱稱芒果為「愛情之果」，開花期間，成雙成對的印度青年紛紛來到芒果樹下談情說愛，因為當地傳說芒果會給戀人帶來幸福。臺灣早年的農業科技並不發達，果樹繁殖採取種子栽培，荷蘭人引進的優良品質芒果，經過幾代的種子繁殖後，品質漸次劣化，最後甚至於野生化了，這些野生化的芒果，果實不大，表皮為綠色，完全成熟時，表皮可能為黃綠色，其果肉纖維多，食用相當不方便，日子久了以後，一般人早已經忘記它來自國外，而稱之為「土芒果」（韋端，民88）。屏東縣潮州國小，入門右側校舍大樓前有一棵百年芒果樹（如圖34），就是「土芒果」樹，現在還會結果。想起土芒果的橘紅果肉，果汁奇甜，輕咬一口，鮮甜的果汁隨著嘴角滴到身上，綿密的纖維卡在滿嘴待換的乳牙，那種又愛又討厭的感覺，正如兒童在生

土芒果鮮甜的果汁和綿密卡牙的纖維，給人又
愛又討厭的感覺，一如兒童在生澀成長中有一
種尷尬的喜悅。

圖 34：屏東縣潮州國小百年芒果樹

澀的成長中有一種嬌羞而尷尬的喜悅（*湯志民，民89i*）。

　　茲依實地踏勘並參考有關研究和資料（*沈競辰，民88；張碧員，民83；湯志民，民88a；葉品妤主編，民89*），將校園百年老樹的樹種、樹齡、樹高、胸徑、胸圍、冠幅等資料，擇要整理說明如表18，以供研究或意者踏青賞析。

表 18　校園的百年老樹

縣市名	校名	樹種	樹齡 (年)	樹高 (m)	胸徑 (m)	胸圍 (m)	冠幅 (m²)	備註
臺北市 中正區	市立師院	菩提	100	20		2.8;1.95	190	命名「育英菩提」
		榕樹	100	26			710	命名「母女榕」
內湖區	內湖國中	雀榕	200					位後門口
南港區	成德國中	樟樹	100					中庭
松山區	松山國小	珊瑚刺桐	100	13		3.9	115	校園內
		榕樹	100					校園內，2棵
文山區	景美國小	金龜樹	100	15		5.1;3.9	380	命名「老夫老妻」
大同區	太平國小	樟樹	100			2.83		前庭右側

表 18 （續）

縣市名	校名	樹種	樹齡 (年)	樹高 (m)	胸徑 (m)	胸圍 (m)	冠幅 (m²)	備註
臺北縣 坪林鄉	坪林國小	臺灣油衫	300	15	0.5			校門側
	漁光國小	樟樹	200					校園內
		烏心石	200					校園內
		櫻花	100					司令臺側
泰山鄉	泰山國小	樟樹	120	12	1.6	2.75		育才樓左後方
淡水鎮	淡水國小	榕樹	100					校舍中庭
	坪頂國小	楓香	100	22	0.9			縣府列管 88—淡 20
		樟樹	100	18	0.8			縣府列管 87—淡 19
	水源國小	榕樹	100	12;10 9	1.7;1.7 1.8			校門側，3 棵
金山鄉	金山國小	樟樹	100	5	1.8			校園內
		雀榕	100	5;5;6	1.6;1.5 1.8			校園內
		榕樹	100	5	1			校園內
萬里鄉	大坪國小	榕樹	100	9	1			校園內
		茄苳	100	9	1			校園內
新店市	新店國小	榕樹	100					校園內
三峽鎮	三峽國小	榕樹	100					校門前
		楓樹	100					校門前
		肖楠	100					校門前
深坑鄉	深坑國小	青剛櫟	100					校園內
瑞芳鎮	九份國小	榕樹	100	10	2			操場東側駁坎旁
宜蘭縣 南澳鄉	澳花國小	樟樹	600	20	2.4	7.4		宜蘭南澳第一號老樹
壯圍鄉	過嶺國小	刺桐	200					前庭右側
新竹縣 竹北市	新社國小	茄苳	100	12				校門口
新埔鎮	新埔國小	榕樹	200					左側校舍土地公廟前
橫山鄉	橫山國小	樟樹	300	20	2.1			下建橫山鄉第一座土地廟
苗栗縣 銅鑼鄉	興隆國小	樟樹	800	24	2.3	6		苗栗縣樹之最
	銅鑼國小	濕地松	120	10	0.7	2.37	400	活動中心前
	南庄國小	楓樹	100	42				共 2 棵
西湖鄉	西湖國小	刺桐	120	12	1.45	4.1	110	中庭
臺中縣 太平市	光榮國小	樟樹	340	21				校園內

表 18 （續）

縣市名	校名	樹種	樹齡（年）	樹高（m）	胸徑（m）	胸圍（m）	冠幅（m²）	備註
南投縣南投市	南投國小	榕樹	200 110	20 16		6.3	200	校園中庭
臺中市	大同國小	椰樹	100					校門口，共兩棵
彰化縣和美鎮	新庄國小	樟樹	100	17				
和美鎮	和美國小	黑板樹	150	18				共2棵
田中鎮	明理國小	茄苳	100	16				學校西側
永靖鄉	永靖國中	茄苳	100	13	1.2			校園內
雲林縣斗六鎮	鎮西國小	茄苳	100	8				
嘉義市	蘭潭國中	芒果	100	8				
臺南市	臺南師院	榕樹	100	10				
	臺南一中	榕樹	200 100	12 16				中庭
	長榮中學	榕樹	100	12				校園內
	長榮女中	榕樹	100	10;12				禮堂與校舍間，2棵
	南師附小	鐵刀木	100					入校門區
		銀樺	100					校舍中庭，五樓高
		白玉蘭	100					校舍中庭，五樓高
		金龜樹	100	12	2	5.9	253	遊戲場邊
		榕樹	100					跑道邊
		刺桐	200	12	1.5	3.9	50	跑道與校舍間
	立人國小	茄苳	100					
臺南縣鹽水鎮	鹽水國小	黑板樹	100	20 17				校園內，共3棵
東山鄉	東原國小	茄苳	100	15				校園前
高雄縣六龜鄉	六龜國小	榕樹	130	25				
高雄市	旗津國中	紅樹林	100以上	10	0.5			後門，臺灣最老的紅樹林

表 18 （續）

縣市名	校名	樹種	樹齡（年）	樹高（m）	胸徑（m）	胸圍（m）	冠幅（m²）	備註
屏東縣 潮州鄉	潮州國小	芒果	102	18				入門右側校舍大樓前
崁頂鄉	崁頂國小	茄苳	250	17				校舍與跑道間
花蓮縣 花蓮市	花蓮女中	榕樹	100	30				
吉安鄉	宜昌國小	麵包樹	100	13				側門圍牆邊
		茄苳	100					校舍大樓前，超過三樓高
		刺桐	100					校舍大樓前，超過三樓高
壽豐鄉	月眉國小	榕樹	100	10				校門區前庭
	水璉國小	榕樹	100	12	15			操場上，球場邊，共 4 棵
臺東縣 卑南鄉	初鹿國小	刺桐	100	12	18	51	31	列管珍貴老樹
鹿野鄉	龍田國小	榕樹	100	15				列管珍貴老樹
海端鄉	海端國小	茄苳	100	15	1.3	3.6	340	校門區內
長濱鄉	樟原國小	榕樹	100	10;28				2 棵
長濱鄉	都蘭國小	榕樹	100	13				
太麻里鄉	大王國小	茄苳	100	14				校園前

資料來源：修正自校園文化與學校建築（第 27-30 頁），湯志民，民 88a。

第五節

臺灣的首創學校

　　臺灣發展迄今，有許多排名「第一」的首創學校，可藉以了解臺灣學校教育開創和學校興築發展的脈絡。

　　首先，荷西時期，1632 年（崇禎 5 年），西班牙天主教神父 Esquivel 在基隆創辦「學林」；1636 年（崇禎 9 年）荷蘭人在新港

社開辦學校，是為臺灣學校教育之始。

其次，明鄭時期，1666 年（永曆 20 年），承天府（臺南）孔廟落成，人稱「全臺首學」，是為國人首創之學校，有其歷史地位。

接著，滿清時期，1683 年（康熙 22 年），靖海將軍施琅設立西定坊書院，是臺灣第一所書院；1704 年（康熙 43 年），崇文書院成立，是臺灣第一所完善規模的書院；1882 年（光緒 8 年）馬偕成立牛津學堂（現真理大學），是臺灣第一所西學堂；1883 年（光緒 9 年）成立淡水女學堂，是臺灣第一所女子學校，首屆學生 34 人，全部都是宜蘭的平埔族；1885 年（光緒 11 年），長老教會中學成立（現長榮中學），是臺灣第一所私立中學；1890 年（光緒 16 年），劉銘傳設臺北大稻埕電報學堂，是臺灣第一所職業學校；1891 年（光緒 17 年），Campbell 牧師創辦訓瞽堂（現國立臺南啟聰學校），是臺灣第一所盲人學校。此期興築的學校，中西學堂並存，普通教育、職業教育和特殊教育皆有，可惜電報學堂夭折，書院凋零，僅洋人所建學校現仍活躍，令人慨嘆。

到了日據時期，1895 年（明治 28 年），伊澤修二創立「國語傳習所」，是日據時代第一所學校；同年，成立國語學校附屬芝山巖學堂（現臺北市士林國小），是臺灣第一所國民小學；1896 年（明治 29 年），國語學校師範部成立（日本人入學），是臺灣正式師範教育之始；同年，臺北士林芝山巖設教員講習所（短期速成培訓機構），是臺灣最早的教育養成機構；1897 年（明治 30 年），臺灣總督府國語學校成立（現臺北市立師範學院），是臺灣第一所師範學校；同年，研修會成立（現臺北市立成淵高中），是臺灣第一所夜間學校；同年，臺南關帝廟幼稚園設立，是臺灣第一所幼稚園；1900 年（明治 33 年），臺灣公立嘉義農林學校成立（現國立嘉義大學），是臺灣第一所農林學校；1904 年（明治 37 年），臺灣第一所蕃童教育所在嘉義達邦社開設；同年，臺灣公立中學校成

立（現國立臺中一中），是臺灣人自籌基金建立的第一所中學；
1917 年（大正 6 年），臺灣總督府商業學校成立（現國立臺北商業
專科學校），是臺灣第一所商業學校；同年，靜修女中成立，是天
主教創辦第一所兼收日、臺籍女生的學校；1918 年（大正 7 年），
臺灣總督府工業學校（現國立臺北科技大學）成立，是臺灣第一所
工業學校；1928 年（昭和 3 年），臺北帝國大學成立（現國立臺灣
大學），是臺灣第一所大學。此期日人為臺灣的學校教育奠基，其
標準化校舍和建築式樣也深深影響臺灣學校建築的興築。

　　光復以後，1955 年（民國 44 年）國立臺灣師範大學成立（由
臺灣省立師範學院改制），是臺灣第一所師範大學；1962 年（民
國 51 年），景美女中成立，是臺灣光復後政府首創第一所女子中
學；1974 年（民國 63 年），臺灣第一所技術學院成立（現國立臺
灣科技大學）；1983 年（民國 72 年），華梵工學院成立（現華梵
大學），是佛教界創辦第一所高等學校；1990 年（民國 79 年），
森林小學成立，是第一所民間體制外教育改革實驗小學；1995 年
（民國 84 年），高雄餐旅管理專科學校成立（現高雄餐旅技術學
院），是臺灣第一所餐旅專業學校。至此，臺灣的學校教育日漸步
入坦途，學校建築的發展也逐漸走出自己的特色。

　　臺灣具有意義的首創學校甚多，以下擬擇要就臺灣的第一所小
學（士林國小）、中學（長榮中學）、工校（臺北科大）、師院
（市立師院）和大學（臺灣大學），分別加以介紹，以進一步了解
其發展脈絡和現況。

一｜ 臺灣第一所小學（士林國小）

　　日據時代，是臺灣近代學校制度成立和實施的起源，1895 年

馬關條約之後，日本來臺隨即成立「芝山巖學堂」（惠濟宮，現為第三級古蹟）——日據時代最初的教育機關，其後分支並衍生設立許多各級學校。士林國小，是第一所由芝山巖學堂衍生小學，1896年（明治29年）稱為「國語學校第一附屬學校」，1898年（明治31年）改名「八芝蘭公學校」，1904年（明治37年）八芝蘭公學校遷址新校舍落成（臺北市士林國民小學現址），1921年（大正10年）改為「士林公學校」，1941年改稱「士林國民學校」。臺灣光復後，1946年改為「臺北縣士林國民學校」，1949年改制為「陽明山管理局士林國民學校」，1974年改為今名「臺北市士林區士林國民小學」（臺北市士林國小，民84）。此一學校發展沿革，學校將之作成庭園造景（如圖35），一入校門走過川堂即印入眼簾，驕傲的校史——臺灣第一所小學歷歷重現。

　　「八芝蘭」原為「八芝連」，「八芝連」原住民語指「溫泉」，或謂「街」。「八芝連」早在雍正年間即見記載，因有一新拓地名為「下樹林」，古合稱為「八芝連林」，當時開拓，該地產蘭花甚多，故簡稱為「蘭林」，後因嘉慶八年，淡水同知胡應魁巡視該地

由芝山巖學堂，八芝蘭分校到士林國小的校史
沿革園景，述說臺灣第一所小學的驕傲。

圖35：士林國小校史沿革園景

時，以謂該地山明水秀，宛如入「芝蘭」之室，故頭人吳奮揚乃將「蘭林」改為「芝蘭」，後來又因選八景事而加上「八」字。至於「下樹林」因文字潤飾，先改稱「霞樹林」再簡稱「樹林」，後因「士林」和「樹林」同音，且文字意思較好且易書寫，乃改稱為「士林」，取其士子如林之意，因士林地方自古讀書風氣就很盛，許多臺灣早期有名的漢學私塾老師都在此授課，而這裡也出了不少秀才、舉人，幾乎是「三步一秀、五步一舉」（*臺北市士林國小，民84*）。

　　士林國小是日本人在臺灣設立的第一所小學，為全島由私塾教育邁入國民教育的肇始。不但年資老，還有三個傲視其他小學的館藏：校史館、鄉土教材館、昆蟲貝殼館。校史館裡蒐集士林國小一百年來的重要歷史文物；鄉土教材館則蒐集了早期臺灣民間的日常生活用品（如竹籃、禮籃、石磨、銅鏡、木櫃、神桌、米缸、簑衣等），並圖文並茂的介紹士林地區的特產、風俗、神佛誕辰等民間信仰；昆蟲貝殼館號稱全國首座的國小昆蟲博物館，充滿蝴蝶昆蟲與貝殼的標本館，有兩千多種昆蟲標本與近萬件貝殼。1916年（大正5年）興建的禮堂（現作為圖書館）是該校現存唯一的古建築，原八芝蘭公學校校門石門柱現重立於圖書館前，甚具紀念價值。最為壯觀的是，正門圍牆180m長的兒童教育天地玻璃磁磚壁畫，由家長捐資，教師指導學生繪圖，成為望重士林的藝術天地。

二｜ 臺灣第一所中學（長榮中學）

　　1885年（清光緒11年）9月21日，英國基督長老教會創辦臺灣第一所中學——「長老教會中學」（Presbyterian Middle School），迄今已有115年歷史，該校原位於臺南府城二老口街二老口醫館

「舊樓」，創校時學生只有 10 位，設校目的雖主要是為了傳教，並為神學院學生做預備教育之用，但卻開啟了臺灣現代教育的先河。1894 年，因校舍簡陋破舊，學校遷往現臺南神學院內的新樓，1906 年經臺灣總督府立案，改稱「長老教臺南高等學校」，1908 年易名「基督教萃英中學」，1916 年遷至東門城外的現址，1949 年定名為「臺灣省臺南市私立長榮中學」（長榮中學，民91）。

　　長榮中學校園廣袤，校地 77,752 m²，景緻優雅，樹木青翠，校舍建築尤具特色，入門迎面為巍峨的行政大樓（基地 2,360 m²）（如圖 36），造形簡潔，白色樓板線條和紅白相間拱廊搭配，嚴肅中不失親和，中間逐漸高聳的鐘樓，益增建築的雄偉和立面變化。校內最著名的是校史館（1916 年興建，列為歷史性建築），原為教堂，建築樓高二樓，平面為長方形，南向入口正面支撐拱圈的為變形的愛奧尼克短柱，二樓為山牆式屋簷，兩翼衛塔為英國都鐸式屋簷，東西北三面均為拱廊，大量使用紅磚拱圈，拱圈上以粉刷技巧模仿石塊，具特色，柱子使用西洋柱頭，二樓欄杆為臺灣傳

白色樓板線條和紅白相間拱廊搭配，嚴肅中不
失親和，中間逐漸高聳的鐘樓，益增建築雄偉
和變化。

圖 36：私立長榮中學行政大樓

統建築的綠釉花磚與綠釉花瓶，兩翼閣樓部通氣口採傳統如意形式。最特殊的是，早期的教室，一層樓高，屋頂為傳統閩南建築的金形馬背造形，兩坡頂的四周為迴廊，迴廊的柱子雖為樑柱，但屋架卻為中國式的木樑架，內窗則是西洋式，呈現二種建築文化交流之趣味。另外，兩棟宿舍（光鹽和友愛學舍）為一字長形的兩層樓紅磚建築，上下皆有拱廊，屋簷上置三角形山頭，很接近廈門常見的洋樓，亦有其特色（*李乾朗，民 81；傅朝卿，民 88*）。

此外，該校還有設備豐富的圖書館、貝類館、臺灣歷史文物館、校史館、礦石館、化石館、藝術館、電腦教室及視聽語言教室，特別是新建教學大樓也延伸校史館的建築造形，與行政大樓相輝映，教室內裝置中央空調，學校還購置廚餘處理機，以利資源回收工作之進行（*長榮中學，民 91*）。

三｜ 臺灣第一所工校（臺北科大）

1912 年（明治 45 年），臺灣總督府在臺北廳大加堡大安庄（臺北科技大學現址）設立「民政學部附屬工業講習所」，設土木、金工及電工二科，為臺灣工業教育之肇端，入學者皆為 14 歲以上，20 歲以下之具有六年制公學校畢業資格，且經學歷檢定及身體檢查合格的臺灣學生。

1918 年（大正 7 年）在原址增加「臺灣總督府工業學校」並設應化、機械、土木三科，專收日籍學生。1919 年（大正 8 年）工業講習所改稱為「臺灣公立臺北工業學校」，1921 年（大正 10 年）「臺灣總督府工業學校」改名「臺北州立臺北第一工業學校」，仍以日籍學生為對象，原「臺灣公立臺北工業學校」則更名為「臺北州立臺北第二工業學校」，仍以臺籍學生為對象，二者仍在同一校

舍上課。

1922年（大正11年）「臺北州立臺北第一工業學校」改稱「臺北第一工業學校」，為5年制，兼收臺籍學生。1923年（大正12年）「臺北第一工業學校」及「臺北第二工業學校」合併，改稱為「臺北州立臺北工業學校」，增設電氣科；1937年（昭和12年）再增設礦科。

1945年（民國34年）光復之後，改名為「臺灣省立臺北工業職業學校」，1948年（民國37年）改制為「臺灣省立臺北工業專科學校」，招收初中畢業學生，並逐漸擴增科系及招收高工畢業生。1972年（民國61年）因政府推動建教合作政策，學校開始與公民營企業建教合作，主要項目包括代訓人才、協助進修、技術合作及材料試驗等事項。

1981年（民國70年）易名為「國立臺北工業專科學校」，1994年（民國83年）改制為「國立臺北技術學院」，又於民國86年改名為「國立臺北科技大學」，89學年度有教職員574人，學生6,399人（含五專生），另有萬里第二校區200公頃待積極開發。目前學校有機電、工程、管理設計、人文與科學等5個學院，二技9個系，四技12個系，研究所碩士班19所，將逐年增設研究所碩士班和博士班，並朝向綜合性技術大學之目標邁進（國立臺北科技大學，民91）。1989～1994年臺北科技大學新建校舍逐一興起，綜合科館、行政大樓、圖書館、共同科館、設計大樓等陸續完工，圖書館前由建築系師生提出構想所塑造的「人文廣場」為校園帶來許多柔性活動，其旁圍繞「思賢樓」，供師生休憩的長廊和鏤刻全校師生姓名的「千禧紀念碑」等設施（宋立垚，民91），構成校園文化活動的核心。其中，1912年興建的思賢樓（市定古蹟）（如圖37），靜謐優雅，仿歐式建築，陳列校史資料，成為校園師生互動及校史文化匯集的焦點。

思賢樓（市定古蹟）是紅磚結構木屋頂的仿歐式建築，周邊優雅，校園環境襯托其古樸與靜謐，現作為校史資料陳列之用。

圖37：臺北科大思賢樓（1912年）

四｜ 臺灣第一所師院（市立師院）

　　臺北市立師範學院創辦於明治28年（1895年），校址初設於臺北士林芝山巖，稱為「芝山巖學堂」，其目的在養成各地小學校、公學校的教員、校長及國語傳習所的所長與教員。由於日本人認為師範教育為一切教育的根本，不輕易讓臺灣人接受師範教育，故入學之學生全為日本人。明治29年（1896年）學校遷至艋舺學海書院，並改稱為「臺灣總督府國語學校」。翌年，又移至臺北城門街文武廟舊址（即今臺北市立師範學院之現址）。此一時期的入學資格定為18歲以上，30歲以下之具有尋常中學校四年級之日本學生。到了明治35年（1902年）由於旅臺日人不多，學生有限，故將招收部門改為甲、乙二部，甲部仍招收日本人、乙部則招收臺灣人，其資格與修業年限並不相同。

　　大正 8 年（1919 年）臺灣資源已次第開發，日本殖民者轉而注意到教育事業乃是永久占領的基礎，因此將具有多年歷史的國語學校改為臺北師範學校。直到民國 16 年，由於臺北師範學校規模龐大、組織複雜、學生眾多、校舍狹窄，管理不易，故將學校分為「臺北第一師範學校」（現市立師院）及「臺北第二師範學校」（現國立臺北師院）。其中在臺北第一師範學校設小學師範部普通科、演習科暨研究科，學生均為日籍；臺北第二師範學校則設公學師範部普通科、演習科暨養成公學校乙種本科正教員的講習科，該校學生日、臺籍皆有。到了昭和 18 年（1943 年）第二次世界大戰末期資源缺乏，兩校再度合併。

　　民國 34 年 10 月臺灣光復，12 月政府接收臺灣總督府臺北師範學校，將兩校再分開設立，本校改稱為「臺灣省立臺北女子師範學校」（原臺北第二師範學校則改稱臺灣省立臺北師範學校），當時所有設備均屬闕如。民國 56 年臺北市升格為院轄市，學校亦改隸臺北市政府，易名為「臺北市立女子師範專科學校」；民國 68 年改名為「臺北市立師範專科學校」後，始招收男生。民國 76 年才又改制為「臺北市立師範學院」（林天祐等，民 89），89 學年度有教職員 294 人，學生 3,420 人。

　　臺北市立師院校舍建築以勤樸樓為重鎮，綜合院館的興建，將為校園帶來更現代化的教學和室內運動設施，校園前庭圖書館、活動中心和行政大樓，造形幽雅，入校內左側兩棵百年老樹母女榕，及行政大樓後側難得一見的百年菩提樹（如圖 38），使狹小的校地生色不少，亦增添許多人文氣息。

枝幹蒼勁挺拔，佇立於行政大樓角隅的「育英菩提」，為市師作育英才的本質下了最佳註釋。

圖 38：臺北市立師院百年菩提樹

五 臺灣第一所大學（臺灣大學）

　　臺灣大學原名「臺北帝國大學」，籌設於大正 14 年（1925年）。其創設之理由乃是由於日據時期日本內地的大學規畫，並未將殖民地的高等教育畢業生列於其中。為了抑制臺灣人留學日本之風氣，以及培養經營殖民地之日本人才，故成立臺北帝國大學。

　　臺北帝國大學的立校精神「以研究國家進展所必要之學理及有關應用之蘊奧為目的，以陶冶學徒之人格，涵養國家思想為使命。」至於學術地位，則以塑造殖民地人民的國家認同感與忠誠心為目的。

　　1928 年（昭和 3 年）學校籌建完成，正式招生開學，初期設有文政、理農二部，於 1936 年（昭和 11 年）增設醫學部，並於 4月將臺北醫學專門學校併入。1939 年（昭和 14 年）成立熱帶醫學研究所，並在 1942 年（昭和 17 年）將理農部分為理學部與農學部，次年增設工學部，使得學校擴展為文政、理、農、工、醫五

部；又因為日本當局為掌理有關南方之政治、經濟、文化及天然資源，故附設「南方人文研究所」與「南方資源研究所」。

二次大戰後，政府接收重編，此時依據「大學法」規定，以「研究高深學術、養成專門人才」為其立校宗旨，故中止了日本式大學工具性與國家性之宗旨。

民國 34 年政府接收臺北帝國大學後，便進行改制，並易名為「國立臺北大學」，直到民國 35 年 1 月才正式定名為「國立臺灣大學」；在此期間，改變學制，將各部改為學院；文政學部分立為文學院與法學院，同年編入法學院與醫學院之留日返臺學生，並將預科改為大學先修班；民國 36 年又將臺北高等商業學校改制的省立法商學院併入法學院。臺灣大學迄民國 86 年成立電機學院後，學校共有 9 個學院、51 個學系、81 個研究所，且其中共有 70 個研究所設有博士班（林天祐等，民 89），89 學年度，學生人數為 26,756 人，教職員 3,281 人。

臺灣大學校舍建築的發展，1928 年（昭和 3 年）興建文學院和對面的行政大樓，1930～1935 年（昭和 5 年～昭和 10 年）園藝系館、農化系館和農工系館先後落成，1932 年開始注意校園美化，由園藝系規畫，在軸線大道上種植兩排大王椰子，成為今日的椰林大道，1930 年代中期，面對軸線大道的建築形式語彙相當接近，外牆十三溝面磚RC構造的折衷主義校舍群，成為校園建築的最大特色，1943 年（昭和 18 年）機械工程館落成，是工學院第一棟 RC 造建築，也是臺北帝大時期最後一棟校舍。1951～1968 年，陸續完成普通教室、普化實驗室、工程館、森林館、農業陳列館、農經農推館、體育館、活動中心、健康中心、游泳池和師生宿舍等。1956～1961 年由植物系建議種植適宜臺大氣候的杜鵑花，使臺大贏得杜鵑花城之美譽。近幾年高層校舍陸續完工，重要代表為 1998 年的圖書館新館、生命科學館、國家地震中心，2000 年的凝態科學中心大樓

及 2001 年的體育館，使臺大校園迭創新貌（*蔡厚男，民 91*）。

臺大校園向以椰林大道、傅鐘、傅園、杜鵑花聞名，學校建築則以文學院為源頭，校舍整體規畫，並以延伸椰林大道底處之新建總圖書館，位於校區幾何中心，宣示其為學術重鎮，以及強調教學與研究的重要（如圖 39）。最近，在校園規畫上，值得注意的是，民國 91 年 4 月 22 日啟用的「鹿鳴廣場」，將共通教室、農產品展示中心、鹿鳴堂和舟山路等處加以連結，以提供師生人文休閒的活動空間。最令人驚艷的是，臺大將出現「康橋」般的親水空間，這項由校務會議通過，總經費 1 億 6 千萬元的「瑠公圳臺大段親水空間復原計畫」（經費由瑠公圳農田水利會資助），未來將在臺大校園內興建 2 公里水路。親水空間主題有三：包括湧泉花園、瑠公圳生態水路、醉月湖淨化和美化，水道最長 800m，最寬 15m，蓄水深 60cm，平常保持在 20 至 30cm，並將以英國劍橋大學校園內 17m 寬的康河為未來發展藍圖，設置划水道、咖啡亭、精緻橋樑等，此

臺大總圖書館位於延伸椰林大道底處和校區幾何中心，以宣示其為學術重鎮，以及強調教學與研究的重要。

圖 39：臺大總圖書館

一「臺大康橋」美景令人期待,也將是臺大校園景觀的最大變革。尤其是瑠公圳為日據時期臺灣三大水利工程之一,醉月湖即為瑠公圳調節水量之水塘,瑠公圳親水空間的復原與活化,具有景觀價值,同時亦見證城鄉社會及產業環境變遷軌跡的歷史意義(蔡厚男,民91)。

臺灣的百年學校,有大學、中小學,象徵百年樹人的珍貴與價值,也見證臺灣教育的蛻變與發展。古樸的校園史蹟建築,有古蹟、歷史性或紀念性建築設施,具有文化教育意涵,也述說著該校的發展源流。蒼勁的百年老樹,有榕樹、樟樹、茄苳、刺桐、金龜樹等等,代表鄉土的發展和學校對鄉土擁抱,它是社區的凝聚力,也是學校師生的共同回憶。臺灣的首創學校,有大學、師院、中小學,顯示教育的興盛發展,為臺灣的教育翻新頁和記錄每一里程碑。

校園文化,可以是尋根溯源的、歷史傳承的或無限創意的,重要在校園中文化或教育的原創、開展和延伸。學校建築,則是校園文化藝術的具象表徵,反映學校的教育理念和發展方向。臺灣的學校已走過 20 世紀,百年學校、史蹟建築、百年老樹和首創學校,不僅點滴訴說動人的臺灣歷史與文化,也為繽紛的校園文化之教育意涵作了最佳詮釋。在邁向新世紀之際,我們期盼形塑更具臺灣生命力的學校建築,讓「臺灣」的學校,也能如世界百年名校般,亙古傲立。

第二篇

迎曦————
創意活力

Chapter 3

臺灣學校建築的創意

> 環境具有很大的力量。擁有開放空間的學校，正著實地將教學的型態，大大地做一番改革。如今在課堂上，孩童除了安靜的坐在自己的座位上，聆聽老師或同學說話，另外出現了新的教學方式。可能一個人或一個小組，學習各種課題；老師則對一個學生或一個小組，徹底的個別輔導，讓小朋友自己負責訂定學習計畫，按部就班的學習，培養他們自我教育的能力。
>
> ——加藤幸次

臺灣，是一個具有活力與創意的地方，反省力十足。學校建築規畫上，許多發展性的革新議題，如教學空間的革新、開放空間的運用、校園的創意設計與社區學校的發展等，備受矚目，不僅在臺灣的學校建築中逐漸反映出來，也為學校建築的理論性探索與理念建構，提供絕佳的實證場域與設施案例，此一臺灣學校建築的創意，值得我們欣賞與體會。

第一節

學校規畫的省思

　　民國 89 年 8 月 11 日，赴臺中參加九二一大地震震災學校校園重建工作坊，與一些中小學校長、總務主任和負責規畫設計的建築師座談，提供校園重建規畫設計上應注意的要素，包括：校地狀況、發展規模（班級數）、文化環境、教育理念、學校特色、教學方法、課程設計、耐震設計、使用者需求和社區參與等等。會中，討論時間很短，其中有幾個規畫上值得省思的重要議題，如開放空間、校舍造形、運動場跑道、圍牆設計、套房式廁所、無障礙環境等（湯志民，民 89j），引起廣泛關注，特此探析，以供學校新建規畫之參考。

一　開放空間

　　開放空間（open space）的概念，源自盛行於 1960 年代的開放教育（open education），人文主義與自然主義哲學為依歸，旨在提供孩子一個始於快樂而終於智慧的學習，以及讓孩子能自由而適性的發展空間。開放空間的設計，就教室而言，美英日各有不同，國內近年新成立的學校，如臺北市健康、新生和永安國小，臺北縣集美、永吉和昌平國小，宜蘭蘇澳和南安國小等，皆以日本 2～4 間為一單元空間的無隔牆教室（classroom without walls）為範本，適宜協同教學（team teaching）及以學生為中心的學習模式，如教

師仍習以為常的採用傳統演講的齊一教學模式，此一新空間功能的錯置，會有黃世孟教授所言，錯把「臉盆」當「馬桶」的荒謬；因此，想規畫此種空間形式的教室，應與學校教師好好研究課程的設計和教學模式。對許多重建學校，全校 6 班的小型學校，每班只有 5～10 名學生，開放空間設計更重要在教室學習區（角落）的布置（如圖 40），有草可踏、樹可爬、水可親、路可達的校園環境，學習步道、生態教材園、開放式圖書室、開架式合作社、自取式失物招領架、附球具的球場、上下課無鐘聲……，讓孩子在最「自由」的空間中，學習「自律」的成長。「以孩子為中心」、「自由」與「自律」是開放教育及空間設計的本質，給孩子更多探索、思考的空間，遠重於在教室有無隔牆的考慮。

每一年級 3～4 班之班群教室設計，教學設備豐富，班群間沒有隔牆，以資源共享的電腦區兼作班級隔間，空間運用甚為巧妙。

圖 40：美國加州洛杉拉米托斯小學開放空間教室

二 校舍造形

學校建築是教育的場所與師生的生活空間，也是重要的都市景觀和公共藝術品，其所建構的「境教」環境，正因具有「教育性」、「象徵性」、「文化性」、「時代性」與「藝術性」，而益顯重要。過去，「蛋盒式」（egg-creat design）的傳統校舍，面臨新時代精神的考驗，以及文化藝術建築風格形塑的強烈挑戰，此次地震後的重建，給我們一個重新思考的機會。例如，近年來，國內新建學校的閩南馬背造形（如基隆市長樂國小，宜蘭縣冬山國小），客家建築的圍龍屋造形（如桃園縣龍星國小〔如圖41〕，苗栗縣福星國小，臺中縣東勢高工），原住民學校建築風格的形塑（如臺東縣加拿國小富布農族住屋色彩的校舍，蘭嶼朗島國小校舍有傳統地下屋造型，花蓮縣水璉國小有阿美族圖飾的校舍，為臺灣學校建築的風格形塑），展現難得的本土文化意境，值得稱許。此一文化藝術

龍星國小校舍採傳統客家圓樓造形，富地方色彩。

圖41：桃園縣龍星國小圓樓造形校舍

意境的創建，不必拘泥於本土，可以更有創意，也可在建材和色彩上尋求突破，惟仍應契合社區自然、社會和物質環境，並注意造形不可過於突兀，甚至複雜得難以維護。如太像觀光區的原野樂園及小木屋，易失教育意味；大片的人工屋頂花園，難與四周的山林競合；天窗採光的校舍，日後如何養護等等，皆值校方與建築師深思。

三 運動場跑道

　　國內的學校建築，有二大特徵，一為高高的圍牆，二為運動場跑道。坐飛機，從空中鳥瞰，一座座的運動場跑道（有人戲稱為「紅龜糕」〔臺語〕）印入眼簾，為學校所在。跑道的設置，我國與日本極為相似，幾乎每一所學校都會設置，但學校是不是一定要建跑道？主要是跑道面積占太大了（如400m跑道占地1.5公頃），值得省思。體育專家說沒有標準的400m半圓式跑道，跑步紀錄是不會承認的，但在國內誰為校內競賽學生作紀錄，真有此紀錄誰會承認？更何況臺灣寸土寸金，中小學校地狹小，能有400m跑道者實不多見，空間條件既然不足，變更跑道的可能思考自然加大。其次，運動不以跑步為限，尤其臺灣40、50年來在田徑賽的表現上，甚不理想，但以跑道為主的體育設施，卻占滿學校大部分空間，最近國人揚名世界的桌球、撞球、保齡球等比賽場地，反不多見，而大人、小孩都比較喜歡的球場，如籃球場、排球場、羽球場或躲避球場等，可否考量？美國高中、大學大多會設運動場跑道，初中和小學則以大片草坪、各式球場和遊戲場為主（如圖 42），難得見到運動場跑道，值得借鏡。因此，基於空間運用、體育發展、體能紓解、使用者需求和社區資源共享，國內中學可考量設計跑道，小學如有需要，可留下一條100m直跑道（如宜蘭縣許多新設國小），

其餘空間規畫小朋友喜歡的球場、遊戲場和草坪,設計林蔭步道,可休息、乘涼、慢跑,此一運動公園應強過虛幻的跑道設計。

該校運動場有各式球場和遊戲場,吸引成群孩子,運動場上大片草坪,學童隨著和風煦陽追逐踢球。

圖42:美國加州拉芙諾丁小學運動場

四 學校圍牆

　　圍牆是校界的宣示,學校圍牆的興建與否也涉及許多安全、景觀和文化的思考。如過去有學校設計超高的圍牆,並在頂端加上尖刺或玻璃以防壞人入侵,卻往往讓人誤以為學校是監獄。最近,受開放空間的觀念,以矮牆、花臺、綠籬,甚至設計為無圍牆學校（school without walls）,在臺灣的新設中小學中屢見佳作,如臺北市健康國小,和興建中的政大附中,基隆市深美國小,南投縣水尾國小,宜蘭縣過嶺、大溪、梗枋（如圖 43）、竹安、凱旋、育才、冬山、東興、龍潭、員山、四季、武塔、澳花等國小以及南安和利澤等國中。當然,都會區家長對無圍牆的安全疑慮,遠多過

「開放」意象和「景觀」的需求。多年前,到瑞士盧森湖畔一所無圍牆小學,水池和升旗臺在馬路邊,陽光柔和的照入迷宮綠籬,樹葉晶瑩剔透,從後山社區入學的學生可走入遊戲場看臺再由滑梯滑入校園,學生一早在平臺階梯上玩耍,一大堆孩子圍著一個戶外球桌一起用手打一顆小球,我在一旁欣賞孩子的童真稚氣,體會學校和社區完全融合的感覺,其安全、祥和與社區文化是整體的呈現。因此,學校圍牆要不要?不僅是安全管理、建築景觀的問題,更重要的是社區文化意境的表達,學校圍牆可以是綠籬花壇、整齊喬木、盎然草坪、裝飾矮牆、藝術雕塑,甚至無圍牆設計,但一定不是高牆、尖刺或玻璃。

校園無圍牆的設計,有自由、開放與社區完全融合之感。

圖43:宜蘭縣梗枋國小無圍牆設計

五 套房式廁所

最近一些新建學校,蓋了所謂的「套房式廁所」,即在教室內附建廁所,讓教室的生活空間與家庭很像,有很溫馨的感覺。此一

設計概念，嚴格來說，並沒有什麼錯誤，但有一些深沈的問題，需要了解。例如，對幼稚園或低年級兒童，廁所在教室內的設計是相當必要的，因孩子的「控制力」不足，就近如廁教師可以教導如何上廁所，順便督導安全。至於，小學中高年級或國中教室附建廁所，除近便性外，還要考量其經濟性、技術性和實用性，如教室建築空間和經費會增加，施工技術要好（不臭不漏）。但，班級廁所有共享的困難，尤其是無公共廁所時，學生下課時間在室外運動、休憩，有「返航」使用廁所的困難（某國中生反應）；還有上課時間如廁的尷尬和大家等待拉抽水馬桶聲的心理障礙，對上課會否造成影響，也應詳加思考。通常小型學校、班級人數少（如圖44）、幼稚園（或低年級）、空間夠、經費足、施工技術好等，是設計套房式廁所的較佳條件，否則將圖書角設計在教室內，是不是會比廁所更有書香氣息。

大興國小係6班的小型學校、班級人數少，套房式廁所的設計（教室左側），給予家庭般的溫馨。

圖44：花蓮縣大興國小教室有套房式廁所

六 無障礙校園環境

　　新學校的規畫，一定要重視無障礙校園環境的建立。依建築技術規則第十章之規定，學校必須設置行動不便者使用的設施，包括：室外引導通路、坡道及扶手、避難層出入口、室內出入口和樓梯，至於室內通路走廊、升降機和停車位，則依實際需要設置。許多學校易因學校沒有行動不便的學生，而忽略無障礙校園環境的設計需求。就特殊教育法「零拒絕」的規定，接納特教學生回歸主流是必然趨勢，學校空間應有所因應。其次，校內師生有許多短暫性行動不便現象，如打球手腳骨折或扭傷、生病體虛或貧血、女生生理期等等，皆需校園無障礙設施的扶持。此外，校外行動不便人士，亦應有公平使用都市公共空間的機會，進入校園應無障礙。尤須注意的是，無障礙校園應注意易近、可達、可用的設計原則，但實際上國內學校無障礙環境設計常出現一些有趣的現象，值得省思，如：⑴斜坡道的設計，通常轉折太多（腹地夠宜直上），讓坐輪椅者一「坡」三折，轉個不停，也有導盲磚鋪在斜坡道上，好似行動不便者是同一國要走同一邊？⑵室外引導通路的設計，因為不知道盲人要去哪裡，導盲磚不是繞圈循環，就是導向廁所，甚至在停車場也設計導盲磚，難道盲人會自己開車？⑶行動不便者廁所的設計，便所常見門寬60cm（規定80cm以上），又有臺度，坐輪椅（寬65cm）者如何進入？迴轉直徑不足150cm，輪椅會不會卡住，出來時是不是要「倒車」？還有行動不便者小便斗常位居廁所最內側，拄枴杖者會不會來不及到達現場？

第二節

教學空間的革新

　　教育，是國家競爭力的關鍵，在邁向新世紀之際，世界各國莫不大力推動教育改革，期以培養具有生存競爭力和解決問題能力的人才。例如，美國推出「21 世紀美國教育行動」，在「目標 2000年」（Goals 2000）中提出八項主要教育目標：(1)所有孩子入學時已完成學習準備（all children will start school ready to learn）；(2)高中畢業率提高至 90%以上；(3) 4、8、12 年級學生應具有「挑戰學科」（challenging subject matter）的能力，如英語、數學、歷史，並增進體育和健康教育以及第二外語訓練；(4)改善教師專業技能（professional skills）；(5)美國學生將在數學和科學上達到世界第一；(6)所有美國學生將在全球化經濟（the global economy）中具讀寫能力和競爭力；(7)美國學校將無毒品、暴力、武器；(8)美國學校的家長參與（parental involvement）將增加（*Taylor, 1996*）。英國「教育和職業部」（Department for Education and Employment）1997 年向國會提出新政府的第一份教育白皮書「卓越學校」（Excellence in Schools），政策重點在：(1)每位孩子應有基本的讀寫算能力，並在幼稚園和小學中接受良好的小班教學；(2)所有的學校將接受改進挑戰，並有責任提高自己的標準；(3)使綜合中等教育（comprehensive secondary education）現代化，以符合新世紀的認知（the new century recognizing）；(4)透過有新觀念的教師來改善教學品質；(5)家長和社區應充分而有效的參與孩子的教育；(6)發展當地有效的夥伴關係，以協助學校共同努力並向較高的目標邁進（*Department for Education and Employment, 1997*）。歐盟（European Commission）1995 年的教育白皮書「教與學─面向學習社會」（Teaching and Learning─Towards the Learning Society），鼓勵學生「行萬里路」，專精三種聯盟語言，推動「資訊社會中的學習」，促成會員國「邁向知識的歐洲」；紐西蘭在 1993 年修訂的「新紐西蘭課程結構」（The New Zealand Curriculum Framework）提出八項重要能力：溝通能力（communication skills）、算數、資訊、問題解決（problem solving）、自我管理和競爭（self-management and competitive skills）、社交和合作（social and cooperative skills）、運動技能、工作和研究能力（work and study skills）；日本宣示要「培育開拓新時代的心」，培養具有「生存的實力」；新加坡要建立「思考型學校、學習型國家」……（*尹萍，民 87；吳韻儀，民 87；孫小萍，民 87；蘇育琪，民 87*）；澳洲要求所有省、區的課程，都應包含八項關鍵學習領域（key learning areas）：藝術、英語、健康和體育、外語、數學、科學、社會和環境研究，以及科技（*Cuttance & Hill, 1999*）；加拿大投資經費建構校園網路及連線網際網路，「虛擬校園」（virtual campus）所形成的夥伴關係，讓 K-12 年級的學生能與自己學校，以及與全世界的學生互動（*Sackney, 1999*）。潛沈多時的臺灣教育也趕上這波教改浪潮，中央研究院李遠哲院長所領導的教改會經過兩年的研議，在 1996 年提出「教育改革總諮議報告書」，強調為因應 21 世紀社會的特點與變遷，教育現代化的方向為「人本化」、「民主化」、「多元化」、「科技化」和「國際化」，並提出「教育鬆綁」、「帶好每位學生」、「暢通升學管道」、「提升教育品質」、「建立終身學習社會」之綜合建議（*行政院教育改革審議委員會，民 85*）。

聯合國教科文組織（*UNESCO, 1996*）提出教育的四項支柱：學求知、學做事、學相處和學做人。基本上，學習是與知識、技能有

關，但不限於我們現行課程所狹義界定的知識和技能，重點在於人的品質和能力，是很難在成績、等級和證件上反映（*Cheng, Kai-ming, 2000*）。

Cheng, Yin Cheong（*2000*）以為，教學的新典範（new paradigm of teaching），應為個別化、地域化和全球化。在個別化的教學上，教師是支持學生學習的激勵者或良師，教學是一種引發、激勵並維持學生自我學習和自我實現（self-actualization）的歷程。教學著重於喚醒學生的好奇心與動機，讓學生去思考、行動與學習，並與學生分享學習歷程和結果的喜悅。對教師而言，教學是終身學習的歷程（the life long learning process），包括持續的發現、實驗、自我實現、反省和專業發展，教師應為學生樹立多元智慧楷模以發展學生的多元智慧（multiple intelligence），每位教師都有其潛能和特色，不同的教師可以不同的風格教學，使其貢獻極大化。在地域化和全球化的教學上，強調除了教師之外，在校內外、當地和全球都有多元化教學資源（multiple sources of teaching），教師透過當地的和全球的網際網路、網站學習、視訊會議、跨文化分享、各種不同形式的互動和多媒體材料，可有最大的機會增進其教學效能，學生也能夠在教師協助下於任何時間架構中，向來自各地的世界級教師、專家和同儕學習，如此形成世界級的教學（world-class teaching）。教師參與地區與國際的發展課程，以達到超越學校的視野與經驗。教師的教學是一種網絡教學（networked teaching），透過成熟的分享與激勵，以維持一個新的專業文化（a new professional culture）和多元的教學效果。

長久以來，臺灣的學校因過度強調「紀律」與「效率」而有成為「管理、訓練」學生場所的危機，講求「紀律」與「效率」。在這裡，大量零碎知識被講授、複述、記憶和遺忘；在這裡，學生學會聽講、忍耐、沈默和接受。反映在學校空間規畫，如傳統的「蛋

盒式」教室，教師於高高的講臺上進行教學，學生被隔離在臺下整齊列坐聽講，顯示出上下尊卑的知識傳遞結構。惟健全的有形建築空間是為了提供與促進人群或個體活動而存在，因此它應可反應活動的型態與隱藏空間的特性（*翁金山，民 63*）。今天，臺灣教育改革運動蓬勃開展，學習和教學典範大幅興革，學校空間理應回應教學和學習的革新需求，使學校的空間形體注入隨著時代律動的教育生命力。以下擬先討論教學空間的革新因素，其次說明教學空間的規畫問題，再就教學空間的革新規畫加以探討，以就教於方家。

一 教學空間的革新因素

教育及教學革新的觀念會影響空間的規畫，由前述各國教改的理念、行政院教育改革審議委員會（*民 85*）的「教育改革總諮議報告書」及教育部（*民 84*）「中華民國教育報告書：邁向 21 世紀的教育遠景」，大致可以了解有幾個主要的教育革新因素，將影響教學空間的規畫：(1)班級人數的降低；(2)學校本位的課程；(3)關鍵能力的培養；(4)多元智慧的提倡；(5)資訊科技的應用，茲分別探析如下（*湯志民和廖文靜，民 89*）：

(一) 班級人數的降低

據 Preece（*1987*）、Smith 和 Glass（*1980*）的後設分析結果，班級規模 20 人比 40 人在學習成就上大約高出 10 個百分等級，世界各國亦競相將班級人數控制在 30 人以下，以提高教學效果。行政院教育改革審議委員會（*民 85*）提倡小班教學，主張班級人數應降到 30 人以下，以減少教師的教學負擔，加強教學的效果。依據

教育部統計處（民94c、94d、94e）統計資料，93學年度公立國小平均每班人數為29.6人，公立國中平均每班人數為35.3人，公立高中平均每班人數為39.3人。惟校際間差異頗大，87學年度2,557所國民小學中，有486所學校平均班級人數在35人以上，有29所學校在40人以上；715所國民中學中，有356所學校平均班級人數在35人以上，有52所學校在40人以上（教育部，民88a）。教育部（民84）自82學年度起分三階段進行「降低班級學生人數計畫」，希望國小在92學年、國中在96學年每班學生人數能降至35人以下；至92學年度，國小每班學生人數降為29.89人，國中每班學生人數降為36.02人（教育部國民教育司，民94）。此外，教育部自87學年度起實施「發展小班教學精神」計畫，其意旨在於發揮「多元化、個別化、適性化」的教學精神，以滿足學生個別學習需求。

班級人數減少後，教室空間便可作許多靈活的運用，如布置各種教學資源或設計圖書、遊戲、裝扮、靜思等學習角落，使教室產生多種教學空間，增加教學的豐富性與趣味性，以及設置綜合展示區，讓學生布置、展示學習成果。課桌椅的排列也可以配合學習的需要，有更多樣的變化，使班級活動更活潑。此外，強調師生及同儕間交誼與對話的空間設計亦可以考量，如舒適的地板（如臺北縣菁桐國小）、教室設陽臺或休憩空間（如臺北市百齡高中、基隆市長樂國小、宜蘭縣大溪國小、冬山國小等）等，讓孩子在輕鬆愉悅的環境中，感受人際之間親密的情感交流，「學習」隨著生活的律動俯拾皆是。

(二) 學校本位的課程

我國中小學階段的課程，傳統上由中央政府統籌，從小學到中

學都有詳細的規範，在經歷幾次的課程修訂後，這種情形已經有了改變。教育部（民88b）公布「國民教育階段課程綱要」，90學年度起實施國民教育階段的九年一貫課程，其最大的特色是課程標準只就目標及各科教學綱要作原則性的規範，且大幅減少統一規定的教學科目與時間，留下許多空白時間讓學校依照各校的實際需要經營課程（單文經、侯世昌和吳永裕，民88）。新課程將原有課程增刪並統整為「語文」、「健康與體育」、「社會」、「數學」、「自然與科技」、「藝術與人文」及「綜合活動」等七大學習領域。新課程以課程綱要取代課程標準，除了強調學習者中心的統整學習經驗外，並倡導教師專業自主的學校本位課程設計理念，各校成立課程發展委員會及各學習領域課程小組，於學期上課前整體規畫，設計教學主題與教學活動（歐用生和楊慧文，民88）。因此，班級或學科教師單打獨鬥的「封閉式」教學將會落伍，現代教學應以「教學團隊」共同來規畫課程、設計教學及實施活動，使學生獲得統整的學習，並使教師的專業能力獲得最大的發揮。此外，為擴展學生學習範疇，可邀請資源人士、家長、實習教師到教室參與或協助教學，並善用社區資源，擴展學生接觸領域，彌補教師學識、能力之不足，也增進學校與社區、家長的關係。

發展學校本位課程的核心能量在於教師專業能力的成長，經由教師自發性的自我檢視，或同儕相互間的對話與討論，形成進步的驅力。為鼓勵教師自學與研究，推廣各科教學實驗與觀摩，辦理校內進修與校際研習，落實發揮教師會與各科教學研究會功能，學校在空間規畫上，應設置各科教學研究室、國際會議廳或研討室、教師會辦公室（如臺北市各級學校）、教師個人研究室、教學資料參考室等，以利教師團體研討、個人研究、課程規畫、教材編擬、教具製作和資訊蒐集之運用。

㈢ 關鍵能力的培養

未來社會與國家的活力,將建立在民眾的行動能力與解決問題的能力上,因此教育的著力點,應由「知識取向」轉變成「能力取向」。國民必須具備新的特質和能力,跳出知識記憶的窠臼,學校教育的重點應超越升學主義的障礙,加強關鍵能力的培養,以因應新紀元的挑戰。

教育部(民87)公布「國民教育階段九年一貫課程總綱綱要」,提出國民教育階段的課程設計應以學生為主體,以生活經驗為重心,培養現代國民所需的基本能力,包括:

1. 了解自我與發展潛能。

2. 欣賞、表現與創新。

3. 生涯規畫與終身學習。

4. 表達、溝通與分享。

5. 尊重、關懷與團隊合作。

6. 文化學習與國際了解。

7. 規畫、組織與實踐。

8. 運用科技與資訊。

9. 主動探究與研究。

10. 獨立思考與解決問題。

此外,「閱讀」能力是學習的基礎之一,教育部自89年8月至92年8月推動「全國兒童閱讀實施計畫」。而美國鑑於學生閱讀能力低落,自1995年開始即展開了提升學生閱讀程度的呼籲與努力(劉慶仁,民89),國內外重視培養學生學習的基礎能力如出一轍。

現代教育應著重在學生關鍵能力的培養,而非學科知識的傳輸,即所謂:培養孩子可以帶著走的能力,而不要給他背不動的知識。因此,學校空間便不能再限於幾間匣子式的班級教室,應該有

多樣性的教學空間來配合,如教學資源中心、演藝廳、電腦教室、動植物觀察區、生態教材園、實驗室、社團辦公室、交誼廳、研討室、會議廳……等。學校可以多元規畫學習步道、生活廣場、劇場、生態園等活潑式的教學場所,並編寫講義、學習指導手冊或學習單等教材,讓學生從動手實作與實地觀察中獲得主動探索、獨立思考和解決問題等能力。此外,學習亦不侷限於學校內,可以鼓勵學生參訪、實查、參與社區服務、參加藝文活動、運動競技……等。

㈣多元智慧的培養

哈佛大學心理學家 Gardner 提出多元智慧的主張,引起教育界極大的迴響,提供國內教改倡導適性化教育的理論基礎。Gardner 超越傳統智商狹隘的限制,企圖尋求擴展人類潛力的範圍,指出智慧應該和:⑴解決問題;⑵在富有變化及自然的環境中的製造能力,有更大的關聯。Gardner(*1983*)在「心靈的架構:多元智慧理論」(Frames of Mind: The Theory of Multiple Intelligence)一書中,提出多元智慧,包括:語文智慧(linguistic intelligence)、邏輯—數學智慧(logical-mathematical intelligence)、空間智慧(spatial intelligence)、肢體—動覺智慧(bodily-kinesthetic intelligence)、音樂智慧(musical intelligence)、人際智慧(interpersonal intelligence)和內省智慧(intrapersonal intelligence),1995 年之後 Gardner 再增加博物智慧(naturalist intelligence)和存在的智慧(existentialist intelligence)(*Brewer, 2001*)。在 Gardner 的理論中,我們知道每個人的心智都是由各種強度不同的智慧統合而成,各種智慧並無價值的差異,教育應帶好每位學生,使每個孩子的不同潛能與特質都受到尊重,並獲得充分發展的機會。在教學環境的規畫上,Armstrong(*1994/1997*)在「經營多元智慧」(Multiple Intelligences in the

Classroom）建議建立「智慧友好」區域或活動中心，各項智慧各有專屬區域，便於在每個智慧領域上，提供學生更多的探索機會，例如：⑴語文中心——包括為書籍專設的角落或圖書館區（有舒適的椅子）、視聽中心（錄音帶、耳機、有聲書籍）、寫作中心（打字機、文字處理機、紙張）；⑵邏輯—數學中心——設數學實驗室（計算器、操作儀器）、科學中心（實驗、記錄材料）；⑶空間中心——設美術教室（油彩、拼貼材料）、視覺媒體中心（錄影帶、幻燈片、電腦圖示）和視覺思維區（地圖、圖表、視覺遊戲、圖畫書、立體的建造材料）；⑷肢體—動覺中心——設開闊的空間提供增強想像力的運動（小型蹦床、雜耍器具）、動手中心（黏土、木工、積木）、觸知學習區（立體地圖、各種織物樣品、砂紙字母）、戲劇中心（演出舞臺、木偶劇場）；⑸音樂中心——設音樂教室（錄音帶、耳機、音樂帶）、音樂表演中心（打擊樂器、錄音機、節拍器）和收聽實驗室（「音響」瓶、聽筒、對講機）；⑹人際中心——設一張小組討論用的圓桌、成對排列的課桌，提供同伴教學時使用、社交中心（圖板遊戲、非正式社交聚會用的舒適家具）；⑺內省中心——設獨立學習用的帶書架閱讀桌、閣樓（帶有個人「隱私」及躲開人群的幽僻角落）、電腦室（為自我調整學習所用）。

㈤ 資訊科技的應用

資訊管理系統（information-management systems）和通訊科技（communication technology）早已改變教師、學生和正式學習之間的關係。未來的學校，學生在知識的研究上，將更為自我導向（self-directed）和實際動手做（hands-on）；教師將成為促進者（facilitators）以代替教導者和演講者；學習將強調多元學科（multi disciplinary）並著重於個別和團體參與的高層次的思考（high-level thinking）和問題解決技巧（problem-solving skills）（*American School & University, 2000, January*）。隨著資訊科技的日新月異，各級學校運用資訊科技日益廣泛，互動範圍更形擴大，使學校結構與教學型態發生很大的變化。資訊科技可突破教學環境限制，改變傳統以教師主導的團體教學模式，透過多媒體電腦輔助教學、網際網路與學習資料庫所創造的多元化、全方位的隔空學習環境，此外，資訊科技可突破傳統教材的限制，使教材、教法、教學媒體多元化，建立自發式、互動式的教學環境，以更生動、活潑、豐富的方式，啟發學生學習動機。學生可依個人能力與興趣自我學習，老師則扮演啟發者與促進者的角色。

　　資訊科技注入教室是促進物質環境改變的催化劑，展望未來，電腦將成為教室教學中不可或缺的工具，或許，單獨設置的電腦教室不再需要，取而代之的可能是教師和學生人手一個筆記型電腦。教室內科技的使用將更整合、更具效率，傳統的投影機、幻燈機、CD音響、錄影機、電視等視聽媒體，均將被整合性的多媒體系統（multimedia system）所取代。未來的教學空間，除了要有更大的空間面積之外，尚需有內裝的彈性。家具、設備、櫥櫃等均應是便於移動的，內建的基礎設施應簡化，包括進步的電力系統和可調整式的照明（*American School & University, 1998 January*）。

二　教學空間的規畫問題

　　教學空間是學校中實施各種教學活動的空間，包括普通教室、專科教室及其他教學資源建築與設備（如綜合教室、資源教室、研討室、圖書館等）。空間雖然不能決定教學的良窳，然而若有適合的教學空間，將有助於教師實現良好的教學。以進步教學或教學革

新的觀點來看，傳統的教室空間規畫對於啟發學生主動學習、學生中心的教學或統整性的教學活動的實施，有相當多須改進之處。國民中小學教學空間的主要問題，包括「教師中心」的教室設計、簡陋狹隘的教室空間、教學研究空間匱乏和學習資源不足等，茲分別說明如下。

㈠ 「教師中心」的教室設計

傳統課堂的畫面：黑板設置在前面，教師在高起的講壇上滔滔不絕，全體學生排排坐在臺下聽講，教師講完後，學生俯身各自練習習作。這樣的教室係採「教師中心」（teacher-centered）設計，無論是前方黑板的設置、高起的講壇、「排排坐」的課桌椅配置，齊一注意方向的教學情境設計，皆是視教師為傳授知識的權威者的意象表徵。在教學觀念上，既以「教師中心」為考量，則以為單一教學空間即足敷所需，不會思考發展第二或第三教學空間。此外，在物質環境上，教室空間不足，課桌椅過於笨重不易移動，致使傳統教室僅有一個主教學空間，教師的教學往往受限於教室空間設計，難以有效變更教室空間和學生的座位型態，以利更豐富多元的教學方式（如團體或分組討論）。

㈡ 簡陋狹隘的教室

湯志民（民82）綜合國內相關研究及平日的觀察，指出國民中小學教室設計共通性的問題包括：(1)教室 9m×7.5m 的規格和制式化的長方形，太過呆板而單調；(2)教室面積和活動空間不足；(3)教室走廊太窄，缺乏活動空間；(4)教室的採光、色彩、隔熱、防噪音等物理環境，不盡理想；(5)簡易基本的附屬設施設備，不易發揮教

學功能；(6)傳統的「排排坐」的課桌椅，缺乏足以快速移轉配置的空間和條件。值得注意的是，上述問題，除了新設校外，至今仍屬普遍性的問題。簡陋的教室，設備貧瘠，推其主因在於學校設備經費長年不足；其次是，中學的教室是屬於學生的「普通教室」，非屬於教師的「學科教室」，教師難以作最充分的教學布置，尤其是承擔國、英、數三大主科課程，教室更無空間可資布置；此外，臺灣的教室因經費、通風及採光之需，教室通常設計為一字型，兩面採光，扣除前方的粉筆板，可布置的牆面僅剩一面，加以升學主義的影響，教學布置聊備一格，不是空盪無物，甚至淪為塗鴉區。狹隘的教室，空間不足，究其主因為班級人數過多，例如美國的中小教室，標準的為 32 英尺 × 28 英尺（約 9.75m × 8.53m）（*Mcdonough, 2000*），每班學生人數不超過 28 人，平均每生教室面積 2.77 m² 以上；反觀臺灣的中小學教室，標準的 9m×7.5m，依教育部（*民 90a*）的統計，89 學年度公立國小平均每班人數為 30.8 人，平均每生教室面積 2.19 m²；公立國中平均每班人數為 34.8 人，平均每生教室面積 1.94 m²；公立高中平均每班人數為 41.8 人，平均每生教室面積 1.61 m²（參見表 19），遠低於美國平均每生教室面積。加以因

表 19 美國和臺灣中小學每生教室面積比較表

項目	美國		臺灣		
教室面積	32 英尺 × 28 英尺 （約 9.75m × 8.53m = 83.1675 m²）		9m × 7.5m = 67.5 m² （高中新標準 9m × 10m = 90 m²）		
班級人數	28 人或以下	標準 24 人	國小 29.6 人	國中 35.3 人	高中 39.3 人
每生面積	2.97 m²	3.47 m²	2.28 m²	1.91 m²	1.72（2.29）m²

註：1. 臺灣班級人數為 93 學年度公立學校平均人數。
2. 民國 88 年以後，臺灣新設的高中，教室面積可調整至每間教室 90 m²，（ ）中的數字為高中新標準。

學生由國小到國中、高中，身高、體重迅速增長，一樣大的教室，卻隨著學生的成長，致教室空間的不足益形明顯。

(三) 教學研究空間匱乏

以往，國內中小學空間的規畫大多以「行政管理」為中心或重心，學校會有各種行政辦公空間，甚至行政大樓，但「教學研究」功能的空間則較為忽略或付之闕如。例如，高國中大多有「導師室」，以「輔導」學生為思考，不同學科的老師在一起難起教學研究之效；其次，許多學校有提供教師「大型辦公室」，大致以教師集會和批改作業為功能，不僅沒有教學研究功能，甚至連導師的輔導功能也受到限制。至於，教師研習所需的小型研討室或大型國際會議廳、教師個人研究室、教師會辦公室等等，可供教師團體研討、個人研究、課程規畫、教材編擬、教具製作和資訊蒐集之空間更是少見。

(四) 學習資源不充足

過去，資訊流傳緩慢，教師是知識的主要來源，教學以教師為中心，採統編教科書，教師的教學和學生的學習，主要在教室內進行，最常用的是傳統的、齊一的、單向的、演講的教學法；因此，教師的配備往往僅需一本教科書、一支粉筆和一塊黑板，即可行走天下，此為早期的理念，在臺灣卻盤踞一段相當長的時間，即使是現在，也不一定有較明顯的進步。其次，因經費拮据，教學設備和學習資源的充實不易符應教學的需求，例如簡易的視聽設備（電視、投影機、螢幕、錄放影機等），數年前教育部補助臺灣省小學每間教室 10 萬元，惟僅補助一年屬曇花一現；教學電腦設備，逐

年購置，但遠追不上資訊發展和電腦淘汰的速度，甚至有學校仍在使用早期裝置的舊電腦。至於，因應中小學課程統整和教師專業自主的趨勢，教師研發和製作教材教具的設備、圖書館的「視訊中心」等等，也只有一些學校或新設校，會提供相關資源設施，餘則不多見。

三 教學空間的革新規畫

邁入 21 世紀，進入新的千禧年，新千禧年的學校（*湯志民，民 89k*）面臨教育改革和教學革新，教學與學習將突破傳統而有新的典範。未來，學校建築規畫「開放化」、「彈性化」、「多樣化」和「現代化」的發展趨勢（*湯志民，民 89a*），與教學空間革新的關係將密不可分。由前述教學空間的革新因素分析和教學空間問題的討論中，可知現代教學所強調「學習者中心」、「教學研究發展」、「提供學習資源」、「應用資訊科技」，正是學校教學空間規畫應努力的方向。教學空間的革新，應注意「學習的」、「彈性的」、「研究的」、「資源的」、「科技的」等特性，具體作法可以從規畫彈性的教室空間、建構融合的學習社區、設置充裕的研究空間和提供豐富的學習資源等四方面（*湯志民和廖文靜，民 89*），加以探討。

㈠ 規畫彈性的教室空間

彈性多用途的空間是 21 世紀學校的關鍵，彈性的、可調整的設計不但可以適應今日的教育，也可以延展我們的視野以眺望未來。學習空間的擴展是支援豐富多樣與互動教學的關鍵因素，基本上，教室必須足夠大，且家具（課桌椅、置物櫃）需易於移動，以

利教室功能運用的轉換及增進教室教學的變化（*American School & University, 1998 January*；*Mcdonough, 2000*）。一個良好的「教─學」環境應具備下列四點特性（*American School & University, 1998 January*）：

1.能因應每位學生的學習風格或型態。
2.能刺激學習活動，並引起學習動機。
3.支援複雜多樣的多媒體科技以促進教學活動的進行。
4.能因應每位教師的教學特長。

今天的學習環境，必須符應多元型態的演示（multi-modal presentations）和團體的學習，新的教室設計目的，在提供更親和的環境，以適於多樣的教學方法和較小的學生團體，此類教室納入科技，並讓教學者和學生及同儕之間有最大的接觸，而傳統的演講廳有數百個座位，被分散為30～80人的多元學習環境（multiple learning environment）；此外，遠距學習科技（distance-learning technology），能讓學校將演講送至別處的小教室中（*Kirby, 1999*）。因此，學校應規畫彈性的教室空間，具體作法如下：

1. 規畫開放空間（open space）

英國、美國（1960年代）、日本（1980年代）等先進國家相繼實施以學習者為中心的開放教育，其教室型態完全不同於傳統蛋盒型的設計。英國的開放學校，以每個班級的教室作為基地（base）而將走廊略微放大串連起來，作為多用途的工作空間（work space）；美國採大教室型的平面，以每學年數個班為一個簇群的配置，學年間有細長的中庭，而帶狀中間部分是圖書館、特殊教室及體育館，居中的圖書館有專屬的指導老師指導學生使用圖書與媒體，作為學習研究的後援部分；日本的開放學校，基本上是採每年級做一教學單元的配置，以緒川小學為例，每年級三班共用一個學習空間，而

兩個年級又共用一大型的多用途開放空間（約 10 間教室面積），每間教室可做一齊上課之用，但基本上是向學習中心開放的，教學是以學習者為中心的自由學習為主（*吳明修，民 84；湯志民，民 87a；樓琦庭，民 85*）。臺北縣（如集美、昌平、永吉國小）、臺北市（如健康、新生、永安國小）參採日本的開放空間教室設計，如臺北市健康國小是「開放空間」設計的代表學校，以同年級 3 班為一簇群，組成一教學單元，每班有其專屬教室供一齊上課外，並附與共同學習使用的 3 個內走廊空間（或稱為資源空間），在這個學習空間上可以設置「圖書角」、「電腦角」、「展示角」、「工作臺」、「遊戲角」、「談心角」等不同的學習角落，除提供學生主動學習探索的資源空間外，並成為教師教學上發展多樣化的教學空間。此外，也有學校（如臺北縣菁桐、德音、五寮國小）改變傳統教室空間布置學習區，以活化教室的教學功能。

2. 設置便利的教室（classroom for facilitation）

利用 28 英尺×32 英尺（8.54m×9.67m）的一般長方形教室作設計。教室內包括一個中央討論區，可容納 12 至 14 位學生和 1 位教師，四周環繞著 3 個可容納 4 位學生的工作站（workstation）和 1 個教師工作站，這些工作站和中央討論區之間，用半高的隔間牆或儲物櫃隔開。這種教室在裝滿時可容納約 24 個學生（標準班級人數），半數學生可參加與教師或助教的討論，其他半數學生則可在周圍的工作站獨立地或四人一組地進行各種學習。此類型的教室若用於語言或數學教學，則不再需要專用的語言或數學教室，而國文或社會科的教學也同樣適用。個別工作站可用來寫作、欣賞、取用資訊或實施測驗；中央討論區的團體討論則可以讓每個學生都有發表、聆聽與互動的機會（*American School & University, 1998 January*）。

3.設置彈性的團隊學習區（flexible team-learning area）

每4～12間教室一個簇群，設置一個彈性的團隊學習區作為中心。團隊學習區提供可因應各種學生組合的彈性、可用的學習空間，無論是個別工作、研究、個別指導、小團體學習活動或大團體聚集的非正式講座，使學生在教師指導下，作最切合個人特質的學習。彈性的團隊學習區可作為迷你科技中心（a mini-technology center）或次級資源中心（sub-resource center）（*American School & University, 1998 January*）。

4.規畫彈性的教室（flexible classrooms）

設置各種大小的教室，以因應不同的班級規模、不同的教學專長，以及變遷中的課程發展趨向與教學方法。如教學法上，有些教師擅長講演，適於擔任大班級講授型教學，需有大班級教學空間；有些教師對個別教學有興趣或具有專題研究的才能，適於擔任個別教學或指導小組研討，需有小型的研討教室。其次，學科專長上，各科教師應有專屬的學科教室，以協助教師作最有效的教學。第三，依學生學習能力（如英語、數學、理化）的差異應有彈性隔間的教室，以利分組或協同教學之進行。此外，彈性的教室亦有助於支援教育改革所強調之科際整合理念，將傳統的班級性（或學科性）組織，改變為跨領域（科際整合）的教學站（teaching stations），以因應小團體、普通班級或大團體等教學活動之需（*American School & University, 1998 January*）。

（二） 建構融合的學習社區

學校類似於城市，有自己的社會體系、傳統和文化，應提供創

新的計畫和豐富多樣的服務模式，並致力於創造關懷的氣氛和隸屬的感覺，將學生、教職員與學校緊密地結合在一起。學校組織結構應發展為更趨向於個人化的、更能反應學生需求的學習社區（learning community）。因此，學校應建構融合的學習社區，具體作法如下（*American School & University, 1998 January*）：

1. 建立學習學院、教室群聚或教室家族：將學校的組織改編為以教學模式界定的學習學院、教室群聚或教室家族（pods or families of classrooms），支援的設施包括彈性的教學站、集中的科技實驗室、企畫室、儲藏室和行政辦公室。每一個學院群聚必須有一個跨學科的教學團隊，以激勵在課程與研究上的彼此分享與協力，而教學團隊的形成，則有賴於彼此靠近的研究室和團體凝聚的活動。

2. 設置教學站：教室空間應至少有 1400～1500 平方英尺（約 130～140 m^2），教室中間設置可操作的牆，以備需要更大空間時使用。教學不再是教師站在臺前講課、學生成排靜坐聆聽的傳統的演講式教學，取而代之的是，學生從一個教學站（teaching station）到另一個教學站，以各式的組成型態工作，團隊的、成對的或獨立的。當學生致力於各種不同研究計畫時，教師和助教則在教室裡四處走動，扮演協助者或促進者的角色，提供一對一或小團體的指導。

㈢ 設置充裕的研究空間

教師專業能力的成長，須經由教師自發性的自我檢視，或同儕相互間的對話與討論，形成自我成長、進步的驅動力。學校欲激發教師專業成長的內生力量，成功扮演支持輔助教師專業成長的源頭活水，應鼓勵教師自學與研究，推廣各科教學實驗與觀摩，辦理校內進修與校際研習，落實發揮教師會與各科教學研究會功能，使教師專業成長日新又新。因此，學校應設置充裕的研究空間，具體作

法如下：

　　1.設置各科教學研究室（中學），如為特別教室型（usual & variation type, UV 型）學校，可將原導師室改為各科教學研究室，如教學研究室要集中設置，則以位置適中（普通教室的匯集點）、分科配置（同學科）並以人性化的辦公隔間為原則；如為學科教室型（variation type, V 型）學校，各科教學研究室宜鄰近各教師所屬的學科教室，讓同學科的教師一起，有利教學研究和經驗交流。

　　2.設置大型國際會議廳（容納 150～200 人），可辦理國際研討會、地區性或全校性的教師進修活動。

　　3.設置論壇室（forum rooms）（容納 50～150 人），論壇室是一般典型的講堂（the typical lecture hall），可作為講座與師生、學生之間互動性對話的學習空間，此空間構想源自古代的「羅馬廣場」（Roman forums），供群眾聚會並各自發抒想法與觀念，無論對於浸淫開放思維培養民主素養，或激盪彼此思想促進學術發展，均有莫大助益（American School & University, 1998 January）。

　　4.設置小型研討室（容納 20～30 人），供同學科教師、年級導師，探討教學、輔導事宜，或作為教師指導小團體學生研究之用。

　　5.教師會辦公室，至少 1 間教室大，供教師會辦公、教師集會或休憩交誼之用。

　　6.個人研究室（公用的），提供教師個人研究之用，也可鼓勵教師提出專案研究計畫，讓其專屬使用一段時間（如 1 年或 1 學期）。

　　7.設置教育實習室，有利實習教師、初任教師與教育實習指導老師或資深教師的互動。

㈣ 提供豐富的學習資源

　　隨著社會的進步，視聽媒體迅速發展及電腦網際網路普遍運

用，一本教科書、一支粉筆、一塊黑板的教學，不再能滿足學生多元學習的需要。兒童始終是探究者（explorers），與生俱有和周遭世界互動與學習的能力，他們玩電動遊戲、聽數位光碟機（digital compact disks）的音樂、使用電腦控制的錄放影機（the computerized controls of VCRs），這些經驗較之先前世代，已給孩子們一個與資訊互動的不同方式。每個學校要求學生坐上巴士到學校，離開家裡的電腦、電視、電話、錄放影機、衛星天線和電子遊戲，到了學校卻只有講話（talk）、粉筆（chalk）和書本（books），我們必須採取利於學生的科技興趣，學習學生平日所玩的科技作為教育資源（educational resources）（*Day & Spoor, 1998*）。為增進學生學習效能，學校必須提供更多的學習素材，讓學生嘗試運用更多樣的學習媒體，以營造更多姿多采的學習情境，促使學生主動學習。隨著課程統整自主的趨勢，教師自行選擇教材並發展課程，需要更多教材研發、教具設備等的支援力量。因此，學校應提供充裕的教學資源，具體作法如下：

1. 規畫自足式教室（self-contained classroom）：教室內設置電腦、網路、視聽媒體、教材教具、情境布置等（如美國的中小學教室），以提供學生各項學習資源。

2. 圖書館網路化，有豐富的館藏，並與各大圖書館有便利的館際資源分享系統，館內設置教學資料參考室，提供輔助教學之錄音帶、錄影帶、CD、VCD 等視聽媒體。

3. 設置電腦工作站（或網路接點），依實需配置於各教學空間（如教室、教學研究室、研討室、圖書館、個人研究室、教師會辦公室或教育實習室等等），以利師生隨時（或攜帶手提電腦）就近使用。

4. 設置迷你資源中心（mini-resource center），與電子世界的知識（the electronic world of knowledge）連線，今天圖書資源中

心（library/resource center）的書架、書庫圖書將會退化，其位置將代之以大型的多媒體研討室（multimedia seminar room），專供資訊研討和理念分享之用；同時，需有供學生團體互動問題解決和動手操作的空間、私密的個人閱讀座位、開放的視訊空間（open studio space），讓學生漫遊及與促進者互動（*American School & University, 2000 January*）。

　　5.設置視訊中心：設置小團體和個人視聽研究座位（如國立三重高中、新店高中）；規畫攝影棚、錄音室，有助師生以肢體語言、聲音表現進行教學活動，或共同發展視聽教材，如臺中市國立文華高中圖書館內設有攝影棚、剪輯室，學校自行拍攝的教學錄影帶，是全校師生共同課程的最愛，而學生豐富的肢體語言和默契十足的表現，更是展現創意、團隊合作的學習成果。

第三節

開放空間的運用

　　開放空間（open space）的概念，主要源自盛行於 1960 年代的開放教育（open education）理念，開放教育係以人文主義與自然主義為其哲學依歸，其旨趣在提供孩子一個始於快樂而終於智慧的學習，目的在培養一個自我成長的人，課程在使孩子具有民主與自治的素養，環境在提供孩子一個自由而適性的發展空間（*盧美貴等，民84*），讓孩子絕大部分時間都能自己學習或相互學習，並將自己的價值和哲學置於各種環境中不斷加以檢討和重建，以協助孩子發展和組織既有的學習經驗，導向進一步的學習（*黃政傑，民85*）。當時依開放空間計畫（open space plan）所規畫設計的開放

教育教室（open education classrooms）、開放教室（open class-rooms）、開放空間學校（open spaces schools）、開放計畫學校（open plan schools）或開放學校（open school）（*岩內亮一、荻原元昭、深谷昌志和本吉修二，1992；Shafritz, Koeppe, & Soper, 1988*），在英、美等國的幼稚園和中小學蔚為風潮，盛極一時。開放計畫學校提供使用者修改內部配置的可能性，Testa（*1975*）喜歡以「時間上的彈性」（flexibility in time）稱之，因開放計畫建築，允許使用者根據其任何時間的教學需求來操作空間，並強調其易於變動的移動性，亦即師生皆可依需要移動螢幕和隔板等。在開放計畫學校中，個別的、封閉的教室由單一位教師負責所有的課程已被摒棄，其開放計畫場地安排較大的工作空間（working spaces），讓兒童分組（grouping children）、空間運用（use of space）和教師編配（deployment of staff）的機會有更多的彈性，而開放計畫學校所呈現的開放性（the openness）和較多的彈性機會（the more flexible opportunities），也被視為代表小學教育的新風格（a new style of primary education）（*Blake & Hanley, 1995*）。

　　1967～1970年間，美國2,500所新設學校中有50%採開放式設計（open type design），此一時期有一些州幾乎所有學校都是建造為開放空間，它是將傳統的「蛋盒式」設計（"egg-crate" design）加以修正，內牆比較少，空間運用較不固定（*George, 1975; Ziegler & Andrews, 1987*）。雖然，早期的開放設計學校（open design schools）是以經費和效率為基礎，而不是建基於教育改革模式的哲學承諾（a philosophic commitment to a changed model of education）上，但對於將傳統學校建築的成排標準化教室在建造時採不設固定的隔牆以創造人性化的教育歷程，卻具有催化作用（a catalyst）（*Wolfe, 1986*）。開放式的學校設計，在日本、加拿大、荷蘭、德國、澳洲、西歐也跟著推展，學校建築規畫的「開放化」蔚為重

要的發展趨勢（*湯志民，民 81*）。

　　就日本而言，最早的一所開放學校是北海道札幌市丘珠小學，同時期，一樣在 1972 年所開辦的私立加藤學園小學，位於伊豆半島沼津市，日本具體的開放學校改革運動，皆由加藤學園及部分地方公立小學為核心；1978 年愛知縣緒川小學，1979 年同縣卯里小學、1980 年岐阜縣池田小學，在加藤幸次（日本上智大學教授）的指導下相繼建校，才有了具體計畫的開放學校之完成與實現（*吳明修，民 84*）。1984 年文部省對於國民中小學特別設置了「多目的空間」的政府國庫補助，目的在提供多用途的開放空間（*日本建築學會，1989*），1986 年約 2,000 所學校採此多用途的開放空間（*加藤幸次，1989/1996*），日本全國約 5,000 所學校改建成開放學校（*吳明修，民 84*）。

　　二千年前，孔子席地而教，Plato 和 Aristotle 與學生交換和討論觀念時，是在任何方便的開放空地上，也可能在神殿或一座牆的陰影下；當時，教師所在即「學校」所在（wherever the teacher was, there was the "school"）（*Castaldi, 1994*），實已呈現今日開放空間的概念，而黃世孟（*民 85*）「空間無間」的理念，並認為「學校建築」是教育改革中之最大「教具」（*黃世孟，民 84*），亦為學校開放空間的設計釋出更自由之註腳。因此，立於 21 世紀之起點，開放空間的概念不僅限於教室的彈性空間設計，更應在整體建築設施和校園環境上，反映出更開放、自由、人性、多樣、進步、革新的風格，使學校內的所有空間都能成為學生可以自由出入與活動的快樂學習場所（*湯志民，民 85*）。許多新型的開放空間學校因應而生，開放空間的規畫，在臺灣的新校園也蔚為風氣，其教學運用自然備受重視。以下擬先分析開放空間的類型特徵，再就開放空間的教學運用，加以探討。

一| 開放空間的類型特徵 |

學校的開放空間，可探討的範圍，以室內外區分，主要包括開放空間教室和室外校園環境，以下就開放空間的類型和特徵分別加以探析。

㈠ 開放空間的類型

就教室設計而言，開放空間有三種規畫方向：其一是，設計可容納 30 人、50 人或 100 人等不同大小空間的教室；另一是，由二、三間以上教室組合而成的大教室，沒有實體內牆，而採用可移動的分隔牆或櫥櫃作彈性區隔；第三是，在一間較大的教室或學生人數較少的教室中，規畫許多不同學習領域的角落空間。這些教室空間規畫的特色，前二種是「群集式」的教室，由教師依教學活動型態調整教室空間，後一種是「獨立式」的教室，由學生依個別學習需求選擇角落空間；惟在教學活動上，三者的班級或年級型態較無嚴格區分，皆「以學生為中心」，採「開放式的教育」，具有「個別化」和「精熟學習」的精神，則為其共同特色（*湯志民，民 82*）。英國、美國、日本等先進國家，推動開放教育不遺餘力，其開放學校的教室空間設計亦各有擅長與特色。

英國的開放教室，以每個班級教室作為基地（base），將走廊略為放大串連起來作為工作空間（*吳明修，民 84*），其空間特色：⑴教學空間主要分為班級、一般學習、操作練習和活動等四類；⑵班級空間較小，以一般學習和操作練習為主體空間；⑶活動空間多以班級或班群為單位設置，並包括半戶外平臺及戶外中庭等形式；

(4)專科教室是以多功能大廳與工藝教室為主,而單獨設置圖書室、音樂教室、表演場、語言教室的案例較少;(5)餐廳均為開放式,且為多目的使用(樓琦庭,民85)。

美國的開放教室,初期採用的開放計畫(open plan),係1971年興建在西雅圖的一所高中,中間是一個 80m × 80m 的巨大開放空間,作為各種學習活動的場所,沒有任何隔間,按學習所需以家具作為隔屏,並將有固定設備的各實驗室、特別教室等設置在此巨大空間的四周,學生人數為 1,600 人。近年來,這種開放計畫的學校已不再興建,而改採大教室型,1988年德州大學站(College Station)的一所小學,每學年 7 班為一簇群,學年間有細長的中庭,而帶狀中間部分是圖書館、特殊教室及體育館,平面動線簡明,有充分採光,每個教室約為 $80\,m^2$,每班 22 人(每人約 $3.6\,m^2$),相當寬敞,大型教室就是一個開放教室,就是一個學習中心(learning center),配合學習和生活所需設置適當的家具(吳明修,民84)。美國開放學校的空間特色:(1)校舍以媒體中心為核心空間,其中包括圖書資料、視聽與電腦設備、討論空間等,並有老師常駐其間;(2)演變至今,各班級仍擁有其專屬的普通教室;(3)專科教室以美術、音樂為主,少數規模較大之學校則會單獨設置表演場、理科和語言教室等空間;(4)活動空間以室內體育館為主(樓琦庭,民85)。

日本的開放教室,加藤幸次(1989/1996)將之分為三大類型:一是工作空間型(work space),係將室外部的走廊擴展成學習活動空間,可能是日本獨特的型態,占日本開放空間學校總數的一半;二是學習中心型(learning center),約四間教室大的面積中,全無隔間,為典型的美國式開放學校,是真正邁往開放教育的學校建築,目前校數不多;三是特別教室型,係在特別教室周圍增設了學習空間或學習中心。以緒川小學為例,每年級三班共用一個學習空間,而兩個年級又共用一大型的多用途開放空間(約 10 間教室

面積）（*吳明修，民84*）。日本開放學校的空間特色：(1)各班級擁有其專屬的普通教室；(2)以 3～4 班為單位，共有一學習中心；(3)8～9 班擁有一大型的開放式學習區；(4)專科教室以圖書室、音樂教室、美工教室、理科教室為主；(5)室內活動空間以體育館與游泳池為主（*樓琦庭，民85*）。

臺灣的開放教室，正在發展中，原先一般的傳統教室，只有一個主教學空間（$9m \times 7.5m = 67.5\,m^2$），加上純為交通用途的單面走廊。近十幾年，教室的開放空間在情境布置和空間結構上有不同的改變，有些傳統教室在主教學空間四周配置學習區（如臺北市雙蓮國小，臺北縣德音、菁桐國小）；有些學校的教室，將主教學空間加大，內含班級圖書空間，並另加教師準備室（如彰化市員林國小，教學空間為 $85.8\,m^2$，另有準備室 $13.5\,m^2$）；有些新型的教室，除主教學空間（$9m \times 7.5m$ 或 $8.3m \times 8.3m$）之外，還有第二空間——如後走廊或後陽臺（如臺北市博愛、文湖、萬福、興華國小）及第三空間——如導師室、圖書室或師生研究室（如臺北市大湖國小，基隆市長樂國小，宜蘭南屏、大溪、冬山、五結國小，新竹縣自強國中，臺中縣中科國小，南投縣水尾和南光國小，臺南縣大橋國中、紅瓦厝國小，臺東縣東海和蘭嶼國小），或以小閣樓形式出現（如南投縣潭南國小，臺東縣朗島國小）。最近，臺北縣、市新建的開放空間學校，參採日本的發展，其開放空間教室的設計，以 3 或 4 個班級為一組群，除原教室的主教學空間之外，還有布置多功能學習區的開放空間及教師區（如臺北市新生、永安、健康國小，臺北縣集美、昌平、永吉國小，基隆市深美國小，宜蘭縣蘇澳和育才國小，臺南市億載國小）。此外，新近發展或籌建中的學校，有以 2 間教室為一班群，外加工作空間（如臺北市濱江和麗湖國小，宜蘭縣南安國小，新竹市陽光國小，南投縣育英國小）；最難得的是，臺北市麗山高中採開放空間的學科教室型設計。臺灣

開放學校空間特色與日本接近,包括:⑴各班級擁有其專屬的普通教室;⑵以 2～4 班為單位,共有一學習中心;⑶教室通常以活動隔板彈性區隔空間;⑷有的學校提供學年共用的大型的多用途活動空間;⑸專科教室以圖書室、音樂、美勞、自然和電腦教室為主;⑹室內活動空間以活動中心與游泳池為主;⑺餐廳通常以用餐為主。

根據筆者(民 87a)的研究和實地觀察,以及上述英、美、日(吳明修,民 84;樓琦庭,民 85)和臺灣學校開放空間設計之特色分析,可整理比較如表 20,以明梗概。

就室外校園環境而言,教室外的寬闊大廳、川堂、走廊和屋頂空間,庭園的花草樹木和園景設施,甚至校外社區資源和環境,皆為教室的延伸,也是實施開放教育的另一片天地。

在大廳、川堂、走廊的情境教育運用和布置,英、美、日等國甚為擅長,屋頂空間的設計和運用,則以日本為最,如東京都昌平、赤阪小學的屋上校庭(鄧運林主編,民 85、86),橫濱市立本町小學校三樓屋頂上的游泳池(建築思潮研究所,1987)、東京都新宿區立落合中學校二樓屋頂上的游泳池(富永讓,1994);至於國內,則因開放教育開放空間的推展,在大廳、川堂、走廊的情境布置有相當大的進步(如臺北市新興國中,臺北縣烏來中小學、德音、莒光、菁桐和五寮國小等),屋頂空間的運用有作為連絡走廊(如臺北市博愛國小)、屋頂花園(如臺北市南湖國小、建成國中、臺北縣南山中學、臺中縣明道中學)、溫室(如臺北市麗山高中)或空中菜園(如臺北市日新國小)。

在庭園的花草樹木、園景設施屋頂的設計和運用上,英、美等國的庭園空間以平坦的草坪為主體,開闊、簡明,功能則以綠化美化的「景觀」和「休憩」為主,也是學生下課時間的「社交」空間;日本和國內的庭園空間,日趨複雜,在「景觀」、「休憩」的

表 20 英、美、日及臺灣學校開放空間之設計

國別	普通教室空間	專科教室和室內活動空間
英國	• 教學空間主要分為班級、一般學習、操作練習和活動等四類。 • 班級空間較小,以一般學習和操作練習為主體空間。 • 活動空間多以班級或班群為單位設置,並包括半戶外平臺及戶外中庭等形式。	• 專科教室以多功能大廳與工藝教室為主,較少單獨設置圖書室、音樂教室、表演場、語言教室。 • 餐廳均為開放式,且為多目的使用。
美國	• 各班級仍擁有其專屬的普通教室。 • 校舍以媒體中心為核心空間,其中包括圖書資料、視聽與電腦設備、討論空間等,並有老師常駐其間。 • 教室通常以置物櫃區隔空間。	• 專科教室以美術、音樂為主,少數規模較大之學校會單獨設置表演場、理科和語言教室等空間。 • 活動空間以室內體育館為主。 • 餐廳或為開放式,可為多目的使用。
日本	• 各班級擁有其專屬的普通教室。 • 以 3～4 班為單位,共有一學習中心。 • 8～9 班另有一大型的開放式學習區。 • 教室通常以活動隔板彈性區隔空間。	• 專科教室以圖書室、音樂、美工和理科教室為主。 • 室內活動空間以體育館與游泳池為主。 • 餐廳通常以用餐為主。
臺灣	• 各班級擁有其專屬的普通教室。 • 以 2～4 班為單位,共有一學習中心。 • 教室通常以活動隔板彈性區隔空間。 • 有的學校提供學年共用的大型的多用途活動空間。	• 專科教室以圖書室、音樂、美勞、自然和電腦教室為主。 • 室內活動空間以活動中心與游泳池為主。 • 餐廳通常以用餐為主。

生活空間規畫外,同時增強情境教育和學習步道的「境教」功能(如新竹市舊社國小);最近,則因綠色學校(green school)、永續校園(sustainable school)和綠建築(green building)之推展(湯志民,民 93a),各國中小學的生態池、雨水回收、落葉堆肥等

日益增加（如臺北縣深坑和平溪國小，屏東縣彭厝和後庄國小），並將庭園設施納入開放教育的一環，使之成為重要的教學空間。至於校外社區資源和環境的運用，英、美、日等國頗具績效，國內則在近些年本土教育和鄉土教學的推展下，將學校社區的文化古蹟、風景名勝、文教機構、人文地理和自然環境等，納入學校的開放教育環境，使教育能走出教室，走出校園，開拓更廣闊的視界。

㈡ 開放空間的特徵

傳統教學以教師為中心，採以大班齊一教學，上下課時間統一，傳統教室的空間設計，其特徵包括：單班設置、單一（主）教學空間、走廊作為通道空間、室內無法彈性隔間、有牆壁或固定牆壁、固定家具、固定講桌、桌椅和學生一樣多、排排坐的方形課桌椅、不用地板（毯）、少有視聽電化器材和教學資源及布置貧乏等等。

開放教育以學生為中心，在大班齊一教學之外，增加分組研討、個別化教學以及協同教學，上下課時間較自由或無鐘聲，較之於傳統教室，開放空間教室的設計，其特徵包括：3～4 班為一組群、多樣教學空間（教室及學習區或角落）、走廊作為工作空間、室內可以彈性隔間、沒有牆壁或活動分隔牆、活動家具、活動電化講桌、桌椅比學生少、小組研討的梯形課桌椅、善用地板（毯）、常用視聽電化器材（投影機、幻燈機、電視機、錄放影機、收錄音機）和教學資源及布置豐富等等。開放教室空間與傳統教室空間之比較，如表 21 所示。

開放空間教室有可供多個班級一起活動的大型自由活動場所，以可移動的分隔牆或屏風作彈性隔間，並以豐富多樣的教材布置成能引導學生自主學習的環境，其以學生為中心的教學運用，改變大

班教學的方式，增加小組教學、個別化教學以及協同教學等實施之可能，是整個開放空間設計最引人之處。

此外，傳統教學環境，以「景觀」功能為主的學校庭園空間，具強烈的「封閉性」，草坪外圍樹籬，水池邊立欄杆，園路不通暢，不准爬樹或踩草皮的禁制規定林立，師生行走校園處處碰壁，舉步維艱。開放教育環境，室外庭園不僅是師生、同儕互動的生活空間，更要讓整個校園環境成為一個開放的學習天地——草可踏（要愛護它）、樹可爬（人不上多）、水可親（絕不狎戲）、路可達（使其便捷），使學生能徜徉於綠草藍天之間引人無限遐思，在樹幹高懸之間編織美麗的童年，在群魚悠游之間領略生命的奧秘，在庭園徒步之間欣賞自然的喜悅（湯志民，民 83）。

表 21 開放教室空間與傳統教室空間之比較

傳統教室空間	開放教室空間
單班設置	3～4 班為一組群
單一（主）教學空間	多樣教學空間（教室及學習區或角落）
走廊作為通道空間	走廊作為工作空間
室內無法彈性隔間	室內可以彈性隔間
有牆壁或固定牆壁	沒有牆壁或活動分隔牆
固定家具	活動家具
固定講桌	活動電化講桌
桌椅和學生一樣多	桌椅比學生少
排排坐的方形課桌椅	小組研討的梯形課桌椅
不用地板（毯）	善用地板（毯）
少有視聽電化器材	常用視聽電化器材
教學資源及布置貧乏	教學資源及布置豐富

資料來源：開放空間及其教學運用，湯志民，民 87a，第 57 頁。

二｜開放空間的教學運用

　　開放空間的建築，在促使學生成為自我時間的規畫者（the planners of their own time）和自主決定者（the ones to decide），使其成為真正的自己（*Lamm, 1986*）。黃政傑（*民85*）即認為開放空間是開放教育的重要措施，開放空間的安排旨在達成下列教育目的：

　　　　1. 鼓勵學生主動學習而不是被動學習；
　　　　2. 透過各種媒體學習和表達，而不是只用紙筆和語言；
　　　　3. 進行自導和自發的學習，而不是教師導引的學習；
　　　　4. 學習產生自發照顧學習材料、書籍和設備的責任感（*第58頁*）。

鄧運林（*民86*）對空間開放的理念，亦有令人深省的見解：

> 空間開放的理念，是希望學習的空間不只侷限於教室裡
> 面；配合學習的需要，學校的圖書室、專科教室、走廊、
> 水生植物園池等都是孩子學習的樂園；配合課程的安排，
> 教師經常帶著孩子走出教室，擁抱大自然，社區、家鄉、
> 公園無一不是學習的好場所。（*第36-37頁*）

　　因此，教學不以班級為單位、不以教室為空間、不以鐘聲為時間、不以學科為單元、不以課本為教材、不以演講為方法來設限的開放思考，才能走出班級、走出教室、走出校園，奔向更廣闊的視野，使開放空間的運用更淋漓盡致。教師面對開放空間，如何在教學上善用，以增進學生積極主動的學習效果，主要可從變化學習空

間、改變教學方法、調整學習時間、善用教學媒體、運用情境教育、活用學習步道等六方面著手（*湯志民，民87a*），茲分述如下：

(一) 變化學習空間

變化學習空間是提供課程融合和教學法改變的基礎，多樣化的學習空間，讓學生有更多自由選擇與自主學習的機會。就教室的開放空間而言，彈性隔間利用可移動的分隔牆、屏風或矮櫃，並購置實用、質堅、輕便、易移、可組合的課桌椅和塑膠地毯（磚），以利幼稚園和小學低年級教室設置不同的學習角落，而小學中、高年級和國中教室則可機動性的配置大團體活動、小組研討和個別學習空間，各因應其不同教學活動之需求。就庭院的開放空間而言，彈性運用設施的多用途功能，可使室外開放空間成為室內學習空間的延伸或輔助。學習空間的變化，具體作法例舉如下：

1. 新設計的開放空間學校（如臺北市新生、永安、健康國小，臺北縣集美、昌平、永吉國小），3～4班的組群式開放教室設計，移動相鄰教室和共用學習區間之分隔牆、屏風或矮櫃，即可形成大團體的教學或活動空間。

2. 桌椅，是最具彈性的家具，透過梯形桌子（trapezoidal tables）的多變聚合（*Spodek, Saracho, & Davis, 1991*），椅子、彩色塑膠地毯（磚）和活動書架或矮櫃的排列，可依教學需求設計出多樣化的學習區。須注意的是，兒童不一定需要坐在椅子上，因此並不需要給每一位兒童一張桌椅，且每一位兒童需有屬於其物品的放置空間（*Brewer, 2001*），以利收藏其衣物、學習工具和物品。

3. 學習區，依學生學習需求設計，如日本橫濱本町小學，其四年級學年單元教室設計，學習空間設置「VTR學習角落」、「OHP學習角落」、「教師訂正角落」和「教師角落」（*吳明修，民84*）；

臺北縣集美國小（民86）三或四班為一單元，班群教室間的多功能開放空間，設置「討論區」、「自我學習區」、「美勞區」、「電腦區」、「視聽區」、「教師區」、「圖書區」和「塗鴉板」；臺北縣昌平國小三班為一單元，班群教室間的自我學習區，配合教學單元或年段別設置各種學習角：「資訊角」、「表演角」、「遊戲角」、「個別學習角」、「主題角」、「圖書角」、「布告角」、「展示角」、「塗鴉區」、「師生訪談坊」、「教師區」、「教材教具區」、「習作區」和「置物櫃區」（蔡文杰，民86）。

4.傳統教室，也可透過類似的情境布置改變教室空間結構，如臺北市雙蓮國小、士林國小、國語實小，臺北縣德音、菁桐國小、莒光國小、烏來中小學等，在主教學空間四周配置學習區：「電腦區」、「圖書區」、「視聽區」、「遊戲區」、「展示區」和「儲物櫃區」等等。

5.大型的「空白」空間、連接走廊或川堂，如臺北市建成國中一樓和天母國中校舍底層的挑空通廊（10 間或以上教室大）南湖國小校舍寬闊的入口大廳（8 間教室大，挑高二層，計 16 間教室大）和三樓的超寬走廊（寬 7.5m～10m）以及鄰接運動場的全挑空開放空間（7 間教室大），上課時可兼作風雨操場，以應天雨不時之需，也可兼作集合場，以作為年級教學活動之用；下課時是開闊的休憩空間，也是放學回家整隊的最佳空間，更是學校假日的室外教學活動或園遊會遇雨的備用空間。

6.戶外劇場，如國立羅東高中的「德風廣場」，具教學、表演、集會、運動會點錄、團體攝影等功能，也是學校配合「德風坊」舉行進學禮和成學禮儀式的場地；臺北縣莒光國小的「言論廣場」，平日是學生的休憩和活動空間，小舞臺背後襯著校園內唯一的鳳凰木是畢業生留影的必然去處，配合週六的社團活動，更為熱鬧，家長陪著孩子，在此發抒己見，自由論談，暢所欲言；屏東縣

墾丁國小前庭的「林間教室」，辦理畢業典禮，別具風格，平日是學生最佳的休憩空間，也可作戶外音樂教室或講堂。

(二) 改變教學方法

傳統教室僵化的單一主教學空間，加上排排坐的課桌椅，固定的上下課時間，適宜以教師為中心的「演講式」「齊一教學」；開放空間教室所提供的多樣化學習情境，教學方法可多樣變化，讓學生成為學習的主人和中心，增強學習的自主性。加藤幸次（*1989/1996*）即強調開放空間有利於打破「班級王國」、「齊一教學」，教師應以肯定個性化成長的開放思考結構，善用個別化教學、協同教學、「套裝學習課程」或「自學輔導教材」——包括「學習指引」、「學習卡片」、「解答卡片」和「提示卡片」等，配合學生「學習的規律性」，以培養學生的自主性、創造性和自我學習能力。日本開放教育的典範——緒川小學，學習方法有「個人學習」和「團體學習」，個人學習包括：(1)個別化指導的「自勵學習」，係依「自勵學習活動手冊」進行學習參加檢定而逐步進階，是「個別的」，依「能力」自行學習；(2)個性化學習的「開放時間」，以離開大廳、普通教室和所有特別教室的限制為目標，自選主題，學習內容和方法開放自由，是「個性化」的，重視學生的「興趣」；團體學習包括：(1)算數、體育、音樂的精熟學習，依學生能力分成三、四組，實施協同教學；(2)綜合學習和表現學習，則依學生的專長和興趣參加的活動，如「學校探險」、「籌辦豐年祭」、「迎新典禮（合唱）」等等（*鄧運林主編，民86；成田幸夫，1997*）。教學方法的改變，具體作法例舉如下：

　　1. 協同教學，以2～4班為一組群，大班教學在介紹單元內容、引起動機、說明教材、設計學習活動、評鑑學習結果、看電視和影

片以及聽專題演講時，由一位老師指導或搭配其他老師協助，可運用2或3間教室合併的大教室、教室和學習區合併的大活動區或多目的大廳。

2.分組教學，配合協同教學，有四種協同模式：(1)依學生能力分組，如數學、英語、理化等學生程度易有高下之課程，可依學生能力的高、中、低，分為2～4組（班），每一位老師帶一組（班），讓教材、教法和進度能符應學生的需求，活動地點可運用班級教室；(2)依教師專長分組，同樣的國文課，有的老師擅長作文、有的老師擅長演辯、有的老師擅長詩詞，學生可就其所好分組選修，教室可設計成教學站或運用其他教室空間；(3)依空間運用協同，當班級教學需用班群教室的共用空間時，他班的課程可配合運用室外或其他空間（排自然實驗或體育）；(4)依時間運用協同，如以課程思考，「社會」或歷史、地理和童軍課連排，也可與「自然與科技」合併而有足夠的時間一起到戶外鄉土實查；如以教師思考，配合教師的出國、研修、課程或教學計畫之需，可分單雙月（或週）或將課程集中在前二個月或後二個月，以利彈性設計課程，變化教學。

3.小組研討，教師依教學課程之需，如「自然」的科學研究、「社會」的鄉土探尋或「國語」的辯論籌畫等，學生分為若干小組相互溝通交換意見，可運用班級教室的主教學區及各學習區，將梯形桌子併合，形成各式研討空間。

4.至於，資（績）優生及一般學生的自主性個別學習或研究，可運用設計教學法（project method of teaching）或自學輔導法（supervised study）原理，讓學生自由研讀、研究問題、解答問題，或者獨自觀察、實驗、操弄、製作，或者撰寫報告、創作文章，或者自行測驗、看電視錄影帶或聽錄音帶，活動地點可利用學習空間的圖書區、電腦區、視聽區、教師室，或利用學校的圖書館、實驗室。

5.此外，學習緩慢和學習成就低需個別輔導的學生，採用個別化教學，或運用電腦輔助教學（computer-assisted instruction, CAI），由教師或小老師實施個別指導，活動地點可運用學習區或教師室。

(三) 調整學習時間

「時間」是「人」與「環境（空間）」互動產生「行為」的關鍵因素，缺乏時間，行為將因境遇觸點之不足而匱乏；時間充裕，行為則因境遇融合之完整而彰顯。就開放教育而言，學習空間的開放與學習時間的開放是必然的配套，為促使「人—境」與「人—人」的互動，並配合學生的學習韻律（學習興趣的起伏性，學習內容的完整性，學習進度的快或慢），應彈性調整學習時間和休憩時間，以延續學習的興致和提升學習的效率。學習時間的調整，具體作法例舉如下：

1.學習時間上，可打破傳統課程固定上課時數（一堂課 40 或 50 分鐘），聽鐘聲行事的束縛，依課程的設計和學習的節奏，重行分配現有課程時間，使課程、教學、教法的運用更為靈活。例如，日本緒川小學課程的學習可分為「教科」（包括國語、理科和算數學科、自勵和一週活動計畫）、「綜合」、「表現」、「創造」（包括學年和學級集會、開放時間等）四種，學習時間分為三大節，每節 85 分鐘，上午二大節課間休息時間 30 分鐘，中午休息 75 分鐘，下午上一大節後放學（*成田幸夫，1997*），此一開放教育課程設計，學生可依學習的韻律彈性運用學習時間是其優點。其次，小學的語文、數學、社會、自然、藝術與人文等科目課程（subject curriculum），可設計為核心課程（core curriculum），如「我們的學校」——「語文」作文寫我愛校園、「數學」計算教室的長寬和面積、「社會」了解學校的社區文化和校史、「自然」認

識校園內的動植物、「藝術與人文」可彩繪校園和學校歌；或設計為活動課程（activity curriculum），如辦理「聖誕聯歡」、「運動會」、「畢業典禮」等等，原各科的教學時間可予統整，並依教材的難易度、所需學習時間和學生的興趣，調整課程時間，甚至讓課程時間完全自由化，一如沒有鐘聲的學校，學習是依學生的興趣無限的開展。

2.休憩時間上，歐美國家中小學實施上午的課程，下午二、三時放學，校內休憩時間需求不若國內急迫，國內國中小每日上課時數高達 7～8 小時，下課 10 分鐘短絀不敷運用，不妨思考將午休時間調減 10 分鐘，移至每一節下課時間增為 15～20 分鐘（如政大附中），休憩時間延長，一方面可使學生的學習與休憩獲致均衡，也可使學生的學習韻律在上下課之間獲致緩衝調節；另一方面學生的身心發展、人格培養，以及互助合群的社會道德，可藉由校園建築設施的充分運用，增加同儕或師生的社會互動，而有自然蘊育成長之機會。

四 善用教學媒體

教育歷程不會發生於「真空」（vacuum）之中，學習的方法建基於探尋與發現之上，必須支持以一致的環境探索價值（a corresponding environment worthy of exploration），並豐富其刺激（stimuli）和機會（opportunities）（*Sebba, 1986*），學校建築應提供更多樣化的空間機能（*樓琦庭，民85*）。正如加藤幸次（*1995*）所強調的，傳統的教室中，學習效果主要依賴教科書、教學資料、教具等，主要的教學方法是教師指示和發問，但缺少培養學生自動學習的能力；開放空間是增進學習的「直接的學習環境」，在此環境中，兒童能擬訂學習課題，自己解決，各種教材、教科書、教

具、資料、媒體均有準備，也備有各項視聽器材、電腦、遊戲用具也都能自由操作，兒童能利用這些「學習素材」去自行學習。教學媒體的善用，具體作法例舉如下：

1.各種辭典、參考書、圖表、模型等參考資料，工作檯、白（黑）板、個人研究和小團體研討桌椅和視聽器材，應置於共用工作空間，採開架式管理，不上鎖，讓學生自由取用，以利隨時充實學習內涵，補充學習資料及增加學習的自主性。

2.電腦、電視、投影機、錄放影機、收錄音機、電（手）動螢幕和活動電化講桌等視聽器材，教師應指導學生了解機件功能、使用時機、操作方式、維護和收存，以增加學習效率。

3.電腦的運用，如網際網路（Internet）和無線上網的作業系統，可開拓學生天涯若比鄰的學習視野；學生作業可e-mail到教室的電腦，並投到螢幕上共同訂正；或設計電子家庭連絡簿、電子書包（如臺北市三玉國小），便利親師溝通；還有可運用PowerPoint、電腦輔助繪圖和輔助設計的功能，以增進教學的效能。

4.電視的運用，可兼具教學性和生活性，上課時間可配合自然課播映科學實驗或海底世界影片，配合道德與健康播放煙害防制影片，或配合音樂課唱卡拉OK，以益增教學效果；下課時間，可以看有關的教學影片、具有教育性的娛樂影集或卡通片、繼續看上課未看完的影片，或於午休期間讓學生看新聞，以了解時事，適時進行機會教育。

5.投影機或教學提示機的運用，可配合教學課程或學生學習單之需，將預先製作好的投影片，整套配置，以備隨時應用；也可將投影機配於活動架或活動電化講桌上，電（手）動螢幕也可配合電腦教學提示機和投影機之運用，將教師的書法運筆投到螢幕，讓同學臨摹學習（如臺北市永安國小）。

6.收錄音機的運用，可作為國語課注音符號發音的學習工具，

方便兒童牙牙學語，音樂課播放音樂讓孩童唱歌跳舞，也可播放故事讓孩子有神話般的想像世界。

(五) 運用情境教育

「境教」是教育者安排良好的學習情境，企圖讓受教者置身其中，以收潛移默化之效的一種教育方式（何福田，民80，第111頁）。學校建築具有教育性和象徵性（蔡保田，民66），其教育意象的表達或詮釋，可使境教的潛隱性影響更為深遠。情境教育的運用，具體作法例舉如下：

1.臺北縣屈尺國小校門，原為四支咖啡色水泥樹幹，校長經徵詢致贈校友同意後，改飾彩色長頸鹿，並以「屈一尺，伸一丈」隱喻勉勵小朋友，同時讓校名永銘心中。

2.臺北縣德音國小龍貓超市的開架式合作社設計及誠實角，無人看管，由小朋友自取所需，自行核算，自付款項，旁邊的失物招領櫃子也是全開架式的，學生將所拾失物置於櫃內，遺失物者認為是自己的則自行領回，以培養學生自律守法的習慣。

3.臺北縣烏來中小學，校門前駁坎上的泰雅族生活壁飾圖，原住民資料館蒐集原住民生活的珍貴器物和資料，對該校的泰雅族學生深具本土教育意味。

4.臺北市螢橋國中，籃球場邊開架式置球架（設在司令臺背後），讓學校和社區的人到籃球場可隨時打球，自由自在，不受拘束。

5.臺北市私立薇閣中小學電話筒上裝置電話卡，以備不時之需，學生帶電話卡（或錢）時皆不取用學校備用的電話卡，即為開放教育之成功。

6.臺北市桃源國小將獎杯陳列於樓梯間，同時配合學生作品展

示，讓學生於交通之餘，皆能了解學校同學的表現，以收見賢思齊之效，激勵勤奮向學之心，堅定捨我其誰之意。

7.宜蘭縣大溪、梗枋、竹安、過嶺、東興、龍潭……等國小，無圍牆的設計，清楚地顯示學校與社區融合的意念，學校既是社區的中心，也是社區的後花園。

8.另外，校園空間規畫有其值得關切的性別生態問題（*Saegert, 1997*），為紓解學校校園空間設計重男輕女的性別問題（*畢恆達，民85*），應考慮增設女生廁所、更衣室和小肌肉運動設施，以建立兩性平權的校園空間。

9.此外，學校廁所為師生每日必到之處，如能善加利用，亦能發揮「境教」的教化功能，如在廁所門、牆及大、小便器的適當位置，張貼生理健康知識、人生小語、生活小品、幽默笑話、短篇故事、漫畫、謎語、詩詞或學生美勞作品，以達「輕鬆一下」的如廁效果（*湯志民，民84b*）。

10.甚至，校園中的悠游群魚、潺潺流水、雕塑噴泉、向陽花樹、蒼勁古木、梅影松姿、落葉殘荷、芭蕉聽雨，也可引發人生哲理的無限遐思（*湯志民，民83*）。

㈥ 活用學習步道

教學情境不以教室為限，校園內各項建築、設施、壁飾、雕塑、植物、生物、景觀，甚至社區資源，皆為學生成長經驗中最實用的生活素材，也可系統規畫為數學步道、生物教學園、環保步道、社區步道或田園教學，可配合各科教學活動，或作為補充教材或學習材料，讓學生透過觀察測量、感官探索、操作培養，體會一步一天地的驚喜。學習步道的活用，具體作法例舉如下：

1.臺北市天母國中（*民83*）和福林國小（*民83*）的數學步道，

利用校門、鐘樓、長廊、圓柱、雕塑、水池、曲徑、跑道、殘障坡道、花架,提供學生數數、長度、高度、直徑、面積、幾何、角度、速度與統計等實用性數學概念,而學校建築的建材地磚、玻璃、鐵櫃、書架和校地等之長度、面積,也可讓學生學到臺灣常用的度量單位:尺(30cm)、才(30cm × 30cm)、坪(3.30578 m²)、甲(0.96992 公頃或 9699.2 m²)。

2.臺北市內湖國中民國 86 年興建的生物教材園(生態園),配合國中生物課程,以校園一隅的自然環境孕育本土的動植物為規畫主體,包括螢火蟲復育水道、水生動植物、本土植物、花草及蔓生植物的培育,使生物教學能與本土相融合(朱桂芳,民 86)。

3.臺北市成德國中的校園步道,以圖示棲息在校園內的動物——如樹鵲、班頸鳩、麻雀、紅尾伯勞、白頭翁等鳥類及蓮花池中的大肚魚和錦鯉,以及校園內的植物——百年老樟、臺灣楠木、榕樹、印度橡膠樹、櫻花、杜鵑、武竹、鵝掌藤等等(林秀珍,民 86),將校園及其環境內的動植物生態自然融合,根植環保概念。

4.臺北市日新國小的校園步道,包括日新又新(認識學校地理位置和方位等)、校園尋寶(認識校園老樹)、滑入星空(認識四季星座)、歲月禮讚(了解學校的傑出紀錄)、了解自然、親水池畔、古早棋藝(設置、棋藝擂臺)、數學謎題、視聽演奏(了解地下建物的安全設備及正確使用各種設備)、圖書閱覽(認識和運用圖書館)、溫室栽培、空中菜園、鄉土教材、神奇魔鏡、漫步等等計 22 站(簡毓玲,民 86),將校園環境設施有系統的納入開放教育環節中。

5.臺北市興華國小具有鄉土特色的環保教學步道,內容涵蓋生態保育、資源回收、水土保持、野生植物、瀕臨絕種動物、臺灣特有生物、噪音污染、認識社區、植物成長、校園花木介紹、污水處理、殘障設施、草苗根箱、捷運搭乘……等二十六項(溫明正,民

84a），並與學校緊鄰的四個社區結合，將現有的環境教學步道延伸入社區，擴大組成社區教學步道，將鄰近的仙跡岩、警專校園、木柵捷運系統、興家社區……等融入學校鄉土環境教育（*溫明正，民84b*），使學生的生活經驗能與社區相結合。

　　6.臺北縣德音國小將五股鄉的西雲寺、凌雲寺、凌雲禪寺、石雕公園和五股沼澤區，泰山鄉的辭修公園、頂泰山巖和下泰山巖，列入學習步道（*白寶貴，民84*），值得借鏡。

　　7.臺北市郊區九所學校（湖田、湖山、指南、洲美、溪山、泉源、平等、大屯和博嘉國小）的田園教學，運用陽明山國家公園、關渡平原開發區、外雙溪風景區、指南觀光茶園、景美溪畔等社區資源，配合季節，以參觀、訪問和實作，了解自然生態、人文社會、傳統藝術和鄉土活動（*臺北市政府教育局，民84*）。

　　8.臺北市私立薇閣中小學的田園教學，以擁有位於陽明山竹子湖占地面積約15公頃的常青農場尤具特色，園區具備了野外求生區、樹林區、農園作業區及蔬菜、樹林、花卉、動物生態、魚池、室內游泳池等，結合陽明山各項資源環境，設計自然觀察、農園作業、動物生態、野外求生、野營方法、體能訓練、英語和藝術等八項課程，讓孩子們徜徉於山水之間，陶冶在大自然的教室，得以經歷最深刻的生活體驗（*湯志民，民91*）。

　　9.臺北縣漁光國小的假日學校（2003年）、漂流教室（2004年）到今（民94）年的遊學牧場，以校園超過1,000種的動植物生態，包括百年櫻花樹、兩百年異樹同體、螢火蟲棲息區、樹蛙水池、生態池、神祕小徑、稀有植物區、鳳蝶的故鄉、百草匯區、原生植物區、蜜源植物區、生態步道區、樹上旅館奇景等，並整合社區產業文化、山川景觀、自然生態、人文遺產等資源，規畫特色產業課程與生活版圖課程，以「遊學牧場——現場探索——體驗學習」方式，發展出優質的「學校場域教學」（*臺北縣坪林鄉漁光國*

小，*民94*）。

　　*10.*高雄市加昌國小的永續校園步道，包括太陽與風的力量、讓城市的土地呼吸、擁抱大樹、戶外水土保持教室、斜坡生態區、中庭植栽景觀區、水資源的多重利用、化腐朽為神奇、水流景觀生態區和環教資源中心等十站，提供蘊富教育意義的綠建築公共學習活動空間（*林福建，民93*）。

第四節

校園的創意設計

　　「山不在高，有仙則名；水不在深，有龍則靈」，具有巧思的校園設計，尤能引發會心的共鳴，形塑學校獨特風格，更值得用心。

　　中西文化源流互異，庭園景觀各有特色，例如，中國庭園「蟬噪林愈靜，鳥鳴山更幽」的亭臺榭舫，「山窮水盡疑無路，柳暗花明又一村」的迴廊曲徑，「春江水暖鴨先知」的小橋流水、荷池水塘，以及拱門格窗、假山樹叢、玲瓏怪石、參天古木等等，漫步其間，步移景異，詩情畫意，巧、宜、精、雅的特色（*方佩和主編，1999；王鎮華，民78；丹青圖書公司，民77；洪得娟，民83*），「園庭樓閣，套室迴廊，疊石成山，栽花取勢，又在大中見小，小中見大，實中有虛，虛中有實」的空間變幻（*汪正章，民82*），「外師造化，中法心源」，「雖由人作，宛自天開」的自然情調，詩情畫意的特色，極富自然與人文交融的氣息，也創造出「生境」、「畫境」、「意境」的獨特風格（*周鴻和劉韻涵，民82*），令人低迴餘味不盡。歐洲庭園布局對稱成幾何圖形，花草如毯，樹籬剪形，水池雕像，對比強烈，氣氛活潑，節奏明顯，進入庭園一覽無遺（*陳*

志華，民 79；*Enge & Schroer, 1990*）。日本庭園池中設島，陸橋相連，園中布溪，水邊置石，土山植樹為林，點綴瀑布，草坪樹籬平整，砂石步道貫穿其間，橋低矮小裝飾燈具，誠為大自然之縮影（*龍居竹之介，1991；Carver, 1993；Oster, 1993*）。在校園設計上，能了解並善用中西庭園的風格和文化異趣，自能增添學校庭園的情趣。

校園的創意設計，易引人駐足遐思，也會使校園的「境教」功能，激起「盪氣迴旋」的潛移默化之效。「創意」即獨創性的靈感，是一種創造性思考（creativity thinking）的點子，也是一種不受現存知識的限制和傳統方法的束縛，採求新求變、開放的、直覺的、從已知到未知的水平思考（lateral thinking）活動。創意設計的原則有六：求新、求變、求精、求進、求絕、求妙（*湯志民，民88e*）；據此，列舉校園創意設計的說明如下：

一 求新──樣式新穎

校園創意設計的「新」，在樣式新穎，推陳出新，除舊布新，一如「苟日新，日日新，又日新」，令人有耳目一新之效。設計實例，例如：臺北市，大同高中前庭具本土意象的龍騰噴泉太極連池，景興國中中庭的八卦花壇（如圖45），芳和國中與公共藝術結合的景觀電梯，臺大校門區和薇閣高中前庭的校名花壇，淡江大學校門區五彩繽紛的紀念花壇和 S 型庭園步道綠籬，康寧護專活動中心前海豚校飾行動不便者坡道，國立復興劇校顯示設校目的國劇臉譜造形石碑；臺北縣，菁桐國小益生趣味的青蛙升旗竿、貓熊洗腳池，校舍壁面的樹葉剪窗和昆蟲造形與側邊的庭園融為一體，新和國小每條跑道顏色都不同的彩虹 PU 跑道；基隆市，長樂國小校門

新穎的花壇，以中國的「八卦」作造形設計，
頗富「新」意。

圖45：臺北市景興國中八卦花壇

區前庭由師生以天然卵石和彩色陶片拼貼的十二生肖地景；宜蘭縣，中興國小校舍中庭以磁磚鑲飾兒童畫的路橋，蘇澳海事水產學校校門入口區突顯設校目的船錨雕塑；臺南市，國立成功大學和忠義國小中庭的優型巨榕；南投縣，營盤國小的彩繪坡道，潭南國小繞著校舍的沙質跑道；花蓮縣，壽豐國中中庭的香菇造形涼亭。

二| 求變──功能改變

校園創意設計的「變」，在功能改變，綠籬變腳踏車場或迷宮，屋頂變花園，牛車變花臺，花壇變圍牆或廊架創造光景。俗云：「山不轉路轉，路不轉水轉，水不轉人轉」，或以局部改變方式為之；變化效果，有如杜甫詩云：「天上浮雲如白衣，斯須變幻為蒼狗」。設計實例，例如：英國，曼徹斯特大學（The University of Manchester）綠籬腳踏車場；日本，九州鹿兒島縣末吉小學別具風格色彩繽紛的花壇圍牆；臺北市，大橋國小前庭植草磚當停車場

和以綠廊裝飾的變電器，南湖國小校舍屋頂供師生遊憩和連絡的空中花園，私立薇閣小學與樹共構的遊戲場，讓兒童能在爬樹的樂趣中成長；臺北縣，新店高中校舍廊道運用廊柱架造形巧妙引進變幻的光景，莒光國小庭園路橋兼作司令臺併日光四射的庭園步道設計；苗栗縣，大南國小游泳池與室內球場兼禮堂共構，隨季節切換使用（如圖46）；宜蘭縣，過嶺國小前庭的的迷宮綠籬；桃園縣，省立桃園農工前庭的牛車花臺；宜蘭縣，利澤國中甚有親和力的矮花壇圍牆；臺中縣，私立明道中學明道樓屋頂的江南庭園；國立中正大學活動中心邊的廊架和東華大學庭園長廊，在日正當中時，引射出美麗的光影。

精巧多「變」的活動中心，夏天引進山泉水成
為消暑的游泳池，冬天放水後，「變」成桌球
場、溜冰場、羽球場兼禮堂（以池岸為舞臺）。

圖46：苗栗縣大南國小多變的活動中心

三│ 求精──品質提升 │

　　校園創意設計的「精」，在品質提升，古物今用，或有史蹟建

築、百年老樹，具有錦上添花，力求精益求精之效。設計實例，例如：日本，東京都立園藝高等學校有德川第三代將軍所遺留450年樹齡的二棵松樹（另二棵在日本皇宮）；臺北市，臺北科技大學1912年興建作為陳列校史的思賢樓（市定古蹟）；北一女中書寫「正直、堅強、嫻淑」的校訓碑；臺北縣，私立真理大學1882年興建作為校史館的牛津學堂（第二級古蹟），板橋國小二樓高的枋橋建學碑（第三級古蹟）；宜蘭縣，澳花國小有 600 年樹齡的樟樹；苗栗縣，興隆國小有800年樹齡的樟樹；臺南縣，國立臺南藝術學院至大陸江南購置的三座千年古橋；臺南市，成功大學道光28年的小西門以及道光6年和同治12年的大砲，省立臺南一中1928年興建的紅樓廊柱壁面仍留下許多歷史意象的彈孔痕跡，臺南師院附小的百年老樹校園有100年樹齡的鐵刀木、銀樺、白玉蘭、金龜樹和200年樹齡的刺桐；高雄市，舊城國小康熙23年的崇聖祠（第三級古蹟）；花蓮縣，鳳林國小中庭民國 39 年由日本神社改建的小孔廟（圖47）；臺東縣，龍田國小校園有許多列管的珍貴老樹，

小孔廟是校園史蹟，每年祭孔大典的「精」級文化，讓該校成為教師和校長孕育的搖籃，迄今培養44位以上校長。

圖47：花蓮縣鳳林國小孔廟（1950年）

如日本黑松、馬尾松、榕樹、楓樹，紅葉國小庭園中嵌入樹幹練習揮棒的輪胎。

四 求進——內容增加

　　校園創意設計的「進」，在內容增加，使庭園成為教材園，使教育設施增添文化教育意涵或有輔助教學功能，具有填海造陸、逢水添橋、點石成金之效。設計實例，例如：美國，德州達拉斯浸信大學（Dallas Baptist University）的耶穌為彼得洗腳銅雕，美國德州賀克蝶女子學校（The Hockaday School）作為畢業儀典用的精緻戶外劇場；臺北市，私立大同工學院的長出靈芝的教材庭園，百齡高中中庭不鏽鋼製的「深情」雙魚哺育雕塑，天母國中的數學步道和蘊涵三人行必有我師焉的致誠化育雕塑，內湖國中本土生物教材園（生態園），士林國小敘述校史沿革具有史蹟意義的前庭，興華國小具有鄉土特色的環保教學步道；臺北縣，秀朗國小側庭天鵝哺育雕塑的慈暉園，莒光國小側庭作為「言論廣場」的戶外劇場，菁桐國小具有鄉土意象的礦區和鐵軌庭園休憩區；五寮國小中庭的綠竹筍（當地特產）造形休憩亭；屈尺國小漆上長頸鹿的校門柱，勉勵學生「『屈』一『尺』，伸一丈」，一如長頸鹿的頭低一尺抬頭能看丈遠，有大丈夫能伸能屈，退一步海闊天空之意；基隆市，長樂國小校門區長 25m 的「長樂兒童，快樂成長」馬賽克大壁畫；宜蘭縣，國立羅東高中的舉行進學和畢業儀式的「德風廣場」戶外劇場，冬山國小的冬山河意象庭園景觀及舊校區移入的圍牆板塊有歷史傳承之意，東興國小以龜山島為鄉土地標的中庭廣場，蘇澳國小的自然生態教學園；桃園縣，奎輝國小呈現泰雅族男獵女織的生活壁飾和師生共同一刀一斧雕琢的木雕大門；新竹市朝山國小位處

濱海地區，船形警衛室和帆形大門呈現「海的意象」；南投縣，親愛國小萬大分校校門區的「瑪・札吉斯—舊部落重現圖」；屏東縣，墾丁國小前庭作為「林間教室」的戶外劇場，五溝國小「望子成龍，望女成鳳」的龍鳳造形校門和嵌入牛車輪的古樸圍牆，望嘉國小駁坎的排灣族生活彩繪圖（如圖 48）；花蓮縣，太巴塱國小庭園中阿美族先民塑像及住屋；臺東縣，加拿國小運動場護坡寫布農族語「MIN HU MI SAN」（謝謝您）的草坡花壇。

駁坎的排灣族生活彩繪，增「進」校園本土教育意境。

圖 48：屏東縣望嘉國小駁坎的排灣族生活彩繪

五｜ 求絕——本質逆轉

　　校園創意設計的「絕」，在本質逆轉，廢物利用，化腐朽為神奇，出奇致勝。設計實例，例如：美國，加州沃克曼高中（Workman High School）庭園的塗鴉石，將學校對面山上滾下來的大石頭，置於庭院中，成績或表現好的同學，可在大石頭上塗鴉；日本，九州鹿兒島縣末吉小學將廢輪胎上油漆嵌入山丘作遊戲場；臺北市，

螢橋國中將報廢的課桌椅重新彩繪置於庭園中供休憩之用，萬華國中電腦教室將裝電腦的紙箱作為置鞋架，東新國小庭園以保麗龍和養樂多空瓶製作大象棋；臺中縣，私立明道中學將化學實驗室的實驗廢料封入水泥塊中置於環保教材園做椅子（如圖49）；屏東縣，口社國小將廢棄的大卡車特大號輪胎油漆得光鮮亮麗，作為校門標示。

明道中學將化學實驗室的實驗廢料封入水泥塊中，置於環保教材園做椅子，廢物利用，堪稱一「絕」。

圖49：私立明道中學環保椅子

六｜求妙──絕處逢生

校園創意設計的「絕」，在絕處逢生，枯木逢春，產生始料未及的功能，猶如中國庭園的曲折迂迴，有「山窮水盡疑無路，柳暗花明又一村」之效，益增情趣。設計實例，例如：美國，加州威爾森高中（Wilson High School）運用校舍庭院間的高低差，設計成階梯狀的駁坎，也形成可以聚會的戶外劇場；澳門，聖羅撒中學校

舍前的大階梯，原為進校舍的主動線，每年的畢業生包括幼稚園、小學、初中和高中生，剛好坐滿整個大階梯，巧妙成為畢業照群聚一堂的空間；臺北市，大同工學院在一片茂密的小樹林中，開闢一條可作森林浴般的林間步道；中山女高前庭的成排樹林，後來發現可以作為蔭涼的停車場，每二棵樹間距寬度剛巧容納一臺汽車（如圖50）；關渡國中伸入校舍背後的PU跑道，不僅增加直線跑道長度，同時消弭了死角；辛亥國小側門運用坡地落差，剛巧可以設計兒童用的攀岩場；龍山國小以學海書院為背景的孔子塑像，益顯莊嚴偉大；臺北縣，德音國小運用運動場看臺底邊狹小的水泥地，讓第一屆畢業生蓋手印，別具意義；宜蘭縣，羅東高中沿校界溪流，巧妙的成為學校的天然屏障，學校設計為聆風曲（水際步道），供學生散步遊憩。

植樹綠化的前庭，意外發現可以停數十輛汽車，有利紓解停車問題，真是「柳暗花明又一村」，「妙」哉！

圖 50：臺北市中山女高前庭妙用的停車場

第五節

社區學校的發展

　　過去，學校教育只重傳統知識的灌輸，忽略教育與生活結合的
重要，學校孤立於社會生活之外，一堵萬仞高牆阻隔了學校與社區
的聯繫，學校只是知識的工廠和獲取學歷的跳板；有鑑於此，「社
區學校」（community school）的概念於 1940 年代以後逐漸盛行。
1940 年代至 1990 年代，社區學校是英國社區發展工作與教育革新
的主流。在美國，社區學校歷經 50 餘年之發展，目前已相當成熟，
學校是社區的公共財，通常一個社區對應一個學校，後來甚至用
「中心」（center）取代「學校」一詞。而臺灣，於民國 42 年從歐
美國家引入「社區學校」概念（民國 81 年前稱為「社會中心教
育」）時，學校社區化的想法已經萌芽，經 50 年之發展，學校日
漸開放與社區的關係日益緊密，社區學校隱然成形。以下擬先說明
學校社區化與學校建築發展，其次引介美國社區學校的理念和規
畫，再就臺灣社區學校的發展和規畫加以探討。

一｜ 學校社區化與學校建築發展

　　學校是社區的文化中心，也是社區重要的文教據點與生活空
間，學校社區化的概念，強化了學校與社區一體的關聯性、重要性
與價值性，學校與社區結合更是學校建築規畫發展的必然趨勢。
　　傳統的學校是社區中的孤島，以過去的知識教導現在的兒童去

適應未來的生活，誠如Dewey（*1938*）在「經驗與教育」（Experience and Education）一書中所言：傳統教育的主要目的或目標是使年輕一代獲得教材中有組織的知識體系和完備的技能，以便為未來的競爭做好準備，教師們的功能是使同學和教材有效地結合；因此，傳統教育認為學校環境只要有課桌椅、黑板和小小的操場就足夠。也就是說，學校建築可以孤立於社區之中，不與其他機構發生關係。Dewey非常不認同這樣的現象，乃極力推動「進步教育」運動，倡導「教育即生活」、「教育即成長」、「教育即經驗的改造」等教育理念，重視學校教育和社會生活的互動關係。

1930年代，美國莫特基金會（Mott Foundation）也開始提倡社區學校的概念，成為美國南方社區學校的典範，Parson（*1999*）稱這樣的學校為社區學習中心（community learning centers），社區學習中心與傳統學校（traditional school）在時間、空間、與其他機構的關係、家庭／社區參與、教學、科技運用和領導等多方面皆有極大的差異。例如：在時間上，傳統學校的開放時間較社區學習中心短；在空間上，傳統學校的教育大部分發生於教室內，社區學習中心的教育則發生於整個社區；在與其他機構的關係上，傳統學校跟社區機構少有聯繫，社區學習中心則和社區機構關係密切；在家庭／社區參與上，社區學習中心比傳統學校強調家庭與社區的參與；在教學上，傳統學校重視既有知識的傳輸，社區學習中心則重視做中學；在科技運用上，社區學習中心的科技設備較傳統學校普及與具近便性；在領導上，傳統學校由主管機關主導學校發展，社區學習中心則由使用者共同參與決定。兩者差異之詳細比較請詳見表22。

表 22 傳統學校與社區學習中心之比較

項目	傳統學校	社區學習中心
時間	• 一星期 5 天 • 一天 6 至 8 小時 • 一年 180 至 200 天 • 一堂課 50 分鐘	• 一星期 7 天 • 一天 10 至 12 小時 • 一年 300 天以上 • 可延伸的區塊時間
空間	• 教育發生於教室內	• 教育發生於整個社區
與其他機構的關係	• 跟社區機構少有聯繫	• 和社區機構一起合作提供家庭和兒童服務
家庭／社區參與	• 家長參與僅限於家長座談等活動	• 家庭和社區參與大部分方案及活動的合作過程
教學	• 一個教師對著一群同質性的學生演講 • 強調紙一筆以及常模參照測驗 • 教學資源限於教師及教科書上的呈現 • 學生聚焦於個別作業	• 一群教師和一群異質學生一起工作 • 以真實評量測試學生是否能將所學運用於日常生活 • 使用社區資源教學 • 教導學生如何合作學習
科技運用	• 教學科技設備集中於媒體中心和電腦教室，只於正常的上課時間提供給學生使用 • 訓練某些特定人士使用教學科技設備 • 電信資源（例如網路）不易進入使用 • 除了錄影帶，電視教學不是學校課程的一部分	• 教學科技設備遍及整個學校 • 教學科技設備提供給所有的學生、家庭和社區使用 • 所有的教師、職員和學生懂得如何操作多媒體科技，每間教室都可上網 • 使用雙向互動電視教學豐富提供給社區及學生的課程
領導	• 由主管人員作決定 • 主管人員被期望成為學校的領導者，並為辦學績效負責 • 父母及社區在學校發展計畫或者資源如何被運用的決策過程中沒有發言權	• 主管人員、教師、職員、父母、學生和社區成員共同參與決策過程，由社區學校內所有的關係利益團體共同領導，並共同為辦學績效負責 • 教師與社區有多元機會參與學校年度計畫訂定，並且可以決定資源如何被運用

資料來源：*Transforming Schools Into Community Learning Centers*（pp.17-25），S. R. Parson, 1999, Larchmont, NY: Eye on Education, Inc.

在社區學習中心這種教育型態下，學校與社區的關係變得極為緊密，而學校建築是教育內涵的顯現，因此學校建築與社區空間之間的關係也由相互孤立轉變為相互依賴，其轉變過程是逐漸而緩慢的。黃世孟和李永展（民85）指出美國社區學校的設施開放發展歷程分為三階段：

㈠學校於放學後或假日開放給社區居民使用，這是臺灣目前國民學校的寫照；但這樣的開放形式過於僵化，社區使用學校設施受到空間及時間上的限制，在社區團體以及學校積極的改善後，逐漸產生學校空間與社區休憩、娛樂共存的合作模式，亦即學校設施複合化模式。

㈡學校設施複合化模式。學校整合了教育、健康和社會服務機能，提供社區活動各項資源，諸如社區會議室、圖書館等。

㈢由於學校設施複合化後使用強度高，學校功能逐漸趨向複雜化及社會化，造成學校的校園設計需要考慮社區需求，甚至必須在舉辦社區人士的公聽會之後，才能確定其建築計畫。

隨著學校社區化和社區學校之推展風潮，學校建築發展日益開放，與社區融合、共構，已蔚為新世紀之發展風潮。MacKenzie（1989）在「規畫教育設施」（Planning Educational Facilities）一書中，即強調學校建築應成為符合社區教育、體育和文化需求的教育設施，而非僅是提供學童和青少年教學／學習活動的基本需求；亦即學校建築的規畫在學童的「部分時制」（part-time）運用之外，應使其成為多目的（multi-purpose）的教育設施，不分晝夜整年的提供社區許多教育活動空間。未來的學校，將會成為社區的核心角色（a central role within the community），禮堂、演藝廳、藝術中心、音樂實驗室，以及其他表演的空間和美術教室，會成為學校建築生命活力的要素（vital components of the school building），社區的每一個人都會使用它，學校校舍建築將成為「社區的瑰寶」（the jewel of the community）提供學生和社區多面向的服務（*American School & University, 2000 January*）。Moore 和 Lackney（*1995*）亦強調 21 世紀重要的新教育方向之一是使學校成為社區中心（a community hub），新學校包括托兒中心（child care centers）、繼續和工作訓練學程、青少年學程、父母和家庭學程、行政辦公室、社會服務，以及供社區和都市大廳會議的設施。在本質上，舊「學校」成為一個「社區中心」，一個社區教育和服務的中心。在建築上，學校可能環繞社區功能，如同環繞一個「城市街區」（town square）；或社區功能可能成為環繞學校的一條「項鍊」（necklace）。此一社區關係，增進學校的終年使用，兼顧基本教育和社區功能，並對社區意義（sense of community）有更深廣的企盼──學校是一個終身學習社區（the school as a lifelong learning community）。美國著名的學校建築期刊「美國學校與大學」（*American School & University, 1998 January*）也特別提出十項最重要的 21 世紀學校的設計理念，其中有二項與社區化有關，一為「社區和學校的統整」（integration of community and school），另一為「學校是社區的資源」（school as community resources）。在「社區和學校的統整」方面，說明終身學習（lifelong learning）和社區參與（community involvement）對學校的規畫和設計有很大的影響，社區參與學校設施的規畫（the planning of school facilities）將強化對教育和其社區的承諾（commitments）；而今日前瞻性學校（forward-thinking schools）應設置成人教育學程、公共圖書館、網路中心（web-site hubs）、電腦訓練設施、公共會議室、廣播和電視剪輯室、休閒游泳池、藝術表演設施、藝術工作坊（art studios）、運動訓練設施等等。在「學校是社區的資源」方面，強調學校設施／校園可提供成人教育學程、課後／前輔導、成人托顧、文化／公民活動、社區聚會、宗教／禮拜活動、社會／人群服務等等。

　　Calfee、Wittwer 和 Meredith（1998）亦呼籲建造「完全服務學校」（full-service school），係在學校校地或易近區位，結合教育、醫療以及／或社會和人群的服務，俾利符應兒童、青少年和他們家庭的需求，完全服務學校的概念超越傳統的教育模式到「學校—社區模式」（a school-community model）。Townsend 和 Otero（1999）也強調第三千禧年學校（the third millennium school）是一個自我組織的學校（the self-organizing school），應建立學習型社區（the learning community），讓每一個人都是學習者（a learner）、教師（a teacher）和領導者（a leader）。因此，學校社區化是未來發展的必然走向，學校和社區資源共享，是 21 世紀學校應努力的要項。

　　在臺灣，學校社區化及與學校建築的發展，也有幾個重要發展階段，首先是校園開放政策的推展，亦即在課餘假日時間開放學校既有空間與設施給社區居民使用，例如，臺北市政府為加強各級學校校園開放、提倡正當休閒活動，在民國 79 年訂定「臺北市各級學校開放場地實施要點」，於課前、課後、週六、假日及寒暑假時開放校園供民眾使用，開放的範圍包括運動場（含室外綜合球場）、活動中心（含禮堂）、游泳池、網球場、教室、圖書館、音樂廳等，各級學校可視實際情況酌情開放。其次是，學校以現有空間與設施為基礎，依據社區特殊需求，作部分的修建與更動，以提供更多機能性的公共設施回饋社區，係進入校園多目標使用的階段，例如臺北市交通局從民國 82 年開始著手推動學校操場興闢地下停車場的計畫，希望解決市區停車位預定地不足的問題（黃世孟和李永展，民 85），現在新成立的學校都先經交通局評估，與學校建築整體規畫興建社區地下停車場。最近，還有許多開放學校和無圍牆學校相繼出現，例如宜蘭縣近十幾年新建的國中小，南投縣等震災重建學校和新校園運動學校等等。此外，臺北縣的校園開放政策，甚至於假日，廉價外租學校教室供觀光客或過客暫憩校園，讓學校成

為社區的聚合點。這些發展，觸動臺灣學校建築與社區融合的快速發展，值得關切與肯定。

二 美國社區學校的理念和規畫

為進一步了解社區學校的理念和規畫，特以美國為例，先介紹對中國教育有重大影響的Dewey之學校建築理念，再介紹Brubaker的社區學校規畫，以供臺灣發展社區學校與建學校建築之參考。

(一) Dewey 的學校建築理念

「學校即社會」、「教育即生活」，Dewey（*1956*）在「兒童與課程：學校與社會」（*The child and the curriculum and The school and the society, 1956*）一書中，說明學校建築應該與社會生活四周環境保持有機的關係（the organic connection），學校內的圖書館應該成為學校的中心，讓學生可以在四周相關的建築物中學習到各類統整的知識，Dewey繪製了三張圖來說明他對學校建築的理念。首先，圖51說明我們需將學校視為社會整體生活的一部分，方格內的「A」代表整個學校系統，方格右方的「1」為家庭（home），雙向箭頭表示學校生活與家庭生活之間，在影響力上、物質上以及理念上自由的相互作用。方格下方的「2」顯示學校與自然環境的關係，學校建築應有自然環境（natural environment）環繞四周，並處於花園（garden）之中，學童可由花園中被引領到周遭的田野上，然後進到更寬闊的鄉村，體會其間的種種事實真相與影響力。方格上方「3」則表示學校與商業及企業間有自由交通的必要。方格「4」表示學校與鄰近大專院校，各種實驗室和提供教學資訊的

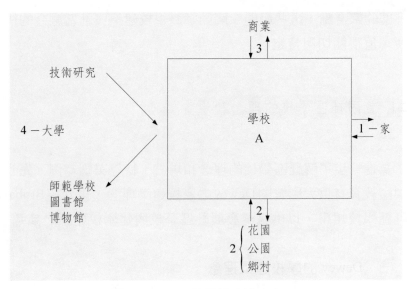

圖 51：Dewey 的學校建築理念㈠

資料來源：*The Child and The Curriculum, and The School and The Society*（p.73），J. Dewey, 1956, Chicago: University of Chicago Press.

圖書館、博物館、職業學校等各類資源的交流。

　　其次，圖 52 是圖 51 的擴大。學校建築擴大但周圍環境保持一樣，方格內下方有餐廳（dining-room）、廚房（kitchen），上方是木材工廠、金屬工廠（wood and mental shops）及縫紉紡織室（textile room for sewing and weaving），方格中心顯示這些都以圖書館（library）為核心；若想像教室的分布有半數在四個角落，另半數在圖書館，則在圖書館的教室中，學生帶來他們的經驗、難題、疑問以及特殊的事實，在此討論以期有新見解；這個蒐集各類智力資源的中心可以使許多實際的工作活動具有意義及人文價值，如果四個角落代表實際，則圖書館代表實際活動的理論。換言之，學校中那些實際形式的目標不在形式本身，而在於他們與社會方面的生活相關聯。此方格的右方為家，家、廚房與縫紉室關係的前後線條安置

得極為自然，學生可將其在家中所學到的延伸運用到學校，並將在學校所學到的運用到家中，這正是要破除「孤立」的兩種最佳方法——讓兒童帶著所有在學校以外獲得的經驗到學校，並帶著某些可立刻應用到日常校外生活的事物離開。此外，餐廳、廚房與鄉野的關係密切，烹飪之物都來自鄉野間，出自土壤，受到光線及水的滋潤，代表著當地環境的多樣性，經由這樣的連結，由庭園延伸到較廣大的世界，學生有最自然的科學導論知識，例如：這些從何而成長？何者為其成長所必需？與土壤之關係為何？不同天候狀況之影響為何？……等。同樣的關係也可在木材及紡織工廠中見到，它們與鄉野都有關聯，鄉野是它們原料的來源，它們與應用能源的物理科學有關、與商業有關、與建築及裝潢藝術有關，它們還與大學中的技術及工程學院有密切關係，與其實驗室、科學方法及結果也都有關聯。另外，圖上沒有體育館，但在四角落中進行的活動都伴隨著經常性的體能訓練。綜合上述，本圖主要顯示學校應該如何改變才可脫離其孤立性，保有與社會生活的有機關係。

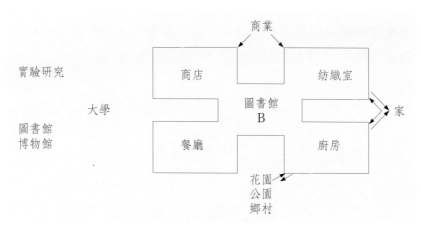

圖 52：Dewey 的學校建築理念㈡

資料來源：*The Child and The Curriculum and The School and The Society*（p.81），J. Dewey, 1956, Chicago: University of Chicago Press.

　　最後，圖 53 也在說明相同的概念，表示這種理想學校的上層表徵。在上層角落是各種實驗室（laboratories），下層角落是工作室（studios for art work），包括繪圖及視聽藝術，凡是源於廚房、工廠中的臨床及物理方面的問題都可帶到實驗室中解決，例如學生在烹飪時所用到的植物可以啟發他對於植物學的興趣，並且可以單獨去作研究。一所理想的學校應該有下列各種設備：(1)有一很完整的實業博物館（a complete industrial museum），陳列各種生產階段的原料樣本；(2)有使用這些原料的許多簡單到複雜的器具（implement）；(3)也蒐集這些原料產地及製造地的風景照片與圖畫，這種蒐集實為科學、藝術與實業的綜合課程中最生動且連續之處；(4)有較完美的紡織成品樣本，如義大利、法國、日本及東方各國的成品；(5)還有些東西可用以說明現在生產中的圖案與裝潢動機。

　　綜言之，Dewey 強調學校與自然環境、社會和家庭的有機結合，依據這樣的原則，Dewey 設想在學校設立許多工廠，讓兒童在這些工廠內經驗木工、金工、紡織和裁縫等實際操作，然後將此經驗帶回實驗室、圖書館或博物館中，轉化為有意義的知識。Dewey 的學校建築概念應為今日「社區學校」的雛形，對於後來的社區學校發展亦應有其基本的影響力。

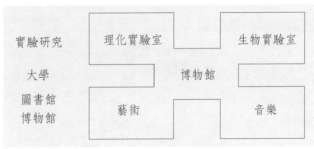

圖 53：Dewey 的學校建築理念㈢

資料來源：*The Child and The Curriculum, and The School and The Society*，（p.87），
　　　　　J. Dewey, 1956, Chicago: University of Chicago Press.

（二） Brubaker 的社區學校規畫

Brubaker（*1998*）認為 21 世紀學校的趨勢之一，是社區學校
（community schools）成為所有年齡市民的中心，提供多樣的社會
服務，並指出社區學校的概念應該經由兩個途徑落實（如圖54）：

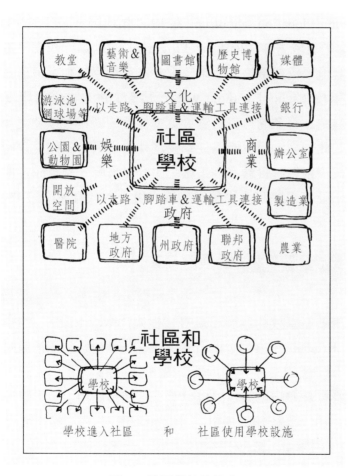

圖 54：社區學校的概念

資料來源：*Planning and Designing Schools*（*p.185*），*C. W. Brubaker*，1998，New
York: McGraw-Hill.

⑴社區使用學校空間設施從事終身教育、運動、娛樂以及文化活動；⑵學生進入社區並且運用社區資源。就第一種途徑而言，Brubaker 稱之為社區學校，美國莫特基金會（Mott Foundation）十幾年來持續倡導學校作為社區資源的概念，並將學校視為社區的文化和健身中心（cultural and fitness centers），學校成為社區中心，與社區分享其設施。就第二種途徑來說，Brubaker 稱之為分散式學校（the multilocation school），在 1960 年代晚期，費城（Philadelphia）的帕克威方案（Parkway Program）運用鄰近商家、畫廊、博物館、其他學校或機構以及市政中心進行教學活動，被稱為第一所無圍牆學校（school without wall）；這樣的方式希望能賦予學生更多的自由、更多的自我負責、更多樣性的課程表以及更多的教育場所；如此一來，學生能夠從學校之外的場所，例如：政府機構、私人公司、銀行、實驗室、工廠、報社、醫院、圖書館、博物館、音樂廳、社區學院和大學校園，獲得更多的教育。

三 臺灣社區學校的發展和規畫

臺灣社區學校的發展和規畫，根據 Dewey（1956）的學校建築概念和 Brubaker（1998）的社區學校理念之描述，應掌握「整體的」、「複合的」、「易近的」、「共享的」和「互惠的」的特性，具體規畫方向可從「學校建築提供社區使用」、「學校使用社區空間」和「學校建築與社區空間共享」著手，茲分別說明如下（湯志民和王馨敏，民 89）。

㈠ 學校建築提供社區使用

學校空間提供社區使用可以「時間」和「空間」來區隔，前者只於課前、課後或假日時間才開放給社區使用，社區人士不與學校師生同時使用學校設施；後者在學校規畫上，區隔出學校教學空間及與社區共用的空間，社區人士可與學校師生同時使用學校設施，並能將校園開放後的一些問題，如空間管理、安全以及互相干擾等問題程度減至最低。此外，學校空間必須具有吸引力才能吸引社區居民使用學校空間，因此學校應該營造一個開放於社區的空間意象。還有，校園空間內的設施應考慮社區居民使用的需求性和近便性，以利創造與社區共融的學校空間。以下列舉學校提供空間供社區使用的三種策略：

1. 學校空間分區的規畫方式

將學校空間設計為學校專用區以及學校／社區共用區二部分，並提高學校空間使用效率。具體作法，如：

(1)縮小圍牆範圍至校舍外圍：考量既有校舍不可能拆除重建，所以在不拆除校舍的前提下，將圍牆所圍的範圍縮小，將開放性較高的操場及球場置於圍牆外，甚至以綠籬取代圍牆，以降低校園的封閉性。傳統封閉式的校園空間型態可區分為閉合式學校、並列式學校以及整體式學校三種：閉合式學校所能調整的彈性極小，縱使圍牆完全拆除，也難改其封閉特性，故利用學生活動中心或圖書館等校舍的川堂作為連結操場的主要出入口，將圍牆退縮；另外，並列式及整體式學校只要將圍牆退至校舍周邊，很容易就將操場完全開放出來（*范琳珮，民 84*）。

(2)學校空間開放立體化：為因應未來學校高層化之趨勢，學校

空間開放的立體化勢在必行。此概念最主要的關鍵在於利用空間分區的觀念結合垂直動線的設計，將計畫對社區開放的空間設施配置於各樓層，如此不僅可以大幅增加開放空間設施的彈性與數量，同時一樣也可以避免干擾正常的教學活動與兼顧校園安全（黃世孟和李永展，民85）。

2.營造校園開放的空間意象

Cutler（1989）指出，學校建築可以反應出一所學校對學校的基本看法以及對學生和社區的態度等重要信念。Deal 和 Peterson（2000）則指出，用於學校建築的設計、色彩和其他元素如果能夠與社區既有文化相連結，則可使學校與社區相融合。胡瓊福（民66）亦認為建築空間的價值在於其足以表達其所具之內涵，我們很難想像如何使被圍牆或校舍封閉的學校空間與社會打成一片，一所門牆萬仞的學校是無法與社區相融合的。因此，營造校園空間的開放性意象是吸引社區使用學校空間的重要因素之一，其具體作法列舉如下：

⑴校園無圍牆設計：將學校那堵足以造成心理上以及視覺上隔閡的圍牆拿掉，代之以綠籬、矮牆或者什麼都不要有。宜蘭縣許多新設學校，如大溪、梗枋、竹安、龍潭、過嶺、東興、員山、寒溪和南安國小等，南投縣至誠、社寮國小和社寮國中，皆為無圍牆設計。臺灣的都市地區學校也有部分已經藉由降低圍牆高度（如南投縣光復國小）、植栽（如臺北市松山工農、大安高工）、彩繪柔化圍牆硬度（如臺北市士林、大湖國小和國語實小）或者增加圍牆的透明度（如臺北市敦化國中、東門、芝山國小）等方式袪除傳統學校圍牆所造成之實際上以及心理上的阻隔性，以吸引更多社區居民使用學校空間與設施。

⑵學校建築與社區融合：學校建築造形、色彩、建材也可與社

區建築融合，塑造學校與社區的「一體感」。如宜蘭縣東澳國小古樸簡明的黑瓦斜頂校舍和紅磚柱基，空心磚牆面的文化走廊，與當地社區融為一體，更有趣的是，有些學校（如過嶺國小、利澤國中、羅東高中）獲得社區的認同，其社區建築在造形、色彩、建材上也自然與學校搭配，如不仔細了解，可能會將社區建築也視為學校的一部分。

3.學校建築設施供社區使用

學校建築設施供社區使用，應考慮社區人士使用上的需求性、安全性與近便性；例如，學校設施可合併考慮社區需求再購置，設施位置應有側門或便利通道，以利居民快速進入使用，室外球場應該加裝夜間照明設備，安全又便利。其次，設置家長會辦公室（如臺北市各級學校）、家長接待室（如臺北市南湖國小、國立中和高中）、義工辦公室，提供家長互動和參與校務發展的空間；第三，社區志工認養或協助維護校園設施（如屏東縣光華國小），可相對提供義工辦公室，以增進工作效率；第四，學校應成為社區教育和學習中心，辦理媽媽教室、社區學苑或社區大學（如臺北市木柵、龍山、成德和建成國中）等，以利社區社會教育和成人教育的推展。此外，學生上學步道、家長接送區或駐車彎設計（如臺北市南湖國小和復興中小學，宜蘭縣南屏、中山國小），讓師生和家長在校地內上學或接送，不占用街道影響社區的交通。另外，也有學校（如新店高中）提供校地作為社區道路系統，讓學校與社區結合。

(二) 學校使用社區空間

臺灣的土地寸土寸金，學校的校地有限，收購校地動輒上億元，校地擴充並非易事，學校應該善用社區資源（包括社區公園、

活動中心、圖書館、游泳池及導護商店等）讓學校的場域自然的延伸。所以，學校空間在規畫時應該將社區既有的設施納入考量，才能將學校空間作最有效率的運用。具體作法列舉如下。

1. 鄰近學校的公園綠帶併入校園整體規畫

新設學校可將鄰近學校的公園綠帶併入校園整體規畫，一併規畫設計，臺北市永安國小校區與毗連公園整體規畫，南湖高中、政大附中和濱江國小即爭取臺北市公園路燈管理處的同意，將鄰近的公園綠帶併入校園整體規畫，不僅可以增加校園的整體性，減少未來再施工的危險性，並可提高校園與社區公園連結的使用效率。

2. 運用鄰近公共設施或機構進行教學活動

學校應該善加利用社區內方便取得的各種公共設施資源進行教學活動，不必要於校園內重複規畫設計類似功能的設施。以臺北市為例，市內的公共設施或機構包括市立社會教育館、動物園、美術館、圖書館、兒童育樂中心、天文科學教育館、體育場（含田徑場、棒球場、網球場、體育館）、中山足球場、百齡運動場、天母運動園區、東門游泳池以及景美游泳池等，凡此皆可作為學校延伸教學活動的場所，學校應善用這些設施機構作為課程與教學的活動場地，如學校與這些社教機構鄰近或毗鄰，則在空間規畫上可以思考不要讓功能重疊，例如：鄰近圖書館的學校，其圖書館的發展重點可與之不同；鄰近動物園的學校，則學校內較無必要設置動物園區。其次，金甌女中利用鄰近的中正紀念堂作為體育課跑步場所，力行國小及私立立人高中利用附近河堤作為體育課跑步場所，私立大誠高中利用鄰近的河堤作為軍訓課操練場地等，也是學校運用社區資源的案例。

3.鄰近學校的史蹟設施併入課程或教學單元設計

學校可利用鄰近的史蹟設施設計學習單或學習步道，進行系列的教學活動。如：(1)臺北縣德音國小將五股鄉的西雲寺、凌雲寺、凌雲禪寺、石雕公園和五股沼澤區，泰山鄉的辭修公園、頂泰山巖和下泰山巖，列入學習步道（*白寶貴，民 84*），值得借鏡；(2)臺北市郊區九所學校（湖田、湖山、指南、洲美、溪山、泉源、平等、大屯和博嘉國小）的田園教學，運用陽明山國家公園、關渡平原開發區、外雙溪風景區、指南觀光茶園、景美溪畔等社區資源，配合季節，以參觀、訪問和實作，了解自然生態、人文社會、傳統藝術和鄉土活動（*臺北市政府教育局，民 84*）；臺北縣福連國小鄰近海邊，辦理別緻的浮潛畢業典禮，漁光國小運用附近的茶園辦理假日學校；(3)臺北市興華國小與學校緊臨的四個社區結合，將現有的環境教學步道延伸入社區，擴大組成社區教學步道，將鄰近的仙跡岩、警專校園、木柵捷運系統、市立動物園、貓空觀光茶園、木柵焚化爐、景美溪、文山采風、興家社區……等融入學校鄉土環境教育（*溫明正，民 84b*），使學生的生活經驗能與社區相結合。

(三) 學校建築與社區空間共享

上述所提的學校空間建築提供社區使用或者學校使用社區空間兩個模式並不互相排斥，如果兩者在形式及功能上統合、融為一體，即為「社區學校」的概念，這樣的概念在臺灣雖不多見，但也有一些值得參考的作法，如鄉鎮市或區公所出資在學校內興建圖書館或活動中心，或將學校游泳池等委外經營（operate-transfer, OT）（如政大附中、國立三重高中），讓學校與社區彼此共同使用，此觀點或作法能擴大，則更為理想。

美國有許多成功的社區學校,學校與社區設施複合使用(multi-objective usage),例如維吉尼亞州阿靈頓社區的湯瑪絲傑佛遜中學(Thomas Jefferson Middle School)與當地的社區中心結合,該校學生為六至八年級,學校的辦公室、圖書館和普通教室都設在一樓,有自己的校門和安全系統,體育及藝術課程則利用社區中心的體育館、藝術教室、工藝教室,校方必須在學期前與社區中心負責人洽商使用時間,並以學生學習為優先考量。由於社區中心的體育館有活動式的大型帷幕,可將體育館區隔為二部分,學生體育活動和社區民眾活動可同時進行,學生也可以參加社區中心的社團活動。社區中心以地下室為主要活動範圍,有專用出入口,由市政府休閒部門(Department of Recreation)派專人管理,包括體育館、藝術教室、工藝教室、舞蹈教室、健身中心、撞球檯及戶外游泳池,除提供湯瑪絲傑佛遜中學體育及藝術活動場地外,每日上午9點至晚上9點,都有不同的社團活動,社區民眾可隨時使用中心的設施(秦秀蘭,民86)。

此外,Brubaker(1998)在「規畫和設計學校」(planning and designing schools)一書中提出美國科羅拉多州一個社區學校的案例(如圖55),甚值參考。這所福特柯林斯高中(Fort Collins High School)占地92英畝(約37.3公頃),包括一個被畫為商業區的角落,學區教育委員會夢想在商業區興建一間包含超級市場、藥房、洗衣店,以及兩三間速食餐廳的大型社區購物中心,希望藉此增強社區與學校的互動;而學校這方面也請求擁有學校鄰近土地的公園委員會考慮發展一所社區學校的可能性。終於三方面達成協議,願意共同創造一所社區學校並成為社區中心。這所學校於1995年竣工,社區公園與學校之間沒有任何圍牆或者圍籬,學校(包括學科教育、表演藝術教育、音樂教育以及體育教育)、公園和商業中心沿著一條蜿蜒的主要街道而立,這條街道是社交的熱門場所。

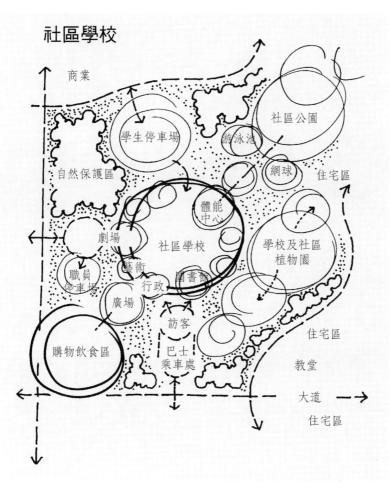

社區學校

商業

社區公園

學生停車場

游泳池

自然保護區

網球

住宅區

體能中心

劇場

社區學校

學校及社區植物園

職員停車場

藝術

圖書館

行政

廣場

訪客

巴士乘車處

購物飲食區

住宅區

教堂

大道

住宅區

圖 55：社區學校的案例

資料來源：*Planning and Designing Schools*（*p.124*），*C. W. Brubaker*，1998，New York: McGraw-Hill.

Ch4pter

臺灣學校建築的耐震

燁燁震電，不寧不令。

百川沸騰，山川崒崩。

高岸爲谷，深谷爲陵。

——詩經・小雅
十月之交

　　這首詩描述周幽王二年（西元前 780 年）西周地震的狀況，地震如閃電，震動力之大，使河水為之激盪，山崖崩落，地形驟變，此一地震規模甚大，造成岐山崩塌，並使涇、渭、洛三條河川遭受阻塞，影響了西周大部分的地區，也撼動了周幽王朝的統治權（*周易，民 88*）。

　　民國 88 年 9 月 21 日 1 時 47 分 12.6 秒，臺灣發生百年僅見的芮氏規模 7.3 的大地震，稱之為「九二一大地震」，震央在日月潭西偏南 12.5 公里（23.85N，120.78E），震源深度 1.1 公里（*臺大地理系臺灣地形研究室，民 88*），為淺層地震。造成南投縣、臺中縣市、彰化縣、雲林縣、臺北縣市等 15 縣市，上萬人死傷、約 5 萬棟的房屋全倒或半倒，以及山崩、河流位移等之重大災害（*湯志民，民 88f*）。

　　據臺大地質系和經濟部中央地質調查所的野

外實地調查顯示,震害最嚴重的車籠埔斷層長約 80 公里,北向南跨越豐原、潭子、太平、大里、霧峰、中興新村、草屯、南投、名間、竹山等地,沿線地面嚴重隆起,威力綿延 50 公里以上,平均隆起 3～5m,嚴重者隆起 8～10m,臺中縣霧峰光復國中操場跑道隆起高達 2m,學校建築和人員的損失,相當慘重。在「九二一大地震」及上萬次餘震之後,人人談震色變餘悸猶存之際,10 月 22 日上午,嘉義地區發生芮氏規模 6.4 地震,地震深度 12.1 公里,又有 100 多所學校受損(湯志民,民 88f)。民國 91 年 3 月 31 日,花蓮縣秀林外海發生芮氏規模 6.8 的「三三一地震」,震央在花蓮縣秀林地震站東方 44.3 公里,地震深度 9.6 公里,又造成 107 所學校受損。

　　臺灣位處全世界地震最頻繁的「環太平洋地震帶」(circum-pacific seismic zone)上,地震災害頻仍,值得關切。尤其是民國 88 年的「九二一大地震」和「一○二二嘉義地震」,使臺灣學校建築的耐震設計與震害處置,引起空前未有的重視。本章擬就臺灣的地震和活斷層、學校建築常見的震害、學校建築的耐震設計、學校耐震設計的實例和學校建築的震害處置等五層面,分別加以探析。

第一節

臺灣的地震和活斷層

　　地震學家把全球各地區分為低、中、高、極高四種危險地震區,臺灣屬於「極高」危險區。因此,對於地震、斷層、臺灣的活斷層及其鄰近學校之了解,自然刻不容緩。

一 臺灣的地震

地震的成因有許多不同的傳說。臺灣，稱之為「地牛翻身」，係因臺灣古老的社會中，認為人們是住在地牛的背上，只要地牛一打盹，突然翻身，就會發生地震。日本，認為地震是因為海底的大鯰魚在作怪。古希臘時代，人們把地震現象歸咎於被囚禁在地下的巨人發怒所造成。中國古代有一傳說，把我們所住的地表比喻成舟船，漂浮於海面，當船遇風浪時會搖擺不定，即產生地震，有點類似今天的板塊構造說。今日科學之研究，已了解地震的主因，有90%是地表板塊（如歐亞板塊、太平洋板塊、美洲板塊、非洲板塊、印度洋板塊、南極洲板塊、菲律賓板塊、可可斯板塊等）的構造運動所引起，餘10%為火山爆發、山崩或核爆等所引起（*周易，民88*）。

臺灣位於世界三大地震帶中，規模最強，活動最頻繁的「環太平洋地震帶」上，全世界70%以上的地震發生於此地震帶，且處於「歐亞大陸板塊」與「菲律賓板塊」相互衝撞的地區，兩板塊每年約以7～8cm的速率向西北方向相互碰撞擠壓，是屬於極度危險的地震區域（*周易，民 88*），地震災害頻繁乃必然之現象，過去 90年，平均每年約發生 2,200 次以上之地震（1994～1997 年，每年平均約有 15,000 次），其中有感地震每年平均約 214 次（1991～1994年為 489 次）（*交通部中央氣象局，民 88a、88b；臺灣省政府交通處，民 78*）。1895 年日本據臺後，1896 年即設立測候所觀測地震，此一以儀器觀測地震之歷史，可視為臺灣正式的地震史（*張憲卿，民88*）。一般而言，臺灣可分為三個地震帶：(1)東北地震帶，與歐亞及菲律賓板塊之隱沒有關；(2)東部地震帶，與歐亞及菲律賓板塊之

撞擊有關；(3)西部地震帶，與臺灣島內之斷層活動有關（阿部勝征，民89），因此臺灣近百年來之災害性地震，易發生於花蓮、臺東、臺中、嘉義等地，此其主因。臺灣的地震頻仍，其規模和震度之涵義和關係，值得進一步了解，以利因應。

地震的「規模」（Magnitude，M），係以震源位置測得的能量釋放為其定義，目前世界通用的是1935年美國地震學家Richter（芮氏）所創，芮氏規模（the Richter scale）分為：5以下為小地震（small），5～6為中地震（moderate），6～7為大地震（large），7～7.8為強烈地震（major），7.8或以上為超級地震（great）。其次，在地震強度上，每增加一個單位（one unit），表示地板的振幅增加10倍（the ground moved 10 times faster）；第三，在能量釋放（the energy released）上，規模6地震的能量是規模5地震的32倍，是規模4地震的1000倍，但並不表示搖撼房舍1000倍，較大的地震會較久且能量釋放的區域會較大（Southern Clifornia Earthquake Center〔SCEC〕, 1995）。以規模7.3的「九二一大地震」而言，其地震釋放能量相當於46顆原子彈，而規模6.8的「三三一地震」地震釋放能量相當於8顆原子彈。第四，在發生次數上，規模8以上的地震，全世界平均每年發生1次，規模7～7.9的地震，平均每年發生18次，規模6～6.9的地震，平均每年發生120次，規模5～5.9的地震，平均每年發生800次，規模4～4.9的地震，平均每年發生約6,200次，規模3～3.9的地震，平均每年發生約49,000次，規模2～3的地震，每天發生1,000次，規模1～2的地震，每天發生8,000次（Bain, 2000）；第五，在地震災害上，規模2.5或以上的地震是有感地震，規模4.5可能有局部輕微的災害，規模7以上必造成重大的災害，且全世界的地震站皆可記錄到此地震波（交通部中央氣象局，民88a）。

地震的「震度」（intensity）是地震時地面上的人所感受到震

動的激烈程度，或物體因受震動所遭受的破壞程度，震度可由加速度值來畫分，世界各國震度分級各有不同，臺灣採用的震度分為：0級「無感」（0，0.8gal 以下），地震儀有紀錄，人體無感覺；1級「微震」（Ⅰ，0.8～2.5gal以下），人靜止時，或對地震敏感者可感到；2級「輕震」（Ⅱ，2.5～8.0gal 以下），電燈等懸掛物有搖晃；3級「弱震」（Ⅲ，8.0～25gal），房屋震動，碗盤門窗發出聲音，懸掛物搖擺，靜止汽車明顯搖動，電線略有搖晃；4級「中震」（Ⅳ，25～80gal），房屋搖動甚烈，底座不穩物品傾倒，較重家具移動，可能有輕微災害，電線明顯搖晃，睡眠中的人幾乎都會驚醒；5級「強震」（Ⅴ，80～250gal），部分牆壁產生裂痕，重家具可能翻倒，有些牌坊煙囪傾倒，汽車駕駛人明顯感覺地震，大多數人會感到驚嚇恐慌；6級「烈震」（Ⅵ，250～400gal以上），部分建築物受損，家具翻倒，門窗扭曲變形，室外出現噴沙噴泥現象，汽車駕駛人開車困難，人因搖晃劇烈站立困難；7級「劇震」（Ⅶ，400gal以上），部分建築物受損嚴重或倒塌，幾乎所有家具都大幅移位或摔落地面，山崩地裂，鐵軌彎曲，地下管線破壞，人因搖晃劇烈無法依意志力行動（*交通部中央氣象局，民 89*）。

地震的規模和震度之關係，以「九二一大地震」而言，全臺灣皆為芮氏規模 7.3，震度則各有不同，南投和臺中震度為 6 級，嘉義、臺南、新竹、宜蘭震度為 5 級，雲林為其他縣市分別為 4 級或 3 級（*臺大地理系臺灣地形研究室，民 88*）；其次，就「一○二二嘉義地震」而言，全臺灣皆為芮氏規模 6.4，嘉義和南投的震度為 6 級，雲林為 5 級，其他縣市分別為 4 級、3 級或 2 級。再以「三三一地震」而言，全臺灣皆為芮氏規模 6.8，南澳的震度為 6 級，花蓮縣太魯閣、臺北市、臺北縣五股和苗栗縣南庄為 5 級，其他縣市分別為 1～4 級。

二 | 臺灣的活斷層

地球上的地震90%以上是構造斷裂（斷層）活動所引起的構造地震，斷層（faults）是二塊地盤間（two blocks of rock）之狹長的碎石區（a thin zone of crushed rock），長度不定，從幾公分到幾千公里；斷層依滑動的方向，可分為：⑴平移斷層（strike-slip faults）──有右移斷層（right lateral）和左移斷層（left lateral）；⑵上移斷層（dip-slip faults）──正斷層（normal faults）和逆斷層（reverse faults）（SCEC, 1995）。

地球自形成以來，歷經數十億年的地質變動，在岩石圈內部留下許多斷層，尤其是在古老的或現代的造山帶內，斷層更是多如牛毛。不過，在這些斷層中，絕大部分是不活動的。「活動斷層」是最近數萬年內至今仍有活動跡象的斷層，它具有地震發生潛能的地質構造，並且可能在不久的將來再次發生錯動的斷層（李錫堤和蔡義本，民86）。日本活斷層研究會認為在第四紀（＜±2,000,000年）有過反覆活動者為活斷層，美國墾務局（USBR）認為在過去十萬年內有過位移者即為活斷層，美國加州保護部礦務及地質處規定在全新世（＜±11,000年）內活動過者為活斷層，在更新世內活動者為潛在活斷層（potentially active fault）。1975年，美國原子能委員會（USNRC）則以下列條件界定所謂之「能動斷層」（capable fault）：

1. 過去35,000年內曾有一次地表移動者。
2. 過去500,000年內曾經不只一次地表移動者。
3. 缺乏絕對時間根據，但具有曾經發生地表移動之證據者。
4. 經儀器定位，確有地震發生之斷層。

5.經根據上述標準判定之活動斷層有關聯之斷層，且可合理推斷，當關聯斷層之一移動時，亦引起另一斷層移動者。

6.具上述任何一項條件之斷層視為將來可能移動之斷層（引自李錫堤和蔡義本，民86）。

1977年，Slemmons和Mckinney蒐集世界各地共31種對活斷層不同定義加以分析後指出，各家之定義儘管在細節上或年代界定上有所不同，但是基本上具有下列四項共通的原則：

1.活斷層曾在當今之造震地體架構（seismotectonic regime）下移動過。

2.活斷層具有將來再活動的潛能。

3.活斷層具有近期活動的證據，例如地形上之證據。

4.活斷層與地震活動有關聯（引自李錫堤和蔡義本，民86）。

臺灣的活斷層，據經濟部中央地質調查所調查，有51條（詳如表1），分成三類：第一類，是指過去一萬年間發生錯動的斷層，共有9條，如獅潭、神卓山、屯子腳、梅山、新化、美崙、奇美、玉里和池上斷層；第二類，是過去10萬年間曾經發生錯動的斷層，共有15條如雙連坡、楊梅北、楊梅南、大坪地、新城、斗煥頂、三義、大甲、大甲東、車籠埔、大尖山、觸口、六龜、鹿野和利吉斷層；第三類，為存疑性斷層，是指具活動斷層地形特徵，但缺乏地質資料佐證者，共有27條，如金山、崁腳、臺北、新店、南崁、楓樹坑、新竹、香山、柑子崎、竹東、清水、橫山、彰化、員林、田中、新社、大茅埔—雙冬、木屐寮、六甲、後甲里、左鎮、小岡山、旗山、潮州、鳳山、大梅和恆春斷層。

過去，有6次大地震發生於8條活動斷層上，包括梅山斷層芮氏規模7.1（1906年）、獅潭斷層芮氏規模7.1（1935年）、屯子腳斷層芮氏規模7.1（1935年）、神卓山斷層芮氏規模7.1（1935年）、新化斷層芮氏規模6.3（1946年）、美崙斷層芮氏規模7.3

（1951年）、玉里斷層芮氏規模7.3（1951年）、瑞穗斷層芮氏規模6.9（1972年）；斷層長度以玉里地震斷層的43公里最長，垂直位移量以獅潭地震斷層的3m最大，水平位移則以梅山地震斷層的2.4m為最（盧詩丁和張徽正，民88）。

　　民國88年，芮氏規模7.3的「九二一大地震」，則發生於車籠埔斷層和雙冬斷層，是百年來僅見的強震，可能創下多項世界地震紀錄，包括：活動斷層最大位移（地表8m，連同地層12m）、地表斷層長度最長紀錄（超過105公里）、最大水平地表加速度（989g）、錯動方向轉變等。其威力也造成臺灣中部地殼地表大位移和扭曲，聯勤測量隊以衛星定位儀連測3天，初測得臺灣地理中心——南投埔里虎子山三角點原點發生平面位移2.8m，高度約下陷50cm。另據中央氣象局設於南投縣名間國小的地動觀測站傳回的資料顯示，該地震力（最大的地表水平加速度）達983gal（900gal等於1個重力加速度），超過1個重力加速度，會使人瞬間失重，並使名間國小水平位移2m，亦即「九二一大地震」當時，如果有人剛好站在名間國小，則有瞬間是處於失重狀態，宛如置身太空中，而且在地震後，所站的位置和原本的位置至少有2m的差距，此一震力與日本阪神大地震的0.8重力加速度相較，是阪神大地震的1.2倍（湯志民，民88f），此次地震威力之大可想而知。

三｜活斷層的臨近學校

　　李錫堤和蔡義本（民86）在地理資訊系統中，以活動斷層為中心線，向兩側各100m和500m的範圍作環域分析，進一步求取各個學校校地中心點與各條斷層所形成的環域的交集，再將那一些有交集的學校全部篩選出來，當做是與活動斷層兩側各100m和500m

範圍有關聯的學校。須說明的是，學校位置是以學校中心位置為準，落入斷層線兩側100m內的學校，有可能直接落入斷層帶的範圍，落入斷層線兩側100m至500m內的學校，可以說是距離斷層很近的學校。

經測量結果，臺灣地區各級學校在活動斷層500m範圍內有358校（其中在活動斷層100m範圍內有66校），依區域分，北區（臺北市、臺北縣、宜蘭縣、桃園縣、新竹市、新竹縣）111校，中區（苗栗縣、臺中縣、南投縣、彰化縣）94校，南區（雲林縣、嘉義市、嘉義縣、臺南市、臺南縣、高雄市、高雄縣、屏東縣）100校、東區（花蓮縣、臺東縣）53校；依校別分，國小225校（占63%），國中73校（占20%），高中17校（占5%），高職29校（占8%），大專14校（占4%）。單就活動斷層100m範圍內66校來看，依區域分，北區19校，中區22校，南區13校、東區12校；依校別分，國小47校（占71%），國中11校（占17%），高中2校（占3%），高職3校（占5%），大專3校（占5%）。茲依縣市別，將臺灣地區距離活斷層500m（含100m）以內學校，整理詳如表23。

表23 臺灣地區距離活斷層500m（含100m）以內學校

縣市	校名（＊為距離活斷層100m以內學校）
臺北市	＊桃源國小＊桃源國中 關渡國小　湖山國小　志仁家商　惇敘工商　馬偕護校　光武工專　藝術學院
臺北縣	＊三和國小＊成州國小＊建國國小 五股國小　德音國小　中角國小　明志國小　丹鳳國小　鶯歌國小　鳳鳴國小 五股國中　泰山國中　義學國中　丹鳳國中　鶯歌國中
宜蘭縣	＊二城國小＊四季國小＊同樂國小＊榮源國中＊復興專校 大隱國小　南山國小　寒溪國小　中興國小　學進國小　大進國小　柯林國小 廣興國小　壯圍國小　公館國小　新南國小　過嶺國小　武塔國小　金岳國小 金洋國小　南澳國小　自強國小　化育國小　內城國小　大湖國小　梗枋國小 頭城國小　竹林國小　蓬萊國小　興中國中　南澳國中　壯圍國中　員山國中 頭城國中　羅東高中　羅東高工　羅東高商　頭城家商
桃園縣	＊公埔國小＊忠貞國小＊南崁國中＊永平工商 中平國小　東安國小　東勢國小　會稽國小　瑞梅國小　大同國小　瑞原國小 山頂國小　南崁國小　海湖國小　平南國中　瑞原國中　仁美國中　山腳國中 桃園高中
新竹市	＊竹蓮國小＊光復高中＊新竹師院 大庄國小　建功國小　東園國小　新竹國小　香山國中　成德國中　建華國中 培英國中　力行高中　新竹高中　新竹高商　清華大學　交通大學
新竹縣	＊華興國小＊新城國小 長安國小　山崎國小　湖口國小　關西國小　東光國小　東安國小　北埔國小 中正國中　橫山國中　富光國中　關西高農　大華專校
苗栗縣	＊僑成國小＊新興國小＊南庄國小 育英國小　斗煥國小　海口國小　田美國小　蓬萊國小　南庄國中　大成高中
臺中縣	＊沙鹿國小＊健民國小＊萬豐國小＊后里國中＊太平國中＊清水高中＊沙鹿高工 豐村國小　內埔國小　七星國小　泰安國小　新興國小　成功國小　東山國小 文昌國小　東陽國小　文光國小　竹林國小　公館國小　鹿峰國小　龍山國小 龍泉國小　大度國小　霧峰國小　光復國小　光隆國小　僑榮國小　后里國小 豐東國中　后綜國中　沙鹿國中　大道國中　光復國中　東華國中　鹿寮國中 大甲高中　致用商工　霧峰農工　勤益專校
南投縣	＊桶頭國小＊郡坑國小＊新興國小＊草屯國中＊竹山國中　草屯商工 光華國小　草屯國小　炎峰國小　僑光國小　瑞竹國小　富山國小　和興國小 長流國小　港源國小　水里國小　車埕國小　新山國小　信義國小　東埔國小 豐丘國小　中興國中　旭光國中　水里國中　信義國中　同德家商
彰化縣	＊三春國小＊白沙國小＊東和國小＊復興國小＊花壇國中＊中州工專 中山國小　民生國小　南郭國小　東山國小　青山國小　村東國小　清水國小 陽明國中　彰化女中　彰化高中　曉陽商工　建國工專
雲林縣	＊山峰國小＊梅林國小 棋山國小

表 23 （續）

縣市	校名（*為距離活斷層 100m 以內學校）					
嘉義市	大同國小	民族國小	志航國小	育人國小	宜信國小	林森國小	垂楊國小
	崇文國小	博愛國小	僑平國小	嘉北國小	精忠國小	蘭潭國小	大業國中
	北興國中	民生國中	玉山國中	南興國中	嘉義國中	蘭潭國中	宏仁女中
	嘉華高中	興華高中	嘉義女中	嘉義高中	大同高商	立仁工商	東吳工家
	崇仁高護	嘉義家職	嘉義高工	嘉義高商	大同商專	嘉義農專	
嘉義縣	*中崙國小	*黎明國小					
	三興國小	大吉國中	大南國小	大崎國小	水上國小	北回國小	竹崎國小
	和陸國小	忠和國小	南靖國小	柳林國小	梅山國小	鹿滿國小	圓崇國小
	義仁國小	義興國小	水上國中	竹崎國中	忠和國中	梅山國中	萬能工商
	嘉南家商	中正大學					
臺南市	東光國小	崇學國小	後甲國中				
臺南縣	*崎內國小	*新山國小					
	大竹國小	仁和國小	內角國小	永安國小	玉豐國小	光榮國小	嘉南國小
	龍潭國小	左鎮國中	白河國中				
高雄市	*右昌國小						
	加昌國小	莒光國小					
高雄縣	*仁武國小	*永芳國小	*鳥松國小	*灣內國小			
	旗山國小	橫山國小	龍興國小	寶來國小	茗濃國小	大社國中	大寮國中
	旗山國中	寶來國中	高英工商				
屏東縣	*恆春國小	*新豐國小					
	玉泉國小	保力國小	僑勇國小	恆春國中			
花蓮縣	*中華國小	*舞鶴國小	*玉里國小	*三民國小	富南國小	*三民國中	*富北國中
	大禹國小	中城國小	中興國小	月眉國小	古風國小	卓楓國小	明義國小
	明禮國小	東竹國小	東富國小	松浦國小	信義國小	春日國小	崙山國小
	富里國小	復興國小	瑞美國小	萬寧國小	學田國小	鶴岡國小	觀山國小
	花崗國中	玉里國中	玉東國中	東里國中	富里國中	玉里高中	花蓮高工
	花蓮高商	花蓮師院					
臺東縣	*永安國小	*電光國小	*大坡國小	*萬安國小	*初鹿國中		
	利吉國小	振興國小	馬蘭國小	新生國小	賓朗國小	鷺山國小	東海國中
	新生國中	臺東高中	公東高工	臺東高商			

資料來源：臺灣省中小學校園附近活動斷層普查及防震對策之研究計畫，李錫堤和
蔡義本，民 86，臺中縣：臺灣省政府教育廳。

第二節

學校建築常見的震害

　　學校是教育的場所，在社會有緊急災變時，又常充作臨時收容所，因此位處多震帶的臺灣，其學校建築之耐震安全是一個值得重視的問題。以下分別就臺灣學校建築的耐震不足、學校建築耐震不良的原因和一般學校建築常見的震害等三方面，加以說明。

一　臺灣學校建築的耐震不足

　　臺灣的學校建築，不論從耐震評估結果或從實際震害，都顯示普遍存在著耐震能力不足的問題。

　　在耐震評估方面，民國81年至82年間成功大學建築系曾針對臺南市轄區內之國中、小及幼稚園鋼筋混凝土校舍進行耐震評估，評估結果在130棟校舍中，只有12棟之崩塌地表加速度達到嘉南地區475年迴歸期地表加速度之要求（280gal），其他118棟均低於此標準，其中更有7棟甚至低於此標準之一半；另民國80年至81年，成大許茂雄教授亦曾以增量震譜方式評估嘉南地區觸口斷層，結果只有2棟崩塌地表加速度達到280gal之要求，若再考慮建築技術規則中學校建築之使用係數1.25，則不足程度將更大。值得注意的是，上述評估雖然是針對嘉南地區之學校建築，但臺灣的學校建築，不論在構造方式或空間型態上都相類似，因此其他地區之校舍耐震能力，情況與嘉南地區亦不致有太大之區別。

在實際震害方面，近年來，臺灣的學校建築幾乎每次只要地震較大，災害就會產生。例如，民國 75 年 11 月 15 日臺北地震（震央在花蓮東北方外海，芮氏規模 6.8）造成臺北市景美女中、中山女中、實踐國小和實踐家專等 9 校，基隆市五堵國小，宜蘭縣南安國中、南安國小和中山國小等 4 校，學校校舍遭到嚴重損壞；民國 79 年 12 月花蓮發生芮氏規模 6.5 地震，花蓮地區，就有明禮國小等 16 校遭受震害，其嚴重程度遠超過一般建築物之損壞；其他如民國 80 年 3 月臺南北門地震，龍安國小之損壞；民國 81 年臺東成功地震，花蓮富里國小之損壞，以及民國 84 年 12 月臺東興昌國小之損壞，可以說都是校舍損壞具體的例子（*葉旭原，民 86*）。民國 87 年 7 月 17 日，嘉義瑞里發生規模 6.2 之強烈地震，中小學計有 30 所受損，其中校舍結構損壞較嚴重的有培英國小的前棟校舍，內埔國小的圖書館，太興國小的專科教室和教職員宿舍，仁壽國小的前後棟校舍，梅圳國小的視聽中心、專科教室和音樂教室，以及梅山國中的維善堂（*張嘉祥、陳嘉基、葉旭原、王貞富和賴宗吾，民 88*）。

民國 88 年 9 月 21 日，臺灣發生百年來最大的地震，芮氏規模 7.3，學校建築遭受空前未有的震害，根據當時的網站、報載和相關資料（*參見湯志民，民 88f*）：

㈠南投縣，較嚴重的，有國立暨南國際大學行政大樓、宿舍、部分教室大樓樑柱、牆壁嚴重龜裂；南開工商專校行政大樓全垮、校舍倒塌 2/3，教室剩 30 間；草屯商工校舍 80% 損毀或下陷；中興高中禮堂倒塌，教室嚴重損壞；國中小部分，182 所國中小有 140 校需重建校舍，全毀的學校有中寮國中、爽文國中、北山國中、旭光國中、水里國中、集集國中、中興國中、南投國中、社寮國中、瑞峰國中、鹿谷國中、埔里國中、信義國中、仁愛國中，中寮國小、爽文國小、國姓國小、平林國小、水里國小、永昌國小、竹山國小、南光國小、潭南國小和親愛國小。

　　㈡臺中縣，較嚴重的，有朝陽科技大學樑柱斷裂、牆面龜裂、校內地面龜裂下陷、聯外道路隆起中斷；青年中學校舍全毀、行政大樓全倒塌，兩旁大樓下陷一層，教官室、值日室、軍械室全毀；明臺工家校地坍塌，教學大樓均龜裂，已無教室可用，最慘的是政府剛斥資 2 億元整修國家二級古蹟林家宅園（包括頂茨、下茨和萊園，預定 9 月 24 日驗收，9 月 21 日即遇地震），位於校內的「萊園」五桂樓和飛觴醉月亭全毀（*劉還月，民 88*）；國中小部分，嚴重損壞的學校有 45 校，校舍全毀者 25 棟，半毀者 7 棟，需進行二次鑑定暫時禁止使用者 39 棟，全毀的學校有大里國中、光復國中（參見圖 56）、太平國中、東勢國中、石岡國中，協成國小、大林國小、草湖國小、塗城國小、五福國小、桐林國小、光隆國小、黃竹國小、中山國小、東勢國小、中科國小、石岡國小、中坑國小和福民國小。

九二一地震光復國中運動場隆起 2 公尺，校舍崩塌全毀，令人觸目驚心。

圖 56：臺中縣光復國中九二一地震震毀校舍

　　㈢臺中市，較嚴重的，有中興大學圖書館、農科所、農經館、食科館成為危險建物，全校水管電線嚴重損害；中臺醫護學院地層

下陷地面嚴重龜裂、宿舍樑柱斷裂、教室分裂；臺中技術學院大樓下陷、學生宿舍傾斜。國中小部分，有 56 校校舍損壞，較嚴重的軍功國小操場從中裂開，操場左側水泥地開數道深溝，校舍斷垣殘壁。

㈣臺北市，較嚴重的，有景美女中敦品樓（資訊大樓）傾斜，現已拆除重建；士東國小力行樓柱子出現嚴重裂痕成為危險建物；建安國小活動中心成為危樓。

㈤彰化縣，較嚴重的，社頭國小整棟 45 間教室下陷。

民國 88 年 10 月 22 日，嘉義地區又發生芮氏規模 6.4 地震。據教育部公布的資料，受損的學校超過 100 所，中正大學行政大樓門口上方瓦牆塌落，大禮堂天花板不少輕鋼架掉落；虎尾技術學院教學大樓龜裂；民雄農工實習工場坍塌（參見圖 57）；嘉義家職兩棟樓房柱子裂開，多間教室和圖書館有裂縫，水塔震裂；嘉義高商部分教室龜裂，水塔震垮；知德工商校舍大樓龜裂。國中小部分，嘉義市有 25 所學校受損，其中北興國中及興嘉、興安、嘉北、崇文、志航、垂楊等國小的災情特別嚴重；嘉義縣在九二一大地震有 91 校受創，現又有 87 所學校受損，較嚴重的有圓崇國小連遭二次地震兩棟校舍全毀；興中國小有 13 間教室嚴重受損（*湯志民，民88f*）。民國 91 年 3 月 31 日，花蓮秀林外海發生芮氏規模 6.8 地震，造成 107 所學校受損，臺北市有 12 所國小、6 所國中和 9 所高中職校舍受損，其中以建國中學、誠正國中和武功國小最嚴重；建國中學，紅樓二樓牆面龜裂、走廊和辦公室等輕鋼架損毀約 220 m²，會議室天花板損毀 300 m²，自強樓地下室牆面龜裂和 1～3 樓廁所牆柱裂縫 4 處等等；誠正國中，川堂兩旁牆壁磁磚震碎、牆壁出現多條裂縫，3、4 樓教室走廊前伸縮縫水泥、電燈罩掉落，訓導處和班聯會辦公室牆壁出現多條裂縫等；武功國小，活動中心地板裂縫加大，中棟教室伸縮縫裂縫加大，南棟和西棟的走廊天花板及女

兒牆裂縫加大、樑柱出現裂縫等（*中國時報，民國91年4月1日，第18版*）。

圖 57：嘉義縣民雄農工實習工廠坍塌

資料來源：**聯合報**，民國 88 年 10 月 23 日，第 1 版。

　　根據教育部（*民 90b*）對立法院的報告，「九二一大地震」及「一〇二二地震」，受損學校校數，大專校院 81 校、高中職 134 校、國中小 1,327 校、特殊學校 4 校，總計 1,546 校，經行政院核定各級學校復建經費 135 億 2,078 萬元，另民間認養及認捐約 90 餘億元。教育部辦理九二一及一〇二二地震災後校園重建學校，分為委託內政部營建署代辦重建組（A 組）、委由新亞工程顧問公司協辦重建組（B 組）、地方政府及學校自辦重建組（C 組）和民間認養自（委）辦組（D 組）等 4 組，包括高中職 10 所、國中 60 所、國小 221 所和幼稚園 2 所，計 293 所（詳見表 24），在政府和民間有計畫的推展校園重建工作，這些學校都逐一以嶄新的面貌佇立於美麗寶島（參見第六章第四、五節）。

表 24 教育部辦理九二一及一○二二地震災後校園重建學校一覽表

縣市 校別	委託內政部營建署代辦重建組（A組）	委由新亞工程顧問公司協辦重建組（B組）	地方政府及學校自辦重建組（C組）	民間認養自（委）辦組（D組）
臺北縣 國小			中正	
桃園縣 國小			會稽	
苗栗縣 國中			獅潭	
國小	僑城、海口		僑育、啟文、銅鑼、田美、大湖、大南、永興、雙連、景山、士林	內灣、景山、梅園
臺中縣 高職	霧峰農工		東勢高工	
國中	霧峰、新社、大道、		和平	豐東、光復、大里、太平、中平、東勢、東勢、中山、中科、石岡、新社、協成、
國小	大林、中坑、黃竹、草湖、土牛、光隆、福民		東興、大南、崑山、坪林、東汴、博愛谷關分校、自由	塗城、瑞城、健民、霧峰、僑榮、五福、峰谷、桐林、太平、宜欣、坪林之坪部分校、光復
幼稚園	幼兒學校			中山幼兒實驗學校
臺中市 國中				雙十、崇倫、東峰、五權、東山、臺中、成功、進德
國小				力行、樂業、忠孝、大同、軍功、新興
南投縣 高中職	中興、南投、南投高商、竹山、埔里		草屯商工	
國中	宏仁、瑞竹、延和、鹿谷、民和、仁愛		南崗、草屯、竹山、魚池、明潭、北山、同富	南投、中興、埔里、大成、旭光、社寮、集集、名間、瑞峰、中寮、爽文、國姓、北梅、水里、信義
國小	營盤、育英、水尾、南光、富功、土城、廣英、南港、民和、新山、群坑、成城、隆華、親愛		光榮、文山、僑建、光復、千秋、史港、溪南、麒麟、鐘靈、大鞍、瑞竹、秀林、雲林、鯉魚、桶頭、隘寮、和平、田豐、秀峰、文昌、內湖、初鄉、清水、和興、永康、清水、和興、頭社、新城、德化、共和、港源、車埕、羅娜、同富、愛國、	南投、平和、新豐、漳和、埔里、桃源、中峰、大成、草屯、炎峰、中原、平林、僑光、竹山、延平、社寮、中州、集集、永昌、富山、鹿谷、瑞田、中寮、爽文、永樂、至誠、廣福、魚池、東光、國姓、北山、北港、福龜、育樂、長福、乾峰、

表24 （續）

縣市校別	委託內政部營建署代辦重建組（A組）	委由新亞工程顧問公司協辦重建組（B組）	地方政府及學校自辦重建組（C組）	民間認養自（委）辦組（D組）
			神木、忠信、久美、雙龍、豐丘、法治、互助、力行、南豐、中正、發祥、平靜、春陽、紅葉、清境	水里、玉峰、永興、信義、人和、地利、潭南、新鄉、萬豐
彰化縣國小			民生、青山	
雲林縣國中		水林、斗六、石榴、淵明代用		古坑
國小		華山、臺興	草嶺	梅林、古坑、永光、九芎、臺西、臺興
嘉義縣高職國中國小		民雄農工竹崎、梅山民雄、秀林和睦	民雄、升平、大埔景山之振寮分校、新塭、美林、港墘、後塘、中埔、大有、三層、中蕎、社口、中正、民和、大湖、永興、文光、龍山、內埔、梅山、太平、太興、來吉、豐山	大吉、民和朴子、興中、文昌、月眉、太保、安東、南新、新埔、成功、圓崇
嘉義市高中國中國小		嘉義北興、嘉義博愛、垂楊、嘉北		北園
臺南縣國中國小		新化、南新		將軍
臺南市國小		日新、新南		
學校數	A組	B組	C組	D組	合計

學校數	A組	B組	C組	D組	合計
高中職	6 所	2 所	2 所	0 所	10 所
國中	9 所	10 所	17 所	24 所	60 所
國小	23 所	10 所	105 所	83 所	221 所
幼稚園	1 所			1 所	2 所
合計	39 所	22 所	124 所	108 所	293 所

資料來源：整理自教育部九二一災後校園重建報告（立法院版）（第 23-47 頁），教育部，民 90b，臺北市：作者。

二| 學校建築耐震不良的原因

　　臺灣的學校建築，因空間機能較單純，加以重視通風、採光，常發展成細長條形、U形、L形、H形等平面形式，較不耐震，因此地震一來經常發生損壞。臺灣和日本的學校校舍有許多類似的平面設計，地震損壞情形也很接近。例如，日本方面，1995年1月17日阪神大地震規模7.2，其中18所震害代表學校，校舍結構系統幾乎都是長向純剛構架，短向附有剪力牆，長向無剪力牆，因此地震損害幾乎都在長向。1978年2月20日，日本宮城外海發生規模6.7地震，其中15所震害代表學校，RC結構的破壞最主要為短柱剪壞、緊臨窗臺柱剪斷和牆壁剪壞。臺灣方面，民國79年，花蓮市明禮國小震害，長條形校舍，懸臂走廊，柱子兩邊有窗臺者較無窗臺者破壞嚴重，因其有效柱長變短，剛度變大，地震時剪力大量增加所致；民國75年，臺北市景美女中震害，校舍柱主要破壞的型態是緊臨窗臺部分，形成短柱，造成剪力破壞，約占80%（葉旭原，民86）。

　　值得注意的是，「九二一大地震」和「一○二二嘉義地震」，公共建築倒塌程度比一般住宅嚴重得多，尤其是學校建築。楊永斌（民89）要析學校建築的破壞，原因不外下列五點：

　　1.基礎設計不佳：因地層滑動引致差異沈陷，造成結構之傾斜和破壞，其遠因則可歸咎於座落在填方、順向坡或軟弱層之上。

　　2.結構形式不良：樑、柱、板、牆配置欠佳，缺乏有效之側力抵抗系統，又或因窗臺矮牆配置不當，造成短柱破壞。

　　3.建物間距不足：建築物間距不足，在地震時鄰近建築常因高矮不同而相互碰撞，造成結構之破壞。

4.缺乏耐震設計：樑柱系統之設計缺乏耐震之考量，因柱之箍筋間距過大、彎鉤角度不對，或主筋量不足、搭接不當而破壞。

5.材料強度不足：從倒塌之校舍可見其混凝土多呈土黃色，而非正常之水泥色，表示施工時水泥用量過少，造成材料強度之不足（第18-19頁）。

李清祥（89）依其 20 年工地實務經驗和震後勘災觀察，將學校建築耐震不良的原因，分為整體制度、建築設計和工程施工等三方面詳加評析，可謂一針見血，切中時弊，茲限於篇幅，僅整理要述如下以明梗概。

㈠ 整體制度方面

1.建築師監造不力：大多數建築師事務所不具結構設計及監造能力，卻又獨攬設計監造權，領監造費卻不負責任監造。

2.營造商借牌盛行：營造廠商借牌風氣盛行，許多營造廠的主任技師只掛名，並未實際到工地現場督工，工程品質低落，自可預見。

3.營造商搶標轉包：營造廠商低價搶標且層層轉包，使最後承包者因無合理利潤，且此種小包不具技術水準，工程品質自然被犧牲。

4.地質鑽探不實在：少數鑽探廠商東抄西湊或憑想像撰寫地質鑽探報告，並未實地進行鑽探。

㈡ 建築設計方面

1.建物設計人員不重視地基調查，甚至未實際辦理地質鑽探，設計之基礎底板深度（依規定不得少於 60cm）未達良好承載力土

壤，易產生不均勻下陷。

2.整體結構不穩定，傾覆力矩過大：建物地坪基盤與前後道路基盤高低差太大（大於 60cm 以上），造成建築物介面高低差增加傾覆力矩之破壞力。如南投縣某校進校門左側大樓倒塌拆除 42 間教室，及嘉義縣某職校特教大樓樑柱破壞嚴重而必須拆除，均因建物地坪與道路兩者高差超過 120cm，大幅增加地震破壞力。

3.學校建物為求採光通風良好，多為長方形騎樓式建築：騎樓源自清朝臺灣巡撫劉銘傳之規定，日據時代繼續沿用至今，是臺灣特有的特色，但此種建物在平行道路方向幾乎沒有牆可以抵抗水平地震力，對於結構系統而言相當的不利。臺灣的校舍大多為長方形騎樓式建築，門窗均開設在柱子旁邊，此時窗戶底下之窗臺或門頂端之牆壁，對於柱而言都是一種支撐，無形中將柱子的有效長度縮短（因窗框的強勁度遠低於窗臺），而柱子有效長度縮短建築師在當初結構設計時很少考慮到，因此這部分的柱子剛性變大，當有水平地震力作用時，此柱相對必須承擔比較大的水平剪力，此即為短柱效應（短柱比其他旁邊沒開口的柱子承載更多剪力），亦為九二一震害主要破壞類型。

4.一樓挑高挑空或二樓以上懸臂式（無柱騎樓）：如學校活動中心或體育館均有此種設計，可能造成缺樑、缺柱、缺樓板或造成細長柱（或稱為軟腳蝦），而易倒塌之危險。

5.校舍建物建於軟弱的地下室擴展空間：如學校行政及教室大樓，地下因停車空間需求而打成一片，結構分析模式較複雜，一旦設計不當及施工不良，所形成軟弱的地下室擴展空間，地震時易產生極可怕的三明治擠壓效應。

6.校舍建物以磚牆做隔間，甚至當作結構性的承重牆。

7.相鄰或新舊相接兩棟建物未設計適當的伸縮縫隔開。

8.建於山坡地之校舍未與擋土牆保持安全棟距。

㈢ 工程施工方面

1. 校舍結構柱之保護層厚度不一：如南投縣某高中學生宿舍一樓支撐柱保護層一側為 5cm，一側為 8cm，另有部分柱保護層僅1cm左右（規定為4cm），致鋼筋鏽蝕鏽水流出等均影響柱抗壓能耐及耐久性。

2. 校舍結構柱之主筋搭接不當：九二一震災崩塌損害之校舍80%均因此種施工不良（包括混凝土澆置之冷縫及品質不良）所引起。

3. 柱之箍筋彎鉤未達標準：依耐震設計規範，地震區之箍筋尾端應採用 135°彎鉤彎入柱核心內 10db 以上（ϕ10mm 長度10cm，ϕ13mm長度13cm），但現場所見皆為90°彎鉤（長度僅約4cm）。

4. 柱之箍筋間距過於寬疏不合標準：依建築技術規則之規定，柱端的緊密箍筋區之箍筋間距約 10cm，柱中央區之箍筋間距約為15cm。從現場震害之柱箍筋來看，整根柱子大多以30cm之間距配置箍筋，不論柱端或中央區之箍筋間距均太大。

5. 混凝土之水泥成分不足：有些混凝土用手即可剝離且很多粒料分離，蜂窩嚴重，保護層又不足致鋼筋外露及混凝土握裹能力不足。通常混凝土設計抗壓強度為3000lb/in2，但據多數採樣試驗結果得知，許多倒塌校舍建物的抗壓強度常只有 1400lb/in2～800lb/in2。早年採用手拌混凝土，使用太大的粗材料，現場有許多碩大的圓石頭。近年採用預拌混凝土，則有粗骨材太小又以飛灰、爐石粉代替水泥之比重太高，以3000lb/in2強度混凝土為例，應使用水泥重量為290～310公斤，但很多預拌廠僅用約130～160公斤，其餘以較不具強度且便宜很多的爐石粉及飛灰代替，因而水泥水化作

用不良降低混凝土應有的強度及韌度，例如臺中縣某高中一樓柱混凝土砂漿太多而碎，顯然混凝土澆置時已有骨料分離情形。

*6.*磚牆砌法不當：如未依規定（磚牆高度或長度超過 3m）施作加強樑及加強柱，以及磚縫未滿漿和砂漿厚度不足等。

*7.*混凝土澆置不良，結構體冷縫過多：如南投縣某高職正興建中的校舍大樓結構體混凝土不良接合冷縫很多，顯示未做好澆置計畫。冷縫看似裂痕線，二氧化碳和水易從此滲入，使混凝土加速中性化及劣化，鋼筋也會鏽蝕致混凝土剝落，並降低結構物耐久性。

*8.*現場發現柱，甚至樑內有沙拉油桶、報紙、雜物的情形。

*9.*樓梯未與鋼筋與牆壁連結，地震時斷裂。

*10.*建築物下土壤未良好夯實，故地樑下方土壤流失，易造成地坪裂縫。

最後，李清祥（*89*）就學校建物受震害毀損倒塌原因，扼要並補充說明國內校舍常見的缺點：(1)騎樓式長方形校舍，挑空挑高底層及懸臂式無柱騎樓等結構形式的軟弱一樓，因短柱效應柱箍筋被拉斷、柱主筋蒜頭型鬆開後被其上方載重壓垮，為九二一震災的主因。(2)很多校舍建築可能完全沒有經過結構分析與設計，只是由建築師套圖來配筋。(3)短樑、短柱或樓梯間及廁所極短樑、極短柱效應之破壞屢見不鮮。(4)頂樓不當或違法加蓋或隨意加設數個水塔，增加設計意外的地震破壞力。(5)結構設計時常未考慮及柱中埋設各種暗管，減少柱很多斷面積及鋼筋握裹力而造成柱破壞。(6)高矮不一、勁度不同、年代不同的校舍間未留足夠的碰撞空間及做好伸縮縫，在本次地震中亦造成很多損壞。(7)柱主筋不當的使用瓦斯壓接或彎紮，因瓦斯熱效應將使鋼筋延展性降為原來的 1/4，造成柱底彎矩破壞。這些學校建築的耐震不良原因，實值國內學校、政府、建築師和營造廠等，深切省思，並應審慎改進，以興建安全優質的臺灣學校建築。

三 一般學校建築常見的震害

　　根據葉旭原（民86）之研究，一般學校建築經常發生破壞之位置及破壞方式如下。

(一) 上部結構方面，主要有

　　1. 長向耐震能力大多低於短向耐震能力。

　　2. 不規則形狀之損壞遠比規則形狀來得嚴重。

　　3. 整棟建築物損傷最嚴重樓層通常為第一層。

　　4. 上部結構損害主要發生平行於長向之柱子，破壞方式大多是剪力破壞。

　　5. 附有窗臺的柱子常形成極短柱，產生剪力破壞。

　　6. 廁所及樓梯間的高窗處形成極短柱，地震時產生45°剪力破壞裂縫，較嚴重者混凝土掉落，鋼筋外露。

　　7. 柱破壞皆發生於箍筋較少一端，或箍筋彎鉤施作不良之端點。

　　8. 樓梯間的垂直窗帶常形成極短樑，並遭到剪力破壞。

　　9. 懸臂樑處有彎矩裂縫產生。

　　10. 樓梯間旁邊的教室樓板角隅處，在地震時形成45°裂縫。

　　11. 砌磚與 RC 接合部位在地震時開裂。

　　12. 不同時期興建之校舍，續接處常因碰撞造成混凝土塊掉落，甚至造成柱、樑、樓板的損壞。

　　13. 校舍過於細長，且地震之作用正好接近或平行校舍細長方向時，兩端部之牆、隔間以及樑經常產生損壞，較嚴重者則從整棟校舍中央分裂開來。

*14.*鋼骨造屋架與混凝土接合部位，錨定螺栓常遭拔起或剪斷。

*15.*鋼骨造建築物（如體育館）長向斜撐常遭挫屈或拉斷。

*16.*鋼骨柱角在地震時拔起，或造成螺栓鬆動。

*17.*鋼骨斷面受雨水侵蝕變小，構材斷面變小處在地震時經常產生大變形。

*18.*鋼骨柱樑焊接不良處在地震時損壞。

㈡ 基礎與地盤方面，主要有

*1.*位於海邊、沙洲、回填地等土壤容易液化區，在地震時經常導致建築物傾斜、水平移動。

*2.*地震後擋土牆背後土壤經常塌陷。

*3.*校舍跨越不同土層處，造成不均勻沈陷。

*4.*校舍重量分布不均（如只有部分興建地下室），造成不均勻沈陷。

*5.*樁基礎頭部由於地震力作用，遭到剪壞、壓壞。

*6.*校舍位於斷層附近時，靠近斷層側損傷較為嚴重。

*7.*校園操場、道路、停車場等，經常在地震後產生下陷、龜裂。

㈢ 非結構及設施方面，主要有

*1.*屋頂水塔或冷卻塔震後經常傾斜、倒塌、甚至掉落。其破壞情況一般有下列三種：

⑴底座錨定處螺栓被拔起或剪斷。

⑵支撐架壓縮構材挫屈。

⑶焊接處斷裂。

2. 學校圍牆倒塌。

3. 女兒牆、欄杆掉落。

4. 內外裝修材掉落。

5. 天花板掉落。

6. 窗框變形，玻璃破裂。

7. 日光燈、吊燈、電扇、視聽教學設備等懸吊物掉落。

8. 理化實驗室、自然教室中實驗器材、藥品翻倒。

9. 圖書室中書架傾斜或翻倒。

10. 教室或辦公室中置放資料之櫥櫃翻倒（第23-24頁）。

第三節

學校建築的耐震設計

臺灣的學校建築之所以普遍耐震能力不足，動輒遭到震害，除了與過程施工管理制度不夠嚴謹有關外，最主要的還是結構系統在先天上耐震不佳所致（葉旭原，民86）。

因此，臺灣的學校建築，在規畫設計上，在符應教學需求之外，更應重視耐震的設計，臺北市政府率先於民國89年8月10日以北市工建字第8932060900號函要求各級公私立學校新建工程耐震設計所採用建築物之用途係數 I 值由 1.25 提高到 1.5（比照醫院、消防廳舍、發電廠等），值得肯定；事實上學校是重要的公共設施，對都市城鎮而言，具有防災避難的功能，地震（或颱災、水災等）來襲，應有暫疏民困以資應對之功效，鄰國日本也是地震頻繁之地，對其學校建築應具有防災避難功能之設計要求，甚為重視，值得借鏡。在此，特針對過去學校建築常見之震害，參照建築

技術規則之規定（*詹氏書局，民 94*）及學校建築耐震規畫設計之相關研究（*中華民國建築學會，民 88；林建智，民 85；張嘉祥、陳嘉基、葉旭原和王貞富，民 87；張嘉祥、賴宗吾和林益民，民 84；張嘉祥等，民 88；許晉嘉，民 83；湯志民，民 88f；葉旭原，民 86*），將學校建築耐震設計要點，分為校地基礎的耐震因應、學校空間的耐震規畫、校舍結構的耐震設計、老舊校舍的耐震補強和附屬設施的耐震處理等五方面，加以說明。

一｜校地基礎的耐震因應

㈠校地選擇遠離斷層，建築技術規則建築設計施工篇第 262 條之規定，依歷史上最大地震規模（M），大（等）於 7 時，活動斷層帶二外側邊各 100m 不得開發建築；大（等）於 6 小於 7 時，活動斷層帶二外側邊各 50m 不得開發建築；小於 6 或無記錄者，活動斷層帶二外側邊各 30m 不得開發建築。因此，新設校校地選擇應遠離斷層，反之在活動斷層 100m 範圍上的 66 所學校，則應檢討遷校或耐震安全補強事宜。

㈡校舍位置鄰近坡地，地震時會因坡地土壤滑動，導致校舍崩塌或為土石所淹沒；因此，校舍臨近坡地，需構築擋土牆或其他之擋土措施如駁坎、階梯式花臺等，以防坡地在地震時滑動。擋土牆背面，需做集水溝聚集雨水，以防大量雨水侵入土壤中導致擋土牆滑動或傾倒；擋土牆牆體，需設置排水孔，以降低土水壓力。擋土牆內側，可增設扶壁，以增加對地震力之抵抗。

㈢校舍基地為回填地，常因土壤密實度不足，導致校舍在地震時產生傾斜、沈陷；因此，校舍宜採樁基礎，並將其打至堅硬地盤，使上部結構載重有效傳至堅硬地盤，以避免校舍不均勻沈陷。

此外，校舍建築亦可採整體式之筏式基礎，並對基礎下之土質進行改良（壓實、壓密、固結或置換），以提高土壤承載力（參閱圖58〔A〕）。

㈣校舍位置緊臨水邊，地震時常因土壤液化或擋土結構滑動而導致嚴重之沈陷及破壞，且水邊之建築基地一般地下水位較高，土質也較鬆軟，地震時很容易產生土壤液化與土壤滑動。因此，校舍建築基地在緊臨水邊之一側需設置良好的擋土結構，並加做地錨以防止擋土結構在地震時滑動。同時，為防止校舍在地震時產生不均勻沈陷，可採用筏式基礎或樁基礎。此外，在校舍興建前，對土壤之強度及液化潛能，應做適當之評估或改良。

㈤校舍同時座落於軟弱土質及堅硬土質時，由於軟弱土質與堅硬土質之承載力不同，容易導致校舍產生不均勻沈陷，進而引起上部結構產生裂縫或破壞。因此，在校舍規畫時遇有土質軟硬不同時宜考慮不同基礎形式，並在土質軟硬交界區做伸縮縫（參閱圖58〔B〕）。

㈥校舍位於軟弱層上方，土壤在地震中滑移，易導致建築物移動開裂、甚至傾倒損壞。因此，校舍規畫時，宜採用深基礎（打樁等）穿過軟弱層，以避免校舍發生上述之破壞（張嘉祥等，民88；葉旭原，民86）。

二 | 學校空間的耐震規畫

㈠在校舍平面上，校舍長度過長時，除了熱脹冷縮會導致額外應力造成裂縫外，在地震時端部也很容易造成破壞；同時，校舍平面轉折部分，在地震時常因應力集中現象導致破壞。因此，單棟校舍宜採用規則、對稱之平面形狀；矩形平面之校舍，長寬比（L/

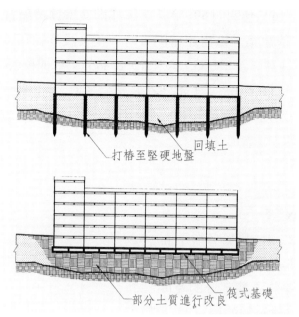

A：校舍基地為回填地，宜採樁基礎並將其打至堅硬地盤，亦可採整體式之筏
　　式基礎，並對基礎下之土質進行改良。

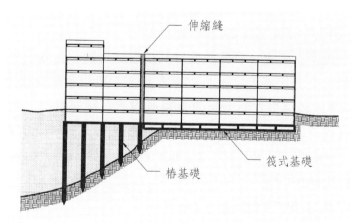

B：校舍規畫時遇有土質軟硬不同時宜考慮不同基礎形式，並在土質軟硬交界
　　區做伸縮縫。

圖 58：校舍基地土質不同之耐震策略因應

資料來源：學校建築耐震規畫設計參考手冊研擬（第 53、58 頁），葉旭原，民 86，
　　　　　未出版碩士論文，國立成功大學，臺南市。

B）最好小於 6（參閱圖 59〔A〕），亦即教室連續配置以不超過 5間為原則，依建築計畫需連續配置時，校舍長度約每 60m 需設置一處伸縮縫（許晉嘉，民 83；葉旭原，民 86）；單棟校舍平面應避免採用 L 形、U 形、H 形、T 形、Z 形或十字形，不得已採用這些平面形狀時，幾何上最好符合下列原則（張嘉祥等，民 87、88；葉旭原，民 86）：

L/B≦6

l/b≦2

L/Bmax≦5

l'/Bmax≧1（用於 Z 形平面）

L：建築物的總長度

B：建築物主體部分的寬度

Bmax：建築物的總寬度

l：建築物突出部分的長度

b：建築物突出部分的寬度

l'：建築物兩主體重疊部分的長度

㈡在校舍立面上，單棟校舍宜採用形狀規則、寬度均勻變化之立面，避免高寬比過大之細長立面形狀，一般校舍高寬比（H/L 或 H/B）不得大於 4；立面上應儘量避免突然之幾何變化，如樓層退縮、出挑或成倒梯形，不得已採用這些形狀時，幾何上最好合乎下列原則（參閱圖 59〔B〕）（張嘉祥等，民 87、88；葉旭原，民 86）：

H/L 且 H/B≦4

H'/L' 且 H'/B'≦4（針對有退縮部分）

L'/L 且 B'/B≧0.75（針對有退縮部分）

H：建築物的高度

L：建築物的長度

B：建築物的寬度

H'：建築物退縮部分的高度

L'：建築物退縮部分的長度

B'：建築物退縮部分的寬度

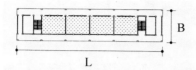

A：矩形平面之校舍，長寬比（L/B）最好小於6。

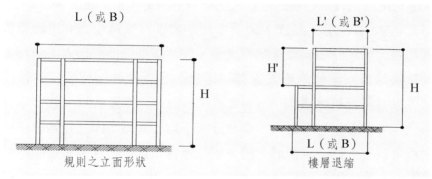

規則之立面形狀　　　　　樓層退縮

B：校舍立面高寬比（H/L 或 H/B）不得大於4；如樓層退縮，則：

　H'/L'且H'/B'≦4（針對有退縮部分）　　L'/L且B'/B≧0.75（針對有退縮部分）

圖59：校舍平面和立面之耐震設計

資料來源：學校建築耐震規畫設計參考手冊研擬（第30-31頁），葉旭原，民86，未出版碩士論文，國立成功大學，臺南市。

㈢在校舍棟距上，校舍間需有適當之鄰棟間距，以避免校舍在地震時相互碰撞；鄰棟間距（△）需大於建築高度之 19/1000 及 19cm（葉旭原，民86）。

㈣在校舍配置上，對須堆置大量靜載重之圖書室、器材室及實驗室等空間或產生活載重之會議室、演講廳及禮堂等空間之載重分布，應依建築技術規則之規定設計，並儘量將上述空間配置於底

層，一方面促使載重直接傳遞至土壤，另一方面可避免引致過大的地震力（許晉嘉，民83）。

三｜校舍結構的耐震設計

㈠在校舍走廊上，避免採用懸臂走廊，以免地震時產生上下擺動，造成端部損壞。因此，校舍走廊規畫時宜採取有廊柱之結構系統，在耐震上有廊柱雙邊走廊又比單邊走廊更佳（參閱圖60〔a〕）（葉旭原，民86）。其次，弱震區和中震區教室長軸方向可設置單邊走廊，走廊外端要設置韌性構架，以共同抵抗地震橫力；強震區教室長軸方向兩側均應設置雙邊走廊，且走廊外端要設置韌性構架，以共同抵抗地震橫力（許晉嘉，民83）。須提的是，懸臂走廊系統先天上有偏心距過大、重量分布不均等缺點，因之在地震作用過程中較有廊柱系統脆弱，校舍如為懸臂走廊，可在校舍長向增設翼牆，以增加地震能量之吸收（energy absorption）（林建智，民85）。

㈡在校舍牆體上，現有校舍一般長向缺乏牆體，耐震能力經常不足。因此，規畫時減少校舍長方向柱間距，並可於走廊邊、隔間牆中附加柱子；矩形斷面柱子改成正方形斷面；部分柱子可加翼牆（參閱圖 60〔B〕）；牆體配置宜上下連續，牆的中心應力求一致，若牆體有開口，開口位置應上下一致，開口面積宜小於牆體面積之1/6（葉旭原，民86）。須注意的是，牆與構架之間會產生互制作用，此作用導致配置剪力牆校舍在頂層部較底層部提早破壞；鑑此，規畫設計時，可適當的降低高層區剪力牆的強度，或是減少剪力牆於頂層區的配置數目（林建智，民85）。

㈢在校舍樑柱上，校舍規畫時，樑斷面的寬度不可大於柱斷面的寬度；在平面及立面上，樑與樑、樑與柱的中心線應力求一致。

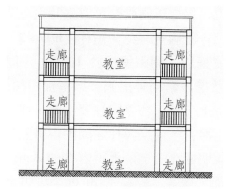

A：校舍避免採用懸臂走廊，在耐震上
　　有廊柱雙邊走廊又比單邊走廊更佳。

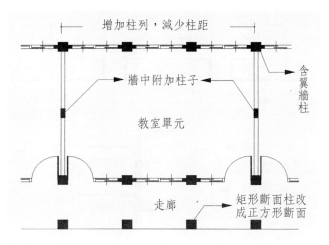

B：校舍減少長方向柱間距，並可於走廊邊、隔間牆中附加柱
　　子，矩形斷面柱子改成正方形斷面；部分柱子可加翼牆。

圖60：校舍走廊和廊柱之耐震設計

資料來源：學校建築耐震規畫設計參考手冊研擬（第30、31頁），葉旭原，民86，
　　　　　未出版碩士論文，國立成功大學，臺南市。

　　㈣在短柱效應上，地震時短柱很容易產生突然之脆性破懷，而
短柱經常見於學校建築之樓梯間、儲藏室、廚房、廁所等空間，或

其他空間開高窗處，另柱子兩側緊鄰窗臺時也會造成短柱。因此，校舍在耐震規畫上，應儘量避免極短柱（h/D≦2）形成；也可在形成短柱處採取加密箍筋（間距須小於 10cm）、周圍包裹鋼絲網、配置 X 型主筋以及增設繫筋等措施，以增加短柱之強度及韌性。

㈤在窗臺柱縫上，校舍窗臺與柱緊接時，柱子容易產生短柱效應。因此，為防止震害，窗臺與柱之間應規畫隔離縫（如臺北市政大附中、嘉義縣黎明國小），隔離縫寬度約 2cm，彈性填充物可採用瀝青纖維、海綿、橡膠、矽膠（silicon），防水填縫材可用瀝青黏質材料或矽膠，伸縮蓋板一般採用不鏽鋼或銅質材料（參閱圖 61）。

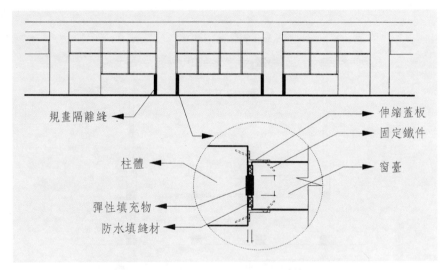

圖 61：校舍窗臺和柱之間應規畫隔離縫

資料來源：學校建築耐震規畫設計參考手冊研擬（第 41 頁），葉旭原，民 86，未出版碩士論文，國立成功大學，臺南市。

㈥在鋼筋搭接上，地震時柱子經常於柱頭、柱腳、鋼筋搭接處等部位產生破壞。因此，柱頭、柱腳應加密箍筋（hoop），必要時並加繫筋（tie）補強；鋼筋搭接處最好位於柱子的中央附近，並且應該有足夠的搭接長度；不同鋼筋搭接位置宜略微錯開，一般取

50cm 或 60d（d 主筋直徑）；箍筋及繫筋製作時，端部應注意彎鉤。

㈦在樓板設計上，周邊最好採取有樑的配置，樓板中間儘量避免有大範圍之挑空或開孔，有挑空或開孔時，周邊需適當加以補強；此外，樓板角隅需配置斜向補強筋。

㈧在連接走廊上，鋼筋混凝土（RC）造連接走廊，在結構上最好獨立，與主體結構間可設置 H/200～H/100 寬的隔離縫；鋼骨造連接走廊端部需留有 H/200～H/100 寬的隔離縫（seismic joint），以防擠壓碰撞。

㈨在設伸縮縫上，伸縮縫主要在防止建築物熱漲冷縮所產生之擠壓。因此，校舍長度超過 60m 時需設置伸縮縫，伸縮縫之寬度一般約為 7～9cm，防水填充材可用瀝青纖維、海綿、橡膠或軟木等材料，止水帶通常使用銅板、鋅片或不鏽鋼，蓋板則常使用銅質或不鏽鋼（張嘉祥等，民 88；葉旭原，民 86）。

㈩在隔震技術上，建築基礎的隔震（isolation），主要包括類彈簧式隔震和滑動式隔震等幾種形式，可以減少地震對建築結構或建築物能量的輸入（楊永斌，民 88）。日本運用隔震技術於學校建築的結構設計，已有許多成功的案例，例如：都立大崎高等學校（RC 造 7 樓）北里大學醫院新醫院棟增建工程（SRC 造 8 樓）、杏林大學醫學部附屬醫院（SRC 造 10 樓暨地下 2 樓，RC 造 5 樓暨地下 2 樓）、日本大學理工學部校舍隔震補強、東京都立教大學教堂隔震補強等，其基礎隔震設計皆採類彈簧式隔震的鉛棒多層橡膠隔震體（lead rubber bearing）、天然多層橡膠隔震體（rubber bearing）、高衰減多層橡膠隔震體（high damping rubber bearing）及（或）彈性滑動隔震體（multislider damping rubber bearing）；此外，還有運用偏心滾筒型隔震體（eccentric roller-pendulum system）、制震壁（viscous wall damper）、制震裝置、體育館的大屋根耐震和制震裝置（force and vibration control of large roof）、二次元或

三次元免震地板系統（2D/3D floor isolation system），以及藝術品展示用的機器隔震臺等，建築案例可供借鏡（*工業株式會社，1998；江支川，民89*）。這些隔震、耐震和制震的新技術和設備，國內亟待研發，以利臺灣學校建築設計與安全的進一步發展。

四｜ 老舊校舍的耐震補強

㈠在韌性不足上（構材發生脆性破壞），其對策：⑴對含窗臺磚牆與柱之連接處設立隔離縫，增加韌性，以避免短柱效應之發生；⑵對剪斷柱加設鋼線網、鋼板箍補強，增加韌性及強度，以避免剪斷柱之發生；⑶對厚度不足之磚牆加設 RC 耐震壁，增加強度，以避免磚牆剪力破壞而促使周邊構材脆性破壞之發生，耐震壁底下之基礎也要適當補強。

㈡在強度不足上（構材未發生脆性破壞，但耐震能力不良），其對策：⑴對撓壞柱加設鋼線網、鋼板箍補強，提高韌性及強度，以增加柱之抗彎能力；⑵加設 RC 翼牆補強，增加側向剛度，以吸收地震橫力且避免過大變形之發生；⑶加設全封式 RC 牆補強，增加側向剛度，以吸收地震橫力且避免過大變形之發生；⑷加設鋼斜撐補強，增加側向剛度，以吸收地震橫力且避免過大變形之發生。

㈢在變形過大上（構材未發生脆性破壞，但變形量過大），其對策：⑴加設 RC 翼牆補強，增加側向剛度，以吸收地震橫力且避免過大變形之發生；⑵加設全封式 RC 牆補強，增加側向剛度，以吸收地震橫力且避免過大變形之發生；⑶加設鋼斜撐補強，增加側向剛度，以吸收地震橫力且避免過大變形之發生。

㈣在注意事項上：⑴耐震補強應以不影響原使用機能為原則，並須考慮採光、通風、隔音等基本性能；⑵耐震補強時應儘量考慮

剛心與質心之一致性，以避免產生扭轉效應之發生；(3)對脆性構材破壞之建築物，應以增加韌性為主要目標；(4)耐震補強應同時考慮強度及韌性的提高，並防止過大變形之發生（*許晉嘉，民 83*）。

學校建築耐震補強建議表，如表 25。

表 25 學校建築耐震補強建議表

耐震等第（gal）	耐震補強原則	耐震補強工法
乙等（280～350）	抑制變形	RC 構架、鋼斜撐
丙上（210～280）	增加強度 抑制變形	RC 翼牆、RC 封牆、封磚牆 RC 構架、鋼斜撐
丙下（140～210）	增加韌性 增加強度 抑制變形	隔離縫、鋼板箍 RC 翼牆、RC 封牆、封磚牆 RC 構架、鋼斜撐

資料來源：*鋼筋混凝土學校建築之耐震診斷與補強*（第 79 頁），許晉嘉，民 83，未出版碩士論文，國立成功大學，臺南市。

五 附屬設施的耐震處理

㈠在圍牆設計上，磚造圍牆須有 RC 基礎底板、補牆柱及過樑，以加強耐震效果；軟弱土質時圍牆須放大基角、加深基礎深度；圍牆較長時，每隔約 60m 須規畫伸縮縫。

㈡在設女兒牆上，不可使用磚砌或空心磚砌，RC 女兒牆須注意配筋，使女兒牆與樓板、柱樑框架成一體。

㈢在牆面材料上，大片玻璃帷幕牆周邊及固定方式需考慮地震作用所產生之變形；外牆貼磁磚時，應採用軟底施工法鋪貼並抹縫；外牆貼石材時，石片須懸吊銅絲或固定鐵件，並採彈性材接縫法施工。

㈣在設天花板上，地震時輕鋼架天花板經常因支架擠壓而挫屈變形，造成嵌板及燈具脫落，甚至天花板整片崩塌，壓傷師生並嚴重妨礙逃生。因此，輕鋼架天花板之吊筋長度及間距宜儘量小於60cm（目前一般施工間距約在120cm），板面周圍應加強圍束並固定在牆面上。其次，天花板面積較大或與樓頂距離較長者，必須加強斜向筋補強。

㈤在門窗設計上，地震時門窗框會產生變形並擠壓玻璃，進而導致玻璃破碎，破碎玻璃如由高處落下，其危險如利箭，除了刺傷或割傷人員外，並妨礙師生避難。因此，門窗開口部，高度最好及於樑下緣，高度未及樑下緣時，開口部上方需做楣樑，主要出入口之門框需採用容許變形較大、耐震能力較佳之構造（如鋼框）。其次，門窗玻璃上，櫥窗或公布欄玻璃面積在$1.8m^2$以上時，須採用安全玻璃（膠合或強化玻璃），落地窗或出入口附近的大面積玻璃，儘量採用安全玻璃，或用自黏式面貼膠膜保護，以免玻璃破裂掉落；玻璃與窗框接合處，須設計彈性、餘裕空間之構造。

㈥在櫥櫃設置上，櫥櫃以五金零件固定於牆壁上，高度不到天花板頂的櫥櫃，可用張力鋼索拉緊或伸縮桿頂至天花板；櫥櫃門扇需有鎖扣防止物品掉落；櫥櫃不要貼近學生座位或置放在出入口附近；儘量將笨重物品置放在教具櫃或資料櫃的下方。

㈦在疊砌櫥櫃上，如雙層鐵櫃或疊砌式櫥櫃，在地震時因搖動或跳動，易導致上層櫃翻落，除了器材損壞之外，也會擊傷學生。因此，上下層櫥櫃和左右緊鄰櫥櫃可以鐵件連結成一體，並將櫥櫃以五金零件固定在牆壁上。

㈧在實驗器具上，實驗室的瓦斯筒、氣體鋼瓶以及櫥櫃放置的藥品罐、器皿，地震時易傾倒或搖晃掉落，引起火災、爆炸等二次災害，致人員燒燙傷或中毒，並妨礙逃生。因此，瓦斯筒、氣體鋼瓶應以繩索或高拉力帶或鐵鍊纏繞，並固定在牆壁上；實驗室櫥櫃

之門扇需裝置扣鎖，開放式層板櫃可加繫細繩或橫向鐵條，以防止瓶罐、器皿等掉落；危險性高的化學藥品如強酸等應放置在櫥櫃下方。

㈨在圖書書架上，獨立或未做耐震考慮，在地震時容易產生連鎖性傾斜及翻覆，而散落的圖書及損壞的書架易使學生受傷並妨礙逃生。因此，圖書架間應加強連結及與牆壁間之固定，以防止書架在地震中產生扭曲變形，並注意重量大之套書應儘量放置在書架底層。

㈩在冷氣裝置上，以分離式取代傳統窗型冷氣機，並將主機安置在樓板面上；窗型冷氣機須設計窗臺板，避免一般之懸吊式。

㈠在懸吊燈具上，校舍懸吊式日光燈之吊桿長度不可太長（應小於 90cm）以免擺臂過大，造成地震時燈具與結構體相碰撞。其次，防止燈管脫落可採用燈管兩端設有環套之燈具，或是裝置反光格柵的防落保護。

㈡在桌上設備上，如電腦、打字機、印表機、電視等，地震時很容易滑落地面而摔壞或損毀。因此，桌上儀器設備，應以鍊條、鬆緊帶或黏扣帶固定在牆壁或桌面上（*張嘉祥等人，民 88；葉旭原，民 86*）。

第四節

學校建築的震害處置

危機改變我們和我們的校園──不是短暫的，而是以某種方式，永遠的（crises change us and our campuses──not just for a while but, in some ways, forever）。

它們成為我們機構的本質、我們的歷史、我們的回憶的一部分（they become part of our institutional identity, our history, our memory）。

——Randal Quevillon

美國加州也是一個多地震的地區，加州大學北山分校（California State University, Northridge）公關主任 Erikson（1995）在「震後處置」（It's Not Over Yet）一文中，1994 年 1 月遭遇毀滅性的芮氏規模 6.8 地震，造成 60 人死亡，學校主要建築物嚴重受損，該校依其經驗提出四項調適之道：(1)走出黑暗（out of the darkness），包括正視媒體、保持資訊流通、讓學校成員參與，並事先預防可能產生的問題；(2)談話之價（the value of talking），包括主動提供正確訊息防止以訛傳訛、讓學校成員暢談災難及相關議題、學校行政人員向校內外人士說明災害處理過程、安慰鼓舞人心並領導重建工程；(3)苦中作樂（celebrations amid disaster），包括表揚救災英雄（1994 年加州大地震後，加州大學北山分校以倒塌停車場的水泥板為紀念碑，刻上有功人員名字）、視損毀為使校園變得更好的契機（加州大學北山分校製作以 "Not Just Back……Better" 為主題的彩色海報，張貼在校園各處）；(4)心靈活泉（the strength to carry on），包括不抱怨，面對責難，隨時應變，了解有些事是無法解決的，以及保持正向積極的態度。上述見解，對臺灣學校地震災後的處置，確有值得參採之處。

臺灣的地震多，活動斷層有 51 處，連續兩次大地震——「九二一大地震」和「一〇二二嘉義地震」，造成臺灣人民和建物的損失難以計數。公共建築上，以學校建築的損失為最，所幸，教育部能以最快的速度，協調各大學建築系所為災區學校鑑定校舍，並在南投縣、臺中縣、臺中市、雲林縣、嘉義縣等縣市，興建簡易教室

國民中小學 1052 間，高中職 218 間，讓莘莘學子有一遮風避雨之處，再聽稚子的琅琅讀書聲，令人欣慰。面對地震災後重建浩大工程，教育當局與震害學校在重建（整）殘破校園的時間壓力下，仍應掌握化「危機」為「轉機」、應「急」而不「應急」和「主動」而「不被動」之原則（*湯志民，民 891*），茲說明如下：

一 化「危機」為「轉機」

此次百年強震，讓臺灣人民確實有刻骨銘心之痛，但從民間許多人力、物力、財力快速而綿延不絕的挹注，也讓我們看到臺灣的生命活力。學校建築在二次的強震中，損失最為嚴重，在教育設施震害處置上，應掌握化「危機」為「轉機」的原則，運用震害大毀之時為重建學校開創新生之機。具體作法要舉如下：

㈠在機會教育上，將臺中縣霧峰光復國中原校舍改建為地震博物館，成為可讓國人充分認識地震的重要教育館，就是一件相當不錯的構想。

㈡在震害研究上，學校建築震害最為嚴重，政府、學術、建築、土木和結構技師業界等，也利用此次震害之機，蒐集許多學術研究資料，對臺灣學校建築的耐震規畫和設計，應有長遠的助益。

㈢在斷層學校上，利用此機會重視並檢討臺灣地區在活動斷層的學校（358 校在 500m 內，其中 66 校在 100m 內），更為重要。教育部指出，活動斷層 50m 內的學校須遷建，100m 內的學校校舍務必進行抗強震措施，將可提供學童更安全的教育環境。

二│ 應「急」而不「應急」

萬事莫如救災急，生命的搶救是與時間賽跑，30 萬災民的生活安置與家園重建，也挑戰政府的應變能力。同樣的，學校建築的損毀，造成學生就學的嚴重問題，在緊急安置學生的現實需求與學校校園新文化的重建理想上，宜掌握應「急」而不「應急」的原則，讓學校的重建能兼顧理想與現實。具體作法要舉如下：

㈠在緊急安置上，全毀無法在原校復學者，各縣市政府和學校都有協助安置措施；原校復學者，也有許多教育、學術、民間企業和慈善團體義助或認養，教育部也緊急興建簡易教室，先安置學生。

㈡在重建理想上，臺灣的學校建築，近十年有值得稱許的發展，不管在空間規畫、校舍造形、庭園景觀和情境布置上，確實令人耳目一新；此次震毀之學校，需重（整）建者，除應加強校舍耐震設計外，更應有長遠的規畫和想法，如配合教改理念，融合社區參與，減併鄰近學校，撙節經費資源共享等，以突破傳統困境，並走出過去校舍單調的「一」字造形，重塑具有文化意境的校園空間，讓「臺灣」有根著之處。

三│ 「主動」而「不被動」

地震災後重建，百廢待舉，復建經費龐大，政府和民間籌款不易，人力和物力支援難免後繼疲乏，震害學校自應主動因應。惟學校災後重建工程浩大，工作繁瑣，需有縝密的計畫，長期抗戰的準備和主動出擊的精神，在校園重建上，應掌握「主動」而「不被動」的原則，積極作為，以符應學校的實際需求。具體作法要舉如下：

㈠在危機處理上，震害學校應即成立「校園危機處理小組」，首先，調查學校受害情形，包括：師生的傷亡、學校建築設備的損害（參見表26）、文件資料和財物的損失等等；其次，了解教職員生家中受害情形，並安撫師生情緒；第三，將學校震害情形迅速回報主管教育行政機關，以尋求支援和協助；第四，與家長密切聯繫，以利學生安置、課程安排和相關災後處置；第五，對於到校協助的軍民和慈善團體，亦應妥於接待，以安定支援力量；此外，應立即開放可用的空間和設施，如運動場地、體育館等等，作為災民避難之所。

㈡在校園重建上，震害學校應成立「校園重建小組」，首先，擬訂校園重建計畫，包括學校發展理念、課程設計、教學革新、社區參與、空間規畫、經費需求和分期計畫之研擬和整合；其次，對學生就讀的安置和教職員生情緒的安撫，應有長遠的輔導計畫；第三，積極爭取重建經費，包括政府補助款、民間慈善團體捐款和相關資源；第四，在校園重建議題上，與社區保持密切的互動關係，融合社區意識，尋求相關學術和專家資源，以利校園新文化的重建；此外，應有計畫的整理、保存未損害之學校建築設施和相關文件資料，尤其是學校建築震害相關資料應妥於保存，以利責任追究、校史紀錄、經費爭取及校舍設計等重建工作之進行。

第五節

學校耐震設計的實例

隔震技術從有文獻至今，已經超過百年歷史，惟將隔震技術應用到建築物上，採用「多層橡膠鋼板隔震體」的隔震建築物，大約

表 26 震後校舍安全檢核

建物名稱：　　　　　檢查者：　　　　　檢查日期：　　年　　月　　日

查核事項	是	否	備註
(一)基地環境及建築物			
1.校園內有嚴重地裂現象（一般在 10cm 以上）	☐	☐	
2.校園內有明顯地層滑動或地表塌陷現象	☐	☐	
3.校園內上方邊坡或下方邊坡有嚴重裂縫	☐	☐	
4.校園內上方邊坡有嚴重落石現象	☐	☐	
5.校園內上方邊坡或下方邊坡有坡腳有土壤隆起或崩塌現象	☐	☐	
6.校舍上方或下方邊坡擋土牆崩壞或傾斜 5°以上	☐	☐	
7.鄰近之河堤、水壩有裂縫或明顯增加之滲水現象	☐	☐	
8.由於地盤損壞導致校舍整體下陷 1m 以上	☐	☐	
9.由於基礎不均勻沈陷或部分構材損壞，導致校舍傾斜 1/30（2 度）以上	☐	☐	
10.柱身（或牆）混凝土破壞、鋼筋外露且嚴重變形者占該樓層柱（或牆）總數 10%以上	☐	☐	
11.柱身（或牆）有顯著裂縫者占該樓層總數 20%以上	☐	☐	
12.緊鄰校舍嚴重傾斜，或有倒塌之虞	☐	☐	
(二)結構及非設備			
1.校舍周圍或室內電線掉落	☐	☐	
2.瓦斯瓶傾倒或室內可聞到瓦斯味	☐	☐	
3.實驗室內化學藥品傾倒或存放化學藥品之櫥櫃傾倒	☐	☐	
4.緊鄰校舍或隔離縫、伸縮縫處，因地震擠壓碰撞，破碎之混凝土塊部分未掉落	☐	☐	
5.主要出入口玻璃破損	☐	☐	
6.外牆面磚或石材隆起或部分脫落	☐	☐	
7.走廊、陽臺之欄杆或屋頂女兒牆震後有傾斜現象	☐	☐	
8.屋頂水塔、空調冷卻塔有位移、傾斜或傾倒現象	☐	☐	
9.圍牆震後傾斜或或有明顯裂縫	☐	☐	
10.書架、資料櫃傾斜或傾倒	☐	☐	
11.天花板塊部分脫落或板面下陷變形	☐	☐	
12.樓梯扶手及欄杆傾倒	☐	☐	
13.日光燈或懸吊視聽設備遭地震震落	☐	☐	

說明：1.建築物或基地如有(一)中所列任何情況，應立即停止使用。
　　　2.結構及非設備如有(二)中所列任何情況，應迅速進行處理。

資料來源：**學校建築防震手冊**（第 132 頁），張嘉祥、陳嘉基、葉旭原、王貞富和
　　　　　賴宗吾，民 88，臺北市：內政部建築研究所。

只有 20 年的歷史，阪神・淡路地震驗證了隔震建築物，確實是近代建築結構技術，累積經驗的技術結晶。1983 年迄今，日本的隔震結構建築物不斷普及，至 1998 年底，經日本建築中心審核通過的隔震建築物，已超過 600 棟以上（江支川，民 89）。

就學校建築耐震設計而言，1969 年，南斯拉夫配斯達小學在地震災後重建中，是全世界最初使用「隔震橡膠支撐結構工法」的設計，該項隔震體只有橡膠，並沒有鋼板插入重疊設計，垂直剛性並不很大，每個方形橡膠隔震體（70×70×35cm）可承受 35～50 噸的重量，以約 60 個橡膠隔震體，將 2,600 噸的建築物支撐起來，由於隔震體內沒有鋼板，因此鉛直容許位移有 15.5cm，水平容許位移有 20cm 之多。1981 年，日本東京理科大學 1 號館，採用「雙層柱與鋼製消能體」隔震裝置（江支川，民 89）。之後，美國、日本都有一些成功的案例，例如：美國南加大醫院，日本都立大崎高等學校、北里大學醫院新醫院棟增建工程、杏林大學醫學部附屬醫院、日本大學理工學部校舍隔震補強、東京都立教大學教堂隔震補強等，其基礎隔震設計皆採類彈簧式隔震的鉛棒多層橡膠隔震體、天然多層橡膠隔震體、高衰減多層橡膠隔震體及（或）彈性滑動隔震體。其中，「天然多層橡膠隔震體」是隔震裝置使用最廣泛的產品之一，厚約 6mm 之橡膠與厚約 3mm 之鋼板，交互重疊約 30 層，並加硫膠混合而成型，隔震體總高度約 30～40cm，重量由 400 公斤至 2,000 公斤不等，隔震體直徑自 60cm 至 120cm 已商品化，且多種製品也已規格化、實用化，其橡膠性質，在於抗拉力、抗延伸、抗脆裂等非常穩定，也不會因溫度變化而有太大材質的改變，但天然橡膠，沒有衰減地震力的功能，因此必須與消能體配合使用；其次，「鉛棒多層橡膠隔震體」是在「天然多層橡膠隔震體」的中心，留直徑約 12cm 的圓柱空間，然後將鉛棒壓入成型。是屬於隔震與消能一體成型的產品，不但節省設置空間，在經濟性上與

施工性上也具有多項優點；至於，「彈性滑動隔震體」是將一般「多層橡膠隔震體」下緣設計成為滑動面的裝置，該滑動面是由鐵氟材料面與低摩擦力鏡面不鏽鋼形成，不須配合消能吸收能量等裝置使用（工業株式會社，1998；江支川，民 89）。在臺灣，第一所耐震設計的學校，是民國 81 年舊校重建的嘉義縣黎明國小，經過三次大地震，皆安然無恙。

茲就國內外學校建築耐震設計的實例，如美國南加大醫院、日本大學理工學部校舍、立教大學教堂和嘉義縣黎明國小，特以引介，以供學校建築耐震設計研究和實務應用之參考。

一 美國南加大醫院（USC University Hospital）

校地位置：美國加州洛杉磯

建築面積：4,100 m²

樓板面積：30,000 m²

建築結構：鋼骨造地上七層

建築高度：36m

隔震體數：方形鉛棒多層橡膠隔震體 68 個

　　　　　方形天然多層橡膠隔震體 81 個

總工程費：約新臺幣 14.3 億元

完工時間：1990 年

　　該醫院是美國第一棟擁有隔震裝置的醫院建築，於 1990 年竣工，也是驗證在大地震時具備隔震功效的建築物，其基地位處洛杉磯的東方，離 1994 年大地震的震央只有 36 公里。大地震來臨當時，附近的醫院受損嚴重，機能停滯，但是該醫院卻毫髮無傷，醫院的醫療機能完全沒有中斷。特別是在地震時進行的腦外科手術，只在劇烈搖晃數秒之間暫停，地震過後一切按照原定計畫完美完成手術。

　　地震時地表面約有 0.49G 的水平力，隔震層基座有 0.37G，但是 1～7 樓只有 0.1～0.15G，可見隔震效果大大的衰減了地震的水平力。建築物地上部分為鋼骨結構，1 樓、4 樓、6 樓雖然平面設計不規則，但由於隔震裝置使得水平剪力衰減成 1/3，因而沒有發生水平扭轉現象。隔震裝置採用 68 個方形「鉛棒多層橡膠隔震體」（66cm × 66cm × 34cm），配置在建築物的外圍，另外設計 81 個「方形天然多層橡膠隔震體」，配置在建築物的中央（參見圖

62）。每個隔震體承受長期鉛直荷重 270～320 噸，短期荷重更可高達 590 噸。以 149 個橡膠隔震體支撐總重量約 44,700 噸重的醫院建築物。

依據動態解析，建築物的最大水平位移約 13cm，隔震體的容許變形為 26cm，應該還是在安全彈性範圍內。建築物四周的位移伸縮距離定為 34cm，每一個隔震體的周圍也設計「RC滑落安全支撐體」，其與建築物的垂直間距為 2.6cm。在過去大地震的紀錄中發現，由於建築物不規則，因此產生了 1.3～2.5cm 的偏心位移，但是對醫院機能並沒有構成不良影響（*江支川，民 89*）。

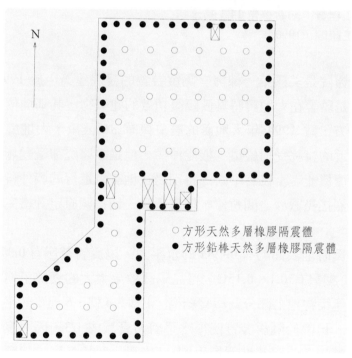

○ 方形天然多層橡膠隔震體
● 方形鉛棒天然多層橡膠隔震體

圖 62：美國南加大醫院隔震體配置圖

資料來源：*隔震技術入門：21世紀建築結構的新技術*（第 83 頁），江支川，民 89，臺北市：田園城市公司。

二｜ 日本立教大學教堂

校地位置：日本東京都
建築面積：421 m²
樓板面積：505 m²
建築結構：磚造地上三層
建築高度：12.63m
隔震體數：天然多層橡膠隔震體直徑 50cm 5 個、60cm 3 個
　　　　　鉛棒衰減體 U180 共 10 個
完工時間：1992 年 2 月

　　日本東京都立教大學教堂，是美國人在 1920 年所建造的純磚造建築物，在該校校園中，具有地標性的存在價值，並早受東京都指定為具有歷史價值的應受保存建築物。因屋齡已有 80 年，耐震性能有若干憂慮，為積極維持其內外觀的原貌，決定以隔震補強技術來提升結構體的安全性。該教堂平面為 10.7m × 27.5m，高度 12.6m，總樓地板面積約為 500 m² 之建築物，外牆結構高度 2.6m 以下為厚 57cm 之純磚牆，以上為 16.5cm 之 RC 牆和修飾磚牆。外牆每 4.5m 設有一根補強柱，類似飛扶壁的作用。屋頂為木造架構，水平剛性不符耐震要求。經過整體調查的結果，將整棟建築撐托起來的隔震技術，應該是影響原有內外觀最小的補強工法（參見圖63）。

　　該建築物重量約 1000 噸屬於輕量，重量相當平均分布於平面，原有教堂樓板拆除改設高剛性混凝土樓板，以作為隔震體的上部結構。隔震體以天然橡膠隔震體為主，鉛棒消能體作為衰減外力的設備。13 個橡膠隔震體承受建築物的總重量，平均單位面壓應力為 86kgf/cm²，隔震裝置將使建築物的應有週期延長至 3 秒以上，長週

期化設計將使建築物更趨向安全區域。

　　經動態解析在第一基準外力時，建築物將完全不受損害，可能有局部的架構會受損，但不可能有大規模的傷害。上部結構儘量維持原有狀態，只在不同材質間進行接合點補強，以 200gal 層剪力外力分析建築物仍有非常高度的安全性（*江支川，民89*）。

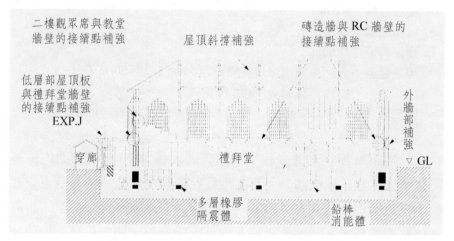

圖63：日本東京都立教大學教堂隔震補強圖

資料來源：*隔震技術入門：21世紀建築結構的新技術*（第142頁），江支川，民89，臺北市：田園城市公司。

三 | 嘉義縣黎明國小

校地位置：嘉義縣番路鄉觸口村
校地面積：7,288㎡
建築結構：RC 造地下一層地上二層
耐震設計：校舍一體成形（建物地基連成一體）
　　　　　雙肩走廊（走廊均有柱子）
　　　　　主副柱設計（牆與柱間隔 2.5cm）
　　　　　鋼筋箍距不超過 10cm
建築經費：3,000 多萬元
完工時間：85 年 4 月

　　嘉義縣黎明國小（參見圖 64），是國內第一所耐震設計的學校，該校創立於民國 38 年，為民和國民學校觸口分班，民國 43 年獨立，正名為黎明國小，目前有 6 班 56 多名學童。

　　黎明國小建在八掌溪畔，造形優美，設計獨特的紅白系兩層校舍建築，與遠處青翠的群山，近地的碧水潺流，形成完美的自然與人文之組合。該校改建以前的校舍，是民國 38 年設校時的建築，因年久失修，破舊不堪，又經歷多次強震搖撼，教室柱壁龜裂，搖搖欲墜，學生上課嬉戲其間，險象環生，家長們無不憂心忡忡。

　　民國 81 年起，中外地質、氣象、建築專家陸續到校勘察，發現該校位於觸口斷層處 100m。學校的建物、地形、地質均需補強，做好防震措施。同年 6 月，經教育部補助 3,000 多萬元，興建校舍及護坡工程，整個學校重建工程（二層樓建築），由成大建築所許茂雄教授指導，並依斷層帶附近校舍耐震要點設計。興建特色如下：

　　1. 雙肩走廊，走廊均有柱子，使整體結構穩重又美觀。

　　2. 全部採用筏式基礎，建築物的底下均是地基，不懼地殼滑動。

3.全部為RC結構，混凝土硬度3500磅以上，不採用磚砌建造。

4.主副柱設計，主柱左右輔以副柱，牆與柱間隔2.5cm，灌注矽膠填縫隙供伸縮，防止短柱現象。

5.鋼筋結紮用韌性設計（內外二箍），箍距不超過 10cm，以增強防震功能。

6.主結構鋼筋採用高拉力鋼筋（8 分為主）連結位置分別錯開，使受力平均並加強韌性。

7.校舍一體成形，並包括 13 間教室重建，2 間教室補強以及興建 1 間含行動不便者電梯在內的地下室，所有教室地基均連結成一整體（*李永山，民 91，第 79 頁*）。

另外，中央氣象局在校內安裝價值500萬元的強震儀，計有地震感應器9處26粒儀器和1部電腦偵測儀，整個建築在85年4月完工啟用。民國87年7月17日嘉義瑞里規模6.2的「七一七大地震」，主震源在梅山斷層，觸口斷層也有活動，但黎明國小卻不為所動。民國88年的「九二一大地震」，當地測得的震度6.4級，學校還是毫髮無損。接著，「一○二二嘉義地震」黎明國小仍安然無恙，此一防震學校設計，已被教育部引為校舍耐震設計的範本（*湯志民，民 88f*），值得參考借鏡。

圖 64：嘉義縣黎明國小是國內第一所耐震設計的學校

第三篇

躍進——新興轉型

Chapter 5

臺灣學校建築的新興

學校是一個有機體，會成長，也有興衰。就空間而言，有大有小，會擴充，也會分隔；就時間而言，有長有短，會延續，也會中斷；就經費而言，有多有少，會運用，也會浪費；就人而言，有眾有寡，會要求，也會調適；就規畫而言，有對有錯，會變化，也會僵化。學校建築規畫受到人、空間、時間、經費和規畫理念等要素的影響，隨著時代和社會變遷，呈現不同的風貌。

臺灣的學校建築，從荷（西）據、明代、清朝、日據到光復，經過三百多年的演變，由教堂、孔廟、書房、書院、義學、日式標準化校舍、波浪式校舍，到現代化的校舍建築，以及整體性景觀和校園規畫，其間演變，因教育人數和教學尋求增加，校地空間日益擴充，教育設施經費大量挹注，尤其是學校建築規畫有許多革新理念，加以有計畫性的逐年興築更新，可以看到臺灣的大學、中小學和幼稚園的發展，也呈現許多不同的發展模式和新風貌。臺灣學校建築的新興，可就大學校園的新風格、中小學建築的新風貌和幼稚園舍的新設計，分別加以探究。

第一節

大學校園的新風格

　　西洋古代大學，早在希臘晚期，即有雅典大學和亞力山大里亞大學的設立（林玉體，民 69），亞力山大里亞大學較有組織形式，托勒密王朝（the Ptolemies）曾提供一棟漂亮的公共建築物，使師生在宏偉的迴廊內進行著教學活動，此外該校還有一座無可匹敵的圖書館，據說藏書逾 70 萬冊（Brubacher, 1980）。

　　中古世紀時期，早期的大學是修道院式的教學方式，教育與宗教信仰結合，教育哲學根基於傳教士精神──刻苦向上並與上帝同在的精神，學生必須住在修道院中，過著刻苦嚴謹的生活，以期行為和心靈符合良好的道德標準；因此，大學的建築，充分反應出修道院的形式，即為一種苦行僧似的生活空間，是親近上帝的理想環境，而其每個學院規模不大，各自獨立，生活與學習合而為一，修道院大多隱居在深山叢林中，環境清幽。西元 789 年，查理曼大帝訓令，除督催修道院應重教育外，每位主教座堂亦應創辦學校一座，即所謂的「主教座堂學校」（The Cathedral School），因為居城市，交通方便，當然非處於蠻荒山野中的修道院可比，因而後來居上，逐漸奪去了修道院學校的光輝，而成為中世紀後期的學術文化中心。早期的大學，除原有的「主教座堂學校」外，並無其他校舍，亦無行政機構或教學制度。中古大學雖無校舍，但有college，為後來大學校舍之始。 "college" 一詞原指宿舍而言，由教會或善心人士，為救濟清寒學生而設，住宿學生所需書籍文具等均由房主供給，但畢業後必須留下，以供後來學生應用，大學圖書館乃因此

而生。中古大學最早的建築，除原有主教座堂學校外，就是這種分布學校附近的「宿舍」（林信孚，民 76）。

歐洲中古大學，最早的是法國的巴黎大學（神學），義大利的波隆納大學（法學）和沙列諾大學（醫學）（林玉體，民 69）。英國的牛津和劍橋大學，創設於 13 世紀初，剛開始都是事前未經計畫設計的建築群，其四合院建築型態，則受修道院傳統式樣的影響；1379 年，牛津的新學院（New College）為英國的大學建立了社會和環境的新典範，此為居住學舍傳統型態的產生，該院利用教堂、餐廳、教學空間、圖書室和住宿設施（學生寢室、浴廁、儲藏）來圍成一個方型的中庭，其中宿舍部分有讓 2～3 位學生共用的大房間可以當寢室和客廳用，同時每一個人也有一個小的研習寢室可以放桌子、椅子和少量的書，此一大學建築典型，從 1379 年開始沿用了 500 多年，幾乎都沒有什麼改變，到了 19 世紀牛津有 21 個學舍，劍橋有 17 個學舍（林信孚，民 76）。

1964～1965 年，全英國興建了 10 所新大學，無論在教學研究模式或校園建築兩方面，都對整個大學教育之結構重新加以深入探討．其中影響最深遠的莫過於連續性教學環境（continuous teaching environment）觀念的提出，使得大學校園由原本獨立、零散、自主、封閉性過高之院落式學舍組合觀念，轉變成相互連貫，尺度親密並可滿足建築上不斷擴展及內涵上可彈性運用及改變之新空間規畫觀念（林信孚，民 76）。

臺灣各大學的早期建築，不外日據時代的紅樓房屋，零散而毫無規則。老式的校舍往往在校園寬大的主軸大道上，兩側的老屋莊嚴而有秩序的排列著，此部分倒像英國新校園觀念下的線型發展，如臺大就有一極富強烈儀典性質的椰林大道。另一種形式的校園則是包含在幾棟中國宮殿建築中，這些琉璃瓦蓋覆著的房子，處在社

會變動之中，面臨著艱苦抉擇與揚棄的威脅。繼承著對唐宋以來的輝煌，懷著極濃的鄉愁，民族的意識迫使他們想回復昔日文明的光輝，於是極力追求一種綜合體，即企圖把中國的與西方的兩個價值體系中最好的，抽取出來變成一種運作的功能綜合體。例如文化大學、淡江大學，都是屬於復古聲浪中的學校建築，然而東海大學卻能在形式上突破傳統的模仿途徑，在整個校園的配置上發展出獨特的風格，代表著一個象徵的追求（*彭康健，民82*）。最近幾年，不少新的大學相繼成立，大多擁有一完整的校地。因此都能事先詳細規畫，加上經費充裕，都較能塑造出校園的整體性與一致性，像中正大學、暨南國際大學、東華大學和屏東科大等。以下擬先探討大學校園與空間模式，再就新興大學的校園風格加以分析，以了解臺灣的大學校園之新風格。

一 大學校園與空間模式

大學校園的類型為何？面積該有多大？應有何設施？其空間模式為何？以下分別扼要說明。

㈠ 大學校園類型與設施

大學成其大，應在水木清華之處，依山傍海，或有山或有水（湖或河），大學生漫步校園，流連其間，方能涵泳恢宏氣度，湧現無限哲思，為學術園地增添綿延生機。以下就大學校園的類型、面積和設施分別要述如下：

1. 大學校園的類型

基本上，大學校園的類型，因其校舍建築的集中或分散、圍牆的有或無，可分為單一校區、分散校區和大學城：

(1)單一校區：「集中式」的大學校園，校舍建築和校園「集中在一起」，有的有圍牆，有的無圍牆：

　①集中式無圍牆大學：如英國曼徹斯特大學、雪菲爾荷倫大學和諾丁漢大學，美國哈佛大學、麻省理工學院、衛斯理大學、南加大、加州大學鵝灣分校等；臺灣的大學較少此型，暨南國際大學是為一例。

　②集中式有圍牆大學：如日本九州鹿兒島大學，澳洲新南威爾斯大學，大陸北京大學、清華大學；臺灣的大學大多屬此類，如中正大學、交通大學、東華大學、臺灣科技大學、雲林科技大學、屏東科技大學、國立臺灣藝術大學、國立臺北師院、臺北市立師院、國立花蓮師院等等。

(2)分散校區：「分散式」的大學校園，校舍建築和校園「分散不毗連」，有的有圍牆，有的無圍牆：

　①分散式有圍牆大學：如大陸蘇州大學、浙江大學，臺灣的臺灣大學、政治大學、清華大學、臺灣師範大學、臺北科技大學、淡江大學、國立成功大學、國立屏東師院。

　②分散式無圍牆大學：如英國倫敦大學。

(3)大學城：「折衷式」的大學校園，校舍建築和校園「分散相毗連」，街道是大學主要動線，各學院有其門禁，如德國的海德堡大學城，英國的牛津大學、劍橋大學、雪菲爾大學等。

2. 大學校園的面積

美國大學校院新建學校建築占地寬廣，視野遼闊，尤其在造

形、校地選擇與規畫設計上，有許多特色值得我們研究與了解，例如：在造形上，美國大學校院學校建築常保留古典建築風貌，意境高雅，學術氣氛濃厚，新式建築則雄偉壯闊，迭見創意，引人入勝；在校地選擇上，常以山明水秀水木清華之地為依歸，配合地形地勢和視覺景觀，依山傍水而立，對學生氣質的潛移默化，開闊氣度與胸襟之涵泳，有著無形的影響；在規畫設計上，則多採綜合性（complex）、多用途（multipurpose）之設計，重視熱能保存與自然採光之運用，以提供學生舒適合宜之學習環境，以及更多的學習、研究、運動、休閒和社交空間（social space）（*湯志民編譯，民78*）。

基本上，校園規模主要取決於學生人數和校地面積。在學生人數上，大學校園學生人數的合理規畫，其規模參數指標為：⑴超大型大學，學生 15,000 名以上，如綜合、理工大學；⑵大型大學，學生 9,000～15,000 名，如綜合、理工、師範大學；⑶中型大學，學生 3,000～9,000 名，如理工、師範、農林、醫藥、財經、政法大學；⑷小型大學，學生 500～3,000 名，如藝術、體育大學。在校地面積上，從人的行為思考，校園內師生課間交往以步行為主，一般課間活動時間 10～15 分鐘（min），大學校園中心（教學中心區）合理課間活動半徑為 5 分鐘步距，即（*羅森和魏篙川，民90*）：

$$80\text{m/min} \times 5\text{min} = 400\text{m（r）}$$
$$\pi r^2 = 3.14 \times （400\text{m}）^2 = 502,400\text{m}^2（約50公頃）$$

校園合理用地活動半徑宜為 10 分鐘步距，即：

$$80\text{m/min} \times 10\text{min} = 800\text{m（R）}$$
$$\pi R^2 = 3.14 \times （800\text{m}）^2 = 2,009,600\text{m}^2（約200公頃）$$

　　據此，大學校園校地面積應為 200 公頃，若規畫不當（如教學區不夠集中）或超出上述校園中心區，師生需藉助車輛交通和活動。

　　就臺灣而言，早期興建的大學，如臺大、政大、成大等，校區逐漸擴充，近期新建的大學，如中山、中正、暨南、東華等大學，則校區集中整體興建，校園面積都有足堪為大學之規模。近年來，教育部為擴充高等教育容量，拓展「第二條教育國道」（技職教育體系），除國立科技大學，如屏東科大（約 257 公頃）、雲林科大（約 58 公頃）等較為可觀外，私校校地不易取得，以 5 公頃為設校最低標準，雖有政策上之考量，惟基於教學品質和大學校園生活之需，應適度控制學生人數或合理增加校地和校舍面積，以利大學校院教育環境全面品質之提升；尤應注意在臺灣加入世界貿易組織（World Trade Organization, WTO）之後，整體的國家教育競爭力的提升，大學校院應具有國際性，而寬闊的校園自為國際能輕易認知的的具體指標之一，此一潛在環境的形式意義，絕不可忽視，對師生校園生活品質的維護，更應爭取。

3.大學校園的設施

　　大學校園有多樣的建築設施和複雜的空間系統，其規畫設計應充分考量大學的教育和發展目標（如教學、研究、服務、推廣）、課程設計和建築配置、校地運用和景觀設施，以及在都市景觀與社區功能所扮演的角色和影響，使大學校園的建築設施能在系統的空間配置中有效運作。大學校園的建築設施，參考有關研究（*王安怡和高少霞譯，2003；陳錫鎮，民 88；黃有良，民 75；湯志民編譯，民 78；彭康健，民 74；Dober, 1992, 1996, 2000*），主要設施依其功能，可分為教學研究設施、行政服務設施、運動休閒設施和校園景觀設施：

　　(1)教學研究設施

　　　①教學設施：如普通教室、研討室等。

②圖書設施：如圖書館等。

③研究設施：如實驗室、教師研究室等。

④資訊設施：如電腦教室、資訊中心等。

(2)行政服務設施

①行政設施：如行政辦公室、院系所辦公室等。

②集會設施：如禮堂、會議室等。

③服務設施：如書局、餐廳、福利社、理髮廳等。

④支援設施：如警衛室、圖書回收箱、倉庫、地下室、廁所、資源回收和垃圾處理系統等。

(3)運動休閒設施

①運動設施：如運動場、球場、體育館、攀岩場、游泳池等

②休閒設施：如學生活動中心、藝文中心、社團活動室、禮堂、交誼廳等。

③住宿設施：如教職員和學生宿舍等。

(4)校園景觀設施

①景觀設施：如山水河湖、亭臺樓閣、瀑布水景、藝術雕塑、庭園步道、休憩桌椅等。

②交通設施：校園道路、停車場等。

(二) 大學校園的空間模式

大學校園的空間系統，在配置計畫中，空間組織可根據其特性、動線型態和群體結構來分類，形成系統而產生空間模式（彭康健，民82）。大學校園的空間模式，彭康健（民74）的研究最早，其後許多相關研究（林幸婉，民76；黃有良，民75；張益三和施鴻志，民78），皆據其六種分類：集中模式（concentrated pattern）、線型模式（linear pattern）、結合模式（combined pattern）、格子模

式（grid pattern）、集合模式（collective pattern）和分散模式（scattered pattern）等加以分析，茲加以整理（參見表 27），並分別要述如下：

1. 集中模式（concentrated pattern）

集中模式是由點所發展出來的模式，亦即由獨棟或簇叢集合於一點所形成的形式。主要是都市大學所採用，係為解決都市土地的高價位和難於取得之問題而發展出來的。集中模式可分為二種類型，即集中獨棟式及聯合發展模式。

(1)集中獨棟模式：係因高昂都市地價所自然形成的校園模式，是一大棟建築物，內含整個學校各項空間與活動。如：美國紐約曼哈頓社區學院（Manhattan Community College）、哥倫比亞大學師範學院（Teachers College, Colombia University）和淡江大學城區部屬之。

(2)集中簇群模式：又稱之為聯合發展模式，像都市裡的一些購物中心或電影中心一樣，數種同性質的建築物集合在一起，減低使用者時間與移動頻率。

集中模式的優點是，學校設置較不受地理環境影響，管理容易，並可利用不同的平面分離，創造緊湊空間效果。缺點是，學校空間集中致動線減短，顯得擁擠而變化彈性小；學校發展受限，只能向高空發展或以空中橋樑或地下道銜接增購之校地。

2. 線型模式（linear pattern）

線型模式就是順一條線（步道、通道或開放空間）發展的空間組織形成，系統清楚，使用方便，在軸上及兩側都有拓展的可能與通融性。線型模式可以說是所有模式中最單純的一種，它可以將複合的問題用最清晰的形式表達出來。線型發展源出於都市計畫學的

表27 大學校園的空間模式

大分類	小分類	圖例	案例	
			國外	臺灣
集中模式（亦可稱點型即獨棟或簇群群集合於一點之形式）	集中獨棟模式（單棟或高層）		1.紐約曼哈頓社區學院 2.哥倫比亞大學師範學院	淡江大學城區部
	集中簇群模式（數棟集中）		伊利諾州大學克拉納特中心	
線型模式（依量體的狀況而變化）	帶狀模式（沿線而成長）		加拿大斯卡堡夫學院	1.中山大學 2.交通大學
	分枝模式（從線狀分枝出去）		1.英國東安格萊大學 2.日本大阪藝術大學	
	梳子模式（穿越帶狀的空間組合）		英國伊塞克斯大學	
結合模式（各組合要素先加以結合再藉線或面發生關聯）	線上簇群模式（空間結合在線上）		1.英國曼徹斯特大學 2.英國柏斯大學	1.東海大學 2.陽明大學 3.輔仁大學 4.藝術學院 5.淡江大學
	面上簇群模式（各空間結合在面上）			

表27 （續）

大分類	小分類	圖例	案例	
			國外	臺灣
	線與面組合群模式（各空間重複地結合在線與面上）		加拿大多倫多約克大學	
格子模式（酌分適當之格子再依機能空間自由組合）	棋盤模式（格子規則依機能空間而組合）		日本武藏藝術大學	1. 臺灣大學 2. 臺灣科技大學 3. 文化大學 4. 中央大學 5. 逢甲大學 6. 臺中中興大學
	蓆紋模式（格子不規則依機能空間而組合）		1. 德國柏林自由大學 2. 美國伊利諾州技術學院	
	龜甲模式（三角或多角模式，規則而多變化依機能空間而組合）			
集合模式（始為單棟繼之加以集合）	單體模式（類似單元加以組合）			1. 中原大學 2. 靜宜大學
	複合體模式（不同單元加以組合）		1. 德國馬伯革大學 2. 伊拉克巴格達大學	
分散模式（寬廣的地區上分散各種大小的集合群）	小群體的集合		美國加州聖地牙哥大學	1. 政治大學 2. 清華大學 3. 成功大學 4. 東吳大學 5. 屏東科大

資料來源：修改自**大學校園空間模式之研究**（第69-71頁），彭康健，民74，未出．版碩士論文，私立東海大學，臺中市。

線型都市（linear city），線型適用於都市設計、新鎮設計，亦適用於大學校園規畫。第二次世界大戰結束後，英國曾大量將此理論應用在大學校園的規畫。線型模式可分為三種類型，即帶狀模式、分枝模式和梳子模式：

(1)帶狀模式：以線型作為主要的骨幹或是結構體，各建築物依附著此線發展，所有活動沿此線發生，而帶狀空間則成為活動與互動的焦點，其發展頗具彈性，惟線長卻有其限制，不然距離易拉長而缺乏了設施所需要的連續性。如加拿大多倫多的斯卡堡夫學院（Scarborough College）屬之。

(2)分枝模式：是由建築物的成長形成的，由原有帶狀分枝出去，如樹幹上生長的枝。分枝模式雖然是從帶狀模式發展而來的，但卻有不同的特性，主要的帶狀主體乃是分散枝子的收集線，建築物可依附在枝子上，也可依附在主要的帶子上，在分枝的帶子上也有豐富的建築物與戶外空間，成為主要帶狀步道的延續，如：英國東安格萊大學（East Anglia University）、日本大阪藝術大學（Osaka University of Arts）均屬之。

(3)梳子模式：是在整個線型系統上做垂直與水平的重疊，並穿越整個帶狀空間而形成。梳子模式也是帶狀模式發展而來，為一主要的「脊椎骨」形式，清楚的結構和成長的系統，但卻沒有線型模式的限制，不會產生動線拉長的情形，最大特性是大部分人行步道就是活動地點，服務運輸大多採用環道或囊底路來解決。如：英國伊塞克斯大學（Essex University）屬之。

線型模式是優點是，建物銜接如帶，兩端開放，自由延伸，不影響校園整體性，兩側虛空則可局部擴充；不一定依直線發展，線條蜿蜒，亦可賦予不同空間趣味；有許多活動中心，可表現出大學的多面性與多樣性。缺點是，交通系統延伸過長，會使動線效率減低，管理不易。

3.結合模式

結合模式是結合各種屬性要素的複合體，通常校園規畫先做好土地使用分區及空間機能分類，將同屬性的機能空間配置在一起，，並藉線或面的關聯而形成的。大學校園裡有多種不同的實質要素，其複雜性相當高，將校園各種功能相同的空間加以結合，像理工、文商等，而後藉交通系統等，將這些不同的空間加以串連而形成一組織體。結合模式可分為三種類型，即線上簇群模式、面上簇群模式和線面組合簇群模式：

(1)線上簇群模式：與帶狀模式不同，帶狀模式是建築物依附在線上，而線上簇群模式則是建築群掛在線上，簇群是獨立的，與線脫開，而不是靠在線上。如：英國曼徹斯特大學（Manchester University）、伯斯大學（Bath University）和東海大學屬之。

(2)面上簇群模式：是建築簇群結合在一個大廣場上，廣場成為一個活動焦點，在此處產生互動，有同等的關聯性與達成訊息的傳播性。環繞在這個面上的各建築要素均重要，並有內聚的向心力。

(3)線與面組合群模式：上述兩者的結合，即數個面上簇群在一條線上收集。此一模式的優點就是讓帶狀動線不那麼單調，也不會將動線距離拉長，而重複的使用廣場來強調線上的活動頻率。美國約克大學是由複合的建築群體組成多條的帶與多個的面的例子，學校本身有一校園中心，是一主要的廣場，也是學生活動的焦點，而四組不同的簇群則利用連續的線與面通往此處廣場，而成為重複的面與線上簇群模式。如加拿大多倫多約克大學（York University）屬之。

結合模式的優點是，完整的架構形式使要素間易於聯繫與溝通，空間之處理易於辨認；因先組合，致土地使用自由，易發揮其效能；交通系統可在結合點上達到服務目的；大架構已定未來趨

向,故在有限範圍內可作有效及完整之發展;呈多中心發展,富彈性,機能區分明顯,管理可著重個別要素。缺點是,採個別管理,未來若發展太大,將大幅降低統合性與溝通度。

4.格子模式

格子模式是依適當之模矩做二軸的劃分,再將機能空間自由嵌入格子之中。格子模式幾乎是線型的變化,當線型組織從一條線發展至數條後,線與線之間有了連接,就可能成為格子模式。格子模式是重複線型模式而發展成的一種空間組織形式,具備線型的優點與特色,並有完整的空間系統。常見的格子模式為方格子、三角格子、六角格子、蓆子格子、網狀格子、棋盤格子等。此模式適於都市學校,大學校園採此形式是重視建築物的組織型態,而不是重視基地計畫。格子模式可分為三種類型,即棋盤模式,蓆紋模式和龜甲模式:

(1)棋盤模式:其組織主要是格子,無論是縱向或橫向均按一定的模矩劃分,於是空間使用必須配合模矩化的格子,因此,空間安排受到很大的限制,如:日本武藏藝術大學(Musashi University of Arts)和國立臺灣科技大學屬之。

(2)蓆紋模式:格子劃分的軸向,一個是依基本模矩劃分,另一軸向則依實際需要自由訂定。因此,此模式較棋盤模式更富彈性,可以提供較為自由的安排,柏林自由大學是很好的例子。基本上,格子模式是先建立系統,學校機能的配置是按著所分割好的系統來處理,所以在規畫中,就得考慮整個模式結構的成長需要,如果敷地充足,可自模式系統上擴展,其發展自然變為單純而具彈性了。如:德國柏林自由大學(The Free University of Berlin)、美國伊利諾州技術學院(Illinois Institute of Technology)屬之。

(3)龜甲模式(三角模式或六角模式):在設計中用三角形模

矩，其連接有三個方向，一經發展易變成六個方向的延伸。六角形連續的空間，是材料使用最少而圍封成最大空間的一種模式，如蜜蜂之巢、龜甲等均為六角形組合。在結構上，當兩個六角形併合在一起時，可形成 120°的角，在空間的使用上相當有利及有變化，在視覺上也能有較廣的視野。除一些單獨校舍或小學外，整個校園依此格子規畫發展的尚少發現，不過此模式卻能有效的發展其空間的使用性，其使用潛力不可忽視。

格子模式的優點是，可配合都市的設計，空間緊湊，土地節省，打破系所間之空間界線，減低隔閡，活動交點增加；空間處理可彈性發展，無論二或三向度皆有可遵循架構，運輸服務系統亦可隨機能一併考慮。缺點是，只適於平坦的校地，空間使用必須配合格子，致受限不易發展。

5.集合模式

集合模式依其需要一如自然界中生物的生長，擴展成為簇群，也許是從一棟一棟的單體建築組合而成，或是由一群一群的複合體而成，如中原大學即為一例，而耶魯大學已婚學生宿舍，則是在一斜坡的敷地上發展創造了可以提供隱私性、有圍牆的庭院、有臺階的通路、有公共的庭院，呈階梯狀交織的方形體，組構成一複合體。集合模式可分為二種類型，即單體模式和複合體模式：

(1)單體模式：是以一棟建築物為單位所組成的形式，其發展和成長過程裡，同功能或同屬性的建築物就會漸漸依附著母體而成長，像工學院的四周，可能有實習工廠或實驗室興建，隨其發展而安排道路、廣場的開放空間，方式是就形成以單棟建築物為本位的單體模式。單體模式的發展，建築物較能自由伸展，無論是平面或是立面，不會受到像線型模式或結合簇群模式在整體上所需求的統一性之限制，但卻使整個組構顯得有些散亂。

(2)複合體模式：是以一複合建築物為單位，由一些同功能但不同型態的建築物集組成一簇群，這些簇群的組合被一些開放空間所收集，像步道、車道或廣場等開放空間，在幾組複合體成長之時，總有開放空間附隨一起成長。如：德國馬伯革大學（Marburg University）和伊拉克巴格達大學（Baghdad University）屬之。

集合模式的優點是，每一單元皆自給自足，可藉廣場或道路連絡，土地使用彈性大，空間自由連續，整體配置分散具強烈統一，內部保有緊湊感外部則呈交混與互動機會，學生的活動中心分散，休閒活動安排亦較自由。缺點是，視覺上缺少秩序感，人車動線易交錯。

6.分散模式

分散模式亦稱為細胞模式，在寬闊的地區上，小集合群分散各處，每一個細胞體獨立發展，依一主要元素來聯繫，各小群體的建築形式和平面或功能均各具特性，其間的相接則藉交通動線來達成。如：美國加州聖地牙哥大學（San Diego University）、政治大學、清華大學、成功大學、東吳大學和屏東科大屬之。

通常，分散模式多用在較廣大的校園裡，此種模式的組織形式相當於鄉鎮聚落，有其傳統的發展形象，小規模的道路，銜接著建築物，有濃厚的田園氣息。分散模式可在事前加以規畫，但亦可在事後隨機安排，每個劃分好的區域是一個自給自足的獨立群，各有屬於自己的公共設施。這種模式有高度的選擇性和彈性，可以在一個同一的目標下達成統一性。此一模式亦有強烈的有機性，其組織自由，其交通網的編排隨建築群的需要而成長，每一細胞群，均為獨立而自給自足的單位。

分散模式的優點是，土地使用自由，各單元可獨立發展，可藉整體的動線系統來貫穿，並可依需要自由選擇材料、造形、尺度和

風格。缺點是，需有廣大的校園，且因配置分散，交通和管理無法系統的控制。

總之，一所大學得以完整的發展，必須要有詳細的發展綱要計畫，同時也要對空間模式作最佳的選擇，才能確保校園環境的品質。對此，彭康健（民82）有一段剴切的說明，值得吾人省思：

> 每一所大學校園都有其空間模式，有的很有系統，有的較為零散。英國新大學多遵循都市設計理論而規畫者，而臺灣的大學大多是在沒有規畫原則下所發展出來的傳統市街型態或紀念性樣式，也許是教育制度與觀念的不同所造成。但無可否認的，環境在教育上占極重要的地位，當人們接近大學校園時，給人們的印象必須是一種不同塵寰的感受，宛如空間中存在著一種氣息，既不是鳥語花香，也不是林木溪谷，是學術環境的氣息，也就是激發人們學習慾望的氣息，是由建築、戶外空間及教育哲學與精神等因素所醞釀出來，這乃是大學校園規畫所盼望達到的理想目標。（第99頁）

二 新興大學的校園風格

臺灣大學（1928年成立）是臺灣的第一所大學，在日據時代成立的高等學府，還有成大、師大和中興大學。日據時代成立的老大學，以臺大和成大為代表作品，空間配置以軸線及方格簇群為主要架構，臺大的椰林大道、成大的成功校區即為代表模式，各系為單元建築，分列於主軸線兩側，宛如都市街道的意象（黃定國、黃

有良和黃世孟，民 82），其間歷史性建築和新校舍之發展，在整體發展上尚稱調和，尤其是臺灣大學，以文學院的建築語彙為基調，依校內準則發展，直至近期完成的總圖書館（700 萬冊的藏書），延伸椰林大道，更顯學術殿堂的壯闊，不僅成為臺大主軸線之端點，更隱含進入臺大，邁向學術研究的豪氣與嚮往。

光復後的大學，五〇年代設立的有政治、清華、交通和中央大學等，除交大外，校區遼闊，校園形式類採分散式，由於缺乏整體性規畫（或備而不用），致發展歷程中，實質環境所應表現的大學風格漸次褪去或失去控制（*黃定國等人，民 82*）。其中，政大為形塑大學人文校園風格，突破現有環境困境，近幾年積極進行校園景觀規畫，舉辦公聽會廣徵師生意見，並邀學者專家指導。

五〇、六〇年代成立的宗教大學，包括東海、東吳、中原等 3 所基督教大學，以及天主教支持的輔仁大學，多少具有神學院的校園風格。七〇年代以前即迅速擴張的還有文化、淡江和逢甲等私立大學，文化和淡江是中國古典式樣的大本營，逢甲近年整建校園，以新完成的圖書館為佳作。

八〇年代的新大學，中山大學首開簾幕，也以「校園規畫」的模式，開新設大學整體規畫之先河，如其後新建的臺北藝術大學、雲林科技大學、屏東科技大學、中正大學、暨南大學、東華大學、臺北大學等，不僅校地廣袤，整體性的規畫，更讓臺灣的大學呈現前所未有的新風格。

以下擇其要者就光復至七〇年代大學的風格和八〇年代新大學的校園風格，分別介紹說明。

㈠ 光復至七〇年代大學的風格

1. 東海大學——融合性的生活大道空間結構

　　東海大學民國 44 年成立，為一所基督教學校，校地面積 133
公頃，校舍在建築師精心布置下，順著山坡井然有序的佇立，並以
林蔭大道串連所有學習空間（指文理大道），成為校園的重心，加
上外圍住宿群的配置包圍，自然的組構成一種內聚性的空間模式，
這種空間及學校區位如眾所言的具備了「修道院式」的空間特質
（莊惠名，民84）。在校園空間布局上，有二個中心，一是東海大
學的地標建築物——路思義教堂（如圖 65），由貝聿銘和陳其寬
設計，優雅線條的格子樑板，高達65m的4片拋物線雙曲面（東海
大學，民 87），呈現「少女祈禱的雙手」造形，國內幾乎無人不
識。另一是學生研究中心的圖書館，加上入口的行政中心，形成校
園中的三角中心地帶。教學群配置依核心空間的文理大道延伸，以
學院為單元的合院空間安排，仿唐式木造建築，甚為古樸，錯置於

東海大學地標，「少女祈禱的雙手」造形之路
思義教堂，聞名遐邇，國內無人不識。

圖65：私立東海大學路思義教堂

榕園林蔭大道兩側，形成有趣的層次。文理大道兩旁的合院建築群，呈現東海校園空間最重要的美質──虛靜之美，每一合院建築間錯落配置，虛實相生，實中有虛，使師生有餘裕空間進行正式與非正式的交流（羅時瑋，民91）。後來，教職員宿舍遷移至南方，使整個校園配置向南延伸，改變了最初的格局，但卻使得路思義教堂成為配置上真正的中心，對教會學校本身而言，意外地形成另一種深層意義。

東海大學具有融合性的軸線空間，除有別於日據時期之紀念性大道外（如臺大），亦對當時校園空間之營造產生些許的影響。例如，約同一時期的淡江文理學院（淡江大學前身）宮燈大道之興築，建築的布置方式，與東海大學的「文理大道」有相呼應之處，筆直的「宮燈大道」兩側排列宮殿式建築，大道是學生上課往來的活動空間，校園另規畫外環道供車輛行駛；因此，「宮燈大道」之空間性質是較生活化的，在本質上接近於東海「文理大道」之精神，惟其建築形式採單體宮殿式，在氣氛上則有相當的差異（莊惠名，民84）。

2.清華大學──「自然有機」的校園空間模式

清華大學最前身為大陸北平西郊的清華學堂，民國45年在臺復校，校地105公頃，其中坡地占大部分校區，建築設施則多位於緩坡地上。初期發展中建築群多配置於校門附近地區，概由於進出方便及地形較緩所致，住宿區則多安排於內部的山林之間，以簇群間關係採分散型態，有別於東海大學的內向式布局；後期發展中則向校地內側延伸，分置於校區內部較緩向的基地，也使得校內動線向內拉長、分散，呈現一種近似樹枝狀的動線結構。

在空間結構上，入口保留的大草坪，初期似乎有意塑造主軸線的意象，但仔細觀察周圍建築之配置，皆為內向式的布局，與大草

坪空間呈現毫無關係的狀態，因此，可謂其視覺性功能勝過遐想的軸線角色；分支道路之安排又多採自由曲線的方式，除入口大草坪周圍外，甚少以幾何方式設計，呈現一種「自然」的格局。整體而言，其有機和結合自然的空間情境特質是無庸置疑的，在緩坡地形部分規畫沒有採取僵硬或強勢的幾何布局，反而能順應基地特色營造出有別於其他校園空間模式的格局，實為值得參考之案例。

民國 71 年，校區重新檢討和整建，除保留原空間格局與情境特質外，將原來主、次動線系統略加調整，並注入「使用分區」之概念，以利日後之發展。以學習環境而言，這是相當值得參考的規畫理念，師法自然與自然結合，更能回應中國傳統園林的思想，惟此在臺灣校園中被應用的並不多（*莊惠名，民 84*）。

3. 中央大學──「節奏性」的軸線空間

中央大學民國 51 年在臺復校，校區位於龍岡坡，校地面積 61 公頃，入口爬坡蜿蜒而上，校內地形則相當平坦，建築群有計畫地安排於基地上，配合突起獨立的臺地地形，形成一種獨立的秩序感。整個校區規畫以趨幾何的方式來進行，近似「井」字的道路結構，成為校內的主要動線，主教學建築群置於校區中央，住宿及運動區則分置於周圍，空間架構分區明確。

校區入口中央大道連接著由行政大樓、圖書館、禮堂串連的軸線，配合兩旁規畫之次要小道，形成強烈的大軸線，建築之間的草坪即為師生來往的生活空間，而各建築物之服務系統，則由一條外環道來執行，同時也區隔了教學區與其他使用分區。教學區內以圖書館為中心，其他建築則配置於道路分割後的草坪「街廓」中，直至後來擴張發展才將教學建築群延伸至外環道以外，因而使原來明確的使用分區逐漸模糊，但軸線空間仍為校園空間的主軸。這樣的規畫配置，基本上是以建築物連接成的軸線為主軸，是非透視性

的，並將軸線融入校園生活空間之中，而與日據時期之軸線空間不相同，軸線上拉開的建築配置，除不致造成建築彼此壓迫的空間感外，反而隱含一種「節奏性」的韻律，益增軸線空間的變化及戲劇性。圖書館為全校核心地點，這種以知識寶庫（圖書館）為中心的校園空間結構，有別於光復後初期的校園空間模式。禮堂的安排，脫離與行政大樓之密切關係，成為校內的實質集會空間，且其使用不再只因應行政人員的方便性（*莊惠名，民84*）。

4.中興大學──「棋盤式」的校園空間模式

中興大學民國35年成立，校地面積55公頃，最前身為臺灣總督府農林專校，民國50年省立法商學校與省立農學院合併為省立中興大學，民國60年學校由省立改制為國立。民國61年，即進行實質校區環境的規畫與擴建，採格子模式向西南側擴張，形成目前標準的棋盤式校園空間模式，加上農業試驗場等集中、使用分區明顯的型態下，其縱橫分割的校園道路，乍看之下，則彷如一座小型都市；有市中心區（教學區），及邊緣的農地（農林試驗場），頗具規模與氣勢。就校園空間結構而言，隨著新校門的遷移，行政大樓及圖書館亦跟著西遷，造成空曠的校園中，佇立著兩棟建築，隔著中興湖遙遙相對，相對於校門入口關係而言，其配置則尚屬合理，但就整個學校內部運作而言，則顯得空間使用上的脫節，造成教學、行政、圖書各自獨立之現象；此一遷就於早期校區既有的發展模式，對校園整體性及學習生活產生相當程度的影響。

格子校園空間模式，在日據末期臺北帝大即產生觀念，但最後並未完全實施，而光復後亦常有如此的規畫手法，如逢甲大學、中央大學、新埔技術學院等，惟後兩者則多配合其他的規畫理念（如軸線等），以強化整個校園空間的精神。因此，格子模式的空間結構多為規畫中的輔助處理手法，而將格子模式推展到極致的，應屬

中興大學（莊惠名，民84）。

5.交通大學──「人本思想」的校園空間模式

交通大學民國47年成立，基地約77公頃，光復校區位於新竹市之西南邊，緊鄰清華大學，校地西側為較平坦區域，東側地勢變化較大亦較複雜，整體而言，校地呈坡狀，高於新竹市，因此視野景觀相當優美。在規畫構想上，除依活動分區外，並以步道系統來聯繫校內活動，由西北向東南形塑一教學區活動空間軸，道路採環狀處理，分布於校區外圍並連結各區，以提供各項服務功能。就交通系統言，採人車分道原則，生活空間與服務動線分離，以塑造學府寧靜優美的氣氛。主要的生活空間係以內庭串連設計，並採錯開方式編排，以產生收放的趣味性效果，依著地形作韻律性的變化，內庭則成為校園空間情境的主角。此一強化教學、研究整體氣氛的塑造是該校的特色，且圖書館亦放置於教學區的重心，與中央大學的規畫觀念可謂異曲同工。

校園的總體規畫分三個階段，民國66年第一階段規畫重點將主建築群與環校道路系統作明顯的配置；第二階段則在民國77年配合校地的擴充，將環校道路系統擴大，並區分出教學區、研究區、行政區、宿舍區和運動區等；第三階段在民國89年將西區校地列為「生態運動園區」，並配合新總圖書館形成中央廣場與林蔭雕塑大道，將建立新的校區主入口（劉育東，民91）。

人、車分離，並以「人」之移動感覺為主要考量的整體性校園規畫，在中央大學新校區中即已嘗試，惟交大在規畫上更是明顯、完整。就外環道規畫觀念而言，同時期的國外校園規畫亦有不少案例，如美國伊利諾大學（University of Illinois）即是一例。至於國內案例，較明顯的為八〇年代的國立中山大學及屏東科大校區等，尤其後者以多重環道方式解決廣大校區的人、車移動問題，將環道

系統觀念推展到極致（*莊惠名，民84*）。

㈡ 八〇年代新大學的校園風格

1. 中山大學——結合學院精神的模矩空間

國立中山大學民國 69 年在高雄西子灣復校，校地面積 70 公頃，校區約略呈長條狀分布，東半部為坡地，緊臨壽山，西邊則濱臨海洋，是一地形變化豐富，視覺景觀優美的校園。校地中比較完整的平地就是目前主建築群部分，其他分布於山坡上的有宿舍及海洋學院等，運動場則位於西南向的海埔新生地。

中山大學校區規畫採集中建築處理模式，教學區建築群以一連串建築及庭園構成之主軸，配合學院建築群之副軸而成，其中每一「進」之設計還套用中國傳統禮教制度中尊卑的秩序及觀念，然後再導入模矩系統加以整合，形成嚴謹的空間關係及層次。就規畫觀念而言，是一具深層意義的空間關係，以合院為空間組構單元，企圖塑造層次分明的學習環境，中軸線是建築群的主軸，中軸上行政大樓、紀念廊及圖書館界定出每「進」的節奏感，再以兩側的長廊將之串連起來，期能保有分段之後的整體性。隔著長廊分列於兩側的則是以合院為單元的學院空間，這樣的布局，簡單形容就是早期東海大學文理大道與中央大學軸線空間模式的結合（*莊惠名，民84*）。

2. 屏東科技大學——多重環道系統的空間模式

屏東科技大學校地面積 257 公頃，原為屏東農專（民國 43 年成立）改制，新校區位於屏東縣內埔鄉，為臺地地形，形狀略呈方形。校園空間的架構，基本上以符合農校的需求為主，與大自然的關係相當密切的，廣大的試驗農場為教學重點之一，因此學校設施

規畫必須保持接觸自然的高機動性，且須維持校園的整體性，以滿足行政運作之需求；建築群之布置採分散簇群模式，以不同科系為單元分布於校區各方向，其中交通動線為校園中重要的服務網路，以聯繫廣大校園中分散的建築群，使學校具有完整性。因此，校內交通系統採多重環道系統的模式，依不同需求區分為內、中、外三類環道，以構成校園的主動線系統。

　　不同的環道系統有相異的功能及規模，內環道路寬14m，主要提供行政中心及教學區之服務，中環道路寬 17m（如圖 66），為校內主要運輸道路，連貫實習農場及工廠區、運動區、生活區等，外環道路寬6m為保留校區北側邊緣之鄉道，並聯合南側產業道路之通行，各環道間並有次要道路相連接，以使交通系統更流暢、便利。如此交織成校園內部交通動線，同時亦構成校園空間模式之主要特質，此模式除脫離以往校園空間中最常出現的「軸線模式」外，亦將環道系統的概念發揮到淋漓盡致。在群體建築的布置上，以開放式的合院布局，形成與天地親和之建築群，並希望能表現中國農民傳統勤墾、質樸、堅毅之精神，建築雙斜式的屋頂形式亦期

屏科大占地257公頃，是臺灣單一校園最大之學校，迢闊的中環道路（17m寬），顯示出校園的廣袤性。

圖66：屏東科大寬闊的中環道路

能表現山牆的趣味以呼應遠山背景。

在光復後，規劃外環道結合集中建築群模式，有中央大學中壢校區、交通大學等，但此模式除人車分道觀念外，也可能與校地規模相關，如東華大學、暨南大學等校地廣大，但其環道系統多為單一道路的服務系統，不像屏科大多重的道路網，在實質意義上略有差異（*莊惠名，民84*）。

3.中正大學——整體規畫與創意發展的空間

中正大學民國78年成立，位於嘉義縣民雄鄉文隆村，校地由嘉義縣政府撥贈，面積134公頃，校區規畫完整（參見圖67），行政大樓、文學院、理學院、社會科學院、工學院、管理學院、圖書資訊大樓、共同教室、學生活動中心、占地20公頃的學人宿舍區等，校舍建築由不同的建築師設計，各有擅長，各具特色；其中，以行政大樓最具代表性，行政大樓樓高七層（39m）的位於校園主軸的交點上，其造形意義：(1)以中國文化的再詮釋，來塑造一現代中國大學的建築型態；(2)曲線、自由的造形意顯嘉南平原開闊性的土地，並象徵新大樓其行政組織的活力；(3)鐘樓、鼓樓、蕃鼓象徵了時間軸上的傳承（*李祖原，民82b*）。

圖書資訊大樓，由圖書館、視聽中心和電算中心組成，位於校區中央廣場主軸的北端，與對面之禮堂及左右側之行政大樓、綜合教室大樓共同形成校區之中央廣場，地勢自東南向西北以緩坡傾斜，基地以北位近斷層帶，屬禁建區，目前規畫為寬廣之草坪和運動場地，景觀優美（*潘冀和王秋華，民82*）。

學人宿舍區，包括社區活動中心、購物中心、托兒所、幼稚園和兒童遊戲場，單身宿舍87戶，每戶31m²，有眷宿舍78戶，每戶132～149m²，雙併兩樓獨院式，並有自己的停車空間（*藍之光和仲澤遷，民82*）。

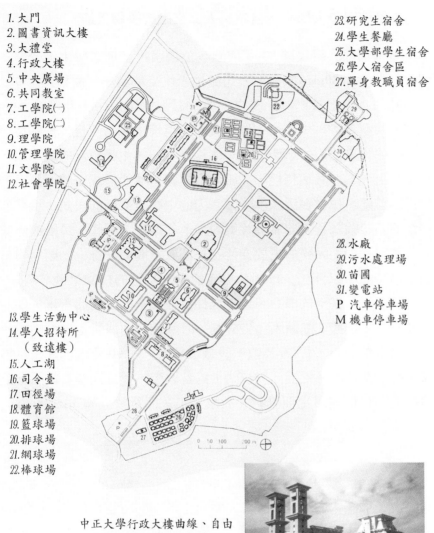

1. 大門
2. 圖書資訊大樓
3. 大禮堂
4. 行政大樓
5. 中央廣場
6. 共同教室
7. 工學院(一)
8. 工學院(二)
9. 理學院
10. 管理學院
11. 文學院
12. 社會學院

23. 研究生宿舍
24. 學生餐廳
25. 大學部學生宿舍
26. 學人宿舍區
27. 單身教職員宿舍

28. 水廠
29. 污水處理場
30. 苗圃
31. 變電站
P 汽車停車場
M 機車停車場

13. 學生活動中心
14. 學人招待所
　　（致遠樓）
15. 人工湖
16. 司令臺
17. 田徑場
18. 體育館
19. 籃球場
20. 排球場
21. 網球場
22. 棒球場

中正大學行政大樓曲線、自由
的造形意顯嘉南平原開闊性的
土地，鐘樓、鼓樓、蕃鼓象徵
了時間軸上的傳承。

圖 67：中正大學學校建築與校園規畫配置圖

資料來源：中正大學校舍建築作品集，中正大學，民 82，建築師，217，150-151。

4.暨南國際大學——自然與人文交融的校園景觀

暨南國際大學民國 84 年成立，位於南投縣埔里鎮中潭公路西側，高於路面 80m，原臺糖公司的桃米坑臺地農場，面積達 150 公頃，基地為一邊緣明確、獨立性強的緩坡臺地，中央為深達 50m 的 "Ｌ" 型窪谷。規畫上，以保護原有環境生態為前提，對基地作有效率的規畫使用，期使成為一個秩序井然、生趣豐富的大學城。在配置上，掌握基地特性，克服地形阻絕，並能形成完整而豐富的校園為首要目標。在手法上，強有力的中軸是架構的主角，環狀而平滑的動線強調整體的流通性與對地形的尊重，嚴謹而具層次感的教學區則強調了大學的主要機能。在開放空間的安排上，則利用基地地形特徵予以強化，以創造自然與人文交融的校園景觀。

設計者依基地的潛力、地形條件及校園空間架構的需求，作為分區設計的依據。基地因窪谷分割，分為前後兩塊臺地，臨中潭公路之前臺地較小，約 30 公頃，後臺地較大，約 90 公頃，宜作為校區主體。在校園配置上，以校門、跨谷大橋、行政大樓及總圖書館連線成為校區內最主要軸線（教學區），而行政大樓（如圖 68）

屹立校園樞紐的行政大樓，具有引人的獨特風格

圖 68：暨南國際大學行政大樓

為此軸線上最重要之節點,也是最先興建之建築物。校內有兩條重要的主軸,一是東西向的縱軸,學院軸,對著珠子山,一是南北向的橫軸,步道軸。暨大校園係以教學研究區為核心,另輔以行政支援區、公共服務區、體育設施區以及生活休憩區。教學研究區置於後方臺地由高至低、由東向西自然景觀軸線上,貫穿校地中央部位,能有效聯繫各區,縮短動線距離。行政支援區布於其旁,緊臨道路,便於連絡。圖書館與學生活動中心置於教學研究區軸線之中間位置,連接人文社會區與自然科技區,構成學校之主要象徵空間。對外服務區置於前臺地,沿自然地形以禮堂與教學行政區連接。學生住宿及體育設施區置於後臺地西側及南面,易於發展且不被干擾。學人住宿區置於前臺地右下方,與主校區適當分隔,形成強烈之社區意識與領域感,中央窪谷不宜開發,除上端利用地形設置人工湖,餘大部分保留為自然生態保育區及休閒運動與景觀區(錢紹明,民 82、89)。

5.東華大學——豐富多樣的校園開放空間

東華大學民國 83 年成立,位於花蓮縣壽豐鄉。校地廣袤達 251 公頃,校園規畫目標主要為:(1)建立具有國際學術交流意義的研究教學空間;(2)為臺灣東部的學術文化建設樹立楷模;(3)建立高彈性、多樣化的學術研究環境;(4)建立具有「家」的歸屬感的生活—學習環境;(5)建立有高度環保和節約能源意識的校園。

據此,東華大學的規畫,依不同區域的功能需求,規劃出:(1)具有莊嚴、紀念性的中央校區;(2)多重空間層次及聯繫性強,利於院系間協調合作,分享資源的學院區;(3)鄰里分明,院落井然的宿舍區;(4)活動性高,活力強勁的運動區。這些各具不同功能特色的區域,由蜿蜒整個校區的綠帶串連起來,整個校區架構上綿連不斷。建築上,各學院性格分明,各區域清楚易辨;景觀上,自然與

人工並蓄，湖光與山色兼具，使東華成為具有特色的新大學校園（參見圖69），並創造出豐富多樣的校園開放空間，可分為（賴朝俊和Yudell，民82）：

(1)中央校區軸線系列：這個系列屬於莊嚴對稱、紀念性強的戶外空間，它始於校園主入口上的密林及花卉的入口大道，到行政大樓前的迎賓廣場，穿過行政大樓，即是中央廣場，廣場為各學院間所環繞，北端是圖書資訊中心，這個區域，即是全校性的精神中心。從中央廣場過圖書資訊中心的半戶外挑空大廳，即是綜合大樓，國際會議中心及大禮堂所在的綜合廣場，這個區域，即是全校學術研究及國際學術交流的重心。

(2)學院及院間開放空間系列：各學院的開放空間，都具有多層次和多樣化的特色，每個學院的第一進都是一個前庭，和中央廣場相接，是各學院的門面。第二進，是幽靜而有園趣的中庭花園，各學院的中庭花園聲氣相通，連成一個可供課間散步流覽的花園帶。第三進，則是服務動線串連起來，其上配置有各學院的廣場、講堂及各種社交空間，成為最重要的院間資源分享及師生社交走廊。

(3)綠帶戶外空間系列：由綠帶所串連的戶外空間，提供全校師生課餘及假日休憩及生活的多樣趣味性，綠帶起點的西北角的體育廣場，除本身為各項運動設施所環繞外，本身即是一處可作慢跑、打拳等活動的理想場所。順綠帶而東，即是學生活動中心，位處運動、宿舍、教學三區的樞紐，提供全校師生社團、購物、餐飲及多項服務，是休憩生活的重心。

景觀優美的教職員生第一餐廳。

教學大道景觀橋是校園美麗的地標。

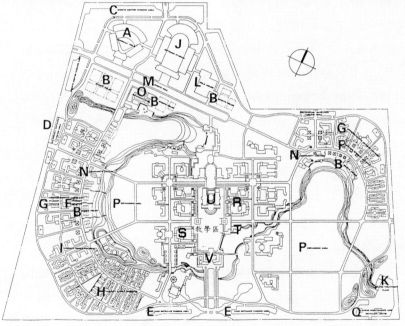

A.棒球場　　　　　　　I.教職員單身宿舍　　　Q.校園維護及回收中心
B.球場　　　　　　　　J.露天看臺及體育運動場　R.理學院
C.運動中心停車場　　　K.污水處理場　　　　　S.文學院
D.次要入口停車場　　　L.室內運動場　　　　　T.教職員生第一餐廳
E.主入口停車場　　　　M.運動區大道　　　　　U.圖書館
F.研究生宿舍　　　　　N.社區中心　　　　　　V.行政大樓
G.大學生宿舍　　　　　O.游泳池
H.教職員家庭宿舍　　　P.擴建區

圖69：東華大學學校建築與校園規畫配置圖

資料來源：國立東華大學校園規畫，賴朝俊和Yudell，民85，建築師，257，61。

　　學校是一「境教」環境，在校園建築與空間規畫的互動關係上，應涵蓋空間與建築的整體性塑造，使校園環境富有教育和學習意義。觀之臺灣的大學建築發展過程中，這樣的關係則顯得相當薄弱，此從日據時期目的性、實驗性設校下，對空間之忽略即產生，大多數學校建築之營造與空間規畫總是分歧進行。光復後也相當程度延續這樣的景況，尤其初期除東海大學等少數學校外，其他學校案例對建築之雕琢多勝於整體校園之規畫，而中期雖已有並行前進的跡象，但兩者仍無建立互動參與模式，校園整體意象觀念尚未建立（莊惠名，民84）；直至近期，民國71年臺大成立校園規畫委員會，由土木系夏鑄九教授完成臺大校園規畫報告書，提示校園土地使用及建築形式等諸多準則（黃世孟，民82），應為開啟校內校園規畫準則風氣之先，也提供臺灣既存學校永續發展之規畫模式。

　　未來，大學規畫設計的方向，應特別注意：⑴學術中心的設計：摒棄行政大樓為校園中心的設計，改以教學大樓、圖書館、資訊大樓為中心；⑵文化藝術的強調：大學是學術的殿堂，應具有人文氣息，透過文化藝術環境的建構，形塑人文教育意境；⑶教室設備視聽化：視聽化教室設備（如電腦、投影機、螢幕、錄放影機等），可使教師教學生動具體；⑷生活空間的建構：大學校園是一鮮活的生活空間，師生、同儕互動頻繁，校園的教學、研究、論壇、運動、休閒、聚會、餐敘……等，應規畫多樣化的生活空間，如活動中心、運動場、體育館、球場、餐廳、合作社、圖書館、書城等，以促進師生同儕交流，益增知性和情誼；⑸交通動線的規畫：大學猶如都市，有其交通機能需求，汽車、機車、腳踏車與人行步道，以行人優先、人車分道、便捷順暢為原則；各類型車輛停車場，應適度規畫，以地下化、鄰近建築為原則，空間較小之學校，亦可在校區前後或適當位置，設置集中停車場區，以淨空校園。

總之，臺灣八〇年代後蔚為風氣的「校園規畫準則」，和校園整體開發計畫之新校競圖模式，使建築與校園空間建立良好的互動，在大學建築發展上象徵著相當之意義：⑴高等教育實質觀念之提升，大環境對「教育」之認定，由過去有形之教授提升為無形的空間感知，且高等教育機構不再只是技術人員速成之所，乃為須長期經營、累積之地；⑵建築專業觀念之調整，從以往之單體建築營造提升為整體空間凝塑，且對環境發展脈絡的尊重及重視（莊惠名，民84）。此種大學校園空間整體規畫模式，不僅影響大學校園與空間規畫的發展，也影響了臺灣中小學學校建築與校園規畫的發展。

第二節

中小學建築的新風貌

近15年來，臺灣新建的中小學建築，有許多令人耳目一新的風貌。不僅是設備新穎，學校空間和教室規畫更能與課程、教學，甚至文化相結合，教育意境和層次自然提升。以下擬就中小學校舍的配置模式和新興中小學的建築風貌，分別探討說明。

一 中小學校舍配置的模式

臺灣中小學校舍配置的模式為何？以下擬先要述中小學校舍規畫的要點，再就校舍配置的模式加以探析。

(一) 中小學校舍規畫的要點

校舍的規畫配置須依學校規模大小、教室功能和地形環境作妥善的安排,其要點有(湯志民,民89a):

1. 校舍配置應先了解學校課程的需要、現有規模及未來的發展需求,據以估計普通教室及專科教室所需的種類和數量,再根據校地概況,作周詳的校舍配置計畫。

2. 校舍的方位,應採南北座向,美術教室則以北向為宜;如無法避免東西向,則可配置使用時數較少的專科教室,以減少學生上課東西曬的時間。

3. 校舍的配置,可依各校之需求,以教學區、行政區或圖書館為中心,也可採雙中心或三中心的組群設計,使校舍彼此連貫成一整體。

4. 教學區須有良好的採光、通風,並應遠離外界道路及避免噪音干擾。

5. 行政區應靠近校內主要道路,以利有關人員進出聯繫。

6. 圖書館應設於靜謐的教學區中間,以方便師生進修研究;如開放供社區人士使用,則要有公眾出入口,並使其朝向停車場。

7. 專科教室應儘量集中,有關聯性的專科教室,例如理化實驗室、生物教室、地科教室等可集中一區,組成科學館,以方便管理與設備整合。

8. 專科教室中之音樂教室、工藝教室、家政教室、唱遊教室等,易產生噪音,應與需安靜的教學區隔離或單獨設立。

9. 視聽教室和電腦教室是全校師生經常使用的共同空間,其配置地點應選在易達且明顯的位置。

10. 為減少校內外噪音的干擾,校舍與主要道路,以及校舍與校

舍間之距離，應至少間隔30m。

11.校舍的形式及內部空間應考慮未來教學發展之多樣性，宜有最大的適應性和擴展性的彈性配置與設計，以滿足課程的發展需求。

12.校舍配置應針對學生不同的身心發展階段，分別設置年級性的統一生活空間，使學生能在相同的教育情境下生活與學習；其設置方式可以分區、分棟、分層，或以花園的園路及其他建築物分隔。

13.國小校舍以三層樓以下、國中以四層樓以下、高中以五層樓以下為理想。如校地不足，須作高層化校舍配置時，應先做好校地的地質探勘工作，確認安全無虞，才能作高層化校舍的規畫及興建；二層樓以上之校舍，宜設置電梯（容量以 15 人座以上為理想），以利運送重物及方便行動不便人士的進出。

(二) 中小學校舍配置的模式

中小學校舍規畫配置的模式，可從功能和形式二方面加以探討。首先，就功能性的配置而言，通常配合課程與空間的營運有四種型態（*日本建築學會，1974、1983；西日本工高建築連盟，1986；谷口汎邦，1982*）：

1.綜合教室型（activity type, A 型）：全部的課程均集中在同一個教室上課。

2.特別教室型（usual & variation type, UV 型）：一般的課程在普通教室上課，特別的課程在特別教室或專門的學科教室上課。

3.學科教室型（variation type, V 型）：所有的課程都在該科目的學科教室上課，學生係按課程表移動至各教室上課。

4.混合型（platoon type, P 型）：將全部的班級數分為二半，並設對等的普通教室和特別教室或學科教室，然後各自分開在普通教室及特別教室上課，每幾小時互換一次，其間使用特別教室的班

級每小時都需要移動。

這些教室的配置型態（參見圖 70），基本上是以學年班級為前提，在日本小學低年級皆多採用綜合教室型（A型）上課，中、高年級則都採用特別教室型（UV型）上課，國內目前的教室配置型態與日本類似。另據 Sebba（1986）之分析，目前的校舍設計有二種明顯的不同取向，一為功能取向（the functional approach），另一為領域取向（the territorial approach）；惟基於學生發展需求，學校的設計應趨向結合這二種取向，例如：對年幼且面對新地方和新規定的兒童，其研究、工作、遊戲和服務設施應集中在單一地點，如多目標的教室，使兒童對人和環境有信心，並能順利的從一個活動轉換至另一個活動；對年齡較大和對環境有信心的兒童，其學校設施可以功能的設計為基礎，如圖書室、實驗室、自然資源室、算術室、工場、戲劇室等等。據此，我國國小低年級的教室配置，應加強綜合教室型（A型）的設置；國小中、高年級的教室配置，基於課程的需求，可採特別教室型（UV型）之配置。國中和高中的教室配置，基於課程的需求，可採特別教室型（UV型）或學科教室型（V型）之配置。美國中學皆採學科教室型（V型）設計，學生跑教室上課，教室屬於老師的，此型設計的優點是：⑴比特別教室型（UV型）更節省建築和空間；⑵可增加教室的使用效率；⑶利於教師教學準備和教室布置；⑷教室視聽化的教學設備有專人管理，對教學品質的提升，大有助益。國內，學校校地有限或太小，中學的教室設計，應參考採用學科教室型（V型）設計，惟在課程的安排應有審慎縝密的計畫，尤其都會區高層化的教室，更需注意學生換教室的動線和流量，目前臺灣已有成功的案例，如臺北市的麗山高中即採學科教室型（V型）設計，經現場參訪，效果甚佳；此外，已規畫完成，正發包興建中的政大附中，更提供另一山坡地高層教室學科教室型（V型）設計之典範，對未來臺灣中學

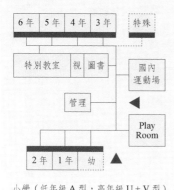

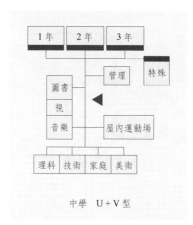

小學（低年級 A 型，高年級 U＋V 型）　　　　中學　U＋V 型

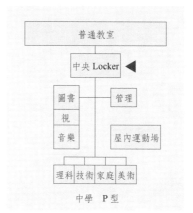

中學　V 型　　　　　　　　　　中學　P 型

圖 70：依教室營運的配置型態

資料來源：**建築設計資料集成**(4)（第 7 頁），日本建築學會，1974，東京都：丸善
　　　　株式會社。

學校建築的規畫設計和發展，將有一定程度參考價值的貢獻。

　　其次，就形式的配置而言，可分為：單面走廊型、手指型、中
間走廊型、群集型、網目型、廳型、通路型和分散配置型等等八
種；日本建築學會（*1983*）曾依其計畫型、學年配置、營運方式、
戶外之利用、通路之處理和室內環境，分別作一詳盡的比較分析，
詳如表 28。

表28) 各種校舍計畫形式

計畫型	學年配置	營運方式	戶外之利用	通路之處理	室內環境
單走廊型 沿單面走廊作教室聯結之形式。走廊呈直角或ㄇ字形迴轉。	學年配置不明確，不易掌握教室之朝向。各學科的一致性也不易求。	沒有特別適當的營運方式。在大規模學校會產生各種問題。	將遊戲場與班級對應性一致性的環境設計，十分困難。	通路面積占20%。教室間人移動之際是造成交通擁擠之原因，另長型走廊親密性低。	在單面走廊或手指型態下，雖在日照通風方面可自由選擇，但卻避免不了來自走廊噪音的騷擾。此類型態容易做到教室內環境之均一化。
手指型 以單面走廊聯結數個班級，再以一走廊作總聯結之型式。	分枝狀教室群來相對應學年配置。	傾向 UV、A 型等。減少小分枝教室數的話，則近於集合群型。	易設置專屬各學年的遊戲場。每個分枝教室棟均可表現特色。	由於是單面走廊可延長走廊長度，所以有許多低成本、放射型走廊的例子。	日本之氣候條件不利此型。美國拜天窗採光及中央空調設備之賜而有所發展。
中間走廊型 由中間走廊來聯結教室。為求緊湊之故，有 2、3 重的走廊，也會有不朝外的教室。	此種配置型態，學年是不夠明確的。用心處置的話，可達到各學科目的一致性。	傾向 V 型或 UV 型之特別教室群。不傾向小學校。	班級與遊戲場之對應困難、易形成閉鎖的環境、活用中庭亦為改善方法之一。	若使中間走廊成為別教室群之專用，則可利用為學習活動空間。	日本無法自由調整教室的方位，故此型之妙用減小。在日本或考慮調整日照，或作太陽時間的位與學習時間的配合，以選擇教室方位。若能使用空調設備，則此型之發展會大增。
廳型 以集會室或通行目的之大廳作為聯結來聯結之型式。	根據計算之方法可自由地作學年配置，又可自由作到搭配教學科目的一致性。	得從事種種的營運方式，小規模學校特別是別教室群用。尤其是要集的結 V 或 UV 型的特別教室群時，特別適用。		可減少通路部分。可作為通路來利用的有：大廳、同一學年家庭教室的通行空間、體育館、特別教室、圖工室、簡藏（更衣）室等。	
通路型 將入口處或中間廳納入中間走廊之型式作置。亦可通連其他教室。			得設置各種大型庭園，來進行各種學習活動。		

表28 （續）

	計畫型	學年配置	營運方式	戶外之利用	通路之處理	室內環境
群集型	以數個班級專用之小廳作為入口，精通的型式，藉共用的階梯將兼教室專用的廊所專用型態為葡萄狀之房屋。（集群類狀之葡萄屋）。	可使個班級數與學年配置相對應，因連續建一間教室都是不可能的，故將未來增建之發展計畫涵括其中。當奇數班級數留意，要將各特別要求相對應的各個教學科目是可能的。	傾向於 A、UV 型學級之集結方式。若將集群型來相對應各個教學科目整體性，則一致、整體性，也能用於 V 型。	低樓層時，較易作到與學年配置特別到的遊戲場，佳的遊戲場來和戶外相聯結甚為便利。	走廊之延長為限，小廳兼為休息室通道空間。考多層間通路，可應避難陽臺通道連貫避難通道，並設置教室之間之通路。	可減少公自由廊噪音的妨礙，雖兩面均可得良好之採光與通風，但產生依教室方位置日照之調整性必要性。
群集型	如上述般之教室單位，但的呈平面之網狀連結。		傾向於 A、UV 型教室。	遊戲場之獨立性較高。		
綱目型	在學校用地上分散配置教室。	可徹底分離學年，且呈舒展狀之配置。書列中缺小區域學校。	用於小型小學校 A 型教室較有價值。	可作舒展型，當視覺化的遊戲設置。		
分散配置型						沒有教室互相干擾的妨效，又可共享日照、通風。

資料來源：學校のブロックプラン（第18-19頁），日本建築學會，1983，東京都：彰國社。

二 新興中小學的建築風貌

臺灣中小學的配置模式，主要為特別教室型（UV型），一般的課程（如國文、英語、數學、社會等）在普通教室上課，特別的課程（如理化、音樂、美術、家政等）在特別教室或專門的學科教室上課。其次為綜合教室型（A型），全部的課程均集中在同一個教室上課，如國小低年級教室、幼小銜接教室或幼稚園教室。國內較難得一見的學科教室型（V型）的設計，所有的課程都在該科目的學科教室上課，學生係按課程表移動至各教室上課，學生沒有所屬的普通教室，只有儲物櫃，美國中學的教室皆為此型設計，臺北市的麗山高中是學科教室型（V型）設計的典範，已規畫完成即將興建完工的政大附中亦為學科教室型（V型）設計的代表，其設計思考和方式，值得探討了解。此外，近些年新建中小學的班群教室空間、校舍建築造形和校園教育情境設計，使臺灣新興中小學的建築另呈新貌。以下擬就臺灣新興中小學的學科教室型（V型）的設計、班群教室空間的設計、教室學習空間的設計、其他建築造形和情境（包括與歷史性建築的共構、校舍建築造形的設計和校園教育情境的設計），分別探討說明。

(一) 學科教室型（V型）的設計

學科教室型（V型），相當適合高中和國中的課程和教學型態，主要係因高、國中的教師依專長分科或領域（如九年一貫課程）教學，同一套教材可反覆教不同的班級，教師如有專屬教室，則可減少攜帶教材教具的困擾，增加運用電腦和視聽媒體教學的便

利，同時可作最佳的教室教學情境布置。尤其是下課時，站著上課的教師可以很快的在教室坐下來休息，而坐著上一整節課的學生利用下課時站起來走一走順便換教室，不僅有益健康，還可促進同儕人際互動，觀之美、加中學，學生下課和午休時間，在廊道、中庭或其他轉換空間上休息聊天，效果甚佳。

臺灣採學科教室型（Ｖ型）設計，有籌建中的臺北縣桃子腳國民中學（*簡學義，民90*）、政大附中以及已實施成功的臺北市麗山高中。麗山高中的基地比政大附中大而緩，二者學科教室型（Ｖ型）設計也各有差異，麗山高中同學科（如國文、英語或數學）的教室配置在同一樓層，學生的置物櫃集中設於地面層；政大附中同學科（如國文、英語或數學）的教室配置在不同樓層，學生的置物櫃設於班級基地（home base），該班級基地所在的樓層有不同的學科教室，如此學生只要跑同一樓層的不同學科教室，即可上不同的課程，亦即學生儘量以水平動線移動方式上課，以避免樓梯垂直動線之困難，並節省學生下課移動時間，增加休憩時間交誼之可能。

學科教室型（Ｖ型）空間需求如何計算？茲以政大附中（原規畫30班）為例，說明學科教室的空間需求（詳見表29），例如：

1. 國文科，國一到高三，每年級每週5節，每週總節數計150節（5節×30班），每間教室每週可排節數20節／週（每週5天，每天4節；空間利用率66.7%，空間轉換率33.3%），所需間數8間（150節／20節＝8間）。

2. 英文科，國一到國三每週分別為3、3、1節，高一到高三，每年級每週5節，每週總節數計118節（3節×4班＋3節×4班＋1節×4班＋5節×18班），每間教室每週可排節數20節／週，所需間數6間（118節／20節＝6間）。

表 29 政大附中學科教室空間需求表

必修科目	國一 a	國二 b	國三 c	高一 A	高二 B	高三 C	週總節數（以30班）（D）	單位間數每週可排節數（E）	所需間數（F）	標準單元間數（G）
國　　文	5	5	5	5	5	5	150	20	8	1×8＝8
英　　文	3	3	1	5	5	5	118	20	6	1×6＝6
數　　學	3	4	2	5	5	0	96	20	5	1×5＝5
歷　　史	0	2	2	3	0	0	42	20	2	1×2＝2
臺灣歷史	1	0	0	0	0	0				
臺灣社會	1	0	0	0	0	0				
世界文化	0	0	0	0	4	0	24	20	2	1×2＝2
地　　理	0	2	2	3	0	0	38	20	2	1×2＝2
臺灣地理	1	0	0	0	0	0				
公　　民	0	2	2	0	2	2	40	20	2	1×2＝2
三民主義	0	0	0	0	0	0	12	20	1	1×1＝1
生　　物	3	0	0	0	0	0	24	20	2	1.5×2＝3
基礎生物	0	0	0	2	0	0				
物　　理	0	0	0	0	3	0	30	20	2	1.5×2＝3
基礎物理	0	0	0	2	0	0				
理　　化	0	4	2	0	0	0	24	20	2	1.5×2＝3
化　　學	0	0	0	0	0	0	30	20	2	1.5×2＝3
基礎化學	0	0	0	0	3	0				
地球科學	0	0	1	0	2	0	28	20	2	1.5×2＝3
基礎地科	0	0	0	0	2	0				
生命科學	0	0	0	0	2	0	20	20	1	1.5×1＝1.5
健康教育	2	0	0	0	0	0				
電　　腦	0	1	1	0	2	0	20	20	1	2×1＝2
音　　樂	2	1	1	1	1	0	28	20	2	2×2＝4
美　　術	2	1	1	1	1	0	28	20	2	2×2＝4
童　　軍	1	1	1	0	0	0	12	20	1	1.5×1＝1.5
輔導活動	1	1	1	0	0	0	12	20	1	1.5×1＝1.5
家　　政	2	2	2	2	2	0	48	20	3	2.5×3＝7.5
體　　育	2	2	2	2	2	2	60	20	3	1×3＝3
軍　　訓	0	0	0	2	2	2	36	20	2	1×2＝2

註：1. 週總節數（D）＝ a×4 班+b×4 班+c×4 班+A×6 班+B×6 班+C×6 班。
　　2. 單位間數每週可排節數（E）＝ 4 節／天×5 天／週＝ 20 節／週。
　　　 空間利用率＝ 20（節／週）／30（節／週）＝ 66.7%。
　　　 空間轉換率＝ 1 － 66.7%＝ 33.3%。
　　3. 所需間數（F）＝（D）／（E），採無條件進位取整數。
　　4. 標準單元間數（G）＝面積換算比例×（F）。
　　5. 選修科目運用必修科目教室，不另計算。

資料來源：整理自國立政治大學附屬高級中學校園整體規畫研究（第 5-13～5-16
　　　　　頁），曾漢珍、湯志民、曾漢鈞、許崇憲、吳怡慧、張義華等，民 87，
　　　　　臺北市：中華民國學校建築學會。

3.數學科，國一到國三每週分別為3、4、2節，高一和高二，每年級每週5節，高三分組後成為選修，每週總節數計96節（3節× 4 班 + 4 節 × 4 班 + 2 節 × 4 班 + 5 節 × 12 班），每間教室每週可排節數20節／週，所需間數5間（96節／20節＝5間）。

其他各科，以此類推。選修科目，運用相關學科教室的空堂時間上課。如有增班，增加教室使用時數即可，如政大附中在校舍規畫後因臺北市議會對國中部之增班要求，國中部每年級增1班，國文科教室仍為8間，係將每間教室每週可排20節調高為21節，如此8間教室可提供168節，足敷165節（5節 × 33班）之課程需求。需提醒的是，教室時數不可用滿，否則會發生無法排課之情形。另經計算，政大附中原規畫案，以30班跨國、高中6個年級，其學科教室需求總量 11,077 m²（含班級基地、教學研究室），低於特別教室型（UV型）之教室需求14,192 m²（*曾漢珍等，民87*），如班級數增加愈多空間愈節省。臺灣高層化的校舍，加上眾多學生的學校，如採學科教室型的設計，學生跑教室上課，動線一定要詳加規畫。

此外，學科教室型設計，應配合設置教師教學研究室，同學科的教師在同一間教學研究室中，教學研究室鄰近各該學科教室，以利教師平日上課教學，下課與同學科教師一起研究教學和改進事宜。以政大附中為例，教學研究室每8人1間，鄰近各該學科教室，其教學研究室2間以上者（如國文科教學研究室有3間，英文、數學各有2間），因垂直配置，特在室內設置樓梯形成樓中樓，以方便教師教學研究、研討、聯誼及到教室上課。政大附中學科教室和教學研究室配置，請參閱圖71所示。

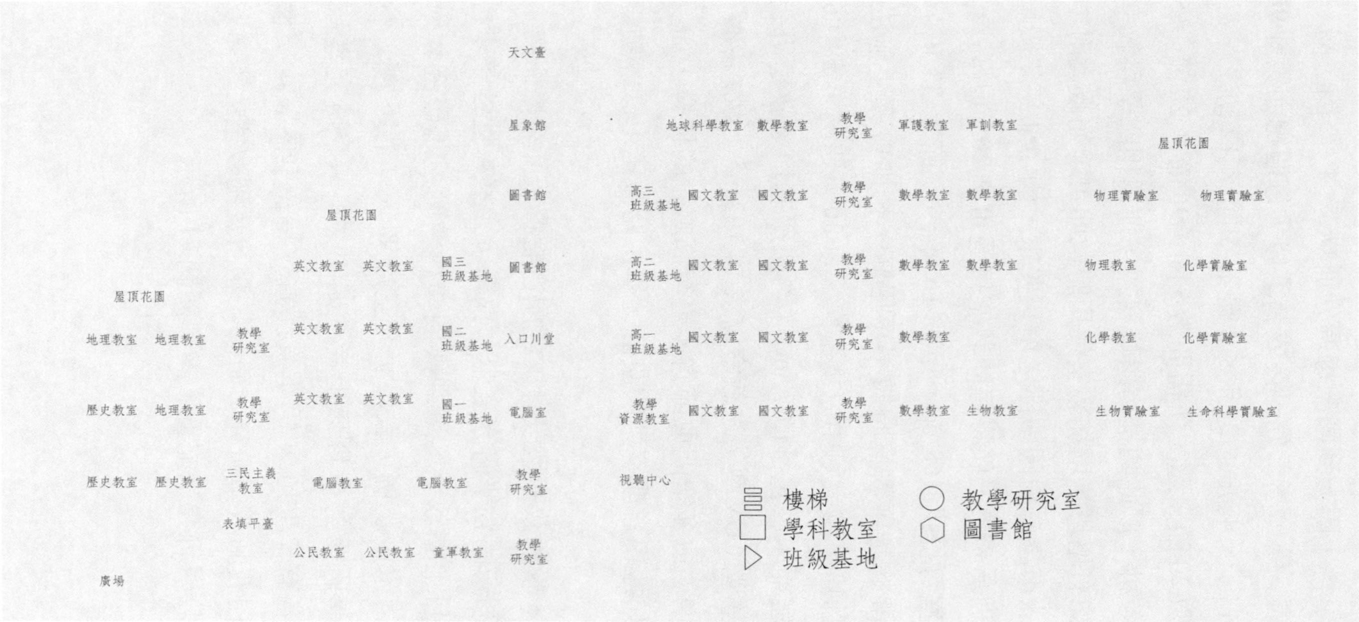
天文臺
星象館
地球科學教室 數學教室 教學研究室 軍護教室 軍訓教室
屋頂花園
圖書館
高三班級基地 國文教室 國文教室 教學研究室 數學教室 數學教室
物理實驗室 物理實驗室
屋頂花園
英文教室 英文教室 國三班級基地 圖書館
高二班級基地 國文教室 國文教室 教學研究室 數學教室 數學教室
物理教室 化學實驗室
屋頂花園
地理教室 地理教室 教學研究室 英文教室 英文教室 國二班級基地 入口川堂
高一班級基地 國文教室 國文教室 教學研究室 數學教室
化學教室 化學實驗室
歷史教室 地理教室 教學研究室 英文教室 英文教室 國一班級基地 電腦室
教學資源教室 國文教室 國文教室 教學研究室 數學教室 生物教室
生物實驗室 生命科學實驗室
歷史教室 歷史教室 三民主義教室 電腦教室 電腦教室 教學研究室
視聽中心
表填平臺
公民教室 公民教室 童軍教室 教學研究室
廣場
樓梯
學科教室
班級基地
教學研究室
圖書館

圖 71：政大附中學科教室和教學研究室配置圖

資料來源：邱永章建築師事務所提供。

(二) 班群教室空間的設計

　　班群教室空間的設計，是以 2 間以上的教室（通常為 2、3 或 4 間教室）為一班群，各班級除有自己的教室，還有共用的多目的空間或工作空間（work space），並配置教學研究室。班群的共用空間，陳琦媛（民 90）稱為「班群空間」（亦稱為協同教學空間或工作空間），林亭廷（民 90）稱之為「多用途學習空間」（multipurpose learning space）（亦稱為多用途空間、多目的空間、教學資源空間或開放學習空間）。班群教室隔間或區隔方式，主要有二種：(1)四周以彈性隔板或矮櫃區隔；(2)在靠班群教室共用空間的一邊，以彈性隔板、矮櫃區隔或不區隔。臺灣的班群教室空間設計，主要係在小學實施，班群教室的隔間或區隔方式大致以第 2 種為範型。

　　臺灣有許多國民小學採用班群教室空間設計，如臺北市健康、新生、永安、福星、蓬萊、文昌、麗湖、義方、濱江國小，臺北縣集美、昌平和永吉國小，基隆市深美國小，宜蘭縣蘇澳和南安國小，新竹縣上智國小，新竹市舊社、陽光國小，臺南市億載國小，高雄市民權、新上、福山和港和國小等，茲整理一些班群教室單元供參（參見圖 72），並擇要說明如下（*林亭廷，民 90；陳琦媛，民 90*）。

　　1. 臺北市健康國小，民國 88 年 9 月成立，校地面積 11,479 m²，樓地板面積 36,000 m²，班級數 36 班，每班 30 人，班群教室以 3 班為一單元，用於全校各年級，班群共用空間為 L 型，每一教室約有 2/3 間教室大的共用空間，教室與班群共用空間採彈性隔屏，共用空間有圖書區、資訊區、視聽區、益智遊戲區和一個大空地等空間。

　　2. 臺北市新生國小，民國 89 年 9 月成立，校地面積 24,528 m²，班級數 36 班，每班 35 人，班群教室以 3 班為一單元，二個班群間

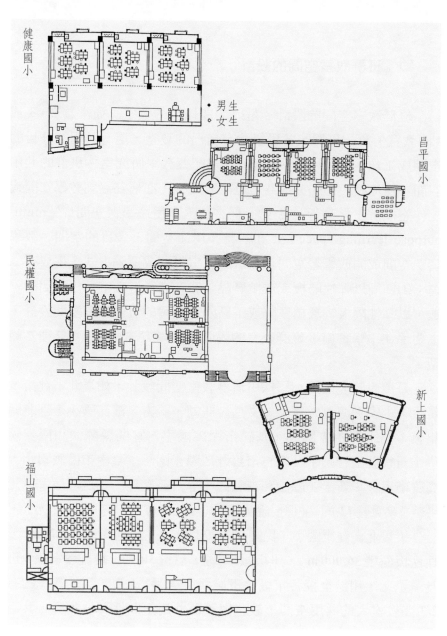

健康國小

昌平國小

民權國小

新上國小

福山國小

◆ 男生
○ 女生

圖72：健康、昌平、民權、新上和福山國小班群教室單元

資料來源：國民小學班群教室空間規畫設計之用後評估（第3-13～3-20頁），林亭廷，民90，未出版碩士論文，國立臺灣大學，臺北市。

設 1 間教師研究室，用於全校各年級，班群共用空間為長條型，每一教室有 1 間教室大的共用空間，共用空間有電腦區、小組區和一個大空地等。

3.臺北市永安國小，民國 89 年 9 月成立，校地面積 19,935 m²，班級數 48 班，每班 35 人，班群教室以 4 班為一單元，二個班群間設 1 間教師研究室，用於全校各年級，班群共用空間為長條型，教室為 8.3m × 8.3m，並延伸一個 8.3m × 8.3m 的共用空間，教室與班群共用空間採彈性隔屏，共用空間有圖書區和由組合式桌椅排成的小組座位。

4.臺北縣昌平國小，民國 88 年 9 月成立，校地面積 26,013 m²，樓地板面積 30,150 m²，班級數 17 班，每班 35 人，班群教室以 5 班為一單元，用於低年級，教室為 8m × 8m，每一班群空間為 640 m²，每位學生約 3.3～3.6 m²，班群共用空間為長條型，每一教室有 1 間教室大的共用空間，教室與班群共用空間採彈性隔屏。

5.高雄市民權國小，民國 88 年 9 月成立，校地面積 18,847 m²，樓地板面積 27,516 m²，班級數 31 班，每班 35 人，班群教室以 4 班為一單元，用於中低年級，班群共用空間為長條型，每一教室約有 0.5 間教室大的共用空間，教室與班群共用空間採彈性隔屏，班群共用空間有電腦網路角、視聽學習角、美勞塗鴉角、觀察角、語文角、表演臺、教師工作角、會心屋和飲水機等。

6.高雄市新上國小，民國 88 年 9 月成立，校地面積 24,895 m²，班級數 42 班，每班 35 人，班群教室以 2 或 3 班為一單元，用於全校各年級，班群共用空間每一教室有 0.5 間教室大，教室與班群共用空間採彈性隔屏。

7.高雄市福山國小，民國 88 年 9 月成立，校地面積 28,660 m²，樓地板面積 31,332 m²，班級數 52 班，每班 35 人，班群教室以 3 或 4 班為一單元，用於全校各年級，班群共用空間為長條型，教室為

8m × 8m，並延伸一個 8m × 6.5m 的共用空間，教室與班群共用空間採彈性隔屏。

　　基本上，班群空間設計為完全自給式教室（林亭廷，民 90），對低年級而言，為綜合教室型（A 型）；對中、高年級而言，因自然與科技、藝術與人文等領域課程，仍運用自然實驗室、美勞和音樂等教室上課，其配置模式為特別教室型（UV 型），只是其普通教室更為擴大充實變為綜合教室。根據陳琦媛（民 90）對臺北市健康、新生和永安國小之研究，開放（班群）空間設計對教師教學的影響，有：(1)教師合作研討課程，進行協同教學，準備教材的時間增加；(2)教師使用分組、多媒體等多樣化教學的時機增加，惟教學仍以講述法為主，課程內容仍是主導教學方式的主因；(3)班級經營主要是班群教師相互支援管理，在常規訓練上要教導學生尊重他人且不要在班群空間奔跑。對學生學習的影響，有：(1)合作學習增加，人際互動更頻繁豐富；(2)學習較主動多樣，惟教師的教學和帶班方式仍是主導學生學習的主因；(3)學生展現自我和學習的機會增加。開放（班群）空間設計帶來的好處，有：(1)教學和學習空間擴大，增加學習刺激和學習資源；(2)人際互動豐富，帶動教學和學習氣氛；(3)班群空間和硬體設備為教學和學習帶來許多便利。開放（班群）空間設計面臨的難題，有：(1)教師對教學管教的態度、標準和觀念的不同，使合作產生困難；(2)教學活動的進行和安排須注意到聲音干擾的情形；(3)學校的維護、管理和布置，需要花費較多的人力、時間和經費。

　　最後，想再次提醒的是，教室空間的規畫與設計，應配合課程和教學的需求。就課程而言，班群教室空間的設計，很適用於以生活經驗為主或九年一貫課程，其以大領域統整生活和學習經驗，重視探索和發展的課程設計，以彈性空間配合運用，效果更為理想。就教學而言，班群教室空間的設計，相當適用於協同教學，如班群

教師之間無協同教學之意願，此型之設計可能會導致黃世孟教授所批評的「錯把臉盆當馬桶」；事實上，臉盆、馬桶各有其功能，自不能錯置。國內教師素來偏好傳統、齊一、講述、以教師為中心的教學法，在如此開放、單邊沒有牆板的班群教室中，教師個別的講述教學，不僅有噪音的干擾問題，還有可能產生曾使用班群教師所說的「水族箱教學」，所有來往訪客、家長和巡堂人員，隨時都可輕易看見教室中教師教學效果不同的畫面，無形中會增加教師教學的壓力。因此，是否設計班群教室空間，應考慮課程性質，並讓教師充分探討協同教學之可能，再予採行，方易見其效果。

(三) 教室學習空間的設計

前述班群教室空間是 2 間教室或 3～5 間教室為單元的開放空間設計，而臺灣中小學教室的發展中，單一教室的空間轉型，其發展有傳統教室和新建教室二種模式。

首先，在傳統教室模式上，通常於傳統教室（9m × 7.5m）中，規畫一個以上的學習區域，例如臺北市新興國中在教室後面設置圖書區，學生常於課後群聚其間，看書、查字典或休憩聊天。臺北縣莒光國小在教室後面設置圖書、益智或休憩區；五寮國小在教室右後側設置一個小團體討論區並配置電視，另外還有電腦區、研討（桌）區等；菁桐國小將教室地板抬高改成木製地板，設計 5 張可以手動升降的方桌，每桌坐 4 名同學，1 班 20 名，桌子降下後，可在教室中躺下午睡，配上儲物櫃面板上的落地鏡，教室也可兼作韻律教室，教室的四周還有電腦區、棋藝區等學習區。民國 89 年 2 月過年返鄉，途經臺北縣雲海國小，參觀一位范老師（學美術）的六年級教室，深受感動，他為了 6 位小朋友，在傳統教室中，設計了豐富的學習空間（如圖 73），包括上課區、電腦區、飲茶和

棋藝休憩區、大水族箱、電冰箱、學習單和資料櫃,窗戶上貼上學生的美術作品,牆壁上還有精彩的年節情境布置,以及學生擔任班級幹部和整理教室可愛的分工圖,范老師的用心值得喝彩。

只有 6 名小朋友的傳統教室,依教學活動精心
設計成豐富多樣的學習空間,可以看出該班導
師的創意與用心。

圖 73:臺北縣雲海國小六年級教室的學習空間設計

其次,在新建教室模式上,有將後走廊整個規畫到教室內,教室內空間加大成為 9m × 10m 者,如臺北市天母國中、國立新店高中等;或將後走廊一半規畫到教室內,作為圖書區、教師辦公區或其他,另一半空間規畫為室外陽臺,如臺北市百齡高中和大同高中,基隆市長樂國小,宜蘭縣大溪、五結國小的教室。此外,也有一些學校將廁所引入單一教室內或在 2 間教室間構築共用廁所,成為另一種溫馨的教室家庭化畫面,如臺北市建成和萬華國中、臺北縣新和國小、新竹市朝山國小、苗栗縣僑愛國小和花蓮縣大興國小教室的套房式廁所;惟應注意清潔管理,否則易成為「拖油瓶」,即班級廁所不易與他班共用,空間不經濟且徒增維護困擾之問題。

基本上,教室設計學習空間也可視為自給式教室,對低年級而言,為綜合教室型(A型);對中、高年級而言,因自然與科技、

藝術與人文等領域課程，仍運用自然實驗室、美勞和音樂等教室上課，其配置模式為特別教室型（UV型），只是其普通教室更為充實或擴大，增加學習區變為綜合教室。而教室學習區的設置，最早的研究和實驗應為臺北市政府教育局委託，由盧美貴等（民 81、82）所進行二年的「臺北市幼稚園與國小一年級教學銜接之研究」，實驗學校有雙蓮、萬芳、忠義、大直、士林、景興、東新、西湖、龍安、文化、福星、日新、華江、麗山和市師實小等 15 校。一年級學生，實驗班 479 名，普通班 593 名，改變原來單調、教條和口號規範式的教室情境布置，配合單元布置豐富的學習區，讓兒童在語文區、科學區、美勞區等，加深加廣或精熟學習內容，教學方法活潑化、遊戲化及教材生活化。研究結果：(1)在認知能力成就測驗上，實驗班學生的平均數高於普通班的學生；國語社會的分測驗，普通班的學生高於實驗班的學生，但未達顯著，數學自然的分測驗，實驗班的學生高於普通班的學生，且達顯著。(2)在幼兒人格測驗上，個人適應量表之表現，普通班的學生高於實驗班的學生，但在社會適應量表之表現，則是實驗班的學生顯著高於普通班的學生。由此可知，教室學習空間的設計，尤其是幼小銜接階段，有其教學價值和意義。民國 83 年，臺北縣如火如荼的推動開放教育，在縣政府經費的挹注下，國民小學有許多教室設計學習區（一如前述），也為臺灣中小學教室學習空間設計，擘畫出另一嶄新風貌，現則配合九年一貫課程，仍在發展中。

（四）其他建築造形和情境

臺灣新興中小學，其他建築造形和情境，較主要的新風貌，包括與歷史性建築的共構、校舍建築造形的設計和校園教育情境的設計等，茲要述如下。

1. 與歷史性建築的共構

　　學校建築與歷史性建築的共構，基本上有兩種形式，一為學校保存古蹟或歷史性建築，並融入校園中運用，如建中的紅樓、北一女的光復樓、中山女高的逸仙樓、臺南一中的紅樓、臺南女中的自強樓、雄中的紅樓，忠義國小的武德殿等等。另一為學校與鄰近的古蹟或歷史性建築共構，如南投縣的永昌國小和明新書院，臺中縣私立明臺中學和霧峰林家園林結合，臺北市的建成國中（90 年 2 月完工）的學校建築與當代藝術館（市定古蹟）建築體共構，則為都市型學校建築規畫轉型成功的典範（參見第六章第二節）。

　　民國 91 年 5 月 21 日動工的臺北市龍門國中，最大的特色是融合市定古蹟「龍安坡黃宅濂讓居」（參見圖 74），該校校地面積 34,613 m²，校地東北側的市定古蹟「龍安坡黃宅濂讓居」保留，並成為校舍建築主要意象，使校舍建築揉合現代建築與仿古形式，配合古蹟整體規畫，龍門國中校舍特別以漸層式一樓、二樓、四樓、六樓的斜屋頂建築與古蹟相互搭配，建築外牆顏色搭配古蹟紅

龍門國中校舍融合市定古蹟「龍安坡黃宅濂讓居」，現為該校社會領域教室。

圖 74：龍門國中龍安坡黃宅濂讓居

磚色，並裝飾仿古的窗臺、門斗等；同時，校區也規畫一處農村田園造景，內有菜圃、傳統造形汲水機，這些特色再加上古蹟，都是校內的活教材（*聯合報，民國91年5月21日，第20版*）。

此外，埔里高中的校園內大瑪磷文化遺址，在教育部的全力支持下，建築師得以配合遺址的位置，留設兼具教學功能的文物館，讓獨特的文化遺產與校園融為一體，可說是國內首創的案例。

2.校舍建築造形的設計

臺灣的中小學，近些年新建者，其校舍建築造形突破裝飾性屋簷設計，配合都市計畫改以斜屋頂（如宜蘭縣和南投縣國中小），或更進一步予以詮釋性意義，或以社會或社區文化表徵設計。

首先，在詮釋性意義上，如慈濟興建學校的「人」字型屋頂；新店高中頂層校舍也以「人」字合手敬天作為造形收邊，皆為案例。

其次，在社會文化上，有些新設校校舍造形，採閩南馬背（如臺北縣大崁國小、宜蘭縣冬山國小、基隆市長樂國小）或燕尾（如宜蘭縣大溪國小）；位居客家莊，校舍造形則設計圍屋（如桃園縣龍星國小、苗栗縣福星國小）或古亭笨（如苗栗縣仁愛國小）；位處原住民部落，校舍或其他建築設施的造形、色彩、彩繪或圖騰等，會顯示其為泰雅族（如臺北縣烏來中小學）、阿美族（如花蓮縣水璉國小和太巴塱國小）、布農族（如臺東縣加拿國小）、卑南族（如臺東縣南王國小）、排灣族（如屏東縣望嘉和三地國小）、魯凱族（如高雄縣多納國小）、邵族（如南投縣德化國小）、雅美（或）達悟族（如臺東縣蘭嶼、朗島、椰油國小）等。

此外，還有震後重建學校以社區意象設計，如苗栗縣三義鄉以「龍騰斷橋」著稱，當地僑成國小的校舍將加強柱作成「斷橋」造形，堪稱佳作。

3.校園教育情境的設計

臺灣中小學的新設學校，易在教室空間或建築造形上開創新局，舊有學校（含新設校）走出新風貌，主要在於呈現具有人性、開放和教育意義的校園情境設計。具有代表性的有：(1)無圍牆設計，如臺北市健康國小、政大附中，宜蘭縣過嶺、龍潭國小等；(2)開放性拾物招領架，如臺北縣德音國小等；(3)籃球場邊置放籃球，如臺北市螢橋（司令臺）、景興（校舍側）和信義國中（球場邊）等；(4)藝廊，如臺北市溪口（樓梯間）、南港高工（辦公室走廊）、花蓮高工（藝文走廊）等；(5)公共藝術，如臺北市雙園國中筆竹情、國立三重高中川堂的美濃窯等；(6)大地彩繪，如臺北市木柵國中，臺北縣鳳鳴國中地下停車場和樓梯等；(7)磁磚陶藝，如政大附中創意地坪和經典名句地磚，臺北市士林國小和臺北縣鶯歌國小的圍牆等；(8)學習步道，如臺北市天母國中和福林國小的數學步道，興華國小環保步道等；(9)生態教材園，如臺北縣深坑和平溪國小（操場邊），屏東縣彭厝國小（側庭）；(10)教室命名，如政大附中的徐志摩教室（國文）、莎士比亞教室（英文）、愛因斯坦教室（物理）和張大千教室（美術）等，臺北縣屈尺國小的師鐸館（教師辦公室）、採菊軒（教師休息室）、侏羅紀公園（自然標本室）、菜根譚工作室（廚房）等；(11)其他，如教室班級牌藝術化（如花蓮縣太巴塱國小），彩虹跑道（如臺北縣新和國小）等等。

第三節

幼稚園舍的新設計

近10年來，臺灣新建的幼稚園，如雨後春筍般不斷萌芽成長，

園舍造形饒富趣味，室內空間和設備新穎，教室設計和情境布置結合課程、教學，提供幼兒學習、生活、探索和遊戲的環境。以下擬就幼兒活動室的設計向度和新興幼稚園的園舍設計，分別探討說明。

一 幼兒活動室的設計向度

臺灣幼稚園活動室（一般稱之為教室）的設計向度為何？以下擬先要述幼兒活動室的配置要項，再就幼兒活動室設計的向度加以探析。

(一) 幼兒活動室的配置要項

幼兒活動室的配置要項，可從空間大小、學習區量、區位安排、動線設計、情境布置、教室管理、物理環境等，加以說明。

1. 空間大小

(1)依教育部國民教育司（民 78）「幼稚園設備標準」之規定，平均每一幼兒室內活動面積，院轄市不得小於 $1.5 \, m^2$，省轄市不得小於 $2 \, m^2$，郊區及其他地區不得小於 $3 \, m^2$。鑑於活動室空間對幼兒行為的影響、幼兒的活動性質及學習區的設計之需，湯志民（民 90b）建議幼稚園以每班 30 名幼兒，活動室面積 $90 \, m^2$，每生平均 $3 \, m^2$ 為理想。

(2)教室空間太小，可考慮移動家具、運用平臺或改變規定，並試著為特定的學習活動找尋園舍內或室外的另一空間。教室空間太大則需區隔，以配置大肌肉活動區、大體育室，或提供安靜區。

2.學習區量

⑴學習區的種類,較常設計使用的有:美勞區、積木區、裝扮區、圖書區、科學區、建造區、音樂區、沙水區、電腦區、益智區和私密區(*湯志民,民90b*)。幼教教師可依課程目標、教學方法、幼兒人數、興趣和能力以及空間大小,加以選擇。

⑵學習區的數量,通常幼兒年齡愈大、班級人數愈多,小團體區的數量需愈多,依Alward之研究建議5～6歲幼兒,一班25～29名幼兒的活動室,需有1私密區、6小團體區和1大團體區(*引自 Marion, 1991*)。

⑶學習區的空間,以臺灣的國小附設幼稚園為例,通常每間教室67.5㎡(9m × 7.5m),若依 Alward 之研究,小團體區和私密區,計7區(大團體區併入設計),每區平均約6.5㎡(約2坪)(一般通道約占教室1/3面積),設計時可依實需合併調整。

3.區位安排

⑴相關學習區的配置,Beaty(*1992*)建議不妨製作10張方形紙片,先以大字寫上10個學習區的名稱,再於其下以小字寫上2個最有相關的角區名稱,然後以一大張紙作為活動室的地面,並配合課程將最有相關學習區的方形紙片四處移動,作最佳之配置。

⑵學習區的邊界界定,如無清楚的邊界並與其他區域重疊,將會造成使用的混淆和貧乏,Vergeront(*1987*)認為學習區的邊界可以接觸(meet),但不能重疊(overlap),界定邊界的方法,可以地毯邊(carpet ends)、分隔物、書架、懸掛罩蓋物(canopy),甚至以色帶在地板界定邊線等方式處理。

⑶教室的安排,應使教師適於督導幼兒的工作及其在室內的移動,教師的視線應能穿透區隔物和邊界並進入每一個空間(*Seefeldt*

& Barbour, 1994）。

4.動線設計

(1)活動室的動線規畫要注意流暢性，並保持 1/3 以上的剩餘空間（*蔡春美、張翠娥和敖韻玲，民 81*）。

(2)教室的形狀影響配置和督導，Mayesky認為長方形的教室比正方形更適合，而 L 形教室則會造成督導的問題（*引自Essa, 1996*）。

(3)建立通道網（network of pathways）以連絡學習區，並注意：①通道網應限制穿越活動區，例如一個學習區一個入口；②通道應清楚、寬闊、延伸並環繞（非穿越）學習區，使學習區沒有死角；③可以家具和改變地板的覆蓋物界定通道的邊界（*Vergeront, 1987*）。

(4)教室至少應有二個出口以供急難之用，並清楚的標明緊急出口路線，門口和其他出入口應無障礙（*Essa, 1996*）。

(5)動線影響教室配置，Graves、Gargiulo和Sluder（*1996*）引用 Shapiro 之見解，建議教室內以 L 型和 U 型來區隔，可增加學習區安排成功的機會，L 型可得到角落的使用，U 型提供單一的出入口，而家具、櫃子、書架和低分隔物可用以形成交通流動模式（traffic flow patterns），並決定學習區可能的數量。

5.情境布置

(1)情境布置，依賴佳媛和姚孔嘉（*1998*）之見解，即所謂的「裝飾」，它是幼稚園微觀環境藝術設計的一部分，從近年來幼稚園裝飾的分析可發現，幼稚園的布置，無論是室內還是室外，都是以幼兒的實際生活和所見所聞的事物為主要創造題材，以師生共同創造為主要形式，採用多種材料，其目的是幫助幼兒加深對事物的感受，擴大對生活的體驗，以了解自己及其生存的自然界。

(2)教室立面的布置，主要係指牆壁和天花板空間的裝飾和運用。Evertson、Emmer 和 Worsham（*2000*）指出，牆壁空間和公布欄所提供的區域可以展示學生的作品、教學的相關教材、裝飾物品、工作分配、規定、課程表、時鐘和其他有趣的物項，天花板空間也能用以懸掛活動物、裝飾品和學生的作品。

(3)留下一、二塊空白，以後增加展示，或讓幼兒以美勞作品裝飾空白空間（a blank space）或作為科學或社會學科單元的一部分。不要過度裝飾（overdecorate），牆壁空間太瑣碎雜亂會干擾學生並使教室看起來比較小。

6.教室管理

(1)教室管理（classroom management）的重點在維持教室的秩序，Spodek 等人（*1991*）即指出，保持教室的整潔和愉悅是重要的，雜亂的架子、殘破的設備和缺乏照顧的展示，皆給幼兒同樣的訊息：雜亂是可以接受的，以及他們的活動是沒有價值的。

(2)學習區人數的管制，應儘可能保持簡單易於管理，讓幼兒能獨立地使用器材和設備，並能輕易地擺開。幼兒選擇活動的機會，至少為幼兒數的1.5倍，如為10名幼兒則應提供15個機會（*Vergeront, 1987*）。

(3)學習區人數的管制，應建立一個有組織性的系統，其方式如（*Brewer, 2001; Pattillo & Vaughan, 1992*）：

①可採用學習區計畫板（a center planning board），配上圖片和鉤（hooks）用以標示學習區的空間。例如，美勞區有4個鉤，表示空間可供4名幼兒使用，當幼兒去該學習區時，他將名字或圖片掛在學習區計畫板上，如果一個特定學習區的鉤已掛滿，幼兒則須選擇其他的學習區。

②另一種學習區計畫板，是在每一個學習區旁掛上該區的圖

片和名稱，幼兒將他們的名字掛在每一個個別的學習區，而非掛在學習區計畫板。

　　③以色彩碼（color-code）標示每一學習區，並設置一致色彩的曬衣夾（clothespin）在該區的板上，曬衣夾數代表同一時間可在該中心的幼兒人數，幼兒將該曬衣夾夾在衣服上。

　　④有的教師喜歡用木栓板系統（a pegboard system），木栓板左邊的圖代表學習區，木栓數代表同一時間可以使用該學習區的幼兒數，每一位幼兒都有一個名牌，當他想去積木區時，則將名牌掛在積木區的木栓上，如果積木區沒有空的木栓，幼兒則須作其他的選擇。如果某學習區因故不能使用，該學習區的木栓在那一天就會被移開。此一木栓板系統也可協助幼兒作新的選擇，例如，如果有一位幼兒總是選擇美勞區，而教師認為他已發展出足夠的信心到別的學習區工作，教師會限制美勞區的木栓數，讓該生作其他的選擇，教師並應確認幼兒的選擇是他有興趣的，同時在剛開始的幾分鐘陪他一起遊戲。

　(4)附屬設備的管理

　　①教室應有足夠的儲藏和鑰鎖設施以保管幼兒的衣服、鞋子、其他的衣物和個人用品，並供教師儲物之需；此外，應提供器材和設備多樣的儲藏空間，大輪子玩具、紙張和美勞用具皆需不同種類的儲藏設施（*Spodek ＆ Saracho, 1994*）。

　　②教師應確定幼兒可輕易的接近器材而不必爬上椅子或桌子，而不讓幼兒使用的書籍、資源和器材，應收存於教師的儲藏空間，並離開幼兒視線，不讓幼兒觸及。

　　③學習區的器材應定期更換，以反映幼兒的興趣、季節、節日和單元；如果，幼兒對一個學習區失去興趣，其器材可拿開幾個月，取回時將使該器材看起來像新的活動和器材，它將再燃起興趣，且通常會使該學習區再次轉為需要的學習情境。

　　④電插座的位置決定電唱機、水族箱或其他需用電設備的設置所在，電線須沿著牆壁離開地板，延長線除非絕對必要不要使用，並只可安全地沿護壁板（the baseboards）裝置以及以膠布緊固於地板，鬆弛的金屬線留置地板會使人絆跌，應注意處理。

　　⑤教師必須經常檢查教室的物質安排以確定其安全，如家具和設備須無銳利的邊緣，破舊和不安全的設備應予修繕或移出教室之外，動線設計應避免引起衝突，攀爬設備應有柔軟鋪面，家具需再安排或在桌腳上裝置止滑的支架尖頭（crutch tips）；當教室中有行動不便幼兒，需做額外的修飾，使學習活動儘可能完全地近便，並提供一個安全的環境；此外，教師和幼兒應建立使教室運作的安全性規定（*Spodek et al., 1991*）。

7.物理環境

　　⑴教室的聲音，在控制上應注意（*Graves et al., 1996*）：

　　①據 Jefferson 的說明，長方形教室可提供物質空間更多創造性運用的機會，但正方形教室噪音較少。

　　②學校是傳統的硬鋪面環境，桌子、課桌和天花板高度增加聲音的反響，透過環境的柔化（softening），不僅可減少環境的噪音，而且能提供視覺上和結構上的親和性教室（inviting classroom）。

　　③軟性家具、地毯、植物、枕頭和寵物，可吸收音波並將噪音減至最低。

　　④Graves等人對教室噪音污染的解決（solutions for classroom noise pollution）提出十個步驟：鋪地毯、掛窗簾、降低天花板、栽植物、養寵物、散枕頭、用教師的影響、供書籍、用籃框、增公告，以達到一個安靜的環境。

　　⑵教室的光線，在控制上應注意：

　　①幼稚園室內光線，以雙面自然採光為主，人工採光為輔，

其照明度不得低於 250 勒克司（Lux），且不可有眩光和強烈的輝度比；窗臺平均高度為 50～60cm，窗戶之總面積應占建坪面積的1/4（*教育部國民教育司，民78*）。

　　②最有效的採光環境，是符應幼兒活動的需求，如美勞活動在有自然採光的地方，較會有顯著佳績；相反的，自然採光對印在白紙上的閱讀太過強烈，也應避免某些活動的整個區域是自然採光。

　　③如教室太暗，可重新安排採光，運用反射面，如瓷釉塗料的明亮色彩或謹慎的配置鏡子，明亮的水族箱和植物配合教室的光線，有助於照明的延伸。

　　④運用局部的或聚光燈採光（spotlight lighting），可增加學習區的明亮和吸引力，淺色的牆壁、淺色的桌子，甚至淺色的地板，也可增加教室的明亮和吸引力。

　　⑤眩光可運用百葉窗、羽板窗（louvers）、窗簾和背景屏飾來控制（*Shoemaker, 1995*）。

　　⑥所有牆上的電氣開關、插座距地面均不得小於 1.7m，以避免幼兒觸摸（*黎志濤，民85*）。

　　(3)教室的色彩，在設計上應注意：

　　①調和色系（coordinated color schemes）對於成功最有益，幼兒偏好明亮的色彩，但太多明亮的色彩會促成過度的活動。

　　②紅色對身體活動、整個大肌肉技能和概念形成等是有效的；在黃色系的美勞區和音樂區，幼兒積極主動地反應；在閱讀和語言學習區，綠色、藍色和紫色是有效的。

　　③色彩和採光與幼兒的需求及環境有關，如教室窗戶設在南面或西面牆上，柔和的色彩可有效的吸收光線；惟如光線最小時，對從學習區北面引入的自然光線，黃色或白色的反射是最好的選擇（*Graves et al., 1996*）。

　　④色彩的使用應與當地氣候相適應，如大陸南方氣溫高、日

照多，室外照度高，空氣透明度大，不宜過多使用暖色，宜用淺淡的冷色調或中間色，使之有固定、舒適的感覺；大陸北方氣候寒冷，日照少，室外照度低，空氣透明度小，一年中有近半年時間處於冰天雪地的環境，選用暖色調為宜。此外，陰雨天氣較多的地區，應用亮度較高的色彩（*賴佳媛和姚孔嘉，1998*）。

(4)教室的溫濕度，在控制上，應注意：

① 教室舒適的溫度為 68～72℉（20～22℃），濕度為 50～60%，會增加幼兒的舒適和表現（*Graves et al., 1996; Shoemaker, 1995*）。國內幼稚園室溫的規定，以 20℃～25℃ 為宜，濕度以 60～65% 為宜（*教育部國民教育司，民 78*）。

②溫度計低置於牆上，或置自動示溫器於幼兒可視處，以監督該區的溫度。

③教室如未設置增濕器（humidifier），可以開放的水族箱、植物和水桌增加濕度（*Graves et al., 1996; Shoemaker, 1995*）。

④良好的通風也很需要，尤其是幼兒教室設置空調時，不要封閉空間或減少通風。此外，幼兒活動室的換氣，每小時 1.5 次（*黎志濤，民 85*）。

㈡ 幼兒活動室設計的向度

Jones 在 1977 年出版的「教─學環境的向度：教師手冊」（Dimensions of Teaching-Learning Environment: Handbook for Teachers）以及在 1979 年所出版的「教─學環境的向度」（Dimensions of Teaching-Learning Environment）一書中，提供可用來分析物質情境（a physical setting）的五種向度，此五向度能用以規畫物質設施以及選擇設備和家具，可作為我們設計幼兒活動室的最佳參考，茲分述如下（*引自 Feeney et al., 1991; Spodek & Saracho, 1994*）：

1. 冷硬—柔和（hard-soft）

「冷硬—柔和」係描述環境的特性。柔和可改變環境及其間所發生的特性和感受，柔和的環境可促成較多的生產力、較佳的技巧、較高的動機和士氣，以及較低的缺席。幼兒教室是家庭和學校的一道橋樑，必須反映家庭的柔和。冷硬環境的特性係由不毀的材料（如水泥）、眩光、單調的色彩或刺眼的採光所形成，而冷硬環境的塑造則因幼兒會破壞柔和與情境，以及此情境看起來嚴肅並有助於工作。教師要軟化環境，可給予溫暖、與兒童做身體的接觸，也可經由提供舒適的家具如長沙發、枕頭、地毯以及草坪、沙、有毛皮的動物、柔軟的玩具、吊索和懸吊輪胎、生麵團、手指畫、黏土、泥、水和其他零碎的器材。

2. 開放—封閉（open-closed）

「開放—封閉」係指器材、儲存、課程和教師行為對兒童限制的程度。開放和封閉間之差異，係以空間和兒童在時間上變化需求來平衡。器材可視為一連續尺度，一端為封閉的器材，如迷宮在使用上只有一條正確的路線，另一端則為開放的器材，如沙和水其變通性則無限制。「開放—封閉」並不意味著好壞，開放的器材可激發兒童創新和創造新挑戰，封閉的器材對兒童有足夠的挑戰和成功的機會，也具有酬賞性。過度困難的器材會導致挫折，並會破壞器材，年幼或缺乏經驗的兒童需更接近開放的器材，年長或較有經驗的兒童既需要也喜歡開放的器材和封閉的器材。當兒童顯現厭煩或挫折時，其原因可能在「開放—封閉」經驗的平衡上。

3. 簡單—複雜（simple-complex）

「簡單—複雜」係描述設備吸引兒童興趣的方式。對缺乏經驗

較不成熟的兒童，教室需單純些，使他們能集中注意以及作選擇時不會困窘。年齡較大的兒童能掌握較多的複雜性，複雜性的增加可以器材或教師為之，如進入裝扮區並說：「我想這個嬰兒餓了」可使環境較為複雜。單純的器材具有一種明顯的用途，不允許兒童操弄或即興而作，如三輪車、滑梯、迷宮和觀念遊戲（concept games）。複雜的器材允許兒童將二種不同遊戲器材用在一起，使遊戲較少預期性並更加有趣，它們能吸引兒童一段較長的時間，如附帶工具的沙箱、附帶支柱的積木和附帶顏料的拼貼。超級的器材（super materials）提供更多的可能性，也能吸引兒童注意更久，如附帶空心積木的攀爬架、附帶工具和水的沙盤，以及裝扮角配備家具、衣服和洋娃娃。

4.干預─隱退（intrusion-seclusion）

「干預─隱退」係關於穿越教室間界限的人和事，包括室內與室外的人、景物、聲音和事物。干預增加新奇、刺激和強化學習。隱退係避開刺激，提供專心、思考和獨處的機會。當隱退的機會不存在，兒童通常以躲藏或以情緒上的退縮為自己製造隱退。桌子或黑板架靠牆排列提供「空間的隱退」（partial seclusion）；三面屏障的隔離空間可讓小團體分享隱私；躲藏的空間——在板條箱內、樓廂內或桌下舒適的封閉場所——能容納 1、2 位兒童藉以逃避教室的刺激。

5.低活動性─高活動性（low mobility-high mobility）

「低活動性─高活動性」係形容身體的投入和動作的活動。高活動性包括大肌肉活動和積極的動作，低活動性包括小肌肉、須坐著的活動，這二種機會的提供都很重要。教室可有小彈簧墊並通往室外庭院，而室外也可提供安靜的活動，如繪畫、看書和桌上遊

戲,但常被忽略。教師提供高和低活動性空間、器材、鼓勵並作示範,由於女生大運動肌通常不足,因此女性教師示範高活動性活動特別重要。

此外,張世宗(民85)的「十字定位分析法」,以及國內許多學者專家(*林朝鳳,民77;陳麗月,民74;黃瑞琴,民81*),參考1975年Brown之見解,以幼兒活動的動靜態和乾濕性(不用水和用水)二個向度,可區分為動態、不用水區(如:團體區、裝扮區、積木區、木工區、音樂區等)、靜態、不用水區(如:睡/休憩區、圖書區、益智區、電腦區、私密區、視聽區等)、靜態、用水區(如:科學區、家事區、美勞區、餐點等)和動態、用水區(如:沙/水區等)四區(如圖75),以此作為幼兒活動室的區域設計與布置的依據,甚為簡易且具實用參考價值,茲據此繪一幼稚園教室(活動室)供參考,如圖76所示。

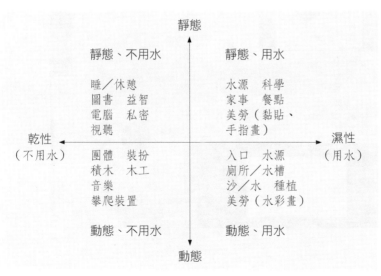

圖75:幼兒活動室的乾濕性和動靜態區域設計

資料來源:*幼兒學習環境設計*(第52頁),湯志民,民90b,臺北市:五南圖書公司。

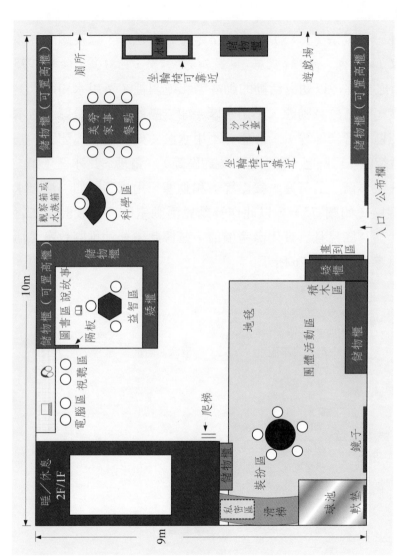

圖76：幼稚園活動室的設計

資料來源：幼兒學習環境設計（第二版）（湯志民，民93，臺北市：五南圖書公司。

二 新興幼稚園的園舍設計

　　民國 83 年 4 月到德國海德堡旅遊時，在旅館附近發現一所 Evang 幼稚園，當時為撰寫幼教專書，特懇請園方教師同意讓我參觀該幼稚園，並拍幻燈片。這是一所溫馨雅致的幼稚園，該園以綠籬作圍牆，入口處即見一有頂棚的沙池，沙池上覆防護布，前庭幽靜的草坪上，設置幼兒遊戲的滑梯、攀爬網和爬桿，幼兒進入室內是先在衣帽間脫小外套和換鞋，教室窗明潔淨，透過彩繪大玻璃窗可以看到前庭的草坪和遊戲場，教室內設計幾個學習區有積木區、美勞區、裝扮區、益智區、閱讀區等，區角空間錯落有致，大方又有創意，室內動線明晰，並置數張 6 人一組的圓桌（2 個半圓桌組成）或方桌，學習區器材豐富，其中積木區堆得高高的積木，可能是幼兒前一天得意的作品，其他學習區的器材均井然有序的置放於高雅開放的木製儲藏櫃上，幼兒可以輕易的找到他想要的器材並取用，這所幼稚園的教室，一進來給人的感覺是，它已準備好，而且歡迎幼兒的到來和使用；整個環境是溫馨、精緻、高雅、潔淨、安全，是一所父母可以完全信賴托育的幼稚園，離開該園心存感激，想到德國 Froebel 首創幼稚園，時至今日，其發展成果不可不謂令人驚嘆啊！

　　美國的幼稚園，通常為單層建築，教室設各種學習區、可移動家具、用具、黑板、揭示板以及整套的衛生設備，重要園舍建築還有行政室、家長談話室、幼兒研究中心、教師休息室、觀察室、多用途室／餐廳、廚房、儲藏室、獨立的庭院和遊戲場等。民國 86 年 7 月，作者曾到美國德州哈克蝶學校（The Hockaday School）參觀，這是一所 K-12 的女子學校，幼稚園有獨立的空間，環境優雅，

園舍為蜂巢形波浪屋頂的一樓平房，四周種植濃鬱大樹，室外綠草如茵，教室內大型的落地窗，引進自然陽光，教室圍繞著中庭大廳（兼多目的空間），室內大型的工作桌，可讓全班小朋友圍在一起作美勞，每間教室都有電腦和其他豐富的器材設備，另外還有小集合室、唱遊室、視聽中心、遊戲場……等等。民國89年4月，到加州的拉芙諾丁小學（Ralph E. Noddin Elementary School）參觀，其幼稚園有獨立的園庭和遊戲場，教室寬敞，設一些學習區，教學和學習器材設備豐富（有電腦、洗手臺等等），室外園庭中一棵濃蔭大樹，一間遊戲屋，一片綠茵如毯的草坪，還有一處安全的現代遊戲場，給人的感覺是美國的幼教環境很務實，室外環境潔淨、安全，室內設備豐富、多樣，教師親和、認真。

　　大陸的幼稚園，目前主要設在市鎮上，農村尚未普及。因各地的地理位置和經濟狀況不同，幼稚園設施也有較大差異，較完備的幼稚園，主要設施有：教室、寢室、娛樂室（有各種玩具、木偶戲表演、手工操作等）、餐具室（包括盥洗、茶水桶）、影視室、資料室（主要存放圖書、動植物標本、教師手工藝品等）、運動場（有操場、跑道、各種運動器械）、小人廁所若干等，少數較大的市內幼稚園還自辦有小動物園和植物園（*郭仁懷，民83年*）。民國88年4月，筆者曾至大陸北京參觀「北京市第二幼稚園」，是一所獨立設置的幼稚園，園地不大，教室設備不多，園庭為水泥鋪面，設置簡易遊戲和籃球架，設備較為簡陋。民國90年2月，至南京參觀「南京市第三幼稚園」，也是一所獨立設置的幼稚園，園地大小適中，景緻優雅，綠化美化甚用工夫，園舍（教室、管理室等）、園庭（含小動物箱）、運動場（含遊戲場、直線跑道）等等，相較於「北京市第二幼稚園」，設備可算相當齊全，值得參考學習（*湯志民，民90b*）。

　　臺灣的幼稚園，通常依規定設置於一、二樓，較重視室內環境

的設計，室外環境則以遊戲場為主，簡單設計遊戲架，而園庭受重
視者，則不多見，但整體來看，幼兒學習環境的設計，是逐漸受到
重視，也在進步中。近十年，國內各級學校附設幼稚園（或托兒
所）漸蔚為風潮，不僅大學附設（如政大、師大、中正、東華、屏
東科大等），專校附設（如康寧專校），中學也附設（如臺北市天
母國中、信義國中、薇閣中學、復興中學、再興中學，臺北縣安康
中學、淡江中學、南山中學、彰和國中，臺南市長榮中學等），小
學附設幼稚園更為普遍（如臺北縣市等）。其中，公立的幼稚園大
多附設於小學之內，以原有小學教室改設而成，其間或有提供單獨
園庭區者，當然也有獨立設置的公立幼稚園（如臺北市南海幼稚
園），但甚為少見；新（改）建或籌設中的國小，其附設幼稚園在
校園內已有獨立的區域和園門通道（如臺北市南湖、健康、新生、
永安、麗湖、濱江國小；宜蘭縣員林、大溪、澳花國小；臺東縣關
山國小等），與獨立的幼稚園幾無差異，園舍建築、空間和設備都
相當新穎。至於，私立幼稚園，除學校附設（如臺北市薇閣幼稚
園、復興幼稚園、再興幼稚園、南山中學附幼等）的園舍和設備較
佳之外，幾乎是獨立設置，但有許多園舍是租的，因此空間較小，
不盡理想。

　　臺灣幼稚園舍的規畫，絕大多數活動室為綜合教室型（Ａ型）
設計，即全部的課程均集中在同一個教室上課。活動室有的設計為
蒙特梭利教室，但大多數採學習區的設計型態，在教室中規畫多樣
豐富的學習區，讓幼兒自由遊戲和探索，或提供更寬廣的教室空間
（如政大實小附幼、南海幼稚園，以及健康、新生和永安國小附
幼），彼此資源共享。以下介紹臺北市政大實小附設幼稚園和南海
幼稚園，以了解臺灣新興幼稚園園舍設計之梗概。

一 政大實小附設幼稚園

園地位置：臺北市
校地面積：2,730 m²
總樓地板面積：2,412 m²
建築構造：RC 造，地上 4 層
興建預算：44,002,000 元
完工時間：民國 88 年 9 月

　　該幼稚園自民國 49 年開辦即以愛的教育為基本精神，民國 70 年更積極推動開放教育理念。園舍採開放空間之設計，室內以活動櫃區分為畫到、探索、益智、操作、美勞、展示等不同的活動與學習區角，因園生入園需求增加，原有園舍不敷所需，乃於舊園舍旁闢建新園舍六樓，並於民國 88 年完工啟用。

　　新園舍大樓造形融合圓弧線條與幼教「寓教於樂」之精神，採用高音譜記號之造形。大樓外觀與鄰棟女生宿舍協調，採用藕荷色為基本色，外牆色帶鑲嵌紫色玻璃馬賽克，川堂廊柱與半弧形屋簷配暗紅色，柔和中透著些許活潑的意味。

　　大樓各樓層空間配置，一樓配置多功能活動室、攀岩活動室、園主任辦公室、警衛室及廁所等（參見圖 77）。二、三樓為中班及大班之教室、室內為畫到、探索、益智、操作、美勞、展示、生活區，另有一間視聽室、教具教材室，以及廁所；室外露臺為自然科學區，供幼兒養殖與觀察。四樓配置教師研究室、會議室、親子諮商室及儲藏室。戶外活動區，有樹屋區，可供幼兒攀爬、探索與眺望。沙地、水池區，有沙地，四周圍以波浪形之矮牆，水池之水底鋪鵝卵石，供幼兒嬉戲。體能活動區，利用建物四周空地分散配

置鞦韆、平衡木、蹺蹺板等體能設備。藝術牆與表演劇坊均為實小張麗華老師所精心設計，並協同實幼小朋友、老師、愛心家長製作陶板，協力完成。中庭鋪上止滑地磚，並加導盲磚與行動不便者坡道，以利幼兒與行動不便者通行。

　　舊園為八角形兩層樓之建築，面積 804 m²，一樓、二樓為中班、大班各 45 人之活動教室。舊園之更新，一樓設保健室一間，活動室設拉門式屏風供 2 歲組幼兒休憩之午休區，另以多功能操作系統桌、屏風組合系統、多用途活動櫃區隔出展示、探索、益智、操作等區，觀察區配置水族箱及植栽。二樓保留原有之拉門式屏風，作為 3 歲組幼兒之生活區，另以多功能操作系統桌、多用途活動櫃、活動繪圖桌、活動三角展示架系統、三層展示旋轉櫃、雙面三層展示櫃等，區隔出圖書、展示、益智、操作、美勞區；動植物觀察區配置寵物櫃、植栽，視聽室參考新大樓視聽室之規劃。

　　戶外活動設備，將舊有沙地與頂棚加以整理，在沙地旁加設戲水池及沖水設備，池底鋪鵝卵石。舊園舍周邊酌量配置 2 歲與 3 歲幼兒運動之木馬、平衡板、吊環等。地下室配置 2 歲組與 3 歲組幼兒運動之鞦韆、滑梯、攀爬架、蹺蹺板等。舊舍南面之川堂、水泥地加以整修，供幼兒騎三輪車、溜滑梯之用。舊舍北邊之泥地規劃為菜圃，西北邊規劃為三層花圃。新大樓與廚房之間的草地，設計成丘陵斜坡，供幼兒奔跑、跳躍、打球、滑草（*井敏珠，民89*）。

裝扮區和木偶劇場，可以提供
幼兒想像和表演的空間。

教室內寬闊的大團體活動空間，
也是幼兒午睡的舒適場所。

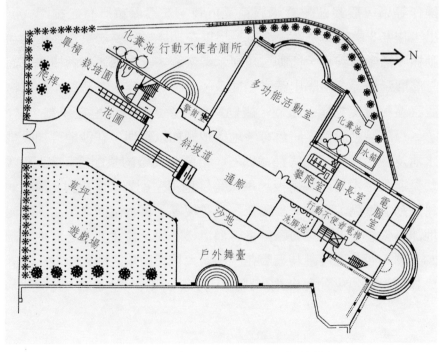

圖 77：政大實小附設幼稚園設計配置圖

二│ 南海幼稚園

園地位置：臺北市
幼兒人數：13 班（含特殊班 2 班），340 名幼兒
園地面積：3,944m²
樓地板面積：3,301m²
庭院面積：2,813m²
建築改造：RC 造，地上 3 層
完工時間：民國 79 年 11 月

　　南海幼稚園設有視聽戲劇室、圖書室、美術室、體能室、探索室等五大學習區。行政區方面，有總務室、警衛、健康中心和廚房位於一樓，園長室、會議室和資料室則在三樓。教室方面，有 12 間教室，2 間教室一組，中間前半部分為教師日常用的資料室，後半部分為共用之室內廁所；教室空間布置，右教室以各國建築造形表現（分二層），上為午睡場所，下面為用餐及工作場所；左教室則以抽象化之自然環境為主，將教室分為兩部分，一部分鋪地板，便於戲劇類活動，一部分鋪 PVC 地板，便於音律類活動和用餐。此外，庭院方面，前院有大動作活動區，區內有曲橋、小木屋、瞭望臺 2 座、木製遊樂器材、木塔、四周可噴水之游泳池兼室外遊戲場、天然草地之操場，以及植有桂花、梅花、桃花等的花臺和室外用廁所；後院分為「溫帶區」，有曲形水池、小橋、瀑布、山、花亭、石桌，並植有竹、桃、垂柳、楓和水果樹等植物，「寒帶區」有古城牆、牆內爬網、山洞，並植有松、楓、櫻花、菊和水果樹等，「熱帶區」有沙洲、木製曲橋、涼亭 2 座，並植有茶花、椰子樹和水果樹等，「烤肉區」有中式烤肉架 5 座、花架 2 座、矮木

架、若干舊石磨、自來水和水槽臺，並植有茶花、紫藤和絲瓜等，「作物區」規畫為五處，分配給各班級種植，「動物區」飼養小雞、鳥等。

　　該園環境特色，主要在呈現「家」的感覺，設計有安全感的環境，提供社會情緒發展的環境，並有足夠的活動設施提供大肌肉和小肌肉的發展，而造紙區和編織區、庭院的綠化活動區、種植區和家禽區等，也都讓幼兒有豐富的直接經驗，同時是最早設有無障礙設施的幼稚園，讓行動不便兒童和一般兒童一樣，有相同的機會與環境互動。更重要的是，南海幼稚園設計了從本土到多元文化的生活空間，例如教室設計，12間教室有6組文化環境，分別為中國、日本、東方、北歐、南歐和阿拉伯（中東）文化，每兩間教室呈現一文化體系，教室的欄杆或牆飾具各文化特色的造形，地板則根據該區文化的自然環境特徵作地面的抽象化表現，例如將日本島國設計成水波浪狀的複式地板；較單調的阿拉伯沙漠設計成沙丘狀；中國設計成庭園；在南北歐方面，為了表現其沼澤山岳的地形，均以活動的圓形積木自由排列疊放，嵌入地面；在東方文化方面，由於它以北方為代表，故我們自由使用活動式的各種幾何造形，以代表各類地形。此外，南海幼稚園的孩子每天都可以接觸自然，庭院中的水池仿造為天然形式的池塘，不僅配以岩石瀑布、小石桌和花架，周圍更輔以柳樹、曲橋等，代表我國南方的庭院景象；庭院中間則以城牆為背景，再配以涵洞的小丘坡和北方的松樹，襯托出北方的風味；池狀曲線的沙坑中間有兩座原木亭和曲橋，配以椰子樹，呈現出南臺灣的風貌，而中國人喜愛的涼亭更使沙池饒富人文氣息；烤肉區設在樹蔭下，烤肉架做成矮小中式爐架，使幼兒感受早期的生活趣味（*漢菊德，民87*）（參見圖78）。

具希臘神殿色彩的活動室,上、下二層空間,提供幼兒活動、午睡之用,給幼兒一個「家」的感覺。

後院的園庭,有隧道、草坪、小橋、流水、噴泉,在幼兒的原住民和獨木舟的裝飾下,甚具童趣。

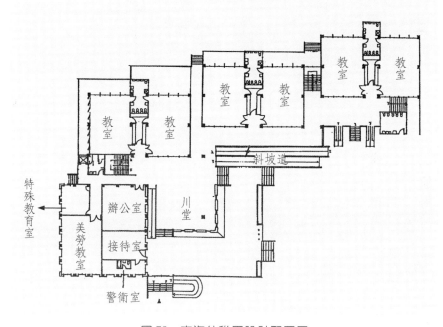

圖 78:南海幼稚園設計配置圖

資料來源:**幼稚園空間因應幼教理念轉變之研究**(第 107 頁),朱沛亭,民 82,未出版碩士論文,國立臺灣大學,臺北市。

臺灣學校建築的轉型

危機就是轉機，轉機成功才有契機。

掌握發展契機，才能創造永續生機。

　　臺灣學校建築的新興，基本上是隨著經濟發展和社會變遷，逐漸蘊釀而生。就中小學而言，期間有一些重要的催化劑或影響因素，促進了臺灣縣市學校建築和校園，有計畫性的或快速的轉型更新。首先，在學術研究方面，民國 75 年中華民國學校建築研究學會成立，迄今 19 年，大力推動學校建築理論研究，並協助學校規畫校園，績效卓著；民國 76 年師專改制師院，在大學部和研究所設立學校建築研究課程，為學校建築和校園規畫研究，奠定長遠的發展基礎。其次，在教育政策方面，教育部的「發展與改進國民教育計畫」、「補助地方國民教育經費計畫」、「整建國民中小學教育設施計畫」、「整建國民中小學老舊危險校舍計畫」及「教育優先區計畫」等經費，大量挹注縣市更新校園，讓過去的舊校舍，如獲甘霖般的大量新建或更新。更重要的是，在實際執行方面，主事者（如縣市長、教育局長）有長遠規畫和發展的理念，使縣市的學校建築和校園更新，能有計畫的進行，如宜蘭

縣、臺北市、臺北縣、桃園縣等。此外,九二一地震,造成臺灣學校建築重創,此一危機在政府和民間共同的努力化解下,卻也提供學校建築更新轉型的契機,如南投市和臺中縣。本章擬就臺灣學校建築轉型成功和具代表性的縣市,擇其要者,介紹說明,以為臺灣學校建築的發展留下一歷史見證。

第一節

臺灣的新典範──宜蘭縣

近 11 年來,花了不少時間實地勘察了解臺灣各級學校建築,對宜蘭縣學校教育設施發展的印象最為深刻。越過北宜公路,美麗的蘭陽平原迎接著晨曦,綻放出金黃色的光彩,清新、綠意、朝氣、鄉土是宜蘭的寫照。數數自己曾完整走過或有多次探勘經驗的新(修)建學校,為數不少,包括:宜蘭市的蘭陽女中、宜蘭高商、復興和中華國中、南屏、力行、中山、宜蘭、光復、凱旋、育才和黎明國小,羅東鎮的羅東高中、國華國中、羅東國小,頭城鎮的頭城家商、頭城國中、大溪、梗枋、竹安、頭城國小和人文學校,礁溪的礁溪國中、龍潭、礁溪和三民國小,員山鄉的員山國中、員山國小,壯圍鄉的過嶺、壯圍、古亭和大福國小,五結鄉的興中和利澤國中、五結、四結、中興、學進和利澤國小,冬山鄉的冬山國中、冬山和東興國小,三星鄉的大洲、三星和憲明國小,大同鄉的大同國中、寒溪、大進、自強、化育、四季和南山國小,蘇澳鎮的蘇澳、南安、馬賽、東澳和蓬萊國小以及南安國中、南澳中學,南澳鄉的武塔和澳花國小等 61 校。這些學校有許多共同的特色,如無圍牆的設計、造形優雅、設計精緻、開放空間、鄉土關

懷、生活休憩、造價低廉和簡易田徑直道等等，值得學習。

宜蘭縣 93 學年度有國中 23 所，國小 76 所，分校 9 所，分班 1 所，分布均勻，民國 78 年起，運用教育部頒行「發展與改進國民教育計畫」、「補助地方國民教育經費計畫」、「整建國民中小學教育設施計畫」及「教育優先區計畫」等經費，有計畫性實施校園整體規畫，逐年更新。宜蘭縣是臺灣第一個縣市以長年性、有計畫、整體的實施校園規畫和更新，最具成效的典範。為了解其實施成效，特將其校園整體規畫理念與策略，要述如下（*莊和雄主編，民 90*）：

1. 規畫理念

(1)觀光立縣：宜蘭縣以文化、環保、觀光立縣，近年來發展觀光事業，外來觀光的民眾大為增加，政府對環境的規畫、公共建設，要重視品質，配合發展。國民中小學雖不是觀光據點，但在環境布置、校園設計上居於顯要地位，要期許設計新穎高雅、美輪美奐，打造蘭陽平原的新風貌。

(2)環境保護：蘭陽平原山川靈毓、田野廣袤、平疇綠野、雲深海闊。到宜蘭旅遊的人，對於這裡的環境保護，尊重自然，留下深刻的印象。宜蘭縣校園的規畫，優先考慮到社區的環境，創造綠色的天地，讓師生容易維護，給花木賦予生機，使空氣、陽光、水，在建築與草坪之間，充分展現活力。

(3)鄉土文化：國民教育乃地方教育，校園的規畫儘量保有地方的特色，展現鄉土的氣息。學校建築因城鄉而有所不同，學校的風格是里鄰風格的典範，是鄉民認證的標準。學校的色澤、型態要濡染鄉土的色彩，體現社區的文化，得到學生家長的認同。

(4)美感取向：國民中小學教育的目標為德、智、體、群、美五育均衡發展，美感教育可以提升國民的品質，建築物的優美、高雅、賦予地方文化特色，使環境產生質變，影響學生的人格，啟發

學生的心智。宜蘭縣的國民中小學建築的高雅，環境的優美已是有目共睹的事實。

2.規畫原則

(1)人文體現：學校是學童生活的環境、學習的場所，需要專門的設施發展心智，足夠的空間紓展情緒，積極空間的設計要精細、巧思，消極空間的安排要開敞、明朗，重視學生的感受，切合學習的需求。所以光線、彩度、照明、布置、水源、廁所、休憩、運動、無障礙環境均需要設想周到，合於人性的法則，保障學童的安全。

(2)多元發展：宜蘭縣的校園規畫，重視適性的環境、多元化的發展。鼓勵學校接納社區文化活動、體育活動、社會活動，發展自己的特色，區分不同的風格，呈現多彩多姿的風貌。

(3)適性環境：學校應建立適性教育的環境，以因應未來社會多樣的發展，不同的社區特性發展，不同的教育特性，如科學、藝文、民俗、技藝、體育，以紓解升學的壓力，引導學校教育正常發展，以提升國民教育品質。

(4)城鄉均衡：充實教育設備，改善學校環境，均衡城鄉教育的發展，本縣均優先考慮山區、海邊、僻地、偏遠各學校的困難問題，協助其解決。但配合社區的發展，人口的消長，適時併班遷校，以符合經濟原則，整合教育資源，落實教育目標。

3.執行方式

(1)結合專業加強訓練：學校的校長與事務工作者均屬教育專業人員，對建築工程所知有限，建築師、承建商均屬工程業界，大多數都不懂得教育。這兩種角色必須要相互溝通，彼此學習方能合作無間，共同規畫。校園規畫之首要行政策略是召開聯席會議，辦理工程講習，將兩種不同專業加以結合，發揮互補功能。並舉辦縣外

優良建築訪問，參觀國外的學校設計，以他山之石開拓校長們的視野，增進規畫的能力。

(2)整體規畫分期完成：宜蘭縣教育局輔導國民中小學校，根據本身的主觀的條件、客觀的環境、目前現況、未來的發展、理想的目標，通盤檢討訂定長程計畫。不致因環境變遷、人事更迭而中斷完整的計畫，或遷就現實，降低品質而犧牲了原有目標。

(3)強加溝通擴大參與：校園規畫已非校長一人之事、亦非一校之事。宜蘭縣輔導學校成立規畫小組，結合工程人員、仕紳碩望、家長代表、全校教師擴大參與、充分溝通、建立共識，重大工程並須經縣府諮詢小組審核、研擬計畫、參與規畫，使建築與設備充分符合教育的功能，未符合品質與創意的規畫案，則經常請建築師重擬修正。

(4)督建嚴格確保品質：為提升工程品質，縣府成立工程品質抽驗小組，主動檢驗工程缺失，督導施工，如有品質欠佳立即拍照存證，簽發三聯單通知學校轉知建築師、承包商，限期改善，並訂有工程管制作業計畫，建立工程個案資料，學校應須掌握時效管制進度，使工程如期完成。

(5)公平合理分配資源：國家資源有限，學校需求殷切，分配資源須公平合理，發揮經濟效益。宜蘭縣所採行的核定原則，以考慮學校的急切性最為優先，其次為延續性、整體性、均衡性、發展性，最後以績效性來督促學校力爭上游。同時參考城鄉的平衡發展、社經地位不利或弱勢族群地區等因素。

(6)適時檢討解決問題：基於輔導重於督導，責成學校訂定合約書時，明確要求建築師肩負督造責任，發現問題主動協助學校，邀集相關人員共商解決方法，並編印「工程常見缺失照相手冊」，提供學校行政人員參考。

(7)分析績效落實考核：該縣訂定「國民中小學營繕工程方式」、

「國民中小學營繕工程績效考評實施要點」頒行各校切實執行。縣府教育局掌握學校工程的數量、進度與品質，舉凡一切優點與缺失均輸入電腦，統計數據一目了然。如符合前瞻性、教育性、經濟性，其行政人員均從優獎勵。

(8)經費集中，重點投入：為突破財源短絀，縣府行政策略為掌握全縣發展方向，容許有充分檢討的規畫，讓建築師有發揮想像空間，工程採分年分期完成，並累積上級各計畫型之補助款，集中經費，靈活調度，一次發包作整體性改建，克服資源、進度及管考壓力。

4.執行成效

(1)奇思巧構、各領風騷：宜蘭校園衡量各校所處社區環境、班級規模大小及上級補助經費額度，從事前評估、規畫、設計至管考流程作業，以山地、鄉區及城市三種不同類別學校，樹立不同特別風格校園，同時由執行工程層面評估校舍使用狀況，區分遷校、舊校園重建、舊校園修建，冀望每所學校皆能有所創新突破，讓學子有最理想的學習空間，並透過環境，結合教育理念，潛移默化學生心靈，改變學生氣質。

①山地學校：國民教育要能落實，須先照顧弱勢族群，宜蘭縣從原住民教育開始，始能達成教育機會均等之理想。大同、南澳兩鄉學校多年前即優先予以整體規畫結合當地地景、人文與鄉土，展現並保存泰雅文化特色，如東澳、武塔、碧候、澳花、南山、樂水分校、松羅分校等國小。

②鄉區學校：鄉區學校常為當地村里文化精神堡壘，肩負地方教育使命，校舍其規畫分一、二期重建完成，以塑造樸實典雅、自然風味，搭配農村景觀及地形高低差，呈現溫馨的校園別墅，並提升為社區公共設施的典範，如萬富、壯圍、過嶺、竹安、大洲、東興、育英、龍潭等國小與員山、興中國中等。

③市區學校：市區班級數多，考量不影響師生上課，須做三期以上分期重建規畫，建築形式配合教育功能，規律變化中不失建築簡樸美感，同時因應資訊化時代，預留各項電腦網路管線，並結合多元教育，設計彈性開放空間，俾利未來各種教育實驗。如育才國小、蘇澳國小、頭城國中、復興國中等校。

④遷校：位於鐵道旁噪音干擾或校地窄小不符教學需求，有計畫辦理遷移，並移植舊校區紀念性設施，新舊傳承，如冬山國小、南屏國小、南安國中、頭城國中等。

⑤舊校園重建：校舍逾齡老舊，結構堪慮或功能不符時代需求的學校，就地分期給予重建，使校園美輪美奐，煥然一新。

⑥舊校園修建：上級補助資源有限，改善教學環境，勢必有所取捨，在檢討符合效益原則，縱使校園只做局部修繕及景觀植栽綠化，精巧樸實，依然令人賞心悅目，如榮源國中、內城國小等。

(2)飛閣曲廊、動線分明：宜蘭秋、冬多雨，在校舍建築棟與棟間，常採用廊道串連，而不易淋濕，配置形式變化有趣，動、靜態教學區功能分明，並保留公共空間，讓周邊社區與校園進出動線流暢。

(3)人文情境、物我合一：塑造校園親切、溫馨、人文情境，紅瓦斜頂，視空間需要營造亭、露臺等設施，並常預留師生共同創作童畫嵌入建築空間，增加藝術氣息。

(4)學校開放、資源共享：矮牆、綠籬、無校門校園，重視草皮綠化，綠草如茵，拉近社區與學校互動關係，學校融入社區文化，校園空間供社區民眾用，社區民眾參與認養，維護學校，促進共同發展。

(5)開放空間、活潑教學：校園兼顧單元空間、休閒景觀及情境空間的設施，突破空間的單調格式，力求創新、活潑及彈性功能，以配合各種教學模式，豐富學生學習能力。

(6)本土質材、精心獨運：校園建築外觀考慮維護管理及經濟性本土材質，如洗宜蘭石、斬石子地坪、小尺寸玻璃馬賽克、空心磚、素陶花磚、水泥粉光加透明漆、石片、預鑄板步道，搭配斜頂、蓋瓦等措施，營造親切夢想而迥異的宜蘭校園建築風格。

宜蘭縣對校園有整體規畫概念，係從民國 74、75 年間先從偏遠南澳鄉武塔及東澳國小改建起，擺脫傳統缺少一間蓋一間方式，有計畫性的規畫學校建築，保持校舍風格協調一致。民國 81 年 5 月宜蘭縣政府指示所有學校須實施整體規畫，有整體規畫者，始能申請經費。學校須遴聘優良建築師依教學需要考量地方特色、學區環境與融合師生及家長意見，擬定整體規畫報告，做創作性設計，表現獨特風格。規畫內容有環境調查與分析、規畫理念、空間計畫、土地分區使用、教室模式、交通動線、植栽景觀、財務計畫及分期分區發展計畫等，提出詳細評估，縣政府再依輕重緩急，通盤分析，排定順序，並視需要製作建築模型，配合經費逐年執行，小型學校整體規畫以一次完成為目標，如過嶺國小、寒溪國小、梗枋國小、蓬萊國小、大同國小（松羅分校）等，中大型學校為不影響學生上課，則分年分期執行，如南屏國小、大溪國小、東興國小、三星國小、冬山國小、員山國小、國華國中、頭城國中、南安國中、員山國中等（莊和雄主編，民 90）。目前 109 所國中小，幾近更新完成（詳見表 30），現以其中具代表性的過嶺、大溪和冬山等 3 所學校之規畫設計，分別介紹說明，以明梗概。

表 30 宜蘭縣各國民中小學校園更新一覽表

年度	全部更新（所有房舍都是70年以後建造）	部分更新（部分屬70年以前所建、部分屬70年以後）	未更新（屬70年以前所建，但有修繕過）
70～80 年	過嶺、內城	新南	頭城外澳分校
70～83 年	東澳	大進、大里、玉田	
70～86 年	南澳	同樂、東光國中、文化國中	
70～90 年	光復、蘇澳、馬賽、大福、柯林、大隱、四季、金岳、金洋、	北成、二城、壯圍、武淵、學進、宜蘭國中、蘇澳國中、榮源國中	順安中山分校
75～80 年	永樂、化育分校、自強分校、南山		憲明國小
75～86 年	育英、龍潭、員山、七賢、員山國中	羅東國中	茂安分班
75～90 年	岳明、古亭、五結、武塔、澳花、礁溪	頭城、公館、順安、順安國中	
80～83 年	梗枋、寒溪、英土分校、樂水分校	壯圍國中	
80～86 年	蓬萊、竹安、東興、萬富、冬山國中	四結、大湖、中興、三星國中	
80～90 年	中山、南屏、廣興、三星、碧候、南安國中	宜蘭、竹林、復興國中、五結國中	
83～86 年	大溪、松羅分校	三民、國華國中、大同國中	
86～90 年	力行、冬山、大洲	黎明、成功、利澤、中華國中、吳沙國中、利澤國中、南澳中學	
86～90 年	新生、凱旋、大同、頭城國中、興中國中	育才、羅東、公正、南安、深溝、礁溪國中	

註：未註明國中者為國小

資料來源：校園更新規劃設計過程中使用者用後評估之探討──以頭城國中為例（第71-72頁），游春生，民91，未出版碩士論文，國立花蓮師院，花蓮市。

校地位置：宜蘭縣壯圍鄉
校地面積：22,800 m²
學生人數：6 班，150 人
每生面積：152 m²
建築構造：RC 造地上二層
建築面積：1,150 m²
　　　　　總樓地板面積 2,250 m²
興建總價：25,020,000 元
建築設計：張仲堅
營建廠商：家慶、宜宏、達固營造公司
完工時間：民國 81 年 9 月

　　宜蘭縣壯圍鄉過嶺國小（參見圖 79），原校地僅 0.5 公頃，且位處海防林區，校舍簡陋，民國 75 年 4 月奉准遷校，新校區（現址）2.28 公頃。

　　過嶺國小建校設計的理念是建設一所無圍牆、自由開放的公園化小學。該校校區南北長 280m，東西寬 80m，規畫運動場區（設 200m 紅土跑道）、遊戲活動區和行政教學區，並預留未來教室增建（計 6 班）用地，作為實驗教學園區。為配合周邊鄉村風貌，除斜頂紅瓦建築外，洗石粒石步道與綠野，是校區最大的資產。校內遷入該鄉最大的一棵 200 年刺桐老樹，令師生與地方老少在老樹護佑下，共同編織美好的傳奇。入口小亭是學校入口的第一站，也是學校與社區互動的起點，更是社區後花園的表徵（張仲堅，民 84）。

入口小亭是學校入口的第一站，也是學校與社區互動的起點，更是社區後花園的表徵。

移植自社區已有 200 年樹齡的美麗刺桐，顯示學校與社區歷史文化的關聯。

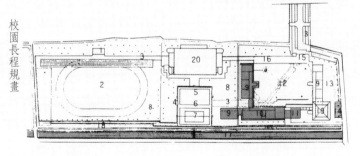

1. 司令臺　　5. 籃球場　　9. 教學大樓　　13. 自然科學園　　17. 排水圳溝
2. 運動場　　6. 集合場　　10. 行政中心　　14. 停車場　　　18. 臨水休憩地
3. 步道　　　7. 網球場　　11. 廚房　　　　15. 校門入口　　19. 活動室、餐廳
4. 升旗臺　　8. 遊戲場　　12. 庭園　　　　16. 汽車停車場　20. 體育館

圖 79：過嶺國小學校建築與校園規畫配置圖

資料來源：宜蘭縣過嶺國民小學校舍新建工程，張仲堅，民 84，**建築師**，**251**，第128 頁。

二│ 大溪國小

校地位置：宜蘭縣頭城鎮
校地面積：13,635 m^2
學生人數：12 班，307 人
每生面積：44 m^2
建築構造：RC 造地上三層
建築面積：3,595 m^2（一、二期）
興建總價：34,300,000 元（一、二期）
建築設計：劉志鵬
營建廠商：源力、永合營造公司
完工時間：民國 86 年 12 月

　　大溪國小，民國 11 年創校，86 年於原址重建。校園規畫配合現有地形、地景構築、保留榕樹群，入口與龜山島形成穿透、開朗的視覺軸線，塑造師生社交聯誼空間的走廊和觀景臺，教室內設置圖書角，教室間配置廁所，幼稚園教室採彈性隔間並設置多目的空間以營造家庭式教育環境（參見圖 80）。外觀造形方面，配合東北角海岸觀光，以紅瓦白牆為主體架構，另擷取中國園林語彙元素及地景山海意象轉換，構築該校造形發展基調，初見有「炫耀奪目」之感，置身其間則明顯感受「家」的溫馨可人。第三期行政大樓和景觀工程，以「噴水廣場涉水池」為校區視覺軸線，以豐富的湧泉，流水直奔太平洋的意圖，在表達大溪地區居民與大海間密不可分的情感與依賴（*劉志鵬，民 85*）。設計重點如下（*莊和雄主編，民 90*）：

　　1. 教學區以最不受噪音干擾的區位為考量。

2.校舍興建以不影響正常教學為原則。

3.以配合現有地形、地景構築、榕樹群不予破壞,入口與龜山島則形成視覺軸線且是穿透、開朗的。

4.現有的操場儘量維持不予破壞。

5.駁坎上方建築物將廁所等服務空間擺置於臨濱海公路一側以區隔噪音干擾。

6.配合東北角海岸觀光,塑造建築特色並且拉近建物、人與地景的關係。

7.塑造師生社交聯誼活動空間,如走廊、亭。

8.家庭式教育環境構築,如廁所、圖書角。

9.開放的規畫過程並策動師生及社區的營造參與活動。

10.創校時設的校門空間予以保留,以延續校史意義。

11.幼稚園教室採彈性隔間,引進開放教育並設置多目的空間。

12.人性化環境經營,各空間的特色經營及細部設計,如:視聽教室、幼稚園、廁所、門窗、牆面磁磚、座椅、洗手臺、屋頂花園、水塔、材料使用等。

造形獨特的校舍,加上少有的景觀臺設計,顯得特別亮眼。

大溪國小校舍面海,透過葫蘆剪窗龜山島(宜蘭地標)印在眼簾,隨時告訴學生他們是宜蘭的小孩。

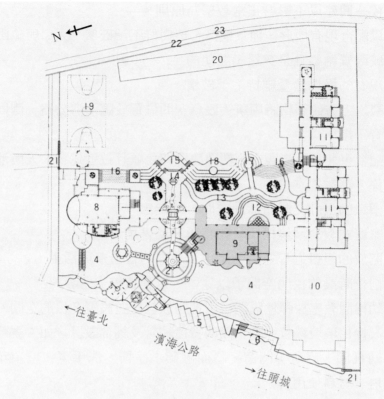

校區配置圖

1. 入口廣場	10. 活動中心	20. 75 公尺 PU 直線跑道
2. 噴水廣場	11. 普通教學大樓	21. 服務入口
3. 土丘	12. 森林教室、學生廣場	22. 駁坎
4. 大草坪廣場	13. 園景步道	23. 堤防步道
5. 停車場	14. 升旗臺	
6. 候車亭	15. 藍鯨廣場	
7. 天橋	16. 戶外階梯廣場	
8. 幼稚園、	17. 觀望臺、溜滑梯	
專科教學大樓	18. 塑沙區	
9. 行政教學大樓（尚未興建）	19. 綜合球場	

圖80：大溪國小學校建築與校園規畫配置圖

資料來源：宜蘭縣大溪國民小學，劉志鵬，民85，建築師，**260**，第 114 頁。

三 | 冬山國小 |

校地位置：宜蘭縣冬山鄉
校地面積：34,900 m²
設計容量：36 班
學生人數：1,105 人
每生面積：32 m²
建築構造：RC 造地下一層地上三層
建築面積：5,240 m²
　　　　　總樓地板面積 15,545 m²
興建總價：201,480,000 元
建築設計：張仲堅
營建廠商：作新、原益、嘉樺、同億營造公司
完工時間：民國 88 年 7 月

冬山國小，1908 年創校，有百年歷史，民國 82 年奉准遷校，84 年正式委託規畫，現有校地 3.49 公頃，規畫為 36 班，整體建築聚落配合地域自然氣候景觀，採三合院配置，並利用地形落差規畫流水道與草坡、階梯看臺，並預留北側公園用地出入廣場，將農田水系景緻引入，使校園有擴充延伸的視覺領域，本遷校工程採「使用者參與」之規畫設計策略，結合地方人士、教師、學生、家長等共同創作（參見圖 81）。校舍建材除臺基部分氧化紅磚外，多使用洗天然細石、摻石粉光、中性色系地方材質，並運用遮陽板天窗引入光影變化，豐富牆體感情（*張仲堅，民 88*）。此外，舊校區移入的校史碑、民國 49 年躲避球全縣冠軍紀念碑和圍牆板塊，有歷史傳承之意。

一期校舍山牆採閩南馬背造形,與
仿冬山河的庭園景觀,相映成趣。

二期校舍學校行政中心,寬廣的活
動草坪更襯出校舍造形的優雅。

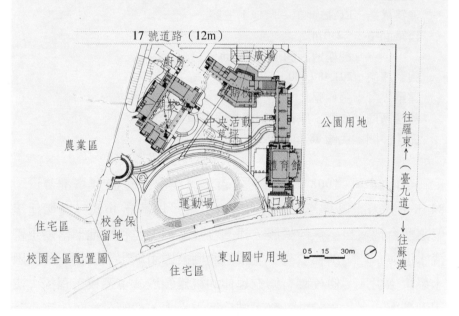

圖 81:冬山國小學校建築與校園規畫配置圖

資料來源:宜蘭縣冬山國民小學遷校新建工程,張仲堅,民 88,**建築師**,**293**,第
77 頁。

第二節

都會的新思維──臺北市

臺北市是臺灣首善之區，都會地區是創意與活力匯聚之地，學校建築在臺北市的發展，自會有一些傳奇色彩。筆者自民國 76 年 8 月～87 年 7 月，在臺北市政府教育局服務 11 年之久，對學校建築設計和營繕工程發包之演變，有許多體會，特就記憶所及概述一二，以資分享。

首先，在主辦權責方面，因學校建築缺乏學校建築專業人才，新設校和重大工程原由學校委請建築師辦理，後轉由工務局辦理，76 年改國宅處辦理，77 年則由建築師設計，國宅處監工，之後又轉回學校主辦，後又轉由新建工程處主辦，再回到學校主辦，不到 10 年之間，學校建築工程之主辦權責和轉銜問題，使學校行政人員徒增無數困擾，而其原始用意卻希望解決學校建築專業人才問題和減輕學校行政人員的負擔，但其結果似不如原先之預期。

其次，在工程招標方面，原由學校自行辦理發包，後為撙節經費和增進時效，改由市府統一發包中心辦理，後因成效不佳，轉回學校辦理，隔一段時間又轉到發包中心辦理，再回到學校辦理；還有，聯合採購問題，雖能節省公帑，但增加不少協調聯繫事項，發包時效變慢，尤其是經費集中，承包商之間爭利易起糾紛，控案增多，處理不當（如國小 PU 跑道的聯合採購）會遭致停擺，有些則是事後服務或維護（如電腦聯合採購）會有效率不彰之情事。

第三，在規畫設計方面，其演變較理想，早先學校工程預算編在一個年度，建築師「規畫設計」和「營繕工程發包」，在同一年

度中進行；其後，將建築師「規畫設計」拉前一年辦理；之後，為使「規畫設計」案更臻理想，再將「規畫」提前一年（或更早）辦理，完成後再徵選建築師進行「設計」工作。最後形成的模式是，「整體規畫、一次發包、分年編列預算」，值得各縣市學習。

第四，在工程審議方面，原先新設學校工程審議過程單純，以教育局為主體，目的主要在控制預算；民國 78 年，比較複雜的只有博愛國小新建案，須多受信義計畫區之審議限制。其後，因林肯大郡倒塌，一些天災人禍接踵而至，公共安全要求水平急速提高，加以環保意識抬頭，民國 84 年以後，新設學校的籌建過程變得更為繁雜，如校地地質鑽探、水土保持計畫、校舍結構外審、環境影響評估、校區交通流量評估等等，都要有專業機構或人員為之，並有都市設計審議和建築執照申請的層層嚴格審查，也拉長了設校的流程和時間，如健康（88 年完工）、新生（89 年完工）和永安國小（89 年完工），麗山（89 年完工）、南湖（90 年完工）和中崙高中（90 年完工），短則 4、5 年完成，長則 6、7 年完成。

此外，基於學校建築的籌建過程繁瑣，尤其是「有功無賞，打破要賠」，輕者被抹黑，重則被控訴坐牢的艱辛歷程，幾乎讓所有籌辦過學校的行政人員，都不會回頭再接籌備案。有鑑於此，並利經驗傳承，臺北市政府教育局先在第六科成立校產股，專為協助學校辦理最棘手的土地徵收和拆除地上物事宜。民國 87 年 7 月，臺北市政府教育局邁開更大的一步，成立第八科，增加許多專業工程人員，專責各級學校建築籌建事務，開啟教育部、廳、局統籌學校建築專責機構之先，對學校建築的規畫、設計、審議、請照、發包、施工、驗收等，有關法規的蒐集、辦理經驗的傳承、規畫設計的審議和注意事項的提醒，皆有助於學校行政人員籌建學校建築。

筆者服務臺北市政府教育局期間，因公務之便和研究之需，走訪臺北市各級學校，曾踩過新校地荒蕪的草地（麗山高中），踩上

四樓高鋪滿鋼筋的斜頂（博愛國小），花了大半天時間看反循環樁的施工（文湖國小），會勘新校地（如南湖國小），籌建新學校（如政大附中），看著臺北市的許多新設學校，由平地一一興築，當學校籌備人員以汗水和淚水新建的校舍大樓和美麗庭園，充塞孩子們的歡笑和琅琅書聲，一如母親懷胎十月的喜悅，看到的只是孩子擁有無限希望的未來。

臺北市新建學校，如松山高中，敦化、天母、關渡和東湖國中等，在學校建築規畫設計上，都曾獲中華民國學校建築研究學會評介為特優和優等的學校。民國 83 年以前，新建許多小學，如博愛、興華、文湖、大湖、明湖、萬福、蘭雅和南湖國小等，其興築之前，首先進行校舍和校園整體性規畫，在建築空間（如戶外劇場、連絡走廊或寬闊廊道）、校舍造形、教室設備（有電視、蒸飯箱等）、大型視聽教室、庭園綠化、地下停車場、電腦資訊系統或中央視訊系統、校園步道等等，超脫傳統教室的觀念，值得學習。此一時期，所形成的「整體規畫、一次發包、分年編列預算」的學校籌建或校舍新建過程，是臺北市新建學校建築發展出來，值得各縣市學習的典範模式。尤其是，民國 88 年和 89 年，健康、新生和永安國小等陸續成立的班群空間設計學校；民國 90 年 2 月完工啟用的建成國中，與歷史性建築——當代藝術館共構的精彩案例；民國 93 年完工啟用的龍門國中，有異曲同工之妙；民國 89 年完工招生的麗山高中，其學科教室型（V 型）的設計等等，更跳脫一般傳統的思維，成為臺北市都會新思維的特色，也形成縣市轉型的獨特模式。

以下特引介臺北市新設校中有最新思維的麗山高中（學科教室型）、建成國中（與歷史性建築共構）和新生國小（班群空間）等，具代表性的 3 所學校，以供學校建築規畫和設計實務之參考。

一 麗山高中

校地位置：臺北市內湖區

校地面積：43,958 m²

學生人數：30 班，900 人

每生面積：49 m²

建築構造：RC 造，地下二層、地上五層

建築面積：行政大樓：5,834 m²　教學大樓：26,165 m²

　　　　　圖書館：4,266 m²　　體育館：3,049 m²

興建總價：764,165,334 元

建築設計：黃有良

營建廠商：三星營造公司

完工時間：民國 89 年 9 月

麗山高中設計的重點與特色如（*黃有良，民 90*）：

(一) 安全機能配置計畫

　　校地西南側為原有礦坑位置，為考量建築物之安全性，此區域保留為無建物之運動場使用，主要建築群配置於基地東側及北側。

　　為提供學生安全的生活環境，採完全的人車分道計畫，車道僅設置於基地東西兩側，作為教學及行政停車、二期工程施工、二期餐廳及宿舍進出時之車輛使用；同時亦作為與東、西側民房間之緩衝。

　　順應山坡地勢，設置中軸緩坡主動線，並以圖書館為中軸端景，除在意象上，強調學校機能外，並方便銜接不同高程之各棟建

築；其中在坡度較大部分，亦設計與階梯結合之行動不便者坡道系統，除在機能上，照顧弱勢族群外，並美化為校園景觀之一部分，增加空間趣味性。

（二） 機能分區建築配置

行政大樓配置於校園東南側，靠近主入口位置，建築物呈南北向配置，並直接面向港墘路，作為都市景觀之端景意象。

教學大樓依據「藝能」、「科學」、「人文」之不同機能，設置北、中、南三棟南北向配置建築物，各棟建築物間並以廊道銜接，形塑成整體教學大樓，同時，圍塑出靜態休憩庭園，並利用廊道邊裝飾鋁框架之框景效果，與校園周圍山景相呼應；在中棟「科學大樓」屋頂之至高點上亦設置溫室及天文館，將機能與造形作完整結合。

圖書館設置於校園中軸端景，並與大型會議室在高低量體上結合，除做多功能使用外，並增加圖書館景深，同時，配合水牆、屋頂花臺、中庭廣場，增加戶外空間趣味性。

體育館設置於校園西側，與其南側之運動場相結合為主要動態活動區，體育館內除有標準之室內球場，並有桌球場、韻律教室等多功能使用空間，同時，並提供為全校之集會空間（參見圖82）。

（三） 符合環保之現代建築

該校區三面環山，校園規畫除考量校區山坡地開發之安全性外，並將滯洪視為重要課題；同時，亦配合戶外景觀設計將匯集池予以自然處理為景觀水池，並將部分滯洪池收納之山水作全校區之澆灌使用，以期在水保、景觀、機能上互利共生。

配合設計規畫初期之環境影響評估之研究，設置生態水池及透空圍籬，以提供貢德氏蛙之棲息，維持區域環境生態之平衡。

配合節約能源及使用空間之合理性，除體育館外，所有建築均採南北向配置；而各使用空間均儘量開窗，增加自然通風效果，並降低人工照明之需求量，同時，不易造成黑暗死角，提高校園安全性。

除體育館外，各棟建築物間均有高架廊道、地下通廊連接，以因應臺灣多雨氣候之特性，方便師生使用。

利用山坡地開發及建築物開挖之工程棄土填築於運動場位置，減少廢土運棄之環保問題，並形成校園內外之自然高程差，增加校園管理之方便性，避免干擾。

四 開放式教學空間

將各專科教室、資源教室、專科教師室統合為一專科教學區，學生依據課表來往「求教」於各專科教學區之間，而不再以傳統方式，侷限在單一教室中等待「受教」；資源教室更設置參考資料及研討空間，增加師生間相互研究討論空間；部分教室以活動隔間區隔，可考慮數班共同教學、研討，或教學展示等之彈性使用；如此，專科教室之功能更為專業化，同時，提升整體學習氣氛，更增加師生間之互動關係。

為配合無特定教室之開放式教學，設計專屬於學生之更衣、班會、午餐及午休空間，除提供學生生活機能需求外，並提升學生自治能力之訓練。

㈤ 多用途研討空間

除行政大樓之一般性會議空間外，於教學大樓、大型會議室、體育館設置各種不同型態及尺寸之研究、討論、演講、集會空間，符合單一班級至數個班級、一個年級、全校師生等不同人數使用，提升教學層次為雙向研討。

㈥ 量體造形及立面處理

配合山坡地不同高程變化，各棟建築物間高低錯落，其中並以廊道交相連接，除塑造內部空間之趣味性外，並創造優美之天際線，同時，在量體造形上更突顯山坡地之特色。

同時，為配合三面環山之環境特色，立面採用磚紅色之二丁掛還原磚，以與環境配合，並塑造古樸之校園意象，在立面收邊及基座部分採用灰白色之玻璃馬賽克，以避免單一建材之單調感，增加立面趣味；鋁門窗為配合綠意盎然之環境特色，亦以氟碳烤漆處理為墨綠色。

立於木棉大道底處巍峨的圖書館與大會議室，是學術研究的活水源頭。

彈性隔間教室，不僅可配合大班或分組教學，還可讓科展布置不受空間侷限。

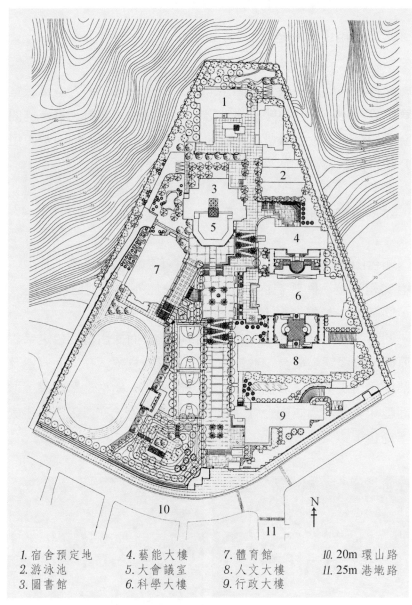

1. 宿舍預定地　　4. 藝能大樓　　7. 體育館　　10. 20m 環山路
2. 游泳池　　　　5. 大會議室　　8. 人文大樓　　11. 25m 港墘路
3. 圖書館　　　　6. 科學大樓　　9. 行政大樓

圖 82：麗山高中學校建築與校園規畫配置圖

資料來源：臺北市麗山高級中學新建工程，黃有良，**臺灣建築**，**65**，民 90，第 40
　　　　頁。

二 建成國中

校地位置：臺北市大同區
校地面積：22,327 m²
學生人數：29 班，905 人
每生面積：25 m²
建築構造：RC 造，地下二層、地上六層
建築面積：舊建築面積 2,928 m²
興建總價：998,901,315 元
建築設計：卓銀永
營建廠商：大都市營造公司
完工時間：民國 90 年 2 月

　　學校基地原為舊臺北市政府大樓，為二層樓磚木構造建築物，係 1920 年所建之歷史性建築。建成國中為結合歷史性建築當代藝術館與古蹟再利用和學校建築而成之多元化、藝術化校園。根據臺北市政府都市發展局民國 85 年研訂的「臺北市舊市府大樓原址暨建成國中都市設計準則」，設計構想有八（*卓銀永，民 90*）：

　　*1.*以學生為中心的校區配置設計。

　　*2.*配合藝術、人文、資訊網路、科學導向之發展設計。

　　*3.*學校社區化設計。

　　*4.*推展適性教育、塑造校園倫理設計趨向。

　　*5.*發揮境教效果、提升教育品質之設計。

　　*6.*軸線設計。

　　*7.*開放中介空間多元設計。

　　*8.*呼應歷史建物量體設計。

　　臺北市政府舊建築改建為建成國中校舍的整體規畫設計，係導入歷史性建築物再利用的觀念，並嘗試在「再利用」的過程中將兼具保存和創造融合的設計理念付諸於實行。市府舊建築其風格屬於折衷古典的歐式建築且為日據時代小學建築的特色之一，涵蓋了歷史、文化、藝術、營建技術、都市景觀等歷史特質，在學校建築規畫上具有重要意義。

　　整個基地配置，前排舊建築即為當代藝術館，東西兩翼舊建築再利用為建成國中校舍，西側為美術教室，東側為二年級普通教室，北面新建校舍一樓為挑空的弧形多功能風雨走廊，新建教室附設套房式廁所將學習空間延展為生活空間，頂樓為空中屋頂花園，還有造形具後現代建築語彙的音樂廳，圖書館則配置在校園中心，也象徵著知識是校園的寶庫（潘正安，民90），新校舍的造形語彙、色彩、材質，係以與舊建築產生一種過渡、聯想、意象、協調的方式處理。整個配置的中介空間在新校舍、舊校舍和藝術館之間的開放空間，除了學生活動外，並可能成為藝術館的戶外展示場。學校的西側道路為學生及居民出入的主要道路，規畫為藝術街道，並將藝術的圖像思考展現出來，使再利用的生命力更加活絡。新校舍建築造形上的退縮、門窗拱型的處理和斜屋頂的設計說明了對舊建築謙虛的表現。此外，延伸舊建築軸線，新鐘塔（45m）與舊鐘塔為視覺焦點和視覺延伸，具有意象轉換作用，並為學校和整個基地的重心所在（參見圖83）。

　　建成新校舍與當代藝術館的結合，完成了社區總體營造，延展了歷史文化軸線，也帶動社區整體再發展的契機（卓銀永，民90）。

新的鐘塔延伸當代藝術館塔樓軸線，
象徵歷史與空間的延續。

頂樓的空中花園與富現代感的演藝廳，
提供師生精緻的生活空間。

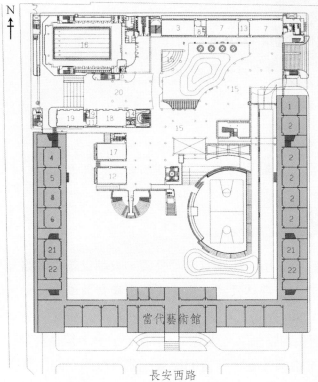

1.教師辦公室
2.普通教室
3.韻律教室
4.油畫教室
5.水彩教室
6.素描教室
7.工藝教室
8.準備室
9.值夜室
10.管理室
11.播音室
12.保健室
13.更衣室
14.儲藏室
15.戶外活動室
16.室內游泳池
17.家長會
18.訓導處
19.總務處
20.大廳
21.空調機房
22.廁所

▨ 舊有建築

當代藝術館

長安西路

一樓平面配置圖　S：1／2000

圖83：建成國中學校建築與校園規畫配置圖

資料來源：臺北市建成國中新建工程，卓銀永，民90，**臺灣建築**，**72**，第23頁。

三│ 新生國小

校地位置：臺北市大安區
校地面積：24,528 m^2
學生人數：36 班，1,296 人
每生面積：19 m^2
建築構造：地下二層，地上五層
建築面積：6,325 m^2
　　　　　樓地板面積 40,836 m^2
興建總價：67,266,026 元
建築設計：施正之
營建廠商：國雲營造公司
完工時間：民國 89 年 11 月

新生國小設計的重點與特色如下（*施正之，民 90*）：

㈠ 配置計畫

　　該校基地北臨金華街，西側有金華公園，東側以新生南路為界遠眺臺北市最大的大安森林公園。為解決都市噪音及學生運動場問題，將運動場（150m 跑道）配置在後側，降低學生活動受到噪音和廢氣之干擾，新生南路側以行政空間（教師辦公室、校長室等）、門廳空間（音樂、電腦教室）等空間配置，開放教學空間配置與金華街平行之側，以三層樓解決低、中、高年級 36 班之需求，四、五樓則以專科教室為主（如美勞、書法、自然等），利用樓層高度變化，自然形成都市型小學最有用的階梯活動空間。另外，為使幼稚園有獨立空間，特設置一「裙樓」，地下室為餐廳，一樓是幼稚

園，二、三樓為多媒體教室。至於游泳池，則配置於地下一樓，上方採光及通風良好，噪音亦不影響校舍的安寧（參見圖84）。

㈡ 開放教學空間

該校採用小班制的開放教學設計，每年級（6班）設計2組班群，每班群前方教學空間設置電腦角落教學區、圖書區和多媒體教學區，並在2班群間設計該年級老師的研究室，使教師能良性互動及支援教學活動，教室研究室亦配備有電腦主機室支援該年級電腦教學，開放教學空間與教室空間以活動隔屏區隔，並由班群老師自行決定調整配置隔屏，隔屏可供老師掛、貼、放映等。對於教師而言，教室空間不再是以傳統教室空間模矩設計活動；對於學生而言，空間的流通使其更加有互動機會。

㈢ 植栽景觀

校園中的植栽全部以本土性植栽設計為原則，分別以主題配置配合教材，南側以「生命之河」為主題配置親水植物及水生植栽，中庭則利用蕨類植栽為主之「侏羅紀公園」，操場西側特別留設「原土生態保護區」，校園利用本案棄土混合部分沃土形成自然邊坡，取代混凝土牆，塑造綠地的學校建築景觀，不但降低外棄之廢土，亦使學生隨時有機會置身綠色的土堤活動。此外採中水系統設計，平時澆花及廁所均用中水，節省水資源。

班群設計以三間教室及共同空間為一單元，可以發展成多樣化的教學空間，亦有助發展出多樣化的教學型態，提供開放教育的實驗場。

走廊上的彩色私密小屋，是孩子們知心好友聚首之處。

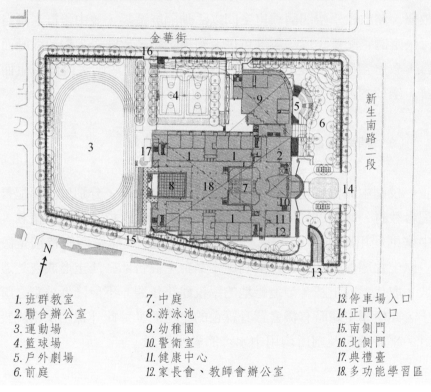

1. 班群教室
2. 聯合辦公室
3. 運動場
4. 籃球場
5. 戶外劇場
6. 前庭

7. 中庭
8. 游泳池
9. 幼稚園
10. 警衛室
11. 健康中心
12. 家長會、教師會辦公室

13. 停車場入口
14. 正門入口
15. 南側門
16. 北側門
17. 典禮臺
18. 多功能學習區

圖84：新生國小學校建築與校園規畫配置圖

資料來源：臺北市大安區新生國民小學，施正之，民90，臺灣建築，**68**，第10-12頁。

第三節

開放的新空間──臺北縣

　　臺北縣是臺灣第一大縣，人口眾多，土地廣袤，93 學年度公立國小 210 校，學生人數 311,728 人，國中為 63 校，學生人數 158,385 人，國中小人數位居全國之冠。近十二年來（79～90 學年度）新建 41 所國民中小學（參見表 31），全校更新改建學校 5 校，以因應快速成長的人口。

表 31　臺北縣 79～90 學年度新設校一覽表

學年度	國中	國小
90	鷺江、大觀、義學	忠義、昌福、中園
89	──	大坑
88	青山、光復、忠孝	集美、昌平
87	崇林	麗林、永吉、光復
86	安溪、鳳鳴、二重	介壽、金龍
85	樟樹、竹圍	中信
84	尖山、三和	秀峰、同榮、新和
83	──	重慶
82	中平、正德	安和、育林
80	──	五華、彭福、裕民
79	丹鳳、自強	新興、榮富
合計 41 校	18 校	23 校

資料來源：新北縣好校園：臺北縣中小學硬體建設成果專輯（第 2 頁），吳財順主編，民 90，臺北縣：臺北縣政府。

　　民國 71～74 年，筆者曾服務於臺北縣政府教育局國民教育課，負責國民中、小學學校建築相關業務，並以「臺北縣國民中學學校建築基本問題之研究」為題，撰寫碩士論文（*湯志民，民 75b*），對

臺北縣國民中、小學的籌設情形和相關問題，有相當深入的了解。此外，為研究和教學觀摩之需，經常走訪臺北縣的學校，也義務協助規畫學校（如集美國小），最近一、二年擔任臺北縣政府校園規畫委員，參與和協助安康高中、板橋、汐止、中正和桃子腳國中、頂溪、永福、北峰、瑞芳、八里、鶯歌和鷺江國小等之學校建築整體規畫，對臺北縣中小學學校建築的設施增建和校園景觀規畫的演進，知之甚詳。

臺北縣的學校囿於校地之限，加以學生人數眾多，校舍高層化的發展是必然的結果，內裝設施可以精進，外觀造形則因量體過巨，難以優雅。就縣市之間相較，除每年新建學校建築設施之快速，其他縣市難望其項背之外，另一項值得注意和學習的是教育情境的設計和布置。其重要的轉振點，在民國 83 年因應民間教育改革年大力推動開放教育，分近程、中程兩階段辦理，近程自 83 學年度起，擇 20 所國小實施：(1)全面實施學校：龜山、雙峰、直潭、坪林、平溪、菁桐、五寮、白雲、瑞濱、坪頂、橫山、大鵬、烏來中小等 13 所國小。(2)部分班級實施學校：莒光、實踐、復興、頂溪、榮富、德音、麗園等 7 所國小。辦理原則有六項，與學校環境有關的主要有三項：(1)學習時間開放：活用空白課程，提供學生自我思考空間；因應協同教學、實地體察、個別教學等教學方法改變，以及社會、自然等學科實驗、蒐集、栽培、調查等教學的需求，妥適規畫教學時間與時段。(2)學習空間開放：不固定上課地點、走出戶外教學，大自然、社區內公共設施、公園、超級市場等，甚或進行田野教學、城鄉交流，均為學習空間的開放；布置人性化學習環境，設計學習區、甚或規畫教學資源中心，將校內各專科教室、資源教室、圖書室、各類視聽媒體及室外器材、學習走廊或步道等，開放供學生自由探索。(3)學習資源開放：善用學校、家庭及社區的人力、物力、組織和技術資源於教學活動，促進教學活

潑；整合現有資源，妥善規畫，提供經濟有效的學習環境，有系統的學習區域或學習中心，開放學生自由探索學習（鄧運林，民 83）。

德音國小是實施開放教育和開放空間代表學校，民國 83 年起，筆者經常帶學生參訪該校。一入校門，印入眼簾的是「金色童年，德音為伴」的設校理念和目標，室內方面有龍貓超市（合作社）的「誠實角」（自己拿東西，自己放錢），開架式失物招領架（不是你的放上去，是你的自己拿走），教室有電腦和學習區，廊道角落設置可休憩的德音藝廊（50 多處），小書蟲加油站，以及注音符號步道、探索中心、親師中心、靜坐室、意見板和人性化設計的健康中心（學生可到室內坐等）等；還有，室外空間，有親土坡草原，遊戲屋（難得一見），交誼廣場、大型滑梯等等。以開放空間和開放教育的結合，德音國小提供相當完整的概念，尤其是整體的建構和設計，毫無疑問的應為國內最早的典範代表之一，即使是現在來看，其成就仍有許多學校難望其項背。

民國 86 年 5 月 16 日首訪烏來中小學，入校門處的泰雅族生活駁坎壁飾，教室廊柱上有泰雅語的拼音練習，庭院中超過 70 年樹齡的大葉楠樹上有 70 多種植物，輔導團以此樹為教材樹，操場邊有木造的組合遊戲架（當時算難得一見），還有泰雅族文物中心等，令人印象深刻。

86 年 11 月 1 日第一次到菁桐國小造訪，入校門處駁坎裝飾彩虹平溪煤礦小火車，飾以蜻蜓和青蛙的升旗桿，貓熊造形的洗手臺，青楓休憩平臺，校舍屋緣的風車，休閒藝術中心，鄉土教室，以及多功能教室（木製地板、可手動升降的方桌）可午睡兼作韻律教室，四周還有多樣化的學習區，是小型學校教育情境設計最為成功的典範之一。

86 年 11 月 18 日參訪莒光國小，前庭設計貝貝親水公園、生態植物園和遊戲場，側庭設置言論廣場，低年級學生種植的菜圃，益

智遊戲架，教室後面設置圖書、益智或休憩區，是都會學校情境轉型的代表。

87 年 3 月 7 日參觀龜山國小，城堡式校舍，火車造形的公布欄，有趣的教室命名，如小書齋（圖書室）、好來屋（視聽教室）、聚香坊（廚房）、ㄊㄨㄊㄨ樂（廁所），還有以植物名代表班級，如阿勃勒（一年級）、山櫻花（二年級）、滿天星（三年級）、紫薇花（四年級）、七里香（五年級）、蒲公英（六年級）等，甚為有趣。

87 年 6 月 13 日參訪五寮國小，入門處為著名的綠竹筍涼亭設置於庭園中，醒目引人；教室的學習區設計，右後側設置一個小團體討論區並配置電視，另外還有電腦區、研討（桌）區等；走廊上，城堡式的公布欄旁邊是可以飲茶休憩的竹製桌椅，廊柱上有唐詩、宋詞（會背的學生，將詩詞表下自己姓名的位置打上圓點註記），校長室門口有望遠鏡；有趣的教室名稱由學生命名，如藏經閣（圖書室）、塗鴉坊（陶藝、家政教室）、跳豆房（音樂教室）、愛迪生室（自然教室）、群英館（教師辦公室）、聽雨軒（廁所）、樸園（學習步道種藥用植物）等等，學校情境設計和布置，充滿教育意味。

87 年 12 月 26 日參觀坪頂國小，前庭有百年樟樹，後庭有百年楓香和現代遊戲場，校園中有許多金屬製詩句牌、遊戲站和各種棋類遊戲，司令臺上有太陽系和世界地圖，是一個具有童趣的遊戲天地。

臺北縣實施開放教育，提供舊校轉型的機會，無意中亦賦予學校教育情境規畫新生命，此一縣市學校建築轉型的典範，最重要的價值在於突破過去學校教育人員認為沒有新蓋的校舍建築，學校建築是不必研究的，而這種教育情境的設計和重視，正印證了「境教」的影響力和潛在課程的重要。

以下特引介實施開放教育（現實施九年一貫課程）的菁桐和五寮國小，以及班群空間設計的集美國小等，具代表性的 3 所學校，以供學校建築規畫和設計實務之參考。

一 | 菁桐國小 |

校地位置：臺北縣平溪鄉
校地面積：7,293 m²
學生人數：7 班，87 人（含幼稚園）
每生面積：100 m²
建築構造：RC 造地下一層、地上二層

　　菁桐國小位於風光明媚、空氣清新的臺北縣平溪鄉菁桐村，是平溪鐵路支線的終點站，也是基隆河的發源地，群山環抱，清溪圍繞。該校於民國 44 年成立，過去是煤礦的盛產地，現在是學生快樂學習的新樂園。

　　菁桐國小自民國 83 年起實施開放教育，校長與每位老師均積極熱心投入「做中學」教育，並強調學生得之於教師的身教、言教固然重要，而來自於學校校園景觀的境教也不可忽視，為了讓環境發揮潛移默化的作用，該校強調學校規畫的和諧、勻稱，更顧及學生的心智發展與使用需求，多留綠地空間，使視野更加開闊。

　　因此，菁桐國小校園景觀設計，以自然為依歸，以兒童為本位，結合生活、鄉土、童趣與學習，創造出生趣盎然、創意飛揚及無限生命的學習環境；校園設計時，由全體師生腦力激盪、集思廣益，先考量兒童的使用、教師的教學需求及地方鄉土特色，再融入家長、社區人士的建議，最後經由專業建築的規畫，才展現目前的風貌。舉凡：多功能學習教室、童玩學習步道、貓熊洗手臺、水族生態觀察區、藝術表演戲臺、星座牆、蜂巢式觀察休憩角、風車造形牆、煤礦臺車牆、生活藝術學習中心、鄉土文物館……等，都是教師教學及學生學習的最佳場所。

在校園中，除了將學生的作品融入校園建築中，更讓校園成為教師教學及學生學習的最大教具，希望透過精心的規畫與設計，使學生容易學，教師方便教，把校園景觀與教學真正合為一體，啟發學生知性的學習與感性的情意陶冶，帶領下一代邁向教育的新紀元。師生們在此大教具裡編夢、築夢，更開創了菁桐的新願景（蔡文杰，無日期）。

須補充的是，多功能學習教室鋪櫸木地板，桌面可升降式活動，鏡牆、櫥櫃、飲水機、電話、視聽設備，還有豐富的學習角，20 名小朋友一班，一起讀書，一起生活，猶如小家庭般。另設生活藝術學習中心，布置典雅優閒，師生皆可自由在此用餐、微波食物、泡茶和咖啡，讓學校像一個家一般的溫馨（參見圖85）。

A：菁桐國小教室將原有傳統教室改裝成櫸木地板教室，配以豐富的學習角落，是孩子們喜歡的天地。

B：生活藝術學習中心，師生可隨時自由進出使用，泡茶、喝咖啡皆可，是師生休閒聯誼的最佳去處，也是最好的自律教育空間。

圖 85：菁桐國小的學校建築設計

二 | 五寮國小

校地位置：臺北縣三峽鎮
校地面積：23,900 m²
學生人數：6 班，70 人
建築構造：RC 造地下一層、地上二層

　　五寮國小於 83 學年度全面試辦開放教育，擬透過多元的學習內涵，激發學生全人格發展之潛能，在開放教育的各項策略中，校園在營造人性化的校園情境，其校園規畫原則和設計重點如下（臺北縣三峽鎮五寮國小，民 87）：

(一) 校園規畫的原則

　　教學應包括認知、情意、技能完整的學習經驗，除課堂上的學習外更應注重無形的境教，因此理想的校園規畫需能提供完全學習的有利條件，為配合開放教育，該校根據下列原則規畫校園：
　　1.融合鄉土特色：「竹之鄉」是五寮學區的標誌（精神標竿），成為實施鄉土教材的一部分。
　　2.陶融開放人文精神：在學習時間、空間設計及學習心靈均採自主開放的精神，使學生自在快樂的學習。
　　3.處處是學習場所：從室內到校園任何一角落，經過精緻化布置，處處可學習，人人願學習。
　　4.配合教與學需要：讓學生自由的學習，更能讓教師在教學歷程中，得到「教」與「學」的樂趣。

㈡ 校園設計的重點

1. 戶外教學資源的規畫和運用

⑴學生發表臺：表演臺設計，作為學生討論會及戲劇表演的地方。

⑵綠竹筍涼亭：五寮里是竹之鄉，綠竹筍是本地的特產，涼亭底下並設有石桌石椅，可供師生休憩及教學之用（參見圖86A）。

⑶田野種植區：利用校園角落闢建植物生態園區，讓學生從種植到採收，可以實地觀察，同時也是自然教學的場所。

⑷親水池：在圓形的水池旁鋪滿了各式各樣的鵝卵石，讓學生可脫下鞋體驗親水的感覺。

⑸竹藝學習角：這是學校請家長製作的竹桌竹椅及書架，仿古思情，就地取材的竹藝學習角，充分展現了親師合作另一章。書架上擺設各式童話書籍，學生是這兒的常客。室外學習角——在羊蹄甲花下擺設的石桌石椅，可謂室內學習的延伸，最佳的戶外上課場所。

⑹健康步道：在親水池旁脫下鞋子，赤著腳感受腳底按摩的特殊滋味，是本社區家長的最愛。

⑺植物認養區：由各班設計的植物認養牌，除讓學生了解花木名稱及特性外，更能培養學生的責任心、細心照顧花木。

⑻原野遊戲場：校園內的遊戲器材經過人性化的布置後，除供低年級學生遊戲、休憩之外，更是校園步道的一站。

⑼塗鴉板：讓學生自由思考創作、表達意見，是師生之間另一種意見及心靈交流。

⑽竹藝走廊：透過學生巧思運用，就地取材製成竹藝品，布置

於竹藝走廊，以推行環境教育。

⑾文化走廊：多樣化的內容，包括：閩南語諺語、健康資訊、師生交流介紹、師生校內外各項競賽優異表現等各專欄。

⑿班級家族牌：讓學生自由票選出自己的班級家族名稱，凝聚班級向心力，有助於教學氣氛融洽。

⒀快樂天堂：為本校週會學生討論之場所，其溫馨、軟性化的名稱設計──快樂天堂，也是由全校票選產生的。

⒁多媒體視聽中心：由主控制自動傳達各班級視聽媒體教學，提升學習效果。

⒂跳豆房：陳列各種樂器，供學生下課時間學習，且是音樂教室、韻律教室的「綜合教室」。

⒃布偶劇臺：讓學生自己操作布偶，擬人化的角色扮演，使學生更能理解，提升學習效果、澄清觀念。

⒄琴韻室：擺設 10 餘架風琴，讓學生利用下課時間及午休時間彈奏，陶冶心性。

⒅戶外教學預告板：該校每月實施戶外教學探索，為了讓親師事先蒐集資料，對於校內外各項活動均透過此看板預告。

⒆藏經閣：該校圖書館藏書由親師成員及班級小義工管理外，更以榮譽方式自由借還書籍，讓學生學習自我負責的態度。

⒇樸園及賞鳥步道：多功能的景觀園區，利用學校角落闢建而成，內植多種藥用植物，是校內進行自然科教學的好地方，並希望培養學生勤勞樸實的風範。

(21)水生植物養殖池：栽植各式各樣的水生植物及養殖鯉魚，提供小朋友一個就近觀察生態的場所。

2.溫馨的教室規畫

教室是教師及學生使用率最高的地方，該校教室的空間規畫與

傳統教室有較大的差別，多元化而溫馨是設計規畫的重點（參見圖86B）：

(1)學習區：此區為一般上課的主要地點，課桌椅、黑板及白板是基本設備，桌椅的安排首重學生程度及小組學習便利，並可依不同課程及需要做靈活調整。

(2)視聽角：視聽角上鋪設櫸木地板或塑膠地板，小朋友在此脫下鞋子，觀賞影片，或全班圍坐，聽老師說故事，班上活動也可在此進行，大家坐下來一起討論，視聽角上的各種休閒設備更是小朋友下課時的最愛。

(3)其他：小組學習角、圖書巡迴車、個別閱讀區等。

A：可愛的綠竹筍涼亭，象徵當地是全臺灣最大綠竹筍產地，亭內有休憩桌椅，清涼舒適。

B：教室的視聽角設置木質地板和電視，提供教學、學習和休憩的新空間。

圖86：五寮國小學校建築設計

三│ 集美國小

校地位置：臺北縣三重市
校地面積：30,101 m²
學生人數：78 班
建築構造：RC 造地下一層、地上五層
建築設計：張宗典
營建廠商：興亞營造公司
完工日期：民國 88 年 9 月

集美國小（參見圖 87）的設計重點和特色如下（*臺北縣集美國小，民 91*）：

(一)／ 開放教室單元

以 3～4 班為一教學群組，各群組均配有班級教室、多功能學習空間、教師室等。在開放教室之上課以「班群」方式進行協調，整個班群設備之放置與使用，均由班群自主，以期達到「自主」與「自律」的使用。群組內之班級教室、多功能開放空間及教師室，詳細說明如下：

1. 班級教室

初期以每班 35 人為限，除黑板、窗戶和布置板外，將其中緊鄰開放空間之隔牆改為活動隔板，班級可選擇隔離或不隔離，亦可以矮櫃或書櫃作為區隔，以增加空間之延伸性。班級教室規畫 8 × 8.5m 約為正方形之空間，以適用於教室內不同面向之教學。教室

內配置黑板、布置板外，基本視聽設備、對講機及學生置物櫃均妥
為規畫，以充分支援教學活動。

2.多功能開放空間

是班群內各班的公共區域，設置有討論區、自我學習區、美勞
區、電腦區、視聽角、圖書角、塗鴉板等多樣化設施，將部分專科
教室功能置於班群中，減少學生科目間變換的移動距離。圖書角係
將適合該班群使用之圖書自圖書室下放置於班群內，使學生與老師
方便隨時取用，而不必在下課時為借書而疲於奔命。各班群設置
6〜8 臺電腦，並與校園網路連線，方便班群內隨時使用與實施補
救教學，而不必等待電腦教室安排每週一次的電腦課。視聽角的安
排亦是將部分視聽器材放置於班群中，俾利師生普遍使用而不必移
駕視聽教室。

3.教師室

每班群均設有教師室，採開放式區隔，使老師同儕間保持親密
接觸，並且作為班群內教師們準備教材、交換心得與教學研究的區
域。此外，教師室內亦設有電腦，與校園網路相連接，俾利學生資
料之查詢傳送與儲存。

㈡ 親師中心

為因應未來學校家長的參與日漸增加，特為家長們設置此一空
間，作為家長組織的活動場所、接送學生家長的等候處及社區活動
的場地之一。親師中心內並提供校內各項活動資訊，使家長們更了
解學校。此外，配合與校門連接的親子走廊，讓家長與學生之接送
有一緩衝區域，增進親子關係。

(三) 大自然運動公園

在實際觀察中我們不難發現，國小學生對於遊戲場的喜好高於球場，對於球場的喜好又高於操場，小學生們所喜愛的「追逐」並無固定的場所。設備方面，類似體能場的遊戲組合小朋友最喜歡，不但能讓小朋友鑽、爬、盪、跳，同時充滿趣味，小朋友體能方面的活動量也未必比單純運動少。另一方面，由於校地面積限制，又與三重國中比鄰，因此集美國小放棄傳統橢圓形式的操場，改以直線跑道、球場及多種遊戲組合為主的「大自然運動公園」，開放供民眾使用，成為社區的另一個公園及休憩場所。設計重點如下：

1. 運動公園內設有休憩涼亭、烤肉區及各種學習步道等，兼顧學生運動與休閒的功能。

2. 球場之安排考慮日光方向而設，儘量調整為南北方向。

3. 運動公園在非上課時間開放供社區民眾使用，使其成為社區的另一個公園及休憩場所。

4. 運動公園內之遊戲組合區為一組組體能遊戲器材組合串連而成，讓兒童在趣味中達到運動的效果。

(四) 多功能綜合空間

提供給學生另一個更大的室內空間，除舞臺外，部分適合於室內但人數稍多的活動正可運用此一空間，雨天時可調整為風雨操場使用。

㈤ 親水小公園、沙雕區與學習步道

　　「親水、親土、親自然」是每個兒童的天性，在校園內適當的
區域規畫「親水區」與「沙雕區」，讓兒童有機會親近自然。而各
種學習步道融合於自然環境中，使兒童在遊玩休憩之餘，仍存有
「突然間明白」的驚喜，以體悟「處處皆是學習的場所」（參見圖
87）。

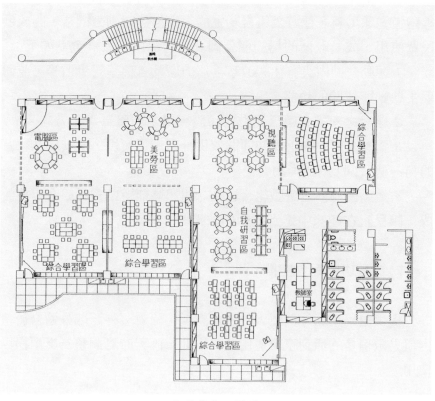

班群教室配置圖

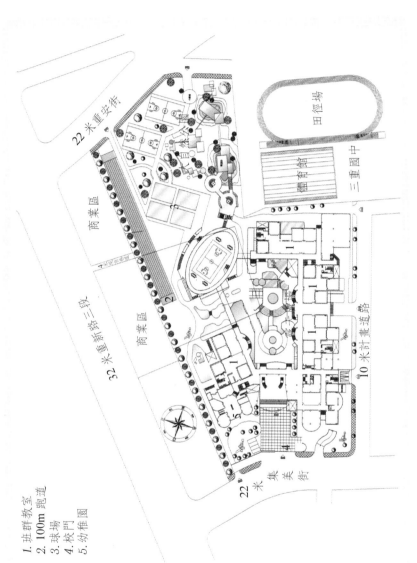

圖 87：集美國小學校建築與校園規劃配置圖

1. 班群教室
2. 100m 跑道
3. 球場
4. 校門
5. 幼稚園

第四節

震災的新學校──南投縣

　　民國 88 年 9 月 21 日，臺灣發生芮氏規模 7.3 的百年強震，學校建築損毀無數。最嚴重的是南投縣，國民中、小學 182 校中，校舍全毀者有 51 校，1 棟以上受損者 73 校。所幸，教育部（約 30 億元）和民間認養（約 50 億元）的重建經費約 80 億元，快速挹注，使南投縣的校園重建工作，由危機化為轉機，從而出現再現生機的契機。截至 90 年 11 月止，全縣 136 所重建學校完工數已達 90%（*黃宗輝主編，民 90a*），此一大破大立，浴火重生的重建過程，使南投縣的中小學校園脫胎換骨，重現新貌，南投縣也驕傲的對外告示「全國最美麗的校園在南投」（*黃宗輝主編，民 90b*）。

　　南投縣校園重建方針之釐定，主要是經由南投縣中、小學校園之調查與分析，考量南投縣社會發展及各鄉鎮風貌特色，並透過專家共同研討而得。其基本精神在於提升教學品質和推展開放式教育之理念，更強調校園景觀特色之建立與綠建築思潮之引用，同時發揚南投縣純樸、自然、和諧之特質，推動以農為本的田園生態課程，並兼顧強化社區鄰里親密關係，期以建立一「美觀」、「健康」、「安全」及「永續」之中小學校園（*黃宗輝主編，民 90a*）。茲將其校園規畫準則、重建基本原則和校園建築特色之管制，臚列供參。

1. **校園規畫準則**

　(1)保存原有地方建築風貌，塑造地區校園人文特色，重視地方

性語彙、色彩和材質，提升縣內城鄉風貌之校園自明性。

(2)改善校園實質環境，提升校園教學品質，提供完善的校園設施、合宜適切的田園生態學習空間，創造自然性與親和性的視覺環境景觀。

(3)塑造自然與人文環境相生共榮的田園生態教學環境，提倡節能建築設計與再生性材料之使用，以建構完善之自然生態體系，達成符合綠建築評估指標要求。

(4)建立完備的戶外空間系統，配置完善之校園戶外空間休閒機能設施，強調空間用途與機能之多樣性。

(5)改善校園交通系統及對外連絡網路功能，規畫學童安全步行空間系統，強調人車動線分道的設計理念，考慮市區學校家長接送區及教師停車空間之適量配置。

(6)建立校園安全防災體系，規畫健全的校園防災生活圈及明確的安全逃生網路（*黃宗輝主編，民 90a，第 24 頁*）。

2.重建基本原則

(1)建物採鐵灰色斜屋頂。

(2)規畫生態教學區及田園教學區。

(3)結合地方文化及農村環境景觀。

(4)學校與社區融為一體（如綠籬）。

(5)設置紀念性地標（如鐘樓）。

(6)設置社區緊急救援系統。

(7)設有雨水再回收系統。

(8)種植會開花樹木植栽。

(9)落實高效能且符合機能的教學環境。

(10)營建可供社區終身學習及景觀地標之核心設施。

(11)依據校園整體規畫，推動校園重建工作。

⑿成立校園規畫重建小組，落實開放公共參與。

⒀建立校園與學區、社區資源整合與共享模式。

⒁確保校園重建期間學習與生活環境品質。

⒂永續發展的綠色校園環境。

⒃確保安全、健康、舒適的無障礙環境（*黃宗輝主編，民90a，第25頁*）。

3.校園建築特色之管制

⑴校園建築群體之配置以校園區位特色之分析為基礎，校舍配置計畫應考量日照、通風、噪音之影響，並對配置、座向、建築介面等設計手法有所應對，配合風土建築的塑造。

⑵重要景觀地點之校舍型態應予以管制，強調主從次序的觀念，透過校舍配置的指定，塑造校園良好視軸。

⑶校舍之高度，中學以三層為原則，小學以兩層為原則，但因校地之限制條件不同得視需要予以放寬。宜配合山區環境特色與意象，建築量體宜高低錯落，以豐富其造形。

⑷校舍應配合地形地貌，採鐵灰色斜屋頂設計及開放性空間，構成良好視覺景觀之天際線，增進社區交流互動。

⑸校舍建築應融合地方民俗、部落群族之特色，並依地方特性結合觀光、藝術、文化產業積極推展田園優質教學園區，達到社區化、田園化、生活化、安全化目標。

⑹若校園空間許可，可規畫如鐘樓具有紀念性質之象徵地標及自行車專用道（*黃宗輝主編，民90a，第26頁*）。

猶記震災後第二（89）年7月8日，到南投縣旭光國中、國姓國中，看到的是簡易教室和荒蕪的校園；90年9月10日，再赴南投縣參訪至誠、中寮、永昌、社寮、集集國小和集集、社寮國中等

7校，發現校舍煥然一新，學生的琅琅書聲，令人欣慰；91年4月29日，三赴南投縣，再看災後重建的學校，富功、草屯、光復、延平國小和旭光高中，亮麗的校舍和庭園，裝滿孩子們的讀書聲和歡樂聲，令人欽羨。之後，陸續參訪土城、潭南、中洲、府城、民和、育英、南光、水尾、福龜和營盤國小，以及民和國中等新建學校，新穎具創意的新校園，讓人印象深刻，也為南投的孩子，有美麗的校園，感到慶幸。

南投縣政府經過二年多的努力，交出漂亮的成績單，災後重建學校，大體而言採整體規畫，有的精緻優雅，有的宏偉壯觀，有採閩南三合院的傳統建築，有典雅的歐式城堡，也有中西合璧、木屋建築或原住民風味，各有各的風格，也各有各的美。基本上，都堅固耐震，提供全體師生一個安全理想的教學新環境；其中，強化防震結構、鐵灰色斜屋頂、紀念鐘樓、雙面走廊、田園教學區等校園建築理念，也一一展現在各校的校園景觀和整體形象上，成為南投縣國民中小學重建後的一大特色，尤其鐵灰色系列的斜屋頂，表現出山城樸實、寧靜與祥和的特殊景觀。此外，各校依不同的地區文化和教學需求，規畫出多元的設計，如班群、自然生態區、童軍區、螢火蟲區、談心園、學習角、親水區、露天表演臺、資訊網路等；南北走向的教室排列、動靜態的教學活動區隔、良好的通風採光、雨水回收再利用，人車分道、無障礙坡道、戶外、半戶外空間、矮綠籬的自然園牆等，處處展現匠心獨具的創意（黃宗輝主編，民90a）。

此一災後重建的獨特轉型歷程，有教育部「新校園運動」的推動，以及許許多多民間單位和個人之認養，包括慈濟功德會、TVBS關懷基金會、一貫道天惠堂道德文教基金會、中國時報系、華新、華邦、鍊德科技、中國石油公司、臺塑關係企業、臺灣省國際獅子會第二及第七聯合會、臺灣愛普生科技、臺灣電力公司、臺灣電視

公司、自由時報、佛光山文教基金會、松下資訊科技公司、金車教育基金會、長榮集團、紅十字會、桃園市公所、浩然基金會、高雄市慈善團體聯合震災委員會、高雄縣政府、國際扶輪社 3480 區、國際獅子會、國際獅子會 300A2 區、基礎道德文教基金會、富邦慈善基金會、游榮標先生、遠東關係企業、聯合報、中國廣播公司、中國電視公司、靈鷲山佛教基金會等，讓南投縣的校園重建模式成為臺灣學校建築轉型的一種典範，也為臺灣學校建築發展史開拓新頁。

　　以下特引介榮獲第三屆遠東建築獎的潭南（傑出獎）、至誠（佳作獎）、廣英（入圍獎）和富功（入圍獎）國小，以及參與新校園運動的民和國中（廣英和富功國小也參與）等，具代表性的 5 所學校，以供學校建築規畫和設計實務之參考。

一｜ 潭南國小

校地位置：南投縣信義鄉
校地面積：3,051 m²
學生人數：6 班，88 人
每生面積：35 m²
建築構造：鋼骨造地下一層、地上二層
建築面積：693 m²
　　　　　總樓地板面積 1977 m²
興建總價：9,986,600 元
認養單位：浩然基金會
建築設計：姜樂靜
營建廠商：欣祥營造公司
完工時間：民國 90 年 10 月

　　布農石板屋，最重要、神聖的地方有穀倉與中柱，入口在中央，豬舍在室外，木板、竹編床、三石爐，室內、前庭地坪常凹下，前簷無窗，頂開天窗，平面對稱木柱很多，沿石牆亦有成排成列，木柱樑系統。

　　該校從傳統布農家屋到現代布農小學，強調「在地野生的最美」，設計重點與特色如下（*姜樂靜，民 90a、90b*）。

㈠ 設計重點

　1. 現代布農獵人的競技場：全村的祭典在這個圍繞主體建物的環狀跑道上舉行，每年的村運將成為這裡的活動高潮。
　2. 三個層次：⑴圖書館——知識的穀倉、天窗；⑵內庭——司

令臺兼祭臺；⑶前庭──部落展演、祭典。

3.二樓的布農卡社少年會所：⑴教學區六間教室；⑵三個夾層與露臺分別由低、中、高年級使用；⑶城鄉交流的住宿空間；⑷廁所外掛。

4.減緩土壓而埋入地下層的活動空間：有迴音走廊與最佳視野，具備值日室、餐廳、音樂與電腦教室……等功能，亦可開放對部落使用。

5.轉進潭南的門戶從地利與第一印象：戶外梯上架起帆狀的透明雨遮，象徵學校是一種知識的探險與遠航。

6.防災塔樓與部落活動節點相呼應：塔樓功能，鐘塔、水塔、廣播架、旗架、垃圾分類點……。

7.迎賓入口：⑴家屋入口印象的轉化；⑵展示獎盃成績的場所──原始的獸骨架；⑶布農式接待區──烤肉區（參見圖88）。

（二）設計特色

1.潭南希望持續發展屬於這裡的、經濟的、簡樸的、恰如其分的布農美學，並從大自然的紋理中、從祖先簡易的搭接工法中、與工人現場討論中，尋找到樸拙但堅固的經驗值，儘量避免矯飾的都會風格。因此校園的空間與工法素材，皆選擇與當地紋理相融合的材料，與習慣性使用的簡易工種技術。

2.讓校園成為村民認同、喜愛、自豪的社區學習樞紐，激發家長參與護衛文化的承傳，積極進行地域產業振興的工作，例如：染織工坊、部落教室、電腦教室、圖書館、活動中心的開放。

3.節能、中水、防災、綠建築、原生植物，優良環保觀念的實踐，例如：防災塔樓、鋼構、礦化板、原生植物走道、陽臺、百葉、通氣樓。

4.創發空間特色，該校基地雖小，但將四周山林視野引入，並且用緊湊且上下挑空的穿越空間、多層次的穿透方式，創造豐富的空間體驗及角落。

5.師法布農家屋平面的三分軸線，但對稱中又有些破格，且堅持圖書館一定要位於傳統小米倉神聖位置的重要文化意涵。

6.除了表現材料本色外，色彩也是取法大自然的。樹幹的古典褐、小米的黃、炮仗紅的燈，局部裝點，讓灰黑及石板為主的布農家屋活潑愉悅，但不失原來布農的風貌及美感。

7.以現代的建材詮釋傳統石板屋頂，屋頂將T型鋼板、橫茸紋型、霧面耐力板天窗及露臺水平切割後，有了化沈重為輕快的韻律。

8.理性中的一點浪漫，裝飾一些孩子夢想中可以飛的風箏與帆。

校舍建築具有布農族色彩，跑道環繞校舍甚富創意。

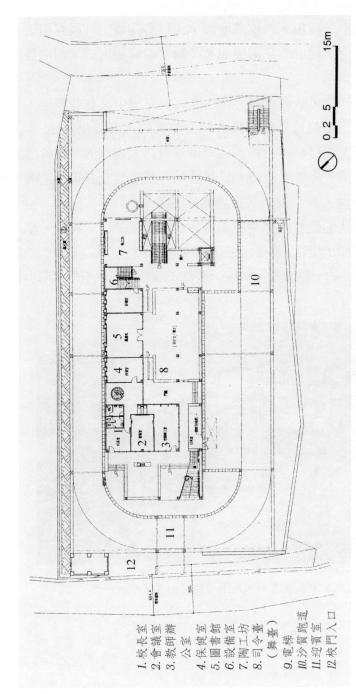

圖88：潭南國小小學校建築與校園規畫配置圖

資料來源：1. 南投縣信義鄉潭南國小，姜樂靜，民90a，建築師，**317**，第134頁。
2. 南投縣信義鄉潭南國小，姜樂靜，民90b，建築師，**324**，第71-75。

1. 校長室
2. 會議室
3. 教師辦公室
4. 保健室
5. 圖書館室
6. 設備室
7. 陶工坊
8. 司令臺
　（舞臺）
9. 電梯
10. 沙賓跑道室
11. 迎賓室
12. 校門入口

二｜ 至誠國小

校地位置：南投縣中寮鄉

校地面積：4,546 m²

學生人數：6 班，62 人

每生面積：81 m²

建築構造：SRC 造地上二層

建築面積：1,477 m²

　　　　　總樓地板面積 2,252 m²

興建總價：37,200,000 元

認養單位：佛教慈濟基金會

建築設計：黃建興

完工時間：民國 90 年 3 月

　　中寮鄉是九二一大地震災害中受創最嚴重的區域之一，原本鮮為人知的窮鄉僻壤，頓時成為全國關注的焦點；中寮鄉緊鄰南投市，但全鄉幾乎均為山坡丘陵地，至誠國小屬義和村，是全鄉 10 所小學校中的 8 所 6 班小學校之一，全校學生人數僅 62 人，校地更是迷你，僅約 0.45 公頃，位於高突出約 5m 的臺地上，由一道直線斜坡而上，校園形狀方整，站在高突的校地上視野極佳，東面緊臨高低落差有 10 餘公尺的平林溪，蒼綠山嶺起伏環繞，讓至誠國小宛如未經雕琢的處女新生地。至誠國小校園重建特色（*黃建興，民 90a；教育部，民 90c*）：

　　1. 以面向東方之三合院配置為架構，在規矩單元中以折線廊道串通三合院開放空間，顧慮校地與平林溪落差太大，遂將建物遠離平林溪，亦即將合院開放庭園面向平林溪，然為使由斜坡直線而上

的校門有迎人之氣，將門廳以挑高兩層之大空間相迎，並以對角之圓形半戶外教學空間及戶外劇場（2F）為相對軸線，意在引導人們視線能由門廊穿越綠色草坪直至圓形半戶外空間延伸之。

2.教學單元以 7m × 7m 為主空間，雙走廊設計，前走廊加寬後，將室內空間突出約 90cm，可作為小休憩空間，也使走廊形成凹凸。班級入口處有緩衝空間，後走廊有一半改為室內空間，地坪鋪裝木質地板可供學生成為學習角、圖書角及班級導師辦公作息空間，另一半以落地窗相隔為陽臺，宛如家中客廳。

3.陽臺的空間形式意在讓學習的教室空間能有「家」的親切自然感覺，陽臺上陳設有洗手臺、水槽及清潔用品櫃，每班教室內並設有公布欄、學生櫥櫃及圖書置物櫃等。

4.校園以兩層挑高門廊相迎，右邊是視聽音樂教室，可兼作為社區里民集會場所及大會議室，左邊為保健室及教職員辦公室，一至六年級的班級群以 L 型配置在一層，會議室、校長室、自然教室、電腦教室、教具室、美術教室及拉高 1m 的圖書室則配置在二樓，門廳及另側挑空性樓梯，均可使精簡的小學校中流露出空間的穿透流動感。

5.在 SRC 結構系統下為使 H 型鋼外露，刻意以 H 型鋼為門框及欄杆構件，H 型鋼框中嵌以清水空心磚及不鏽鋼板鏤刻的蔬果樹葉圖案，上端並配上木質扶手、欄杆，為空間的趣味性、藝術性之寓教效果添分；窗臺下的小氣窗可增加空氣對流，走廊上的木質座椅提供暫時坐憩，一口小水池作為生態教學園，二層戶外的階梯可供眺望、寫生及表演之用；圓孔、方形、長方形及雲朵的鏤洞具端景框景效果，葫蘆形的鏤洞，不僅具美妙造形，更希望師生均能由「葫蘆裡賣什麼藥？」的隱喻中體會人生就是不斷的學習及體驗（參見圖 89）。

簡潔樸實的校舍，給人溫馨的感覺。

半室外的圓頂廣場，可容納全校
62 位學生做課間活動。

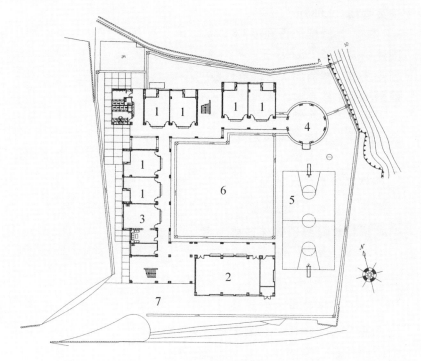

1. 教室	*4.* 半室外圓頂廣場	*7.* 入學道路
2. 視聽音樂教室	*5.* 籃球場	*8.* 廁所
3. 辦公室	*6.* 草坪	

圖 89：至誠國小學校建築與校園規畫配置圖

資料來源：南投縣中寮鄉至誠國民小學重建工程，黃建興，民 91a，臺灣建築，**72**，
第 27 頁。

三 廣英國小

校地位置：南投縣中寮鄉
校地面積：6,189 m²
學生人數：6 班，60 人
每生面積：103 m²
建築構造：RC 造地上二層半
建築面積：1,086 m²
　　　　　總樓地板面積 1,826 m²
興建總價：35,793,699 元
認養單位：教育部（營建署代辦）
建築設計：徐岩奇、黃永建
營建廠商：季宏營造公司
完工時間：民國 90 年 8 月

學校可以是好玩的場所；
教室只是我們探索知識的地方之一；
校園開放讓我們去探掘新奇；
驚奇發生在每一個角落。

塗塗畫畫培養畢卡索與康丁斯基；
乒乒乓乓訓練伍佰和貝多芬；
友情發生在同儕和校長、老師之間，
學校是家庭的延伸。

我們不是來找尋標準答案，
你可以找到性靈開發的泉源。
想一想，沒有答案是最好的答案。

> 建築的型態啟發人的思想，
>
> 空間無需明確定義，
>
> 兒童的行為不可預期，
>
> 同儕之間的學習是最好的學習。

　　傳統的校舍設計以「教」為出發，即是以行政及老師的觀點，設計出以管理角度為重的環境，它可以很有效率，但小孩子真正的學習成長模式會在這般的空間被抹煞。新校園設計必須改以「學」為出發點，空間的型態無形中會塑造人格，可以約束、可以啟發老師教學及學生學習模式，校園的設計影響至深。從有效的學習角度出發，校園的設計應以幫助學生產生互動學習為主要課題；老師必須從傳統的主要教學者，轉變為輔導者、啟蒙者。因此，校園空間設計儘量讓學童們可以三五成群停留在多樣的空間中互動學習，角落空間可以形成在室內外各個領域，不同層次的空間輔助傳統空間的學習模式。廣英國小依此新校園思想，其設計重點如下（*徐岩奇和黃永建，民 90a、90b*）：

　　1. 校園配置：原始校園地形由落差 3.5m 的兩塊平臺組成，我們將校舍分配交織在護坡兩側，並以天橋連接，再以坡道導引至下平臺，順勢利用原有地形創造趣味之坡地空間。校園主要分為入口公共藝術區、行政辦公室、圖書館校史室區、主體教室區，分別配置在護坡的兩側，以坡崁共構，天橋及樓梯銜接的手法交織於其中，以圍塑出具有不同層次的護坡，及多元層次的教室戶外及半戶外的學習區。

　　2. 建築造形：廣英國小造形的呈現，在於隱喻基地大自然的肌理。層層交疊的屋頂與遠處的山林相呼應，與整個基地周圍的大自然環境共存。

　　3. 教室單元：主要區分為教室主體空間、教師角與角落空間，

目的在於創造空間層次、包被形式及活動行為可能性之差異。角落空間配置於主體教室與走廊之間，其存在牽動了周圍之入口空間，構成豐富之層次及領域，此獨立之角落空間可以提供小孩子多樣學習與生活的型態。

4.行政空間：行政空間區分為兩個樓層，以夾層方式連接，校長辦公室位居夾層，中間以會議室過渡，這是以家的觀念為出發點的設計，符合我們認為學校是家庭的延伸的觀念。

5.照明系統：廣英國小二樓空間主要為斜屋頂，我們不用一般直接照明方式改以間接照明，一方面讓天花板平整不被太多燈具干擾，另一方面間接照明比較不會產生炫光，配合杉木天花板營造家的氣氛。

6.通風採光：側天窗的應用使二樓的教室特別明亮，白天幾乎無須點燈，同時熱氣也由氣窗排除，產生良好的對流，無形中便降低能源的消耗。

7.行動不便者坡道：多功能的殘障坡道提供一、二樓連接外，也提供遊戲與眺望觀景等功能，是兒童喜歡的空間，未來可結合景觀、遊戲器具，使坡道更多用途。

8.結構系統：不規則的校舍平面對結構是個挑戰，我們訴求的是整體效能，力求剛心與質心的一致性，與剪力牆適當分配。為了降低自重，選用鋼架屋頂與輕質隔間牆等。

9.環保建材：校舍主要裝修為白水泥粉光與水泥漆，減少使用磁磚；鋼構應用於屋架與樓梯扶手，選用實木裝修重點部位，並使用木絲水泥板環保回收材作為主要內外牆。

10.白牆：校舍目前大部分牆面是白色，未來使用的彈性很大，相對於一般學校牆面貼滿瓷磚，這些留白將是老師及學生創作的空間，可能是作畫、陶瓷拼貼，也可能是戶外教學時塗鴉的畫板（參見圖90）。

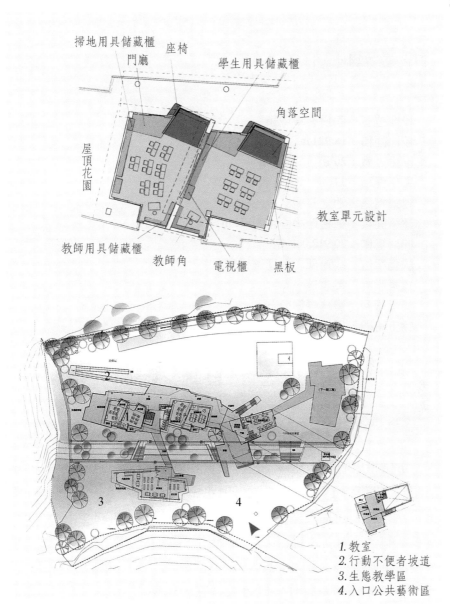

圖90：廣英國小學校建築與校園規畫配置圖

資料來源：南投縣中寮鄉廣英國小，徐岩奇和黃永建，民90b，**建築師，324**，第76-79頁。

四 富功國小

校地位置：南投縣草屯鎮
校地面積：18,921 m^2
學生人數：20 班，578 人
每生面積：33 m^2
建築構造：地上三層
建築面積：總樓地板面積 7,621 m^2
興建總價：70,912,000 元
認養單位：教育部（營建署代辦）
建築設計：黃志瑞
營建廠商：寶祥營造公司
完工時間：民國 90 年 7 月 31 日

富功國民小學設計重點與特色如下（*黃志瑞，民 91*）：

(一) 設計策略

1. 掌握既有校園特質：災後校園校舍已被拆除，只剩植栽、外部開放空間等，因此嘗試從地形變化、植栽、記憶的場所、社區文化特性等，去捕捉及保留原有的特質，做校園重建的基礎。

2. 整合既有新舊併存：以既有校園架構為基礎，重新設定、調整校園整體架構。考慮主次入口、人車動線、家長接送、動靜分離及低中高年級領域特性，既有校舍在短長期的使用定位、合理配置、展現新舊併存的新風貌。

3. 再造校園形塑特色：因應 21 世紀多元化教學使用的彈性空間，室外塑造黑樟廣場、水路等好所在，低中高年級不同型態教室

及各自的院落，創造不同的學校生活經驗，提供社區多元的戶外空間及互動關係。

(二) 配置計畫

1. 考量基地現況，將校區入口設三處，主入口為南側，次入口設東側及北側。

2. 依動靜分離原則，將運動廣場及活動中心屬於動態的部分，配置於中潭公路側；靜態空間遠離噪音源。

3. 西南側設置直線跑道，亦與綠地結合成運動廣場。

4. 設計核心廣場，提供主要聚會場所，並由此延伸到各年級的學習院落。

5. 步道區，提供校區內主要學生動線，貫穿往來於教學區與開放區之間，並與廣場形成學生生活的主要活動帶。

(三) 使用分區

1. 依開放、半開放、教學區的層次配置，可分為運動社區活動區、行政區、生態教學區、教學區。教學區，將高、中、低年級分開設置。生態教學區，利用有頂蓋的風雨球場，設置庭園生態教學區及戶外教學區。開放空間、規畫不同尺度及功能的庭院，整座校園均是學習的場所，也是社區民眾活動的公園，並提供與自然共生的觀念。

2. 各教室之前院皆設置戶外教學區，配合戶外教學使用。

3. 社區開放設置於入口處，可方便社區居民使用。

㈣ 教學空間

1. 開放空間教室：在補助的教室樓地板面積下，調整教室單元，並設計成開放式連貫空間。

2. 多目的教室：以 3～4 班為一班群，採雙併或 3+1 方式配置多目的教室，可供未來增班或多目的教學使用。

3. 教室單元（8m × 8.4m）：低年級以小空間的教室單元設計，符合其身心發展。中、高年級以開放教室設計可符合將來分組教學等使用。

㈤ 塑造校園好所在

1. 地標：以當地的代表性農作物——竹筍轉化成地標造形。

2. 社區LOGO：將代表社區瓠仔寮LOGO嵌入外牆強化社區意識。

3. 廣場庭園：⑴保存校內大樟樹，塑造樹下的休憩廣場；⑵結合教學內容，以不同造形塑造各年級的中庭特色。

4. 原地形景觀活用：⑴以緩坡道方式處理面前道路與校園的高低差；⑵導引校園東南角的蓮花池湧泉構築自然的流水，形成學習步道。

5. 教室周邊：⑴教室棟設門廳換鞋空間、牆面由學生創作壁畫提升空間歸屬感；⑵交流談話角落（參見圖91）。

從集合廣場看造形優雅的中年級教室群。

活動中心是一個標準的羽球場,懸吊的線是羽球練習器。

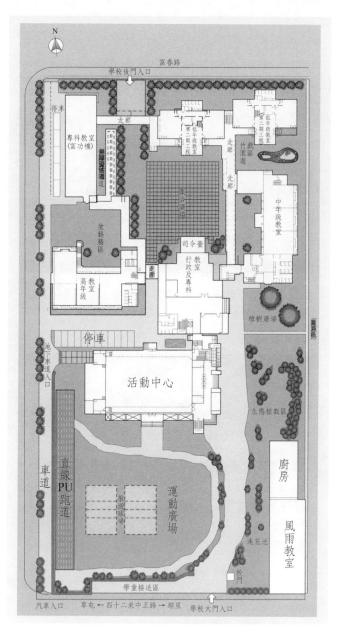

圖91：富功國小學校建築與校園規畫配置圖

資料來源：富功國民小學提供。

五 民和國中

校地位置：南投縣水里鄉

校地面積：19,085 m²

學生人數：6 班，135 人

每生面積：141 m²

建築構造：SRC 造地上二層

建築面積：3,873 m²

興建總價：55,482,322 元

認養單位：教育部（營建署代辦）

建築設計：林洲民、陳淑芬

營建廠商：永青營造公司

完工時間：民國 90 年 10 月

民和國中（參見圖92）的設計重點和特色如下（*林洲民和陳淑芬，民90*）：

1. 教室大樓：教室大樓的長軸面向南北，所引進的自然光品質極佳。南側為一層樓國中一年級至國中三年級，每年級各 2 班的 6 間教室，北側為二層樓的專科教室共 12 間。南北側高處各有連續的實木格柵作為遮陽之用。教室大樓的長軸雖為直線形，但是在中間處各作一 1.8m 的轉折，每至轉折處即形成一教室群之間的小型開放空間。南北兩側的中庭則作為半戶外的景觀及戶外集合場所之用。

2. 宿舍及行政大樓：這是一棟以鋼筋混凝土作為結構主體，搭配鋼構及實木飾板的建物，在平實的造形中企圖以木紋清水模、鋼構質感及木材的穩定感來傳達平實的學校建築風味。

3. 圖書館：圖書館是校園的精神象徵，一樓為 12 邊形的閱讀空間，經由圓形樓梯步行至二樓為 6 邊形藏書空間。所有來自戶外的光線均經由鋼構支撐的木格柵，過濾成一片含蓄的間接光。

4.變電室：以穩重的清水混凝土牆及輕巧的鋼構及木格柵，將傳統上不被重視的功能建築轉型成極具構造風範的量體。

樣式新穎的圖書館（左）和輕巧的鋼骨結構教室（右）。

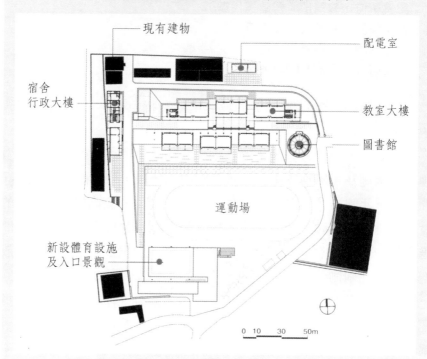

圖92：民和國中學校建築與校園規畫配置圖

資料來源：南投縣水里鄉民和國中，林洲民和陳淑芬，民90，建築師，**324**，第101、105頁。

第五節

亮眼的新校園——臺中縣

　　九二一地震，造成全臺重創，學校建築受損最為嚴重，臺中縣中小學也損毀甚巨，166 所國民中、小學校舍受損，80 校設備損失約 1.35 億元，需整體規畫原地或遷址重建學校有 34 校，臺中縣政府撥補 5 億元重建經費，民間認養出資 35.3 億元。各國民中、小學隨即成立災後復建小組，如霧峰國中災後復建小組，下分校舍復建組、復學計畫組、生活照顧組、生活秩序組和師生關懷組，臺中縣政府也成立校園規畫諮詢小組，請校長和建築師報告學校規畫設計案後，由諮詢小組的學者專家提供校舍規畫、開放空間和景觀設計等意見供參（臺中縣政府，民 90）。

　　為協助災後校園重建，教育部激勵民間單位認養學校，或慷慨解囊，或資助設備，或走入校園，協助學校從事災後校園整體規畫，並於 88 年 11 月 9 日於臺北來來飯店舉辦統一認養簽約儀式，使災後校園重建正式邁入一新的里程碑（黃宗輝主編，民 90a），此種模式，可謂開創了學校校園規畫與興建的典範。其次，教育部（民 88c）委託中華民國建築學會由黃世孟教授領軍研訂，於民國 88 年 12 月 15 日公布「地震受災國民中小學建築規畫設計規範」，先說明新教育、新環境與新學校的理念，再分為校園整體規畫、校舍建築設計、建築設施與設備、建築耐震規畫與設計等四大項，分別就共通性項目、全部重建規畫設計、部分重建與修復規畫設計，提出原則性的規範。更重要的是，教育部於民國 89 年 5 月 20 日起倡導「新校園運動」，一系列的推展活動引起社會的重視和加速各

方的參與,「新校園運動」提出災區校園重建的具體原則如下(教育部,民90d,第3頁):

1. 確保安全、健康、舒適的無障礙環境。
2. 落實高效能且符合機能的教學環境。
3. 營建可供作社區終身學習及景觀地標之核心設施。
4. 依據校園整體規畫,推動校園重建工作。
5. 成立校園規畫重建小組,落實開放公共參與。
6. 建立校園與學區、社區資源之整合與共享模式。
7. 確保校園重建期間,學習與生活環境品質。
8. 永續發展的綠色校園環境。

「新校園運動」的理念和精神,一如曾志朗(民89)在其教育部部長任內的一段剴切說明:

> 我們認為,校園絕非只是一棟棟生硬冰冷的建築物而已。校園,是提供莘莘學子學習、生活、成長、參與公眾生活的首要場域,是充滿了各種歡樂、喜悅、汗水、榮耀與記憶的地方。但在既有追求制式、一元化的填鴨式教育體系裡,不僅每個學生的創造力與生命力受到壓抑,校園環境的活潑與多樣性也蕩然無存。我們相信,校園環境本身就是教育活動的一環,一個設計良好、人性化的校園,更是能夠完整傳達出我們對於教育改革的理想,舉凡人本教育、開放教育、小班教學、終身學習、校園開放、綠色學校等核心精神,都應該含括在我們的校園環境當中,並成為落實我們教改理念重要的環節。

90年7月起,新校園運動的38所學校陸續完工,其中臺中縣有11校,南投縣有25校,苗栗縣有2校。新校園運動的特色。

(一) 強調參與式設計

讓學校教師、學生和社區共同參與討論。

(二) 讓學校長的不一樣

　　如中坑國小，位於客家聚落內，建築師以「客家圓樓」的造形，創造了一棟半圓的建築物；大林國小的教室群在「穀倉」概念的引導下，用緩緩斜下的四片大屋頂覆蓋，表現山水農家的意象。其次，即使只是屋頂造形的變化，也具巧思，如同樣是雙斜的屋頂，但新社中學、光隆國小的運用就截然不同，而霧峰國中、大林國小的單斜屋頂，則進一步採用重疊多層的屋頂，兼具通風與造形。還有，新校園地標建築的塑造，有的設計鐘塔（如新社中學、土城國小），有的是廣場或林蔭大道（如土牛國小），或保留未倒塌的教室與新重建校舍整體設計（如草湖國小）。

(三) 教學空間的設計創意

　　如光隆國小以格子狀的虛實空間安排來創造班群空間，在十個格子中，由五間教室、一間教師休息室、一間廁所、兩個中庭和一個大川堂所構成；教室由中庭、川堂所分隔，既有個別空間的獨立性，又可共享公共設施而成為一群；新社中學以一個年級8班，形成兩個班群但位於同一層樓，4間教室共用廁所、樓梯之外，有一個彈性空間可以發展為圖書室、展示室或電腦室等，共同經營生活上的交集。

㈣ 展現在地條件與文化特色的設計

在基地條件方面，保留基地上的大樹是最基本的態度，如新社國中費心將校園中的大樹保留下來，並配合簇群與區位圍塑出圖書館區的戶外空間。中坑國小保留了校園中的四棵烏桕樹，並配合教學活動，分別創造出四種對待樹的空間型態：「經過」、「圍繞」、「結合」和「開放」，讓人們在不同的情境下與大樹作朋友，中坑國小的設計主題因此題為「四棵樹的故事」，這4棵樹的保留受到畢業校友的大力支持，公認它們是眾人共同的記憶。又如土牛國小把原本流經校園但一直被忽略的水圳清理復原出來，不僅因此讓水圳獲得新生，更在校園中配合規畫蓄流池，配置於學校中心處，成為校園的主要空間。在文化特色方面，位於客家村落的中坑國小，除保留大樹之外，也採用客家圓樓的傳統型態來發展出專科教室棟。車籠埔幼兒學校是全國首創只有低年級和幼稚園的幼兒學校，建築師針對幼兒的活動特性，特別考量安全與「城堡」的特徵，表現出獨特的意象。

㈤ 反思操場與圍牆

許多學校在重新討論環形跑道的問題之後，通常都願意放棄制式的、太占面積的大操場，改採比較有使用彈性的大草地、林蔭空間等，並配合學校整體配置而創造出更有趣、舒適的外部空間來，如土牛國小即為一例。而鑑於學校與社區關係，打破制式的圍牆，改採樹籬或以其他較親和的方式來界定空間，打破高牆遂成為新校園案例基本的特徵（*教育部，民90d*）。

　　震後第二（89）年 5 月 15 日，筆者第一次到災區，在臺中縣私立東暉高中，由筆者執掌的中華民國學校建築研究學會和教育研究雜誌社合辦「九二一震災校園重建問題之探討」研討會，途經土牛、東勢國小和東勢國中，看到的是簡易教室和荒蕪的校園；8 月11 日，到霧峰鄉光復國中和霧峰國小，看到報載拔地隆起的運動場跑道和傾頹殘破的校舍，心中一陣悵然。民國 91 年 4 月 30 日，三赴臺中縣，看到明臺中學修復的飛觴醉月亭，古蹟修復，心中有莫名的喜悅；霧峰國小造形優雅的校舍，孩子們琅琅的讀書聲，下課的歡笑聲，讓人覺得一切的努力都值得。民國 93 年，再至土牛、東勢、中科、東新、塗城、桐林國小，以及東勢、石岡國中和東勢高工等重建學校，仔細走訪重建後的新校園，令人心動。

　　臺中縣災後重建的轉型歷程，還有教育部「新校園運動」的推動，以及許許多多民間單位和個人之認養，包括慈濟功德會、紅十字會、長榮集團、TVBS關懷基金會、臺灣電視公司、民視公司、日本兵庫縣、中國時報系、無敵科技、臺塑關係企業、聯合報、中國廣播公司、中國電視公司、英業達、佛光山文教基金會、周明德先生和泰山文化基金會等，讓臺中縣的校園重建模式與南投縣一樣成為臺灣學校建築轉型的一種典範，也為臺灣學校建築發展史開拓新頁。

　　以下特引介參與新校園運動並榮獲第三屆遠東建築獎的中坑（佳作獎）桐林國小和東勢高工等，具代表性的 3 所學校，以供學校建築規畫和設計實務之參考。

一｜ 中坑國小

校地位置：臺中縣和平鄉

校地面積：5,227 m²

學生人數：6 班，82 人

每生面積：64 m²

建築構造：RC 造地下一層、地上二層

建築面積：1,312 m²

　　　　　總樓板面積 2,539 m²

興建總價：39,000,000 元

認養單位：英業達、聯合報、中廣、中視等公司（營建署代辦）

建築設計：王維仁、楊瑞禎

營建廠商：永祥營造公司

完工時間：民國 90 年 7 月 28 日

　　踏入中坑國小，一眼即可看到校園角落上四棵高聳的苦楝樹，沿著四片濃綠的樹蔭，依序排列著座椅、司令臺、球架、鞦韆，不太寬的跑道就繞著這四棵樹的外圍，圍成了一個小操場，再往外一圈是原有校舍與教室，然後是四周的果園，再來是檳榔樹和遠山。這四棵苦楝樹所界定出的操場，清晰的定義了基地的空間性格與校園的地點感。該校的建築設計、想法，源自對校園中四棵苦楝樹的敘事化詮釋，希望建築能根植於基地的過去，更參與基地未來的生活。

　　中坑國小（參見圖 93）是由東勢往大雪山途中的一個山區國小，村落裡以客家人為主。設計者幾次到學校去，踱步在繞著操場的四棵苦楝樹之間，想著教室的位置、音樂教室旁邊樹下的表演臺、圖書館窗外下午的陽光，想起北宋畫家郭熙的「林泉高致」裡

說的四種山水畫的情境：可行、可觀、可游、可居。建築設計乃以一序列長條形單邊走廊的校舍，圍合著校園中間空地上的四棵大樹，與其分別產生了「經過」、「圍繞」、「結合」與「開放」的四種曖昧而又親和的不同敘事關係，分別以長方形合院水池、半圓形舞臺、挑空樹屋與無定義的四種建築形式來呈現，亦即「游」、「觀」、「合」、「空」的空間情境。空心磚砌的白粉高牆與圍合向心型的建築形式，一方面彰顯了客家聚落的傳統造形；另一方面，一連串不同空間牆的安排與隨視點移動而物換景移的過程，也暗示了中國園林的遊園經驗，提供了孩童們在其間穿梭遊盪、探索參與進而學習成長的場景（*王維仁和楊瑞禎，民90*）。

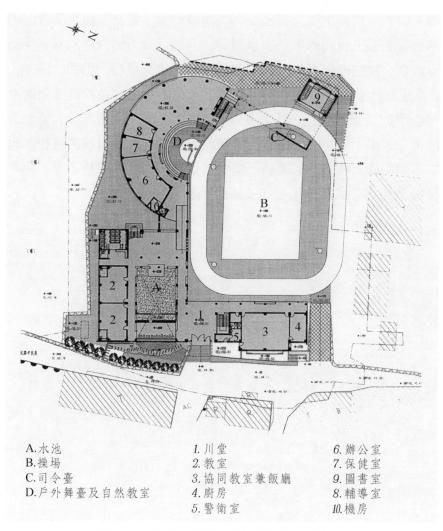

A.水池　　　　　　　　1.川堂　　　　　　　6.辦公室
B.操場　　　　　　　　2.教室　　　　　　　7.保健室
C.司令臺　　　　　　　3.協同教室兼飯廳　　9.圖書室
D.戶外舞臺及自然教室　4.廚房　　　　　　　8.輔導室
　　　　　　　　　　　5.警衛室　　　　　　10.機房

圖93：中坑國小學校建築與校園規畫配置圖

資料來源：臺中縣和平鄉中坑國小，王維仁和楊瑞禎，民 90，**建築師**，**316**，第
　　　10-101 頁。

二｜桐林國小

校地位置：臺中縣霧峰鄉
校地面積：8,128 m²
學生人數：6 班，91 人
每生面積：132 m²
建築構造：RC 造地上二層
建築面積：1,571 m²
　　　　　總樓板面積 2,348 m²
興建總價：30,510,000 元
認養單位：中華民國紅十字總會、佛教慈濟基金會
建築設計：黃建興
營建廠商：勝新營造公司
完工時間：民國 90 年 10 月

　　桐林國小（參見圖 95）位在臺中縣霧峰鄉桐林村山區，是一所 6 班規模小學校，學校校地呈方形，地形東高向西下斜，校園中央有一高低 1.8m 之地形落差，原有教室在低處呈南北長條配置，在九二一災變中震毀拆除，高處則為戶外運動場地。

　　由地形及動線考量，校園主建築量體配置在地形高處並以南北向安排為宜，靜態主教學空間設置在東南角，二樓建築特圍塑成合院型態，虛實空間尺度適當，一樓設置普通教室，二樓有自然、電腦、視聽音樂、美術教室等。利用校園內地形的高低差，以圓形量體作為轉介，將底層透空，結合階梯及拉高屋層高度，形成特殊的半戶外劇場空間，可供師生聚會、表演、體能活動……等等，成為校園中心及主要中介空間，圓形量體二層為圖書室，將空間尺度拉高並在頂層加設鐘樓，成為學校地標。

　　行政空間則在前端校園入口右側，壓低的一樓建築以弧形走廊及三圓心拱圈迎接師生，尺度相對親切。由於學校地處偏僻，在校園東南角以樓梯為轉介連接教學群，一樓建築廚房及餐廳供全校師生營養午餐及生活教育，二層則有四間單身教職員宿舍供遠地前來之教師使用。

　　該校雖然屬迷你學校，但軟式棒球是學校傳統體能活動，屢屢在縣際比賽榮獲獎牌，所以在西北側外場地闢設小型棒球練習場；利用地形高低差以弧形階梯作為籃球場看臺，並可做戶外教學場所；校門入口左側闢設停車場，校園廣場可順坡而上，或由行政空間經走廊、半戶外劇場空間拾級而上，讓桐林校園動靜分明，成為一小而美之新校園（*黃建興，民 90b*）。

樸實的校舍以圓形量體為轉介空間，圓形量體底層透空為半戶外劇場，二樓為圖書室，頂層加設鐘樓成為學校地標。

清幽雅致的庭園。

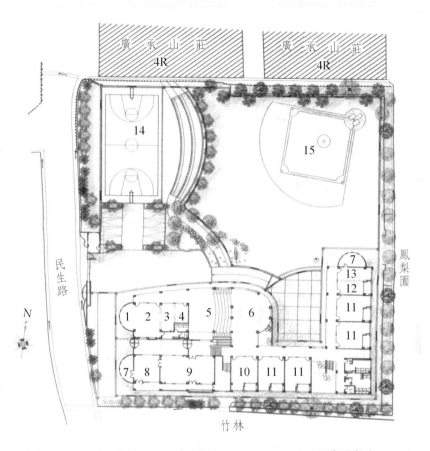

1. 會議室　　　　　6. 半戶外空間　　　11. 普通教室
2. 行政空間　　　　7. 儲藏室　　　　　12. 保健室
3. 校長室　　　　　8. 廚房　　　　　　13. 體育器材室
4. 會客室　　　　　9. 餐廳　　　　　　14. 籃球場
5. 半戶外階梯廣場　10. 輔導室　　　　　15. 棒球場

圖94：桐林國小學校建築與校園規畫配置圖

資料來源：臺中縣霧峰鄉桐林國小，黃建興，民90b，建築師，**324**，第93頁。

三 | 東勢高工

校地位置：臺中縣東勢鎮
校地面積：86,000 m²
學生人數：46 班，1,544 人
每生面積：56 m²
建築構造：鋼骨造，地下一層，地上四層
建築面積：9,027 m²（一、二期工程）
　　　　　總樓地板面積 31,390 m²（一、二期工程）
興建總價：472,690,000 元（一、二期工程）
認養單位：教育部（營建署代辦）
建築設計：徐維志、高世銘（劍橋建築暨規劃事務所）
營建廠商：龍臺營造公司等
完工時間：民國 93 年 2 月

　　東勢高工重建規畫設計過程，就像學生活動中心戶外樓梯所表達的「破繭重生」意象，展現九二一新校園運動「大破大立」的精神，以校方由校長、各科室主任及老師所參與的校內 33 次校園重建規畫會議為基礎，加上教育部召開的十次專家學者會議，范政次巽綠從未缺席，親自督導，學者專家、營建署和建三隊等從多方面切入，提出突破性的看法，期許本案成為職業教育的典範。

　　本案是九二一校園重建經費最多，分期最多的一個案子，因此教育部、九二一重建會、營建署、工程會於施工期間共二、三十次的工程品質查核及評鑑，以維護工程品質。學校建築整體規畫，具有開放空間、綠建築、客家文化、合院精神、人性化空間、結合社區、人車分道、動靜分明等特色，儼然已成為中部橫貫公路起點上的新地標。學校建築和校園規畫設計構想如下（參見圖 95）（*劍橋*

建築暨規劃事務所，民93）：

　　1.校園空間架構及景觀意象構想：校門入口廣場以教學資源中心、行政大樓及多功能活動中心包被中央綠軸的方式界定，教學區以合院方式配置，將原有大樹儘量保留，形成多層次的戶外空間以呼應不同的教學需求，更是生態環保校園的最佳寫照。運動區置於東側山丘下，全校到處皆可目視山丘，將自然景致帶入校內。

　　2.教學空間的組織與單元設計構想：人性化的合院教室群，室內教學延伸到戶外，提供安靜舒適的學習場所。特別教室依不同功能分配於二棟建築物，干擾性（音樂教室）或危險性（理化教室）較高者獨立一棟設於服務動線旁，語言及自然教室設於行政大樓內管理方便。

　　3.學校與社區互動模式的空間運用：校園空間成為建構完整都市空間系統的一環，提供社區參與的機會以確立校園空間定位及內容。社區集會展演及閱覽的多功能禮堂、活動中心及教學資源中心配置於校門入口廣場旁，並提供直接由東關路進入之入口，以提高使用性。

　　4.全校開放空間構想及準則：全校之戶外空間採串聯安排，主要開放空間有，一為校園入口區建築物群所形成的軸線廣場綠地空間，其二為結合教學功能的教學區中央草坪、藝術景觀區。第二層級的開放空間為各分區建築物之間的院落空間；及各院落間之活動空間、各層樓之戶外陽臺露臺。

行政教學大樓採客家圓
樓造形。

學生活動中心戶外樓梯
「破繭重生」意象，象
徵九二一新校園運動的
「大破大立」。

教學資源中心

學生活動中心

行政教學大樓

校舍一、二期工程（徐維志建築師提供）。

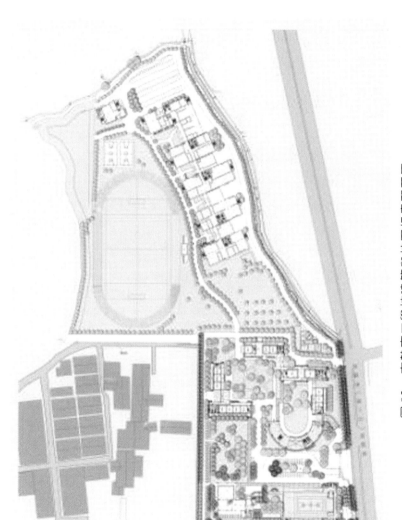

圖 95：東勢高工學校建築與校園規畫配置圖

資料來源：徐維志建築師提供。

第四篇

遠眺——革新思維

臺灣學校建築的革新

學校、大學的規畫者和建築師每天面對的議題是：在設計教育設施上應如何革新，並獲致社會期待的最大經濟效益，同時避免學校建築革新無助於學習環境（This is an issue that school and college planners and architects face every day: how to be innovative in designing educational facilities, to get the most effectiveness for the dollar in terms of social goals, while avoiding school building innovations that do not enhance the learning environment）。

——C. W. Brubaker

校園（建築上）表達關於其學術生活品質面貌及學校所在社區居民的角色，校園也對生活、學習、教學或參訪於其間的各種人群，表現出許多不同的面貌。它扮演的角色有家庭、博物館、職場、社會中心、公園、表達異議的舞臺，以及探尋真理的廣場。所有這些功能，不僅須為今日設計，也須為未來設計（The campus expresses〔architecturally〕something about the quality of its academic life, as well as its role as a citizen of the community in which it is located. The campus also represents many different things to various groups of people who live, learn, teach, or visit here. It plays the role of home, museum, place of em-

ployment, social center, park, arena for dissent, and forum for the se-
arch for truth. All these functions must be designed not only for today
but also for the future）。

——R. B. Finch

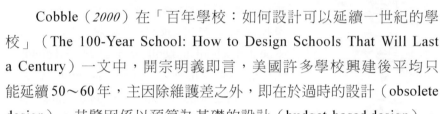

　　Cobble（*2000*）在「百年學校：如何設計可以延續一世紀的學
校」（The 100-Year School: How to Design Schools That Will Last
a Century）一文中，開宗明義即言，美國許多學校興建後平均只
能延續 50～60 年，主因除維護差之外，即在於過時的設計（obsolete
design），其肇因係以預算為基礎的設計（budget-based design），
致大多數學校不到 30 年即需大規模更新，以符應新科技和學生成
長的需求，而興建可以延續百年的學校建築，將有助於未來的公共
教育。

　　過去二千年來，學校建築的學習空間有非常戲劇性的變化，早
先並無所謂的教育設施，也沒有教室和課桌椅，教師所在，即「學
校」所在。19 世紀，公共教育逐漸發展，學校大量興建，惟教室
設施甚為簡陋。20 世紀，由於經濟的發展、建築技術和建材的改
進，世界各戮力教育推展，學校在建築造形、教學空間、庭園景
觀、器材設備，皆有很大的改變。1890 年代到 1900 年代沈重的、
華麗的、多層樓磚和石牆的古典學校，與 1950 年代美國輕盈的、
簡樸的、一樓金屬和玻璃牆的現代化學校，大異其趣（*Brubaker,
1998*）。1950 至 1970 年代，教育需求增加，全世界開始規畫大量
的學校建築。1960 年代，開放教育的理念，以學生為中心的教學
觀念，更促動了學校空間的大步變革，教室沒有牆壁或以可移動的
彈性隔板區隔出多樣化的學習資源空間，讓學生成為自主的學習
者。1970 年代以後，建築焦點由「量」轉向「質」之提升，政府

提供資金，社區參與議題及經營，並將未來可能之新教學法，設計於學校建築中，學校與社區互動增加，學校成為提供社區設備、托顧、圖書館、教學技巧工作室等之場所（*Almeida, 2000*）。學校空間的革新必須以觀念的建立開始，實地調查研究並貫徹實施，逐步推展。

以下擬就學校空間革新的思維、學校空間革新的研究、學校空間革新的趨向，加以論述。

第一節

學校空間革新的思維

空間（space）是一次元、二次元或三次元所界定的範圍，如：距離、面積，體積（*Webster's Ninth Collegiate Dictionary*，1987，p. 1129）。學校空間（school space）係指學校內校舍、校園、運動場和附屬設施所組構而成的「點、線、面、體」環境。

學校空間最簡單的分類方式，是以校舍建築為主體，分為：內部空間，包括：教室、走廊、樓梯、廁所等，係由三面——牆面、地面、頂面所限定之空間；外部空間，包括：運動場、校園、道路、停車場，是沒有頂部遮蓋的空間。學校空間最常用的分類方式之一，是依學生活動的動靜態性質予以區分，包括（*湯志民，民89a*）：

㈠靜態區：以教學、研究、實驗為主，包括普通教室、專科教室、圖書館、特殊教育班教室和幼稚園等等。

㈡動態區：以體育活動為主，包括田徑場、球場、遊戲場、游泳池、體育館、學生活動中心等等。

㈢中介區：以行政管理、休憩交誼和服務聯繫為主，介於動態

區與靜態區之間，具有緩衝和聯繫之效，包括各類行政辦公室、保健室、教具室、體育器材室、會議室、警衛室、合作社、交誼廳、庭園水池、陽臺綠地，以及通道、餐廳、宿舍等等。

此外，學校空間另一種最常用的分類方式，是以行政、教學、休憩、活動的使用功能性加以區分為：行政區、教學區、活動區、休憩區、服務區、通道區、特教區和幼稚園。

建築（architecture）不過是將空間（space）良好利用的結果（蔡保田，民66），英國首相 Churchill 的名言：「我們先塑造建築，然後建築再塑造我們。」（We shape our buildings and afterwards our buildings shape us）（引自 Deaux, Dane, & Wrightsman, 1993, p.382），則要言建築功能中，「人─境」互動的重要，以及建築設計對人的影響力。

學校是實施教育的場所，教育的對象是「人」，空間的使用對象也是「人」，學校空間革新自應以「人」為中心，融合教育改革的理念，突破以往學校設備標準的迷思──只重視量的、物的、經費的、行政的、靜態的和標準的觀點，改以「人─境」互動的思維──重視質的、人的、行為的、課程的、教學的、動態的和生活的觀點，方能為學校空間規畫注入新力，構思新意，革新內涵。以下就學校是一個生活空間及「人─境」互動思維，分別加以分析探討。

一 學校是一個生活空間

教育即生活，學校即生活空間。

著名社會心理學家 Lewin 的場地論（field theory），以形勢幾何學（topology）的圖式來描述人與環境，Lewin 認為行為（B）是人（P）與環境（E）互動的結果，可以 B＝f（P,E）表示之（參見

圖 96），式中人與環境兩者並非完全獨立。例如，學童對於事物的看法視兒童的發展階段及性格而定，並受兒童的意識型態（ideology）影響；新生兒、一歲幼兒及十歲兒童，雖處於同一物質或社會環境，其所體驗的世界不盡相同；同一兒童在飢餓或腹飽以及精力充沛或虛弱的不同情境下，相同的環境對他卻構成不同的意義世界。每個「人」（person, P）都生活在「心理環境」（psychological environment, E）中，心理環境係存在於人周圍的物質和社會影響力（the physical and social influences），是能在某一時空中影響或決定個人行為的一切環境因素或心理事件。人與環境相互影響，形成個人的「生活空間」（the life space, L），生活空間是人的內在和外在事實的總合，包含了人及其心理環境，生活空間之外的「外緣」（the foreign hull, F）是世界的一部分，由物質和社會環境中無關聯的事實（alien facts）所組成，Lewin強調生活空間與外緣的邊界是有滲透性的（permeable）——亦即物質環境（the physical environment）中某些個人原本無動於衷的層面，有朝一日可能在個人心理上產生重要的影響。而「行為」（behavior, B）是：⑴科

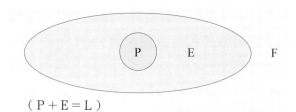

（P＋E＝L）

說明：每個人（person, P）都生活在心理環境（psychological environment, E）中，共同形成生活空間（the life space, L），生活空間之外的外緣（the foreign hull, F）是世界的一部分，尚未經人的知覺或意識併入生活空間。

圖 96：Lewin 的場地論

資料來源：*Environmental psychology: Principles and practice*（p.80），R. Gifford, 1987, Boston: Allyn and Bacon, Inc.

學地表現生活空間；⑵生活空間相關物的函數，此函數通常稱為法則（law）；因此行為又可以 B＝f（P,E）＝f（L）表示之，換言之，個人行為隨其生活空間而變化（*引自陳雪屏主編，民68；Gifford, 1987*）。

　　Lewin 也是環境心理學最具影響力的先驅之一，雖然 Lewin 的理論中，曾被批評對心理環境和物質環境的差別說得不夠清楚，但其混淆反而助長了理論的影響，社會心理學家把「E」拿來作為社會和物質世界在個人認知上的呈現，有些環境心理學家將"E"當作客觀的物質世界（the objective physical world）（*Gifford, 1987*）。當然，行為不是發生於抽象的空間（abstract space）中，而是受特定環境情境的影響，物質環境能透過直接的物理效應（physical effects）、心理效應（psychological effects）或社會效應（sociological effects），影響居於期間的人類行為（*Smith, Neisworth, & Greer, 1978*），「孟母三遷」的故事是為明證，「滄浪之水清兮可以濯我纓，滄浪之水濁兮可以濯我足」（孟子·離婁）亦註解了環境與行為互動間的影響關係。Lewin 亦認為人的行為和物質環境有緊密的關聯，實際的物質環境是生活空間中有力的心理事件之一（*McAndrew, 1993*），在我們心中呈現的物質環境，以及一些未呈現的物質環境要素（外緣），影響我們的行為與經驗（*Gifford, 1987*），例如人在教室的行為可能與派對的行為大不相同，同樣一個人在不同的環境則有不同的行為（*Deaux et al., 1993*）；就學校空間而言，學校建築設施所建構的環境，是學生學習、互動和休憩的生活空間，學校建築規畫對學生行為自有其影響（*湯志民，民80*）。

　　學校的生活空間，是社會的空間，也是物質的空間，存活於每位師生的不同課程設計和學校生活樣態中，且各異其趣。學校師生每日到校，隨課程設計的安排或生活樣態的變化，每一時間的生活空間均有不同之變化，如有人從教室的教學研討空間，移動到圖書

館（室）的研究空間，或到辦公室的行政空間；有人從輔導室的諮
商空間，移動到會議室的溝通空間，再到交誼廳的聯誼空間，或到
運動場的遊戲活動空間；也有人從學生自治廣場的民主空間，移動
到戶外劇場的表演空間，再到童軍營地的探索空間，或到合作社、
餐廳的服務空間，可能有人在學生宿舍的起居空間或庭園的休憩空
間待上大半天，每人每天均隨時間動線的串連，產生不同的生活空
間，有自己的生活空間，也同時會經過或進入別人的生活空間。學
校的生活空間是自己的、別人的、公共的，是活的、動態的、多變
的，是教學的、學習的、休憩的，是教師的、學生的、社區的，是
人際互動的匯集點、師生情誼的交融處，更是學習成長最美麗的回
憶。

二│ 「人─境」互動思維

學校空間規畫，不僅要適存於空間（fit for the space）──符
應居存的環境，不能成為「景觀垃圾」和「建築垃圾」，造成視覺
上的污染；還要適存於時間（fit for the time）──符應時代的背
景，不能背離時代的美學和時空背景，造成「時空混淆」的錯覺；
更需要適存於人間（fit for the people）──符應使用者的需求，
並與生活相結合（湯志民，民 83）。正如 Brubaker（1998）所言：

> 學校每天受到數百名學生、數打教職員、學校建築訪客和
> 鄰居的影響。教育（設施）方案受這些數以百計人群經驗
> 的影響（Every school is affected daily by hundreds of students,
> dozens of faculty members, visitors to the school building, and the
> neighborhood. The educational program is influenced by the ex-

periences of these hundreds of people）。（*p.42*）

　　行為是人與環境互動的結果，環境的設計與人的需求有密不可分的關係；學校空間建構的教育環境亦然，應以使用者（人）為核心。中庸（二十二章）有云：「能盡人之性，則能盡物之性」，一個景觀環境沒有真正的「以人為本」，不能稱許為好的或美的設計（*林季雄，民83*），學校是教育「人」的場所，一個失去人性關懷與教育理念的學校建築，即已失去其成為教育環境的本質性意義（*湯志民，民83*）。「人」有幾種？猶記清乾隆禮部大學士紀曉嵐，一日扈從乾隆遊江南，乾隆看熙熙攘攘人潮好不熱鬧，遂笑問紀大學士此一城鎮熙來攘往中有幾種人？紀曉嵐輕答二種人，一為「名」，一為「利」，此一化繁為簡的答案，在雲遊中對談，確不失妙趣。以此為例，將焦點轉移至學校生活空間中，在熱鬧的校慶活動中，可以看到許許多多「人」，有「在校師生」、有「校友」，有「教師」、有「學生」，有「男生」、有「女生」，有「同儕團體」、有「私密友伴」，有「行動不便者」、有「行動無礙者」，有「教職員生」、有「社區人士」……，大家齊聚一堂，一起歡慶，共同憶往，校園環境老樹舊舍，甚至一石一木，都能成為彼此心靈共鳴契合的交錯點。

　　學校內有幾種人？以往我們談學校建築規畫時，最簡化的使用者（user）名稱為「教職員生」和「社區人士」，此一屬性界面係以校內外人士界分，如依其他屬性加以界分，可以透視人的多樣面貌，及其在不同時間樣態中的多樣行為需求，有利學校空間規畫之思維。「思維」係「思想」（thought）、「思考」（thinking）或「沈思」（pondering over），是一種進行分析、綜合、推理等高級思想活動，「思維」原為「思惟」，語出漢書董仲舒傳舉賢良對策：「思惟往古，而務以求賢。」，釋迦牟尼在菩提樹下沈思坐化

成佛，乃以思惟樹為菩提樹之別名（*吳澤炎、黃秋耘和劉葉秋，民 81*）。學校是一個生活空間，以「人」為中心，繞著學校的生活大環境，不同界面的使用者（人），在不同的時間樣態，行為內涵互異，自有不同的空間需求，因此學校空間革新的「人—境」互動思維（參見圖 97）（*湯志民，民 89m*），應從學校空間規畫之發展（*湯志民，民 86、88a*）細思使用者（User, U）的時間（Time, T）、空間（Space, S）和行為（behavior, B）等問題，亦即：

　　1. 學校有哪些使用者（人）？

　　2. 使用者的時間樣態為何？

　　3. 使用者的空間需求為何？

　　4. 使用者的行為內涵為何？

　　例如，學校有「在校生」和「校友」（U），生活在學校的「現在」和「過去」（T），共同創造校史，其精神流傳（B），穿梭空間，建構文化藝術的環境（S），成一有機整體（organic whole）的精神所在。學校空間，需有文化和藝術能橫跨過去與現在，將在校師生與校友精神融合一起，形塑價值共識，創造共同回憶，一起心動。

　　其次，學校有「同儕團體」和「私密友伴」（U），他們可能「同時」和「隨時」（T），彼此交流互動（B），需有人性化生活空間（S），以增進師生與同儕的互動，學習自由與自律，讓學校像一個家（school as a family）。學校空間，需有人性化的生活空間，才能讓師生同儕團體在共同的活動時間群聚交誼，或三五知心好友隨時聚集傾吐心事，益增情誼。

　　復次，學校有「教師」和「學生」（U），他們有不同的「上課」和「下課」時間（T），彼此的教學活動（B）是學校教育主體，需建構教／學中心的學校（S），以符應師生的教學和學習需求。學校空間，需有以教／學為中心的規畫，不論上課或下課，皆

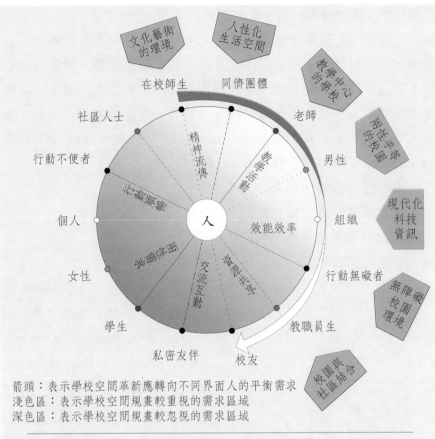

箭頭：表示學校空間革新應轉向不同界面人的平衡需求
淺色區：表示學校空間規畫較重視的需求區域
深色區：表示學校空間規畫較忽視的需求區域

使用者（人） （user）	時間樣態 （time）	空間需求 （space）	行為內涵 （behavior）
在校師生—校友	現在—過去	文化藝術的環境	精神流傳
同儕團體—私密友伴	同時—隨時	人性化生活空間	交流互動
教師—學生	上課—下課	教學中心的學校	教學活動
男性—女性	定時—不定時	兩性平等的校園	兩性需求
組織—個人	永久—瞬間	現代化科技資訊	效能效率
行動無礙者—行動不便者	暫時—全時	無障礙校園環境	行動順暢
教職員生—社區人士	上學—放學	學校與社區融合	資源共享

圖97：學校空間革新的「人—境」互動思維

資料來源：學校空間革新的思維——「人—境」互動（第26頁），湯志民，民89m。
載於中華民國學校建築研究學會（主編），二十一世紀學校建築與設施，
臺北市：作者。

有利於教師教學專業成長和學生樂登知識殿堂的空間，遨遊知性世界，一窺堂奧。

此外，學校有「男性」和「女性」（U），在「不定時」和「定時」時間中（T），有不同的兩性需求（B），自應建立兩性平等的校園（S），符應兩性不同的生理、心理需求。學校空間，需有兩性平等的校園，才能因應兩性不同時間的生理、心理需求，並學習彼此尊重，和諧相處。

另外，學校有「組織」和「個人」（U），學校設備要有「永久」和「瞬間」（T）的效能效率（B），需設置現代化科技資訊（S），以符應組織目標的達成——效能（effectiveness），以及成員個人慾望的滿足和目標的完成——效率（efficiency）。學校空間，需有設置現代化科技資訊，並有「永久」和「瞬間」的操作效用，才能提升學校組織的管理效能和師生個人的使用效率，撙節量能。

還有，學校有「行動無礙者」和「行動不便者」（U），會有「暫時」和「全時」（T）的行動不便（暫時性行動不便，如運動受傷、生病、生理期、貧血等），希望在校行動順暢（B），需有無障礙校園環境（S）。學校空間，需有無障礙校園環境，才能使「行動無礙者」和「行動不便者」，不論「暫時」或「全時」的行動障礙，皆能行動便捷順暢，安全無虞。

最後，學校有「教職員生」和「社區人士」（U），他們在「上學」和「放學」時間（T），彼此資源共享（B），需推展學校與社區融合（S），讓學校建築（school buildings）成為教育設施（educational facilities）（*MacKenzie, 1989*），以發展學習型社區（learning communities）（*Townsend & Otero, 1999*）。學校空間，需推展學校與社區融合，才能讓「教職員生」和「社區人士」在「上學」或「放學」時間，彼此資源共享，相互融合，共存共榮。

　　須強調的是，過去學校空間規畫，在文化藝術環境上較重在校師生及現在的需求，而輕校友及過去的精神流傳，如拆舊建築、砍老樹，以騰出空地蓋新校舍即為顯例；在生活空間上較重同儕團體的交流互動，而少友伴的私密空間，如戶外劇場較多，社團活動室較少，重辦公用（如導師室）的休憩空間，少私人聯誼交誼廳；在教學中心上，較以教師為中心考慮教學活動需求，而少以學生的學習需求來思考，如教師用的教學、研究空間和設施，會比學生的學習資源多；在兩性平等的校園上，較偏男性空間需求，而忽略女性空間需求，如運動場地重跑道、球場（籃球場、排球場、躲避球場）等大肌肉活動的設計，女生廁所不足以及缺乏更衣空間等等；在現代化科技資訊上，較重組織的效能，而輕個人的效率，如學校重環保行政績效而輕學生環保行為之踐行，校園重保全、監視和消防系統的組織行政管制，而輕個人防災避難的求救系統（如警鈴或緊急電話的設置）及個人進出之便（如保全人員過度嚴格的進出管制），學校會購置電腦（重學校行政效能）但卻限制教師或學生的使用（輕個人使用效率）；在無障礙校園環境上，較重行動無礙者的安全，而輕行動不便者的無障礙設施，如學校環境安全維護列為第一優先，但無障礙設施卻常出現坡度太陡、導盲磚無方向亂轉的錯誤；學校與社區融合上，較重校內教職員生的需求，較輕校外社區人士的運用，如臺灣的學校幾乎都有高矗的圍牆，無圍牆的設計較少，學校局部或不實施校園開放，也相對少見社區對學校設施的認養。因此，學校空間革新不僅要重視「人—境」互動思維，未來更應由重視「在校師生」、「同儕團體」、「教師」、「男性」、「組織」、「行動無礙者」和「教職員生」的需求（如圖 97 淺色區），轉向（如圖 97 箭頭所示）加強對「校友」、「私密友伴」、「學生」、「女性」、「個人」、「行動不便者」和「社區人士」需求（如圖 97 深色區）的平衡重視，以利學校生活空間的充實和

發展，使其更富教育意義。

第二節

學校空間革新的研究

　　1968 年，臺灣實施九年義務教育，大量興建國中校舍，依據標準藍圖設計，象徵三民主義和倫理、民主、科學及九年國民教育的「波浪式屋頂」，以及沿襲自日式標準化的 9m×7.5m 教室內空間和 2.5m 走廊。90 年代開始，臺灣的學校建築與校園規畫，有相當程度的進展，不僅在校舍造形、色彩上有所突破，「教學」空間逐漸取代「行政」空間成為學校建築主體，建築設計和庭園景觀也日漸重視教育和文化意涵——尤其是本土教育文化的保存，現代化的資訊科技設備在增置中，還有配合教學革新的開放空間，甚至無圍牆的設計等等，令人振奮（*湯志民，民 89c*）。

　　學校是教育的場所，學校空間的規畫深受教育理念的影響，如開放（教育）空間、兩性平等（教育）空間、無障礙校園環境等等；尤其是立於新世紀之初，世界各國的教育改革風起雲湧，學校革新的核心概念——學校本位管理（school-based management）、彰權益能（empowerment）、組織學習（organizational learning）等，必然會再觸動學校空間的革新。例如，學校革新的重要議題：學校權力重建、課程自主、教學革新、時間運用、組織發展與教師成長等，其與學校空間之間值得探討的關聯意涵如下：

　　1. 在「權力重建」方面，教評會和教師會的成立，意含學校空間的主體意象實質內涵，應由「行政中心」轉向「教學中心」來發展，方能使學校權力重建具象化。

2.在「課程自主」方面，意含學校教學空間的運用需更彈性而有變化，應由「傳統學校」轉向「開放空間」來發展，方能符應課程自主的需求。

3.在「教學革新」方面，教學效率的提升及實驗課程的設計，意含學校空間設施的規畫，應由「教師中心」轉向「學生中心」來發展，方能有效促進教學革新及提升學習效率。

4.在「時間運用」方面，有關時間的規畫牽動「人─境」互動的發展，意含學校空間的時間運用，應兼顧「顯著課程」及「潛在課程」、「空白課程」來發展，方能使學校時間的運用不在教學後僵化。

5.在「組織發展」方面，學習型組織的發展和和諧組織氣氛的建立，意含學校空間的建構，應由「單一的教學空間」轉向「多樣化生活空間」來發展，方能融合教學、學習、休憩及師生交誼互動之需。

6.在「教師成長」方面，教師進修及師徒式教育實習的建立，意含學校空間的設計，應由偏重「行政管理」進而規畫「教學研究」來發展，方能有效促進教師專業素養。

因此，學校空間隨著教育理念、課程設計、教學方法、行政革新及與社區互動關係的轉變，在校舍、校園、運動場地及其附屬設施的規畫設計上，如何因應學校革新的需求，是一值得探討之課題。

本案學校空間革新的研究，係筆者參與師大潘慧玲教授擔任計畫主持人的國科會「學校革新之研究整合型計畫」八項子題之一，研究期程自88年8月至90年7月計二年。以下擬就學校空間革新的研究目的、研究問題、研究架構、研究方法、研究步驟、研究結果和研究建議，分別加以說明。

一 研究目的

本研究的主要目的為：

㈠了解現有學校空間規畫的問題，以作為空間革新探究之基礎。

㈡探討學校革新的空間規畫理念，以作為空間實際規畫之依據。

㈢評析國內外學校空間規畫實例，以作為規畫理念建構之依憑。

㈣提供學校空間規畫的具體建議，以作為未來規畫學校之參考。

二 研究問題

本研究的主要問題為：

㈠學校空間革新的主要方向為何？

㈡臺灣中小學認為最重要的學校空間革新規畫重點為何？

㈢臺灣中小學認為在「形塑文化藝術的學校環境」上，何項具體作法較為重要？

㈣臺灣中小學認為在「規畫人性化生活休憩空間」上，何項具體作法較為重要？

㈤臺灣中小學認為在「建構教學中心的校園空間」上，何項具體作法較為重要？

㈥臺灣中小學認為在「建立兩性平等的校園空間」上，何項具體作法較為重要？

㈦臺灣中小學認為在「設置現代化科技資訊設備」上，何項具體作法較為重要？

㈧臺灣中小學認為在「加強無障礙校園環境設施」上，何項具

體作法較為重要？

㈨臺灣中小學認為在「推展學校建築與社區融合」上，何項具體作法較為重要？

㈩臺灣中小學在學校空間革新趨向上的符合程度為何？

(十一)臺灣、美國、日本中小學新設校及學校特色規畫強調的學校空間革新重點為何？

(十二)新設學校空間規畫與教學使用關係及調適問題為何？

三 研究架構

本研究以學校革新的策略「學校本位經營」（school-based management）、「彰權益能」（empowerment）和「組織學習」（organizational learning）為主軸理念，透過文獻分析、專家座談、實地參訪和問卷調查等方法，進行學校空間革新規畫實例和用後評估，並與學校空間革新的「人一境」互動思維相印證，以彙整出學校空間革新的方向，再探討臺灣地區中小學實施之重要性、成效及校際間之差異性，本研究架構如圖 98 所示。

四 研究方法

㈠ 文獻分析

探討有關學校空間規畫之研究，並參照教育部印行的國民中小學學校建築特色專輯（*李永烈主編，民 88*）、「美國學校與大學」

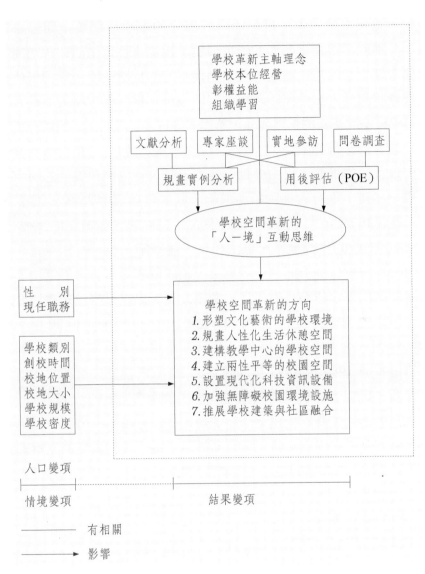

圖 98：學校空間革新的研究架構

（*American School & University, 1999*）出版的建築檔案（**Architecture Portfolio**），以及富永讓主編（*1994*）的「現代建築集成／教育施設」，蒐集臺灣、美、日等國內外優秀的中小學學校空間規畫實例，分別就形塑文化藝術的學校環境、規畫人性化生活休憩空間、建構教學中心的學校空間、建立兩性平等的校園空間、設置現代化科技資訊設備、加強無障礙校園環境設施、推展學校建築與社區融合等學校空間革新的規畫理念，整理成檢核表，然後加以比較分析。

教育部印行的國民中小學學校建築特色專輯，乃是透過各縣市政府教育局的推薦，再由編輯小組選定較具特色與代表性的國中、小學校建築，進行實地拍攝與編輯，其中包括國中25校、國小77校，總計102校。「美國學校與大學」（*American School & University, 1999*）出版的建築檔案，係由校長、建築師、教育行政主管、大學教授等學校建築方面的學者專家，組成評審委員會，評選出美國的年度傑出學校建築規畫作品，彙輯成冊，以提供學校規畫設計之參考，研究者擇析其中的高中20校，國中20校，國小20校，計60校。富永讓主編（*1994*）的「現代建築集成／教育施設」，則是介紹日本於1989至1993年間建造的29所新設學校卓越的建築規畫實例，研究者擇析其中的國小5校、國中7校，總計12校。

經由上述優秀學校建築作品的規畫實例分析，一方面可以拓展研究視野，擴大研究範疇，另方面亦可透過上述代表性的文獻編輯（作）者或評審委員的眼光，了解各地關心與著重的學校規畫要點。

㈡ 專家座談

於89年3月間辦理四場次專家座談，邀請24位對學校空間規畫研究學有專精或有相關實務經驗的學者專家參與座談，就學校空間革新規畫的七大方向、問卷及訪問紀錄表提出增刪補正意見。

1.第一次專家座談：邀請黃教授炳煌（政大教育系）、邱教授錦昌（政大教育系）、謝主任文全（師大教育系）、劉學務長春榮（臺北市立師院）、吳校長武雄（建國高中校長）、鄭校長茂正（臺北市藝術學校籌備處主任）、楊校長宗憲（臺北市立南湖國小）、陳校長福源（臺北市立永樂國小）、林校長塗生（臺北市立博嘉國小）參與座談。

2.第二次專家座談：邀請秦主任夢群（政大教育系）、井教授敏珠（政大教育系）、林教授海清（國立臺北師範學院）、鄭科長來長（教育部國民教育司）、楊校長萬賀（臺北市立河濱高中籌備處主任）、徐校長泫源（臺北市立雙園國中）、董校長素真（臺北市立辛亥國小）、尤校長雪娥（基隆市長樂國小）參與座談。

3.第三次專家座談：邀請黃教授世孟（臺大土木系）、侯副局長世昌（臺北縣教育局）、戴校長國禎（臺北市立南湖高中籌備處主任）、萬校長家春（臺北市立西湖國中）、邱建築師永章參與座談。

4.第四次專家座談：邀請陳教授木金（國立臺灣藝術學院教育學程中心主任）、丁校長亞雯（臺北市立中山女高）參與座談。

原案提出的學校空間革新的趨向為「形塑本土教育的學校環境」、「規畫開放空間的教育環境」、「建構教學中心的學校空間」、「設置現代化科技資訊設備」、「建立兩性平權的校園空間」、「加強無障礙校園環境設施」和「推展學校建築與社區融合」。經與會學者專家充分討論，本研究依座談意見，將學校空間革新趨向修正為「形塑文化藝術的學校環境」、「規畫人性化生活休憩空間」、「建構教學中心的學校空間」、「設置現代化科技資訊設備」、「建立兩性平等的校園空間」、「加強無障礙校園環境設施」、「推展學校建築與社區融合」，並將具體作法重新調整歸併，並據以編製問卷及訪問紀錄表。

（三） 實地參訪

　　自 88 年 5 月起陸續參觀國內學校空間規畫頗富盛名的國立臺中一中、國立文華高中、國立臺南一中、國立臺南女中、宜蘭縣私立慧燈中學、臺中縣私立明道中學、臺北市立松山高中、臺北市立北一女中、國立新店高中、臺北市立西松高中、臺北市立天母國中、臺北市立健康國小、臺北縣立菁桐國小、臺北市立南湖國小、臺北縣私立金陵女中、新竹縣立朝山國小、國立三重高中、臺中縣立清水國小、桃園縣立幸福國小、臺北市立新生國小、臺北市立永安國小、桃園縣立文化國小和桃園縣立平興國小等 23 校。89 年 4 月 19～30 日，並至美國加州紅木中學（Redwood Middle School）、拉芙諾丁小學（Ralph E. Noddin Elementary School）、洛杉拉米托斯小學（Los Alamitos Elementary School）、沙拉托卡高中（Saratoga High School）和紐奧良的魯夏學校（Lusher School）等 5 校參訪。參觀過程以研究者自編之「學校參訪紀錄表」紀錄參觀結果。另外，與西松高中、天母國中、南湖國小、菁桐國小以及健康國小校長、教務主任、總務主任、教師和家長代表座談（學生為免耽誤課程未列入），每校計 6 人，以深入了解學校空間規畫理念與使用者實際使用學校空間情形。

　　經研究者的觀察和訪問，無論國內外的學校，在學校空間規畫上各有特色，受訪者對於學校空間革新的七大趨向均予普遍的認同，對己校的空間規畫也都讚賞有加，從會談中也可了解「人—境」互動思維對學校空間規畫的重要，尤其是各校學校空間革新的實際作法，表現出多元、活潑而豐富的型態，進一步增進本研究各發展項目的內涵。

㈣ 問卷調查

89 年 5.6 月以臺灣地區 5 所國小、21 所國中、6 所高中為預試學校，抽取學校校長、主任、組長以及教師為預試對象，進行「學校空間革新意見調查表」預試，預試樣本計 190 人。問卷調查結果以 Cochran Q 考驗與卡方考驗進行資料分析。89 年 11 月以正式問卷進行調查，總計發出問卷 3,280 份，問卷回收率 61.1%，分別為國小 135 校、1,336 人，國中 49 校、427 人，高中 26 校、241 人，計 210 校、2,004 人，正式樣本問卷結果以Cochran Q考驗、Kendall 和諧係數考驗、Spearman 等級相關考驗以及多變項變異數分析、單變項變異數分析、次數及百分比進行資料分析。

五 研究步驟

㈠擬定研究計畫：民國 88 年 8 月，研擬研究方法、研究對象、研究工具和研究進度等。

㈡探討有關文獻：民國 88 年 9 月～90 年 3 月，蒐集國內外有關學校空間規畫的研究文獻，就學校革新相關的空間規畫理念與實例，加以整理並比較分析，並作為問卷調查、參觀訪問與專家座談議題研擬之基礎。

㈢邀請專家座談：民國 89 年 3 月辦理四場次專家座談，邀 24 位對學校空間規畫研究，學有專精或有相關實務經驗的學者專家（包括教育行政人員、學校行政人員）座談。

㈣實地參觀訪問：民國 88 年 8 月～89 年 4 月，實地參訪國內外中小學 23 校空間規畫優良之學校，並以研究學校（健康國小）

深入探討其空間規畫理念與使用者運用情形。

㈤參加國際會議：民國 89 年 1 月，參加「國際學校效能與革新學會」（International Congress for School Effectiveness and Improvement）第十三屆（香港）年會，以吸收國際學校革新新知和趨勢。

㈥赴美移地研究：民國 89 年 4 月 19～30 日赴美移地研究，由「學校革新之研究整合型計畫」計畫主持人潘教授慧玲領隊，參訪團一行 12 人，參訪美國五所中小學，包括加州 Ralph E. Noddin Elementary School、Los Alamitos Elementary School、Redwood Middle School、Saratoga High School 和紐澳良的 Lusher School。

㈦實施問卷預試：民國 89 年 5、6 月，進行「學校空間革新意見調查表」預試，臺灣地區 5 所國小、21 所國中、6 所高中的校長、主任、組長以及教師，計 190 人。

㈧撰寫期中報告：民國 89 年 6 月先就初期研究文獻探討資料、問卷預試及設計、實地參訪、專家座談及參加國際學術會議情形，提出期中研究報告。

㈨問卷調查抽樣：民國 89 年 8 月～9 月，整理問卷調查樣本，以分層系統抽樣國小、國中、高中，計 210 校，2004 人。

㈩實施問卷調查：民國 89 年 11 月～12 月，寄發問卷，逐校電請協助填答，並請服務當地的教育界好友協助催促，以提高問卷回收率。

㈠問卷統計分析：民國 90 年 1 月～2 月，問卷結果以 Cochran Q 考驗、Kendall 和諧係數考驗、Spearman 等級相關考驗以及多變項變異數分析、單變項變異數分析進行資料分析。

㈡撰寫期末報告：民國 90 年 3 月～6 月，整理研究資料，撰寫期末報告並加以編印。

六 研究結果

　　21 世紀知識經濟時代的人類社會，教育在急遽變遷中快速轉型（*湯志民，民 90c*），學校空間規畫在學校革新的聲浪中，有其值得注意的發展趨勢。筆者經二年研究時間，探討有關學校空間規畫之理念，分析美、日、臺灣等國內外中小學學校空間規畫實例，辦理四場次專家座談（邀請 24 位學者專家參與），實地參訪國內外中小學 28 校（訪問 36 人次），並以臺灣地區中小學學校人員為對象，抽樣發出問卷 3,280 份，問卷回收率 61.1%，分別是國小 135校、1336 人，國中 49 校、427 人，高中 26 校、241 人，計 210 校、2004 人，實施問卷調查。茲將主要研究結果，臚列如下：

　　㈠臺灣中小學認為最重要的學校空間革新規畫重點，依序為「建構教學中心的學校空間」、「形塑文化藝術的學校環境」、「規畫人性化生活休憩空間」、「設置現代化科技資訊設備」、「推展學校建築與社區融合」、「建立兩性平等的校園空間」、「加強無障礙校園環境設施」（參見表 32）。

　　㈡臺灣中小學認為在「形塑文化藝術的學校環境」上，「校園設置公共藝術或文化藝廊」、「社區或鄉土意象建築或景觀」、「學校歷史性建築、文物及老樹的保存」等三項具體作法較為重要。

　　*1.*國小認為「社區或鄉土意象建築或景觀」、「學校歷史性建築、文物及老樹的保存」、「校園設置公共藝術或文化藝廊」等三項具體作法較為重要。

　　*2.*國中認為「校園設置公共藝術或文化藝廊」、「學校歷史性建築、文物及老樹的保存」、「社區或鄉土意象建築或景觀」等三

表 32 臺灣中小學學校空間革新方向的排序

選項	國小	等級	國中	等級	高中	等級	合計	等級
形塑文化藝術的學校環境	198	3	70	2	51	2	319 (15.9%)	2
規畫人性化生活休憩空間	210	2	59	4	29	3	298 (14.9%)	3
建構教學中心的學校空間	276	1	85	1	58	1	419 (20.9%)	1
建立兩性平等的校園空間	43	6	11	7	9	6	63 (3.1%)	6
設置現代化科技資訊設備	197	4	69	3	29	3	295 (14.7%)	4
加強無障礙校園環境設施	37	7	15	6	7	7	59 (2.9%)	7
推展學校建築與社區融合	65	5	17	5	17	5	99 (4.9%)	5
Kendall's.	.944***							
N	3							
Df	6							

***P<.001

項具體作法較為重要。

　　3.高中認為「學校歷史性建築、文物及老樹的保存」、「學校圖騰與識別系統」以及「校史室的設置」等三項具體作法較為重要。

　　㈢臺灣中小學認為在「規畫人性化生活休憩空間」上,「戶外生活休憩空間」、「室內生活休憩空間」、「活動中心」、「汽(機)車及腳踏車停車場」、「廁所設計生活化」等五項具體作法較為重要。

　　1.國小認為「戶外生活休憩空間」、「室內生活休憩空間」、「廁所設計生活化」、「汽(機)車及腳踏車停車場」、「活動中心」等五項具體作法較為重要。

　　2.國中認為「戶外生活休憩空間」、「室內生活休憩空間」、「活動中心」、「汽(機)車及腳踏車停車場」等四項具體作法較為重要。

　　3.高中認為「戶外生活休憩空間」、「活動中心」、「汽(機)車及腳踏車停車場」、「室內生活休憩空間」、「廁所設計生活化」、「餐廳及合作社」等六項具體作法較為重要。

　㈣臺灣中小學認為在「建構教學中心的學校空間」上，「學習資源中心」、「專科教室或學科教室型設計」、「教師研究空間」、「教學情境布置」等四項具體作法較為重要。

　　1. 國小認為「學習資源中心」、「教學情境布置」、「專科教室或學科教室型設計」、「教師研究空間」、「教室空間多樣化或開放教室」等五項具體作法較為重要。

　　2. 國中認為「學習資源中心」、「專科教室或學科教室型設計」、「教師研究空間」、「教學情境布置」等四項具體作法較為重要。

　　3. 高中認為「學習資源中心」、「教師研究空間」、「專科教室或學科教室型設計」、「多功能空間與設施」等四項具體作法較為重要。

　㈤臺灣中小學認為在「建立兩性平等的校園空間」上，「健康中心」、「女廁所的面積與間數多於男廁」、「運動設施的規畫兼顧兩性需求」等三項具體作法較為重要。

　　1. 國小認為「健康中心」、「女廁所的面積與間數多於男廁」、「運動設施的規畫兼顧兩性的需求」等三項具體作法較為重要。

　　2. 國中認為「女廁所的面積與間數多於男廁」、「健康中心」、「運動設施的規畫兼顧兩性的需求」等三項具體作法較為重要。

　　3. 高中認為「女廁所的面積與間數多於男廁」、「健康中心」、「運動設施的規畫兼顧兩性的需求」等三項具體作法較為重要。

　㈥臺灣中小學認為在「設置現代化科技資訊設備」上，「教學資訊設備」、「校務行政電腦化」、「辦公室自動化系統」、「普通教室視聽及現代設備」、「圖書館自動化管理系統」、「保全、監視及緊急救難系統」、「環保節能設備」、「校舍建築耐震與防震系統」、「對講或校內分機系統」等九項具體作法較為重要。

　　1. 國小認為「教學資訊設備」、「校務行政電腦化」、「普通

教室視聽及現代設備」、「辦公室自動化系統」、「圖書館自動化管理系統」、「對講或校內分機系統」、「環保節能設備」等七項具體作法較為重要。

2.國中認為「校務行政電腦化」、「辦公室自動化系統」、「教學資訊設備」、「普通教室視聽及現代設備」、「環保節能設備」、「保全、監視及緊急救難系統」、「校舍建築耐震與防震系統」、「圖書館自動化管理系統」等八項具體作法較為重要。

3.高中認為「辦公室自動化系統」、「校務行政電腦化」、「教學資訊設備」、「普通教室視聽及現代設備」、「環保節能設備」、「保全、監視及緊急救難系統」、「校舍建築耐震與防震系統」、「圖書館自動化管理系統」等八項具體作法較為重要。

㈦臺灣中小學認為在「加強無障礙校園環境設施」上,「行動不便者室外引導通路」、「行動不便者廁所」、「公共活動空間樑柱避免設計尖角」、「行動不便者升降設備」、「行動不便者坡道及扶手」、「校園設置說明板」等六項具體作法較為重要。

1.國小認為「行動不便者室外引導通路」、「公共活動空間樑柱避免設計尖角」、「校園設置說明板」、「行動不便者升降設備」、「行動不便者廁所」、「便捷動線系統及人車分道」等六項具體作法較為重要。

2.國中認為「行動不便者廁所」、「行動不便者坡道及扶手」、「行動不便者室外引導通路」、「行動不便者樓梯設扶手」、「川堂、廚房、廁所等地板採防滑設計」等五項具體作法較為重要。

3.高中認為「行動不便者廁所」、「行動不便者坡道及扶手」、「行動不便者室外引導通路」、「川堂、廚房、廁所等地板採防滑設計」、「行動不便者樓梯設扶手」、「行動不便者升降設備」、「公共活動空間樑柱避免設計尖角」等七項具體作法較為重要。

㈧臺灣中小學認為在「推展學校建築與社區融合」上,「運用

社區資源」、「學校成為社區教育和學習中心」、「社區認養或協助維護校園設施」、「學生上學步道、家長接送區」等四項具體作法較為重要。

　　*1.*國小認為「運用社區資源」、「學校成為社區教育和學習中心」、「社區認養或協助維護校園設施」、「學生上學步道、家長接送區」等四項具體作法較為重要。

　　*2.*國中認為「運用社區資源」、「學校成為社區教育和學習中心」、「社區認養或協助維護校園設施」、「學生上學步道、家長接送區」等四項具體作法較為重要。

　　*3.*高中認為「學校成為社區教育和學習中心」、「運用社區資源」、「學生上學步道、家長接送區」等三項具體作法較為重要。

　　㈨中小學在七項空間革新規畫中符合程度多介於「有點符合」和「大致符合」之間，並在「設置現代化科技資訊設備」（計115校，占 54.8%）與「建構教學中心的學校空間」（計 113 校，占53.7%）方面已有初步成果，餘者尚待努力（詳見表33）。

表33　臺灣中小學目前學校空間革新的程度

選項	完全符合	大致符合	有點符合	全不符合
形塑文化藝術的學校環境	7（3.3%）	57（27.1%）	144（68.6%）	2（.9%）
規畫人性化生活休憩空間	11（5.2%）	85（40.5%）	114（54.3%）	0（0%）
建構教學中心的學校空間	10（4.7%）	103（49.0%）	96（45.7%）	1（.4%）
建立兩性平等的校園空間	10（4.7%）	84（40.0%）	115（54.8%）	1（.4%）
設置現代化科技資訊設備	9（4.3%）	115（54.8%）	85（40.5%）	1（.4%）
加強無障礙校園環境設施	6（2.8%）	69（32.9%）	133（63.3%）	2（.9%）
推展學校建築與社區融合	7（3.3%）	77（36.7%）	124（59.0%）	2（.9%）

　　㈩臺灣中小學在學校空間革新的方向，不同學校級別變項：校別（Λ = .974，p < .001）、城鄉（Λ = .982，p < .001）、職務（Λ = .993，p < .05）、校地面積（Λ = .987，p < .05）、學校密度（Λ

= .992，p＜.05）等五項的平均數有顯著差異。

　　1.就國小、國中、高中而言，校級越高在「形塑文化藝術的學校環境」、「規畫人性化生活休憩空間」等革新的符合程度越高；而在「建立兩性平等的校園空間」方面，國中的符合程度則高於國小、高中。

　　2.就城市、鄉鎮學校而言，城市學校在「加強無障礙校園環境設施」的革新程度較高。

　　3.就小校、中校、大校而言，校地面積越小的學校，其設置「現代化科技資訊設備」、「加強無障礙校園環境設施」等革新程度越高。

　　4.就高、低密度學校而言，高密度學校其「建立兩性平等的校園空間」、「加強無障礙校園環境設施」等革新程度越高。

　　㈤依臺灣（國中小 102 校）、美國（高中、國中、國小 60 校）、日本（國中小 29 校）的新設校及學校特色規畫實例分析：

　　1.臺灣學校規畫強調重點，依序為「規畫人性化生活休憩空間」（97 校，95%）、「形塑文化藝術的學校環境」（95 校，93%）、「建構教學中心的學校空間」（71 校，70%）。

　　2.美國學校規畫強調重點，依序為「建構教學中心的學校空間」（60 校，100%）、「規畫人性化生活休憩空間」（57 校，95%）、「設置現代化科技資訊設備」（48 校，80%）、「推展學校建築與社區融合」（38 校，63%）。

　　3.日本學校規畫強調重點，依序為「建構教學中心的學校空間」（12 校，100%）、「規畫人性化生活休憩空間」（12 校，100%）、「形塑文化藝術的學校環境」（8 校，67%）、「推展學校建築與社區融合」（7 校，58%）。

　　4.共同的強調項目有二：「建構教學中心的學校空間」和「規畫人性化生活休憩空間」；「形塑文化藝術的學校環境」為臺灣與

日本所強調，美國則較重視「設置現代化科技資訊設備」；「推展學校建築與社區融合」在美國與日本普遍性高，臺灣則尚待努力。「加強無障礙校園環境設施」在臺灣有 30 校（29%）和美國有 16 校（27%）強調，日本則僅 1 校（8%）強調。至於，「建立兩性平等的校園空間」在規畫實例分析均掛零，可能較屬隱性空間，不容易在空間平面上表現出來。

　　�… 赴美參訪 5 所中小學，在七項空間革新規畫上，大多符合，主要發現整理如下：

　　1. 班級規模適中（每班 30 人以下），師生互動良好。

　　2. 學校大多有吉祥物（school mascot），如紅木中學（Redwood Middle School）的獅鷲最為特殊，獅鷲源自印度和古賽西亞；獅鷲是鷹身翅和獅身的怪獸，拉著太陽戰車並協助奧林巴斯山的天神，它的豎立，如價值事物之守衛，給予知識之禮並保護學校和其學生。

　　3. 教學運用新科技，如電腦、電視機、投影機等講解說明，以提升教學的效率，數學課學生可用計算機，成績較佳或差者，可運用教室內的電腦個別學習。

　　4. 學校設施重視教學和情境布置，美國中小學校舍外觀樸實，教室內涵豐富，中學和高中教室為學科教室型設計，每位教師有其學科專屬教室，學生跑教室上課，走廊設置物櫃。

　　5. 各校大都設有大型運動區，大部分包括廣袤草坪、球場、廣場、遊戲場（小學）等，但不一定有 PU 跑道。

　　6. 庭園是午餐及休憩區，備有休憩桌椅、涼棚、大樹蔭或戶外劇場。

　　7. 各級學校皆重視無障礙環境設計，如校舍建築有高低差，會以斜坡道處理；教室入口處依實需設置斜坡道；廁所，以男廁為例，大便所兩間，有一間為行動不便者廁所；提供行動不便者停車位；公共電話二支，一高一低，以利行動不便者使用。

8.其他：各校皆有大型駐車彎，有3校為無圍牆設計。

㈢經實地參訪國內外學校空間規畫優良或具代表性的中小學28校，受訪者對學校空間革新的七大趨向普遍均予重視，對各校的空間規畫也都讚賞有加，從會談中也可了解「人—境」互動思維對學校空間規畫的重要，尤其是各校學校空間革新的實際作法，多少亦印證了前述的研究結果。另須注意的是，國內新設學校空間規畫，多少會促進教學的變革，惟其空間功能和教學運用之調適，仍待教師本身和時間來克服，例如臺北市的健康、新生和永安國小，與傳統學校截然不同的開放空間，強調班群空間設計，確實促進教學的改變，惟協同教學之進行較緩，仍待時間予以融合發展；有趣的是無圍牆的設計（如健康國小），是學校開放的特色之一，家長卻對其安全產生疑慮，在學校的安全演示和保證下，約經一年疑慮稍減。

七 研究建議

新世紀，世界教改風起雲湧，學校本位經營、彰權益能、組織學習等學校革新策略，不僅促進學校教育和行政的變革，也觸動了學校空間的革新。目前，臺灣的學校空間規畫正從蛻變中轉型，中小學未來空間革新需努力的是。

㈠空間革新上，應從「建構教學中心的學校空間」、「形塑文化藝術的學校環境」、「規畫人性化生活休憩空間」、「設置現代化科技資訊設備」、「推展學校建築與社區融合」、「建立兩性平等的校園空間」、「加強無障礙校園環境設施」等方向依序發展或同時併進。

㈡加強重點上，臺灣中小學在七項空間革新規畫中符合程度多

介於「有點符合」和「大致符合」之間，而中小學認為空間規畫上最應強調的「建構教學中心的學校空間」、「形塑文化藝術的學校環境」、「規畫人性化生活休憩空間」、「設置現代化科技資訊設備」四項重點中，「建構教學中心的的學校空間」、「設置現代化科技資訊設備」實際符合程度較高，顯示這二項空間規畫目前已小有績效。惟，在「形塑文化藝術的學校環境」、「規畫人性化休憩空間」方面，雖受重視程度頗高，其實際符合程度卻較低，表示還處於起步階段。至於，「推展學校建築與社區融合」、「建立兩性平等的校園空間」、「加強無障礙校園環境設施」這三項空間規畫，不僅較不受重視，實際上做到的符合程度亦較低，顯示可努力的空間仍大，實需加強落實以及大家更多的投入和關切。

㈢規畫策略上，臺灣早期興建的中小學，需有計畫性進行整體更新，編列合理的規畫設計費，並讓學校有充裕的時間就「人—境」互動、時間與空間，以及課程、教學和建築之關係，縝密思考規畫，以符應各校革新發展需求之空間。

㈣規畫方法上，新設中小學可從新的空間結構奠基，舊有學校則以教學情境布置、設備購置、廢物利用或走出教室外，運用校園環境或結合社區資源，以「空間無間」之概念，另創新局。

㈤空間運用上，學校空間革新雖有助於促進教學的變革，但空間功能和教學運用需給予時間調適，惟有彼此融合，教學效能方能明顯提升。其次，對新進教師或不諳學校空間運用之教師，可辦理相關研習，以利運用空間提升教學效率。

㈥未來研究上：

1. 學校空間革新的新趨向，可依學校革新、規畫實例和用後評估，以「人—境」互動思維，持續發展。

2. 學校空間革新七項主要趨向：「形塑文化藝術的學校環境」、「規畫人性化生活休憩空間」、「建構教學中心的學校空間」、

「設置現代化科技資訊設備」、「建立兩性平等的校園空間」、「加強無障礙校園環境設施」、「推展學校建築與社區融合」等，每一項皆值得進一步研究其細部的具體作法。

3.教學、課程和建築之關係、建構與運用，如九年一貫課程與教學空間規畫，值得另案研究。

4.新設學校空間規畫及用後評估，可進行個案質性研究，以了解空間規畫新理念如何在繁雜的籌建過程中具體實踐，以及使用者對新學校空間規畫的解析是否契合。

5.以縣市為單位，如宜蘭縣、桃園縣、南投縣或臺中縣（災後重建或新校園運動）之學校，研究區域學校空間革新之發展特色。

21 世紀，教育與空間結合，共同思考，將日受重視。可以預測的是，學校空間在革新理念、空間規畫和教育運用的穩定動態發展上，必可為新世紀的優質教育環境，再創新猷。

第三節

學校空間革新的趨向

近二十年來，國內外許多有關學校空間規畫之研究，如學校建築與教育哲學（*Hammad, 1984; Lamm, 1986*）、學校建築規畫設計（*曾漢珍，民 83；畢恆達，民 83；黃世孟，民 89；湯志民，民 80、81、83、84、89a、90b、92a、94a；Brubaker, 1998; Castaldi, 1994; Kurz & Wakefield, 2004; Moore & Lackney , 1994; OECD, 1995; Perkins, 2001; Sanoff, 1994*）、教學空間革新（*湯志民和廖文靜，民 89*）、開放空間規畫設計（*吳明修，民 84；林亭廷，民 90；陳琦媛，民 90；湯*

志民，民87a；樓琦庭，民85；加藤幸次，1989、1996）、學校建築發展（陳誌宏，民89；湯志民，民86、90a）、學校建築問題（許黎琴，民92；湯志民，民75b；黃耀榮，民79）、學校建築評鑑（林萬義，民75）；學校建築和用後評估（吳再欽，民86；李述蘭，民91；徐仁斌，民90；許碧蕙，民91；陳格理，民82；陸雄，民80；游春生，民91；湯志民，民93b、94b；黃富祥，民84）、學校建築耐震設計和重建問題（王馨敏，民89；徐月娥，民89；黃宗輝，民91；湯志民，民88f；葉旭原，民86）、校園文化藝術環境（湯志民，民88a；湯志民和廖文靜，民90）、公共藝術設置（謝鳳香，民94）、校園生活休憩空間（湯志民和廖文靜，民91）、知識管理空間規畫（謝佩璇，民92）、性別與空間規畫（張淑瑜，民93）、校園規畫與設計（Dober, 1992, 1996, 2000; Turner, 1995）；校園規畫和使用者參與（陳凱鈿，民91；曾漢珍，民88）、校園綠化問題（紀淑和，民80）、校園創意空間設計（張秀惠，民93；詹紹威，民94）、校園景觀與學習（張蓉真，民85；Moore & Wong, 1997; Stine, 1997; Titman, 1994）、學校綠建築設計（林憲德〔主編〕，民91、94；湯志民，民92b）和永續校園規劃（羅涵勻，民94）、教室設計（吳桂陽，民79；林春宏，民79；邱華玉，民91；高忠敬，民81；陳信安，民93；張美玲，民90；湯志民，民82；廖文靜，民93、94）、教師辦公室規畫（林毓婷，民91；陳浪勇，民84）、教學研究空間（薛芳芸，民93）、運動場地（賴協志，民93）、活動中心（楊宗熹，民88；楊捷安，民87）、學校游泳池規畫（吳永祿，民85）、學校建築規畫與學生成就（黃玉英，民93）、學校室外空間規畫與兒童遊戲（黃庭鈺，民91）、學校遊戲場設計（吳旭專，民89；湯志民，民87b、91）、校門（陳世昌，民93）、學校與社區資源共享（范林飆，民84；張碩玲，民90；湯志民和王馨敏，民89）和無障礙環境（李素珍，民92；林敏哲，民87；湯志民，民91b）等，在研究方向上，明顯的由量的調查，轉向學校空間的教育或文化意義、

空間與行為的互動和影響，以及教學空間重於行政空間；在研究範圍上，整體空間和個別設施、室外和室內空間、校舍建築和庭園景觀、問題探討和發展趨勢之研究，則同受重視。

國內外許多專輯論著，對新建、新設計或籌畫中的中小學學校空間和教育設施規畫的實例，有深入的介紹，如美國的中小學新設校規畫設計（*American Institute of Architects, 1996, 2002; American School & University, 1997, 1998, 1999, 2000, 2001; Graves, 1993; Yee, 2005*），德國的中小學新設校規畫設計（*赤木一郎譯，1984*），日本的中小學新設校規畫設計（*建築思潮研究所，1987、1993、1998；船越徹主編，1995；富永讓主編，1994*）和阪神・淡路震災中小學校復建設計（*神戶市教育委員會，1998*），韓國中小學新設校規畫設計（*Archiworld Co., Ltd., 2002、2003、2004；陳綱和黃海靜，2001*），臺灣的中小學新設校規畫設計（*中華民國學校建築學會，民81、82、83、84；李永烈〔主編〕，民86；李健次〔主編〕，民86；教育部，民88d、90c、90d、92；吳財順〔主編〕，民90；邱茂林和黃建興〔主編〕，民93；黃宗輝〔主編〕，民90a、90b；臺灣省政府教育廳，民80；羅融，民93*）及其他國家新設中小學規畫設計（*Images Publishing Group Pty Ltd., 1998, 2000*）等等，提供建築造形的教育或文化意涵、開放空間的規畫、教學中心的設計、現代化科技設備、無障礙校園環境、學校建築與社區資源共享等，足資借鏡的學校空間規畫實例與革新理念。

2000年美國新設學校建築作品評選，評審委員會對傑出學校設計作品之選擇指標，包括：⑴社區化（community）；⑵耐久性（durability）；⑶教育環境（environment）；⑷彈性（flexibility）；⑸激勵性（inspiration）；⑹景觀（landscape）；⑺前瞻性（longevity）；⑻參與性（participation）；⑼安定性（security）；⑽科技性（technology）；⑾價值性（value）（*American School & University, 2000 November*）。

　　吳清山（民 86）則期盼未來新世紀的學校建築具有下列的遠景：⑴塑造優美的教育學習環境；⑵發展開放彈性的學校空間；⑶富有人文氣息的學校建築；⑷學校設施與社區設施共享；⑸迎合時代所需學校的資訊設備。于宗先（民 90）在中華民國學校建築研究學會專題報告「21 世紀的校園風貌」之總結，對學校空間革新寓意深遠，最發人深省：

> 今後的校園，由於學齡人口的持續減少，在規模上，不會再大肆擴充，校方對校園所能改進的是美化校園的每個空間，使其更人性化、家庭化、實用化。政治人物的塑像不再是校園的權威代表，而是藝術家、運動家、發明家，對地方建設有重大貢獻的人物。用水泥鋪蓋的校園，必然會改增些草木的份量。莊嚴有氣魄的學校大門將被地方藝術所取代。學校既是傳授知識之所，也是社區交際之所；學校既是競技之所，也是修身養性之所。（第 6 頁）

　　對 21 世紀的未來學校而言，有十項重要的設計理念（design ideas）值得注意：⑴便利的教室（classroom for Facilitation）；⑵彈性的學習環境（flexible learning environments）；⑶彈性的教學科技區（flexible technology areas）；⑷一般的實驗室模矩（Generic lab module）；⑸社區和學校的統整（integration of community and school）；⑹真實世界的校園（real-world campus）；⑺學校是社區的資源（schools as community resources）；⑻校中有校（school-within-a-school）；⑼教學科技的統整（technology integration）；⑽教學空間的轉換（transforming instructional spaces）（*American School & University, 1998 January*）。

　　湯志民（民 81、89a、94a）整理相關文獻資料發現，近十幾年

來，國內外新設學校的規畫理念呈現出整體化、教育化、生活化、人性化、開放化、彈性化、多樣化、現代化和社區化的發展趨勢。就臺灣的學校建築而言，在政府的大力投資下，確有長足的進步，湯志民（民86）之研究說明未來規畫的努力方向，主要有六：⑴形塑臺灣學校建築的風格；⑵重視本土教育的學校環境；⑶規畫開放空間的教育環境；⑷建立兩性平權的校園空間；⑸加強無障礙校園環境設施；⑹推展學校建築與社區融合。湯志民（民90d）更進一步說明新世紀臺灣教育設施規畫的方向，主要有八：⑴形塑文化藝術的學校環境；⑵規畫人性化生活休憩空間；⑶建構教學中心的學校空間；⑷建立兩性平等的校園空間；⑸設置現代化科技資訊設備；⑹加強無障礙校園環境設施；⑺推展學校建築與社區融合；⑻強化校舍建築的耐震設計。以下擬就學校空間規畫的問題和學校空間革新的趨向，分別加以探討說明，以利臺灣學校建築未來發展之參考。

一　學校空間規畫的問題

學校空間規畫的問題，依研究者（Tang, 2000）長期觀察臺灣的中小學教育設施，大致有七：學校環境缺乏本土的意象、中小學大多為封閉式空間、行政空間較重於教學空間、校園空間有男性空間問題、現代化的科技設備不充裕、無障礙校園環境並不理想和學校建築與社區尚未融合，茲分別說明如下。

(一)　學校環境缺乏本土的意象

臺灣的學校建築，歷經明鄭、滿清、日據和光復後等不同的時期，興衰更迭甚速，具有「臺灣」風格的學校建築不可多得。清朝

（1895 年以前），較有獨特風格的書院，大多已頹廢；日據時代
（1895～1945 年），顯示尊重紀律與命令的軍營式四合院校舍，
逐年拆除；光復以後（1945 年以後），1968 年許多新建的國民中
學標準型波浪式校舍，象徵三民主義，倫理、民主、科學及九年國
民教育，之後標準單價形塑經濟性的「標準」校舍，強烈反映「經
濟型」的學校建築風格，近十年新建的學校已較重視建築造形，惟
仍缺乏臺灣本土的意象。

㈡ 中小學大多為封閉式空間

臺灣的學校建築，由日據時代，光復以後迄今，受日據時代標
準校舍的影響，封閉、嚴肅、不開放。在平面造形上，由「Ⅰ」、
「Ｌ」、「Ｕ」字形，因學生人數增加，增建教室，發展為「口」、
「日」字型；在空間動線上，基於校園安全管理，常阻斷而不連
貫；在校舍景觀上，高牆、鐵窗林立，學生猶如籠中鳥。

㈢ 行政空間較重於教學空間

從臺灣學校建築的發展觀之，日據時代顯示尊重紀律與命令的
軍營式四合院校舍和司令臺，光復以後仍受日據時代標準校舍的影
響，呈現以行政管理為中心的規畫型態，教學空間居次或較為忽
略。例如，行政大樓居中或在學校中央軸上，高高聳立，不僅樓層
最高，設備最好，造形也特別強調，以顯示其權威性。反之，教師
研究室、教學資源中心、教具製作室、教學研究室、國際會議廳、
研討室等，皆非學校規畫設計重點，或其優先順序在行政空間的考
量之後。

㈣ 校園空間有男性空間問題

臺灣學校建築的發展，在兩性平等的校園空間上，並未給予應有之重視，也很少探討相關的論題，惟校園空間確實存在男性空間問題，畢恆達（民83）指出，校園設計者以男性居多，設計圈的文化傳承也以男性為主，因此校園經常被規畫為男性空間，男性空間在性別不平等上最常出現的問題如下：(1)規畫的男性使用面積高於女性；(2)以男強女弱的刻板印象分配空間；(3)設施規畫太過剛性，未顧及使用者的異質性；(4)規畫時將男女一視同仁（亦即女性也按照男性的行為標準），並未考慮女性使用者需求。

㈤ 現代化的科技設備不充裕

現代化的學校應有現代化的設備，以提高行政和教學效率。惟因受限於預算經費，學校行政和教學的現代化科技設備之購置仍待努力。例如，中小學教室常為「陽春型」，缺乏投影機、電視、螢幕、錄（放）影機、收錄音機、麥克風等視聽教學設備；其次，辦公室自動化系統（如人性化辦公桌椅與隔間、以及電腦、傳真機、影印機之設置與連線等）、無線電擴音系統、教室對講機和電動式電化講桌等，有待加強；此外，電腦資訊設備、閉路電視系統、電腦看板、錄影與剪輯設備、廣播電臺等視訊傳播的系統；自動化消防系統、庭園自動化灑水系統、廁所小便器紅外線自動感應器等自動化系統設備；污（廢）水處理場、實驗室廢氣處理系統和節水龍頭等環保節能設備；校園監視系統、保全系統、緊急通報電話和障礙感知器、校舍建築耐震與防震系統等現代化的科技設備，都有待充實。

㈥ 無障礙校園環境並不理想

臺灣學校建築的發展，在八〇年代以前，較無觸及「無障礙」的校園環境此一觀念，直至九〇年代，由於殘障福利法、建築技術規則及其他法規的制定，學校應設置行動不便設施。然而，校園無障礙環境的設計，在政府有限經驗和缺乏經驗下，其成效十分緩慢，較嚴重的是設計觀念上的錯誤。例如，坡道，坡度太陡（超過1/12）、轉折太多、位置太偏或與導盲磚共構；導盲磚，引導方向不明、導向廁所或繞著圈子；電梯，空間太小、沒有語音系統或速度不夠緩和；行動不便者廁所，空間不夠輪椅迴轉、門寬不足80cm、迴轉直徑不足 150cm、門口有臺度輪椅無法進入、內開門錯誤或手把太過複雜等等。

㈦ 學校建築與社區尚未融合

臺灣的學校建築，大多數有高聳的圍牆，早已成為學校的重要特徵之一，卻鮮為人注意；其次，校園開放時，使用者未善意維護或惡意破壞，使學校開放的態度轉趨保守性，致學校與社區在不知不覺中隔離，彼此資源分享和運用較難融合。

二 學校空間革新的趨向

根據湯志民（民 90a）文獻分析、專家座談以及實地參觀，並透過學校空間革新的「人—境」互動思維，可整理出學校空間革新的趨向主要有七：⑴形塑文化藝術的學校環境；⑵規畫人性化生活

休憩空間；⑶建構教學中心的學校空間；⑷建立兩性平等的校園空間；⑸設置現代化科技資訊設備；⑹加強無障礙校園環境設施；⑺推展學校建築與社區融合，茲分別加以探討說明如下：

㈠ 形塑文化藝術的學校環境

學校建築環境是一種人為建構的潛隱性文化教育空間，也是重要的都市景觀和公共藝術品，其所建構的「境教」環境，正因具有「教育性」、「象徵性」、「文化性」、「時代性」與「藝術性」，而益顯重要（湯志民，民83）。因此，有人將學校建築視之為「文化環境」（賈馥茗，民58），有人稱之為「學校物質文化」（林清江，民70），也有人認為是「教育精神之象徵」（漢寶德，民73）。學校建築乃造形藝術之一，蘊蓄著深奧的哲學意識與漫長的文化傳統（蔡保田，民66），Dober（1992）即強調校園是一項藝術的工作（a work of art），而藝術的表達係透過建築與景觀融合於物質環境之中；事實上，學校建築不只在營造一個物理環境、社會環境，更是在製造一個意識環境與文化環境（林山太，民81）。Lamm（1986）在「學校建築與教育哲學」（The Architecture of Schools and the Philosophy of Education）中說明文化的學校建築強調以沈思的意義（a sense of ponderation）影響學生與指導者，並使其了解教育的力量源自過去（the past）。

學校革新的空間規畫應重視文化藝術的學校環境，其建構思考以「獨特的」、「文化的」、「藝術的」和「表徵的」為核心概念，並從建築風格的形塑、鄉土教室的設置、鄉土意象的景觀、校史圖騰的創立、史蹟文物的保存和公共藝術的布置著手，具體作法列舉如下。

1. 建築風格的形塑

可將傳統或現代的圖案語彙、建材，表現在建築的屋頂、門廊、欄杆、窗臺、樑柱、牆面、造形和色彩上，以形塑臺灣學校的建築風格和特色。例如，可運用臺灣古厝的鄉土建築風格（高燦榮，民 82），如屋脊的馬背（如基隆市長樂國小校舍、宜蘭縣冬山國小校舍、臺南縣新民國小的音樂館）和燕尾造形（如國立藝術學院圖書館、宜蘭縣大溪國小校舍）、阻擋沖犯的照牆（如臺北市士林國中）、守衛家宅的石獅（如臺北市關渡國中）等等；其次，客家建築的圍龍屋造形（如桃園縣龍星國小，臺中縣東勢高工），原住民學校建築風格的形塑（如南投縣德化國小邵族神話圖飾的校舍，花蓮縣水璉國小有阿美族圖飾的校舍，臺東縣加拿國小有布農族住屋色彩的校舍）；此外，中國建築的特色——如斯飛翼的曲線斜屋頂（如文化大學、淡江大學、臺北市陽明高中）、高度表現結構與裝飾美的斗栱（如臺北市信義國中）等等，以及校內歷史性建築造形之延伸（如臺灣大學、淡江中學），都有利於形塑臺灣學校的建築風格。

2. 鄉土教室的設置

鄉土材料甚為珍貴，可設置鄉土教室以利保存和教學之用，如日本橫濱市立別所小學校鄉土資料館的「民家室」與「歷史室」，國內臺南一中的人文社會教學資源中心，臺北市士林國小的鄉土教材館，臺北縣大成國小的茶藝教室，烏來國民中小學的泰雅族原住民資料館，臺東縣南王國小的卑南族教育文化中心和普優瑪傳統文化活動中心暨少年會館（塔古邦），高雄縣茂林國中小的魯凱族文物室，蘭嶼朗島國小的雅美鄉土教育中心，使地域文化有著根之處並得以延續。

3.鄉土意象的景觀

社區或鄉土意象建築或景觀之建立，在運用當地建材方面，如花蓮的學校運用大理石（花蓮女中的校門、崇德國小庭院走廊和圍牆）、鶯歌的學校運用陶瓷（鶯歌國中小大門圍牆的陶瓷壁畫——有童年生活系列、臺灣特有種蝴蝶、北縣自然生態保育系列、鶯歌發展史、十二生肖等五大設計主題）等。在營造鄉土情境方面，如臺北縣菁桐國小校門入口代表當地意象的舊式火車壁飾，五寮國小庭園代表當地特產的綠竹筍造形涼亭，基隆市立長樂國小前庭與大門的十二生肖地標設計，新竹市濱海地區朝山國小的船形校門，新竹縣北埔國小庭院中貯物的「古亭笨」儲藏室（原為客家祖先為防老鼠偷吃穀物的穀倉），苗栗縣仁愛國小的古亭笨涼亭，花蓮縣太巴塱國小庭園中的阿美族先民塑像和住屋等值得肯定。

4.校史圖騰的創立

學校的發展、績效、辦學理念和對師生的期許，是一種精神的延續，可以校史室（如臺北市天母國中）加以統整，也可設計學校的圖騰與識別系統（如以樹木、顏色或建築局部），藉以強調學校特色或理念。例如，金陵女中以紫色為校色（延續南京金陵女大）並以大花紫薇為校花，國立新店高中校舍頂端雙手敬天的人字造形，慈濟技術學院行政大樓佛堂上方象徵佛教慈濟的人字曲線屋頂，宜蘭縣蓬萊國小的林午鐵（薪傳獎）鑼塔是學校的地標等等，皆有值得參考之處。

5.史蹟文物的保存

學校是教育的場所，學校文化根源的追溯與繁延至為重要，因此校內歷史性建築、文物及老樹要加以保存。如真理大學牛津學堂

（1882 年，第二級古蹟）、臺大文學院（1928 年，市定古蹟）、師大講堂（1929 年，市定古蹟）、臺北市建成國中（2001 年）與當代藝術館（市定古蹟）共構、私立淡江高中的八角塔校舍（1923 年）、建中的紅樓（1908 年，市定古績），宜蘭縣南澳鄉澳花國小樹齡 600 年的列管老樟樹，臺南師院附小 27 棵列管老樹（含鐵刀木、白玉蘭、銀樺、金龜樹、榕樹和刺桐等百年老樹）（*湯志民，民 88a*），值得借鏡。

6.公共藝術的布置

建築景觀是藝術與文化的一部分，校園設置公共藝術或文化藝廊自有其蘊意。例如，臺北市成淵高中百年校慶興建的蛟龍池，意含「積水成淵，蛟龍生焉」；天母國中蘊涵三人行必有我師的「致誠化育」雕塑；花蓮縣富世國小「太魯閣之春」雕塑，持茅之勇士象徵太魯閣族群源於大自然之歷史情懷，而母親傳授竹口琴技藝，正訴說族人親密傳承之精神與文化意涵。

(二) 規畫人性化生活休憩空間

生活空間是情感的匯集點，也是人性化發展的主軸與園地；有生活才有休閒，有休閒才有活動，有活動才有互動，有互動才有交誼，有交誼才有情感，有情感才有人性，是極為易解的人際動線（*湯志民，民 83*）。古希哲 Plato 的「學苑」（academies）（387B. C.）——位處森林地帶，拱樹成蔭，林野廣闊，可作運動與休息之用，講堂之外，還有多處可供師生聊天及飲食的場所（*林玉體，民 69*）；人文教育家 Vittorino 成立的「喜悅之校」（school of pleasure）——園地廣闊，草地如茵，設有運動和休閒娛樂的場所，並有專為個人祈禱、靜思之用的幽靜房間（*徐宗林，民 80*），在人性化生活

休憩空間的規畫上，有其值得省思與借鏡之處。

　　學校革新的空間規畫應重視人性化生活休憩空間，其建構思考以「自由的」、「自律的」、「開放的」和「交流的」為核心概念，並從休憩空間的規畫、交誼廳室的設置、自我管理的空間和親和的人性情境著手，具體作法列舉如下。

1. 休憩空間的規畫

　　學校應像一個家（school as a family），提供生活空間，以增進師生與同儕的互動。在室內生活休憩空間規畫上，如辦公室或教學研究室設置沙發、電視、冰箱、音響、微波爐、飲水機等（如臺北士林高商、南山中學）；教室設陽臺或休憩空間（如臺北百齡高中、基隆市長樂國小等）；提供教師休息室（如臺北市私立薇閣中小學）；廁所設計生活化（提供衛生紙、肥皂，置整容鏡、烘手機等）或套房式廁所設計（如苗栗縣僑成國小）。在戶外生活休憩空間規畫上，如綠化美化、綠坡草丘、亭臺樓閣、幽徑小橋、園桌椅凳（如臺北市西松高中、辛亥國小、菁桐國小）、小型劇場（如羅東高中的「德風廣場」、屏東縣墾丁國小的「林間教室」）、屋頂花園（如私立南山中學、明道中學）、交誼平臺（如臺北市敦化國中）、高層休憩空間（如臺北市天母國中），或設置大型的「空白」空間、連接走廊或川堂（臺北市南湖國小、臺北縣大崁國小），可兼作風雨操場、集合場或其他休憩用途。

2. 交誼廳室的設置

　　學校的的活動中心（含演藝廳、室內球場或游泳池）（如臺北市內湖高中、松山高中、成淵高中）、交誼廳（如臺北市康寧護專、金甌女中、臺北縣菁桐和昌平國小）及社團辦公室，餐廳及合作社，提供師生和同儕交誼活動的空間。

3.自我管理的空間

學校教育的天地，給孩子最自由的空間，也給孩子學習自律的機會，如設置開架式合作社、誠實角和開放式失物招領架（如臺北縣德音國小龍貓超市），球場邊自由取用的球具（如臺北市螢橋、景興和信義國中籃球場），電話筒上裝置電話卡（如臺北市私立薇閣中小學）。

4.親和的人性情境

學校建築的性格應開放而不封閉，讓學校成為具親和力的人性情境，如不必要的鐵窗予以袪除，消除校園死角，以及學校不宜有太多的禁制，讓整個校園環境成為一個開放的園地──草可踏（要愛護它）、樹可爬（人不上多）、水可親（絕不狎戲）、路可達（使其便捷）。

⊜ 建構教學中心的學校空間

過去，臺灣的學校一直被視為「管理、訓練」學生的場所，在建築意象上，以行政大樓為學校的學校建築核心。20 世紀末臺灣的教育改革運動，無論學生學習權的保障、家長教育選擇權的提倡或是教師專業自主的強調，在在彰顯學校應重新定位，學校的權力結構必須重建，行政的領導觀念亦必須重新調整。學校主要活動由「行政」轉變為「教學」，意含學校空間的設計，應由偏重「行政管理」進而規畫「教學研究」來發展，建構出教學中心的學校空間。未來的學校設施設計（future school facility design）應重新思考教學和學習的定義以及學習組織（learning organizations）的新思維，並重視現代教學所強調的「學習者中心」、「教學研究發展」、

「提供教學資源」和「應用資訊科技」（湯志民和廖文靜，民89）。

學校革新的空間規畫應重視教學中心的學校空間，其建構思考以「學習的」、「研究的」、「資源的」和「彈性的」為核心概念，並從教學中心的意象、教學空間的規畫、研究空間的設置、學習資源的提供和教學情境的布置著手，具體作法列舉如下。

1. 教學中心的意象

學校是教育的場所，以師生和教學為主體，行政提供教學服務，學校空間自應以教學區、教學大樓、學生學習活動場所為主體，如教學資源中心、圖書館、教學研究室、國際會議廳等，應設於學校的核心，或在建築樓層與造形上加以強調，以強化學校以教學中心為主體的空間意象。

2. 教學空間的規畫

學校應規畫不同大小的教室、學科（專科）教室或能彈性隔間的教室，以配合課程設計、教學活動、教師專長和學生的學習之需。首先，不同大小教室上，中小學教室有時候因大班選課、教學、演講或活動之需，或因有些教師擅長講演，適於擔任大班級講授型教學，須有大班級教學空間；有時候因小班選課、教學、演講或活動之需或因有些教師對個別教學有興趣或具有專題研究的才能，適於擔任個別教學或指導小組研討，須有小型的研討教室。其次，學科（專科）教室上，中等學校教師有其學科專長，宜有專屬的學科（專科）教室，即學科教室型（Variation type）設計（參見湯志民，民89a），以利教師作最好的教學準備，提供最有效的教學；亦可以群集式（clusters）將同學科或年級學科教室設計在同一區域，以利教師彼此支援教學或督導，如美國多數的中學已組成團隊，通常每一團隊4～5位教師，負責教學和督導同年級80～110

名學生，並每天與學生密切互動，以促進學習和增進歸屬感（a sense of belonging），這對此一年齡的孩子很重要（*Beaudin & Sells, 2000*）。第三，彈性隔間教室上，中小學教室依教學活動設計（大班級、分組教學或研討）之需、教師專長（擅長某學科、章節或主題）的差異、學生學習能力（如英語、數學、理化）的高低，可有彈性隔間的班群教室（二～四班為一單元），以利分組或協同教學之進行。

3.研究空間的設置

教師專業能力的成長，須經由教師自發性的自我檢視，或同儕相互間的對話與討論，形成自我成長、進步的驅動力。學校欲激發教師專業成長的內生力量，成功扮演支持輔助教師專業成長的源頭活水，應鼓勵教師自學與研究，推廣各科教學實驗與觀摩，辦理校內進修與校際研習，落實發揮教師會與各科教學研究會功能，使教師專業成長日新又新；因此，需設置各科教學研究室（政大附中、麗山高中、私立南山中學）、國際會議廳或研討室、教師會辦公室（如臺北市各級學校）、教師個人研究室、教學資料參考室等，以利教師團體研討、個人研究、課程規畫、教材編擬、教具製作和資訊蒐集之運用。此外，教育實習室的設置，有利實習教師、初任教師與教育實習指導教師或資深教師的互動。

4.學習資源的提供

隨著社會的進步，視聽媒體迅速發展及電腦網際網路普遍運用，為增進學生學習效果，必須提供更多的學習資源；而課程自主的趨勢，教師自行選擇教材並發展課程，則需要更多教材研發、教具設備等的支援力量。因此，學校應提供充裕的教學和學習資源，包括提供圖書、期刊等資料的「圖書館」，提供錄音帶、錄影帶、

CD、VCD、DVD等視聽媒體的「影音（非書）資料室」，提供個人研習、遠距學習、蒐集網路資料的「個人視聽席」或「電腦資訊區」（如國立新店和三重高中），提供設備供教師發展與製作教材的「教材研發室」，以及有助師生以肢體語言、聲音表現進行教學活動，或共同發展視聽教材的「攝影棚」（如臺中市國立文華高中）或「視訊中心」。

5.教學情境的布置

教學情境不以教室為限，校園內各項建築、設施、壁飾、雕塑、植物、景觀，皆可作為啟發教學研究的素材，如英國劍橋大學將牛頓曾獨坐並因蘋果下落而發現地心引力之校園一角，加以保留整理，以啟迪學生研究發明意願。臺北市天母國中和福林國小的數學步道、內湖國中的本土生物教材園（生態園）、蘭雅國中的藥用植物教材園、興華國小具有鄉土特色的環保教學步道，或將獎盃陳列於走廊或樓梯間（如臺北市桃源國小），以激勵學生的表現，皆值參採。

㈣ 建立兩性平等的校園空間

就國內中小學而言，男女生大致接近，女性教職員則占多數。根據教育部統計處（民 94c、94d、94e）的教育統計資料，93 學年度，國小教職員計 109,963 人，其中男性 33,947 人（占 31%），女性 76,016 人（占 69%）；國中教職員計 54,898 人，其中男性 17,174 人（占 31%），女性 37,724 人（占 69%）；高中教職員計 39,826 人，其中男性 15,724 人（占 39%），女性 24,102 人（占 61%）。尤其是都會地區，以臺北市為例，89 學年度國小教職員 12,690 人，其中男性僅 2,837 人（占 22%），女性則高達 9,853 人（占 78%）。

因此，國內校園空間的規畫，在女性的訴求上顯應多一份關懷，以力求校園空間和設施的性別平衡。

學校革新的空間規畫應重視兩性平等的校園空間，其建構思考以「尊重的」、「平權的」和「體貼的」為核心概念，並從專屬的女性空間、運動設施的規畫、學校廁所的設計和更衣室的設置著手，具體作法列舉如下。

1. 專屬的女性空間

中小學女性教職員居多，應有專屬的女性空間，如於健康中心附設「哺育準備室」，供產後女性教職員哺育或母乳保存的準備室；規畫休憩與盥洗（浴室套間）的複合空間，提供女性教職員和學校女生生理期之衛生處理空間，讓女性在學校有家庭的舒適之感。此外，學校應附設幼稚園或托兒所（如臺北市天母國中），便利女性（或男性）教職員工照顧幼兒，以安教心。

2. 運動設施的規畫

運動設施的規畫應兼顧兩性的需求，目前學校運動設施大多數的規畫，以大肌肉的訓練優先，如跑道、籃球場、排球場、棒球場和躲避球場較多，小肌肉的練習場，如羽球場、桌球場較少或過於擁擠或付之闕如，或僅為訓練校隊而設。因此，學校運動設施的規畫，如體育設施（如設慢跑道、游泳池、韻律教室、健身房等）、球場（如規畫綜合球場、桌球場、撞球室等）、體適能場地（如臺北市建成國中）和遊戲場地等，應多樣化並兼顧男女性別的需求，讓男女性方便選用或共用。至於，性別人數較少，或使用設施受性別影響，例如，籃球場（男性取向空間）可設置「女生優先架」，讓女生有更公平或更自然的機會使用籃球場。此外，可以穿釘鞋跑步的PU運動場，卻常見學校豎牌規定女老師穿高跟鞋（何況女老

師很少穿尖的高跟鞋）不可踩的禁制，應及早解除。

3.學校廁所的設計

根據研究，由於生理上的差異，女性上廁所的時間平均為男性的二倍以上，加以女廁所每間所需的面積大於男廁所，男女廁所在一樣的面積之下，女性上廁所的問題會更為惡化，因此學校女廁所的間數和面積都該多於男廁所；其次，女性用品多，廁所應設計置物櫃（板）、平臺或掛鉤；此外，女校男廁或男校女廁之設置，亦應考慮教職員工以及外賓使用之需求。

4.更衣室的設置

學校女老師或學生常擠到廁所換裝，尤其上完體育課衣衫盡濕，男生洒脫脫衣，女生沾黏一身，上課極為不適，因此更衣室之設置（如國立三重高中）有其必要性，男女生皆有需求，且應設置淋浴設施讓師生在活動後能順道沖涼更衣。

㈤ 設置現代化科技資訊設備

學校是實施教育和培育現代化國民的主要場所，教育設施必須先現代化，才能勝任此一任務（張鈿富，民80）。兒童始終是探究者（explorers），與生俱有和周遭世界互動與學習的能力，他們玩電動遊戲、聽數位光碟機（digital compact disks）的音樂、使用電腦控制的錄放影機（the computerized controls of VCRs），這些經驗較之先前世代，已給孩子們一個與資訊互動的不同方式。每個學校要求學生上巴士到學校，離開家裡的電腦、電視、電話、錄放影機、衛星天線和電子遊戲，到了學校卻只有講話（talk）、粉筆（chalk）和書本（books），我們必須採取利於學生的科技興趣，

學習學生平日所玩的科技作為教育資源（educational resources）
（*Day & Spoor, 1998*）。此外，根據法國巴黎「經濟合作和發展
組織」（Organization for Economic Cooperation and Development,
OECD）教育建築規畫組（Programme on Educational Building, PEB）
在 1989 年提出的一份研究報告中顯示，世界各國早已普遍將電腦
運用於學校建築管理上（*OECD, 1989*）。

　　學校高科技的運用，如美國內布拉斯加州（Nebraska）阿馬哈
市（Omaha）的貝德爾中學（Beadle Middle School）進行一項最新
的學區與地方合作，讓六、七、八年級生運用機器人（robotics）、
全球定位系統（global positioning systems）、氣象站、虛擬實境
（virtual reality）與電腦輔助設計等；而米拉德公立學校（Millard
Public School）學區也為所屬的 5 所中學，比照貝德爾中學，設置
整套最新的設備與科技中心（*Cutshall, 2003*）。美國自 2000 年
起，學校的設計包括電腦教室、班班有電腦、網路、圖書館是多媒
體中心、遠距教學、視聽教學器材、廣播和電視技術室（*Perkins,*
2001）；美國北卡羅來納州公立教學廳學校規畫科（The School
Planning Section of North Carolina Department of Public Instruction），
為公立中小學提供科技設計，包括電腦教室、個別教室的電腦、媒
體中心、遠距學習及資訊高速公路實驗室、教室與行政區的內部通
話系統、主要的電視系統、電話和語音傳遞（voice mail）、網路、
整合的通訊、影視系統、電力控制系統、火災警報器、安全系統
等，以及有關空間、設備、電力和冷氣之建議和說明（*North Carolina*
Departm ent of Public Instruction, 2002）。

　　學校革新的空間規畫應重視現代化科技資訊設備，其建構思考
以「前瞻的」、「環保的」、「科技的」和「效率的」為核心概
念，並從教室的視聽媒體、學校的資訊設備、自動化系統設備、視
訊傳播的系統、環保節能的設備、空氣調節的系統、安全的管制系

統著手,具體作法列舉如下。

1. 教室的視聽媒體

教學應提升效率,教室環境不可再因陋就簡,停留在過去「一個嘴巴、一條教鞭、一塊黑板、一根粉筆、一本教科書」的傳統教學時代(*吳清基,民79*),專科教室及設備應積極充實,普通教室的設計則應輔以教學媒體和資訊設施,使其具有簡易的「視聽教室」、「電化教室」的功能(*黃世孟,民81;湯志民,民82*);事實上,世界各國中小學教室設計的發展趨勢,在電腦、投影機、電(手)動螢幕、電視機、教材提示機、幻燈機、錄放影機、錄音機、遮光布、麥克風等視聽媒體的設置上,已具有令人激賞成效。

2. 學校的資訊設備

如校務行政電腦化(如臺北市各級學校)、電腦教室、資訊網路系統、班班有電腦(如臺北市國民中小學)等。

3. 自動化系統設備

如辦公室自動化系統(如系統辦公家具、電腦、傳真機、影印機之設置與連線等)、圖書館自動化管理系統(臺北市西松高中)、無線電擴音系統、教室對講機(宜蘭縣自強國小)、活動式電化講桌、電動板擦、教室麥克風(如臺中一中、文華高中)、庭園自動化灑水系統、自動感應照明設備、自動化消防系統、廁所便斗紅外線感應器等等。

4. 視訊傳播的系統

視訊傳播或製作系統,如閉路電視教學系統(如臺北市文湖、南湖國小)、電腦看板(如南山中學、臺北市立師院附小)、錄影

與剪輯設備、廣播電臺（如國立文華高中）等。

5.環保節能的設備

如學校綠建築（green school buildings）（*林憲德，民 93；林憲德〔主編〕，民 91、94；湯志民，民 92b*）、建築思潮研究所（2004）、屋頂的太陽能設備、雨水回收系統、污（廢）水處理場（如臺北市興華國小）、實驗室廢氣處理系統（如臺中縣明道中學）、馬桶和水龍頭的節水裝置、資源回收、有機肥資源製造機（如臺北市蘭雅國中）、垃圾壓縮機（如臺北市育達商職）等。

6.空氣調節的系統

專科教室（如圖書館、視聽教室、電腦教室、實驗室等）、集會場所（如禮堂）、行政辦公室、教學研究室、會議室、頂樓校舍、防噪音之校舍和自然通風不良的校舍，可依實需裝置冷氣空調。普通教室，基於節能、環保省錢以裝電（吊）扇為原則（*湯志民，民 89*）。

7.安全的管制系統

如校園監視系統、保全系統（如臺北市大湖國小）、圖書館的人員出入檢測系統（如臺北市西松高中）、校舍大樓磁卡管制系統（如政治大學）、校舍建築耐震與防震系統（如政大附中、嘉義縣黎明國小、南投縣震災重建學校）、廁所或韻律教室的警鈴（如臺北市中正高中）、緊急通報電話、電動門的障礙感知器（如臺北市南湖國小）等等，皆為現代化的科技設備。

（六） 加強無障礙校園環境設施

　　學校為法定的公共活動場所，應積極推展校園無障礙環境之規畫，使身心障礙學生能在校園中順暢無阻，享有公平的教育機會（*Abend, 2000; Ansley, 2001*）。就狹義的觀點，「無障礙」的校園環境，主要是行動不便者設施的規畫；就廣義的觀點，「無障礙」的校園環境，應為使用者（不限於殘障者）解除空間上和時間上的障礙（*湯志民，民81*）；就更廣義的觀點，或從人文教育環境的角度來看，「無障礙」的校園環境，在空間無障礙和時間無障礙之外，更重視人間無障礙，亦即為同一生活空間的師生，締造人際間的交流，減少師生的隔閡，以增進師生情誼，振興校園倫理（*湯志民，民83*）。

　　學校革新的空間規畫應加強無障礙校園環境設施，其建構思考以「安全的」、「人本的」、「便捷的」和「順暢的」為核心概念，並從行動不便者設施、校園安全的維護著手，具體作法列舉如下。

1.行動不便者設施

　　包括室外引導通路應設置簡捷便利的導盲磚，避難層及室內出入口淨寬度不得小於80cm；斜坡道有效寬度為150cm以上，坡度不得超過1/12；行動不便者廁所空間以200cm×200cm較適當，出入口有效寬度為80cm以上，迴轉直徑150cm以上，應裝設拉門或折疊門，內部應設置固定或迴轉扶手；水龍頭宜使用長柄把手（lever handle）；樓梯有效寬度為120cm以上，並應裝設80〜85cm高之扶手（如為二道扶手，高度為65〜85cm），扶手應連續不得中斷；升降機（電梯）最低標準容量11人，以15人以上為理想，應有點

字牌、語音系統及供其使用之操作盤，出入口淨寬不得小於 80cm，出入口前方 60cm 之地板應設置引導設施，且應留 150cm 以上之輪椅迴轉空間；供行動不便者使用之輪椅觀眾席位，寬度應在 1m 以上，深度 1.4m 以上，地板面應保持順平，並加設扶手；汽車停車位長度 6m，寬度應在 3.3m 以上，並在明顯處樹立行動不便者停車位標誌（*內政部營建署，民 91；王武烈，民 84；田蒙潔、劉王賓、何輝和王文俊，民 93；林敏哲，民 87；張蓓莉和林坤燦〔主編〕，民 81；湯志民，民 91b；詹氏書局，民 94；日本建築學會，1992；健康環境研究會，1989；Abend, 2001；New Jersey Schools Construction Corporation, 2004；Steinfeld ＆ Danford, 1999*）。

2. 校園安全的維護

校園配置說明板，人車動線應明確順暢避免交錯，以利人員進出。學生活動頻繁之公共活動空間建築設施樑柱避免設計尖角或加裝防撞軟墊，大型川堂、廚房、廁所等之地板採防滑設計（如鋪設粗面磁磚等）；遊戲場地設置設軟墊或沙坑及緩衝區，以避免碰撞之危險；樓梯腳踏處應設置防滑條（non-slip），有夜（補）校之樓梯腳踏處應塗螢光漆，以維進出安全。

㈦ 推展學校建築與社區融合

學校是社區的文化中心，也是社區重要的文教據點與生活空間，學校社區化的概念，強化了學校與社區一體的關聯性、重要性與價值性，學校與社區結合更是學校建築規畫發展的必然趨勢。MacKenzie（1989）在「規畫教育設施」（Planning Educational Facilities）一書中，即強調學校建築應成為符合社區教育、體育和文化需求的教育設施，而非僅是提供學童和青少年教學／學習活動的

基本需求。Moore 和 Lackney（*1995*）強調 21 世紀重要的新教育方向之一是使學校成為社區中心（a community hub）；Brubaker（*1998*）也認為社區學校（community school）是 21 世紀學校的趨勢之一；美國著名的學校建築期刊「美國學校與大學」（American School & University *1998, January*）特別提出十項最重要的 21 世紀學校的設計理念，其中有二項與社區化有關，一為「社區和學校的統整」（integration of community and school），另一為「學校是社區的資源」（school as community resources）。美國首屆的「2000 年學校興建新聞和設計分享獎」（*School Construction News & Design Share Awards 2000*），獎勵標準即採用學校作為社區中心的設計原則（*Lackney, 2001*）。因此，未來學校與社區關係的努力方向之一是，建立學校與外在社區環境的連結（*林明地，民 91*）。

學校革新的空間規畫應重視學校建築與社區的融合，其建構思考以「整體的」、「支援的」、「共享的」和「互惠的」為核心概念，並從校園無圍牆設計、建築與社區融合、學校資源的共享和社區資源的運用著手，具體作法列舉如下。

1. 校園無圍牆設計

歐美無圍牆學校（school without walls）值得參採，宜蘭縣的許多新設學校，如梗枋、竹安、龍潭、過嶺和南安國小等，以及臺北市健康國小和政大附中、臺北縣大崁國小、基隆市深美國小、苗栗縣大南國小，皆為無圍牆的設計，臺灣的都市地區學校也可以由降低圍牆的高度，以植栽（如臺北市松山高中、大安高工）或彩繪（如臺北市士林國小）柔化圍牆硬度，或增加圍牆的透明度（如臺北市敦化國中）為之。

2.建築與社區融合

學校建築造形、色彩、建材也可與社區建築融合，如臺北市博愛國小的規畫需經過信義計畫地區都市設計委員會審查；宜蘭縣有些學校（如過嶺國小、利澤國中、羅東高中）獲得社區的認同，其社區建築在造形、色彩、建材上也自然與學校搭配，如不仔細了解，可能會將社區建築也視為學校的一部分。

3.學校資源的共享

學校設施屬公共財，也是社區重要的公共設施，學校的資源應在不影響教學的使用原則上，提供社區使用。例如，校園開放，學校提供活動中心、圖書館、運動場、夜間球場、游泳池、停車場等供社區活動使用；其次，設置家長會辦公室（如臺北市各級學校）、家長接待室（如臺北市南湖國小、國立中和高中）、義工辦公室，提供家長互動和參與校務發展的空間；第三，學校應成為社區教育和學習中心，辦理媽媽教室或社區大學（如臺北市木柵國中）等。此外，學生上學步道、家長接送區或駐車彎設計（如臺北市南湖國小、臺北縣大崁國小、宜蘭縣南屏、中山和大洲國小），讓師生和家長在校地內上學或接送，不占用街道影響社區的交通。另外，也有學校（如國立新店高中）提供校地作為社區道路系統，讓學校與社區結合。

4.社區資源的運用

臺灣的土地，寸土寸金，學校的校地有限，收購校地動輒上億元，校地擴充誠非易事，應善用社區資源，包括社區公園、活動中心、圖書館、游泳池及導護商店等，讓學校的場域自然的延伸。例如臺北市郊區九所學校（湖田、湖山、指南、洲美、溪山、泉源、

平等、大屯和博嘉國小）的田園教學，運用陽明山國家公園、關渡平原開發區、外雙溪風景區、指南觀光茶園、景美溪畔等社區資源，配合季節，以參訪和實作，了解自然生態、人文社會、傳統藝術和鄉土活動（*臺北市政府教育局，民84*），使學生的生活經驗能與社區相結合。

中文部分

于宗先（民79）。臺灣學校建築的時代觀。教育研究，**13**，13-17。

于宗先（民90）。二十一世紀的校園新貌。載於中華民國學校建築研究學會，**e**世紀的校園新貌（第1-6頁）。臺北市：作者。

中正大學（民82）。中正大學校舍建築作品集。建築師，**217**，150-151。

中華民國建築學會（民88）。地震受災國民中小學建築規畫設計規範。臺北市：教育部。

中華民國學校建築研究學會（民81）。第一屆優良學校建築規畫簡介——臺灣地區國小篇。臺北市：臺灣書局。

中華民國學校建築研究學會（民82）。第二屆優良學校建築規畫評介——臺灣地區國中篇。臺北市：作者。

中華民國學校建築研究學會（民83）。第三屆優良學校建築規畫評介——臺灣地區高中篇。臺北市：臺灣書局。

中華民國學校建築研究學會（民84）。第四屆優良學校建築規畫評介——臺灣地區高職篇。臺北市：臺灣書局。

丹青圖書公司（民77）。中國園林建築研究。臺北市：作者。

尹萍（民87）。父母是孩子的啟蒙師。天下雜誌，特刊**23**，160-163。

井敏珠（民89）。政大實小附設幼稚園擴建工程。教育研究，**71**，52-66。

內政部營建署（民91）。建築技術規則解釋函令彙編：建築設計施工編。臺北市：營建雜誌社。

方佩和（主編）（1999）。園林經典：人類的理想家園。杭州：浙江人民美術出版社。

王世英（主編）（民89）。桃園縣八十九學年度新設學校專輯。桃園縣：桃園縣政府教育局。

王安怡和高少霞譯（M. Pearce 著）（2003）。**大學建築**。大連市：大連理工大學出版社。

王宗年（民 81）。**建築空間藝術及技術**。臺北市：臺北斯坦出版有限公司。

王武烈（民 83）。**建築物供行動不便者使用設施參考圖例**。臺北市：臺北市政府教育局。

王啟宗（民 73）。**臺灣的書院**。臺北市：行政院文化建設委員會。

王啟宗（民 88）。**臺灣的書院（增訂一版）**。臺北市：行政院文化建設委員會。

王維仁和楊瑞禎（民 90）。臺中縣和平鄉中坑國小。**建築師，316**，100-101。

王鎮華（民 75）。**書院教育與建築——臺灣書院實例之研究**。臺北市：故鄉出版社。

王鎮華（民 78）。**中國建築備忘錄**。臺北市：時報文化出版公司。

王馨敏（民 89）。**九二一大地震震災學校環境重建問題之研究——以南投縣和臺中縣國民中小學為例**。未出版碩士論文，國立政治大學，臺北市。

瓦歷斯·諾幹（民 89）。迴看太陽伊娜的故鄉：太巴塱社區總體營造的觀察與思考。**新故鄉，5**，98-109。

田蒙潔、劉王賓、何輝和王文俊（民 93）。**無障礙環境設計與施工**。臺北市：營建雜誌社。

白寶貴（民 84）。**觀音山腳好所在——五股·泰山學習步道手冊**。臺北縣：臺北縣政府。

交通部中央氣象局（民 88a）。**地震百問**。臺北市：作者。

交通部中央氣象局（民 88b）。**地震防護要點**。臺北市：作者。

交通部中央氣象局（民 89）。**地震震度分級表**。民 91 年 4 月 1 日，取自 http://www.cwb.gov.tw/v3.0/index.htm.

朱沛亭（民 82）。**幼稚園空間因應幼教理念轉變之研究**。出版碩士論文，國立臺灣大學，臺北市。

朱桂芳（民 86）。**美麗的邀約——生物教材園誕生記事**。臺北市：內湖國中。

江支川（民 89）。**隔震技術入門：二十一世紀建築結構的新技術**。臺北市：田園城市公司。

行政院教育改革審議委員會（民 85）。**教育改革總諮議報告書**。臺北市：行政院研究發展考核委員會。

何福田（民 80）。**面對當前教育**。高雄市：復文圖書出版社。

吳永祿（民 85）。**臺北市國民小學游泳池規畫設計之調查研究**。未出版碩士論文，國立體育學院，臺北市。

吳再欽（民 86）。中華工學院校舍空間設施調整用後評估之研究。未出版碩士論文，私立中華工學院，新竹市。

吳旭專（民 89）。臺北市國小兒童遊戲與優良遊戲場規畫之研究。未出版碩士論文，國立政治大學，臺北市。

吳明修（民 84）。開放教學環境之規畫設計。載於臺北市政府教育局，**開放教育與學校建築研討會手冊暨論文集**（第 105-125 頁）。臺北市：臺北市立師院幼教系。

吳桂陽（民 79）。臺灣省國民中學教室改善研究。未出版碩士論文，私立東海大學，臺中市。

吳財順（主編）（民 90）。**新北縣好校園：臺北縣中小學硬體建設成果專輯**。臺北縣：臺北縣政府。

吳清山（民 86）。新世紀學校建築革新與展望——加速學校建築現代化。載於中華民國學校建築研究學會，**新世紀學校建築革新與展望**（第 1-15 頁）。臺北市：國立教育資料館。

吳清基（民 79）。**精緻教育的理念**。臺北市：師大書苑。

吳澤炎、黃秋耘和劉葉秋（民 81）。**辭源**。臺北市：遠流出版公司。

吳韻儀（民 87）。教改大浪襲捲全球。**天下雜誌**，特刊 **23**，20-25。

呂理煌（民 89）。移植與拓植。載於林旺根等著，**新地方 VS 新專業：建築向度設計理論**。臺北市：田園城市文化。

宋立垚（民 91）。轉型中的大學校園空間之調整與使用的挑戰課題。載於黃世孟（主編），**2002 海峽兩岸大學的校園學術研討會：歷史的與新設的大學校園規畫與發展論文集**（第 75-84 頁）。臺北市：建築情報季刊雜誌社。

李永山（民 91）。斷層帶上的寵兒——全國第一棟防震教室。載於黎明國小，**天長地久揚鐸聲：創校四十八周年紀念**。嘉義縣：作者。

李永烈（主編）（民 88）。**國民中小學學校建築特色專輯**。臺北市：教育部。

李述蘭（民 91）。南投縣國民中學校園重建用後評估之研究。未出版碩士論文，國立暨南國際大學，臺北市。

李祖原（民 82a）。談國立藝術學院規畫。**建築師**，**217**，133-135。

李祖原（民 82b）。中正大學行政大樓。**建築師**，**217**，152-155。

李乾朗（民 81）。**臺灣近代建築之風格**。臺北市：室內雜誌社。

李乾朗（民 84）。**臺灣建築百年（1895-1995）**。臺北市：室內雜誌社。

李乾朗（民 85）。**臺灣建築閱覽**。臺北市：玉山出版公司。

李乾朗（民 87）。臺北市古蹟簡介。臺北市：臺北市政府民政局。

李健次（主編）（民 86）。臺灣的學校建築：中小學幼稚園篇。臺北市：中華民國建築師公會聯合會出版社。

李素珍（民 92）。臺北市國民中學無障礙校園環境之研究。未出版碩士論文，國立政治大學，臺北市。

李清祥（民 89）。學校校舍耐震不良毀損倒塌原因之探討。載於中華民國建築技術學會，關懷 1999 九二一震災學術研討會論文集（第 76-105 頁）。臺北市：作者。

李錫堤和蔡義本（民 86）。臺灣省中小學校園附近活動斷層普查及防震對策之研究計畫。臺中縣：臺灣省政府教育廳。

沈競辰（民 88）。臺灣的老樹。臺北縣：人人月曆公司。

汪正章（民 82）。建築美學。臺北市：五南圖書公司。

汪知亭（民 67）。臺灣教育史料新編。臺北市：臺灣商務印書館。

辛玉蓉（民 89）。化荒梗為宸闕，樹秧苗為豐穀。桃縣文教，18，34-37。

周易（民 88）。臺灣大地震：防災逃生秘笈。彰化縣：文心出版社。

周肇煒（民 71）。高雄市國民小學學校建築之調查研究。高雄市：復文圖書出版社。

周鴻和劉韻涵（民 82）。環境美學。臺北市：地景企業公司。

東海大學（民 87）。東海風：東海大學的歷史。臺中市：作者。

林山太（民 81）。臺灣省立新店高級中學校園規畫理念之探析。臺北市：中華民國學校建築學會。

林天祐、劉春榮、陳明終、鄭玉卿、張德銳、陳怡文等（民 89）。臺灣教育探源。臺北市：教育資料館。

林文龍（民 88）。臺灣的書院與科舉。臺北市：常民文化公司。

林永豐（民 85）。臺灣師範教育之演進。載於徐南號（主編），臺灣教育史（第 33-57 頁）。臺北市：師大書苑。

林玉體（民 69）。西洋教育史。臺北市：文景書局。

林明地（民 91）。學校與社區關係。臺北市：五南圖書公司。

林秀珍（民 86）。成德國中校園步道。臺北市：臺北市成德國中輔導室。

林季雄（民 83）。都市景觀與環境美化。臺北市：藝術家出版社。

林幸婉（民 76）。臺灣地區山坡地大學校園規畫之研究。未出版碩士論文，私立淡江大學，臺北市。

林亭廷（民 90）。國民小學班群教室空間規劃設計之用後評估。未出版碩士論文，

國立臺灣大學，臺北市。

林信孚（民 76）。綜合大學校園規畫共同原則之研究。未出版碩士論文，私立中原大學，桃園縣。

林建智（民 85）。鋼筋混凝土學校建築之耐震行為研究。未出版碩士論文，國立成功大學，臺南市。

林春宏（民 79）。臺灣省國民小學教室改善研究。未出版碩士論文，私立東海大學，臺中市。

林洲民和陳淑芬（民 90）。南投縣水里鄉民和國中。建築師，324，100-107。

林海清、王有煌、蔡淑貞和江季真（民 90）。鑑古塑今論臺灣的學校建築。載於中華民國學校建築研究學會，e世紀的校園新貌（第 115-130 頁）。臺北市：作者。

林敏哲（民 87）。臺北市各級學校無障礙環境整體性設計補充資料。臺北市：臺北市政府教育局。

林清江（民 70）。教育社會學新論。臺北市：五南圖書公司。

林朝鳳（民 77）。幼兒教育原理。高雄市：復文圖書出版社。

林福建（民 93）。我們的美樂地——加昌國小永續校園步道手冊。高雄市：高雄市楠梓區加昌國小。

林毓婷（民 91）。臺北縣國民小學行政辦公室工作環境與行政人員互動行為關係研究。未出版碩士論文，國立臺北師範學院，臺北市。

林萬義（民 75）。我國臺灣地區國民小學學校建築及其附屬設備評鑑之研究。未出版博士論文，國立政治大學，臺北市。

林憲德（民 93）。永續校園的生態與節能計畫。臺北市：詹氏書局。

林憲德（主編）（民 91）。國民中小學綠建築設計手冊。臺北市：內政部建築研究所。

林憲德（主編）（民 94）。綠建築解說與評估手冊（2005 年更新版）。臺北市：內政部建築研究所。

卓銀永（民 90）。臺北市立建成國民中學校舍新建工程及舊市府再利用工程。臺灣建築，75，22-27。

松本曉美和謝森展（民 82）。臺灣懷舊（1895～1945）。臺北市：創意力文化事業公司。

邱華玉（民 91）。學科教室班群空間的規畫與使用研究——以臺北市麗山高中為例。未出版碩士論文，國立臺灣師範大學，臺北市。

邱茂林和黃建興（主編）（民 93）。小學●設計●教育。臺北市：田園城市。

長榮中學（民 91）。學校簡介。民 91 年 4 月 1 日，取自 http://www.cjshs.tn.edu.tw

南投縣文化中心（民 86）。國家三級古蹟明新書院。南投縣：作者。

姜樂靜（民 90a）。南投縣信義鄉潭南國小。建築師，**317**，134-135。

姜樂靜（民 90b）。南投縣信義鄉潭南國小。建築師，**324**，68-75。

施正之（民 90）。臺北市大安區新生國民小學。臺灣建築，**68**，10-21。

洪得娟（民 83）。景觀建築。臺北市：地景企業公司。

紀淑和（民 80）。臺北市國民中學校園綠化問題之研究。未出版碩士論文，國立
　　政治大學，臺北市。

胡瓊福（民 66）。由社區與學校之關係探討學校之空間組構。未出版碩士論文，
　　國立成功大學，臺南市。

范琳珮（民 84）。從社區發展需求探討國民小學校園開放與規畫。未出版碩士論
　　文，國立臺灣大學，臺北市。

韋端（民 88）。金華草木。臺北市：中華主計協會。

島嶼柿子文化館（民 93a）。臺灣小學世紀風華。臺北市：柿子文化。

島嶼柿子文化館（民 93b）。臺灣百年小學故事。臺北市：柿子文化。

孫小萍（民 87）。生存實力從容擁有。天下雜誌，特刊 **23**，30-32。

秦秀蘭（民 86）。美國有效能學校經營的新鐘擺——社區參與。高雄市：復文圖
　　書公司。

徐仁斌（民 90）。用後評估在校園設施規畫應用之研究。載於中華民國學校建築
　　研究學會，**e** 世紀的校園新貌（第 403-418 頁）。臺北市：作者。

徐月娥（民 89）。學校建築的震害問題與防震設計——臺北市三所國中實例探討。
　　載於中華民國學校建築研究學會，二十一世紀的學校建築與設施（第 345-369
　　頁）。臺北市：作者。

徐宗林（民 80）。西洋教育史。臺北市：五南圖書公司。

徐岩奇和黃永建（民 90a）。南投縣中寮鄉廣英國小重建工程。建築師，**316**，
　　88-89。

徐岩奇和黃永建（民 90b）。南投縣中寮鄉廣英國小。建築師，**324**，76-81。

徐麗霞（民 86）。淡北文教淵叢——板橋的「大觀義學」。中國語文，**484**，
　　99-107。

翁金山（民 63）。教學改革概念中的教學空間。臺南市：友寧出版社。

高忠敬（民 81）。國民小學普通教室使用方式及空間轉型之研究。未出版碩士論

文，國立成功大學，臺南市。

高燦榮（民82）。臺灣古厝鑑賞。臺北市：南天書局。

國立臺北科技大學（民91）。國立臺北科技大學簡介。民91年7月20日，取自
　　http://www.ntut.edu.tw/chinese.html

國立臺南師院實小（民86）。薪傳超越慶百年──國立臺南師實小創校百週年特
　　刊。臺南市：作者。

張世宗（民85）。幼兒學習空間的規畫與運用。載於國立臺北師範學院幼兒教育
　　中心，幼兒空間專輯（第10-38頁）。臺北市：教育部國民教育司。

張仲堅（民84）。宜蘭縣過嶺國民小學校舍新建工程。建築師，251，126-133。

張仲堅（民88）。宜蘭縣冬山國民小學遷校新建工程。建築師，293，76-83。

張秀惠（民93）。臺北市中學校園創意空間之研究。未出版碩士論文，國立政治
　　大學，臺北市。

張美玲（民90）。國民小學教師教學型態與普通教室空間規畫之研究。未出版碩
　　士論文，國立政治大學，臺北市。

張益三和施鴻志（民78）。山坡地院校規劃之研究──以高雄師範大學燕巢新校
　　區規劃為例。載於中華民國學校建築研究學會（主編），大學及獨立學院學
　　校建築與設備專題研究（第1-38頁）。臺北市：臺灣書店。

張淑瑜（民93）。臺北市國民中學性別與空間規畫之研究。未出版碩士論文，國
　　立政治大學。臺北市。

張鈿富（民80）。如何達成教育設施之現代化與效率化。載於中華民國學校建築
　　研究學會（主編），學校建築理論與實務專題研究（第65-82頁）。臺北市：
　　臺灣書店。

張嘉祥、陳嘉基、葉旭原、王貞富和賴宗吾（民88）。學校建築防震手冊。臺北
　　市：內政部建築研究所。

張嘉祥、陳嘉基、葉旭原和王貞富（民87）。規劃設計階段學校建築耐震相關事
　　項評估。建築學報，24，23-34。

張嘉祥、賴宗吾和林益民（民84）。鋼筋混凝土校舍結構系統耐震行為分析與比
　　較。建築學報，12，53-69。

張碧員（民83）。臺灣賞樹情報。臺北市：大樹文化事業公司。

張碩玲（民90）。臺北市國民小學與社區資源共享之研究。未出版碩士論文，國
　　立政治大學，臺北市。

張蓉真（民85），國小校園對學童學習效益之研究。未出版碩士論文，私立逢甲

大學，臺中市。

張蓓莉和林坤燦（主編）（民81）。無障礙校園環境實施手冊（教育部教育研究委員會委託）。臺北市：國立臺灣師範大學特殊教育中心。

張憲卿（民88）。1935.4.21新竹‧臺中烈震災害回顧。載於洪家輝主編，地震大解剖（第24-29頁）。臺北市：牛頓出版公司。

教育部（民73）。臺閩地區中小學教育調查報告（中華民國70年）。臺北市：作者。

教育部（民84）。中華民國教育報告書：邁向二十一世紀的教育遠景。臺北市：作者。

教育部（民87）。國民教育階段九年一貫課程總綱綱要。臺北市：作者。

教育部（民88a）。中華民國教育統計提要。臺北市：作者。

教育部（民88b）。國民教育階段課程綱要。臺北市：作者。

教育部（民88c）。地震受災國民中小學建築規畫設計規範。臺北市：作者。

教育部（民89）。臺閩地區國民中小學校概況統計。臺北市：作者。

教育部（民90a）。中華民國教育統計。臺北市：作者。

教育部（民90b）。教育部九二一災後校園重建報告（立法院版）。臺北市：作者。

教育部（民90c）。教育部921災後重建成果1：民間認養重建學校。臺北市：作者。

教育部（民90d）。教育部921災後重建成果2：新校園運動。臺北市：作者。

教育部（民91）。國民中小學設備基準。臺北市：作者。

教育部（民92）。為下一代蓋所好學校：突破與創新（新校園運動）。臺北市：作者。

教育部（民93）。近四年來我國中央教育經費之分配與消長報告。立法院第五屆第五會期。民93年6月22日，取自http://www.edu.tw/EDU_WEB/EDU_MGT/E0001/EDUION001/menu01/sub05/930304.htm。

教育部中等教育司（民53）。中學設備標準。臺北市：作者。

教育部中等教育司（民62）。高級中學設備標準。臺北市：正中書局。

教育部中等教育司（民88）。高級中學設備標準。臺北市：正中書局。

教育部國民教育司（民70）。國民小學設備標準。臺北市：正中書局。

教育部國民教育司（民76）。國民中學設備標準。臺北市：正中書局。

教育部國民教育司（民78）。幼稚園設備標準。臺北市：正中書局。

教育部國民教育司（民93）。百年教育、百年樹人：教育部邀您認識百年歷史學
　　校。2004年11月24日，取自 http://epaper.edu.tw/news/931123/931123a.htm。

教育部國民教育司（民94）。「降低國民中小學班級學生人數計畫」之推動與成
　　效。教育部電子報。民94年5月13日，取自 http://epaper.edu.tw/132/

教育部統計處（民94a）。九十三學年度各級學校概況表。民94年4月30日，取
　　自 http://www.edu.tw/EDU_WEB/EDU_MGT/STATISTICS/EDU7220001/data/seri-
　　al/f.htm? open。

教育部統計處（民94b）。大專院校校地校舍面積統計（**93年2月底**）。民94
　　年4月30日，取自 http://www.edu.tw/EDU_WEB/EDU_MGT/STATISTICS/
　　EDU7220001/user4/u8293.htm。

教育部統計處（民94c）。國民小學概況。民94年4月30日，取自http://www.edu.
　　tw/EDU_WEB/EDU_MGT/STATISTICS/EDU7220001/data/serial/e.htm? open。

教育部統計處（民94d）。國民中學概況。民94年4月30日，取自http://www.edu.
　　tw/EDU_WEB/EDU_MGT/STATISTICS/EDU7220001/data/serial/j.htm? open。

教育部統計處（民94e）。高級中學概況。民94年4月30日，取自http://www.edu.
　　tw/EDU_WEB/EDU_MGT/STATISTICS/EDU7220001/data/serial/h.htm? open。

教育部體司育（民74）。臺閩地區學校體育設備現況調查。臺北市：作者。

畢恆達（民83）。臺北縣國民中小學校園環境整體規劃設計手冊。臺北市：國立
　　臺灣大學建築與城鄉研究所。

畢恆達（民85）。學校教育與校園環境。教育研究，**52**，18-25。

畢恆達等（民88）。建立安全與無性別偏見之校園空間指標。臺北市：教育部。

莊和雄（主編）（民90）。宜蘭縣國民中小學學校建築專輯。宜蘭市：宜蘭縣政府。

莊惠名（民84）。臺灣高等教育建築發展之研究（**1895～1993**）。未出版碩士論
　　文，國立成功大學，臺南市。

許晉嘉（民83）。鋼筋混凝土學校建築之耐震診斷與補強。未出版碩士論文，國
　　立成功大學，臺南市。

許碧蕙（民91）。校園規畫「用後評估」之研究——以南投縣重建國民小學為例。
　　未出版碩士論文，國立政治大學，臺北市。

許黎琴（民92）。桃園縣新設國民中小學籌建問題之研究。未出版碩士論文，國
　　立政治大學，臺北市。

郭仁懷（民83）。大陸教育簡介——學前教育。研究資訊，**11**（5），7-11。

郭弘斌（民90）。荷據時期臺灣史記。臺北市：臺原出版社。

陳世昌（民 93）。學校校門之研究——以臺北市公立高國中為例。未出版碩士論文，國立政治大學，臺北市。

陳伯璋（民 82）。社會變遷、課程發展與潛在課程。載於臺灣省政府教育廳，二十一世紀中小學教育新發展（第 118-152 頁）。臺中：作者。

陳志華（民 79）。外國造園藝術。臺北市：明文書局。

陳信安（民 93）。教學空間實質形式與使用行為互動模式之研究——以台灣九二一災後重建國民中小學校園為例。未出版博士論文，國立彰化師範大學，彰化市。

陳格理（民 82）。大學圖書館建築用後評估研究——以中原大學圖書館為例。臺中市：捷太出版社。

陳浪湧（民 84）。國民小學教師辦公室之空間使用與規劃。未出版碩士論文，國立政治大學，臺北市。

陳雪屏主編（民 68）。雲五社會科學大辭典（第九冊）：心理學。臺北市：臺灣商務印書館。

陳凱鈿（民 91）。學校建築規畫使用者參與之研究。未出版碩士論文，國立政治大學，臺北市。

陳朝平（民 89）。藝術概論。臺北市：五南圖書公司。

陳琦媛（民 90）。學校開放空間設計對教學影響之研究——以臺北市健康、新生和永安國民小學為例。未出版碩士論文，國立政治大學，臺北市。

陳綱和黃海靜（民 90）。韓國建築設計競技：教育設施‧居住設施。香港：雷尼國際出版公司。

陳誌宏（民 89）。從小學教育理念變遷探討校園規畫——以新竹市為例。未出版碩士論文，私立中華大學，新竹市。

陳錫鎮（民 88）。大學校園之空間規畫設計分析。人與地，**184**，36-40。

陳靜燕（民 86）。水景公共藝術。臺北市：藝術家出版社。

陳麗月（民 74）。幼兒的學習環境。臺北市：臺北市立師專。

陸元鼎和陸琦（1999）。中國建築藝術全集（**21**）宅第建築（二）（南方民族）。北京：中國建築工業出版社。

陸雄（民 80）。國民小學廁所建築用後評估之研究。未出版碩士論文，國立臺灣大學，臺北市。

傅朝卿（民 82）。中國古典式樣新建築。臺北市：南天書局。

傅朝卿（民 86）。臺南市日據時期歷史性建築。臺南市：臺南市政府。

傅朝卿（民 88）。日治時期臺灣建築（1895-1945）。臺北市：大地地理出版公司。

傅朝卿和廖麗君（民 89）。全臺首學臺南孔子廟。臺南市：臺灣建築與文化資產出版社。

單文經、侯世昌和吳永裕（民 88）。教育「去集中化」政策的得與失。載於臺北市立師範學院國民教育研究所（主編），第五次教育行政論壇論文集（第 1-21頁）。臺北市：作者。

彭吉梅（民 77）。臺北縣古蹟巡禮。板橋市：臺北縣立文化中心。

彭康健（民 74）。大學校園空間模式之研究。未出版碩士論文，私立東海大學，臺中市。

彭康健（民 82）。大學校園的空間模式。建築師，217，90-99。

曾志朗（民 89）。以「新校園運動」作為災區校園重建的起點。民 91 年 6 月 15日，取自 http://www.edu.tw/general/earth/0706-1.htm

曾啟雄（民 82）。公共設施與藝術結合的思考。臺北市：藝術家出版社。

曾漢珍（民 83）。國民中小學學校建築規畫設計合理化之研究──以系統整合之觀點分析。未出版博士論文，國立臺灣大學，臺北市。

曾漢珍（民 88）。校園更新過程中使用者參與課題與模式之研究（NSC-88-2211-E-033-004）。臺北市：行政院國家科學委員會。

曾漢珍、湯志民、曾漢鈞、許崇憲、吳怡慧、張義華等（民 87）。國立政治大學附屬高級中學校園整體規畫研究（國立政治大學委託）。臺北市：中華民國學校建築研究學會。

游春生（民 91）。校園更新規畫設計過程中使用者用後評估之探討。未出版碩士論文，國立花蓮師院，花蓮市。

湯志民（民 75a）。國民中、小學「危險教室」問題之探討。中華民國學校建築研究學會，學校建築與校園規畫研討會（專題報告）。臺北市：作者。

湯志民（民 75b）。臺北縣國民中學學校建築基本問題之研究。未出版碩士論文，國立政治大學，臺北市。

湯志民（民 80）。臺北市國民小學學校建築規畫、環境知覺與學生行為之關係研究。未出版博士論文，政治大學，臺北市。

湯志民（民 81）。學校建築與校園規畫（第一版）。臺北市：五南圖書公司。

湯志民（民 82）。現代教學革新與教室設計的發展趨勢。初等教育學刊，2，33-91。

湯志民（民 83）。學校建築的人文教育環境規畫。初等教育學刊，3，237-264。

湯志民（民84a）。學校建築的本土教育環境規畫。初等教育學刊，**4**，27-62。

湯志民（民84b）。學校的新天地——談現代化廁所的設計。載於王佩蓮（主編），**落實國民中小學校現代化廁所研討會手冊**（第1-14頁）。臺北市：臺北市立師院環境教育中心。

湯志民（民85）。開放空間的教育環境規畫。**臺北教育通訊**，**10**，4-5。

湯志民（民86）。臺灣學校建築的發展和方向。初等教育學刊，**6**，143-196。

湯志民（民87a）。開放空間及其教學運用。載於中華民國開放教育學會（主編），**開放教育年刊1**（第50-72頁）。臺北市：作者。

湯志民（民87b）。**學校遊戲的設計**。臺北市：臺北市政府教育局。

湯志民（民88a）。校園文化與學校建築。載於中華民國學校建築研究學會、教育資料館（主編），**校園文化與學校建築**（第1-51頁）。臺北市：作者。

湯志民（民88b）。學校建築之美——百年老樹（榕樹）。**教育研究**，**69**，108-109。

湯志民（民88c）。學校建築之美——百年老樹（樟樹）。**教育研究**，**68**，31-32。

湯志民（民88d）。學校建築之美——百年老樹（茄苳）。**教育研究**，**70**，102-104。

湯志民（民88e）。境教與校園創意設計。載於國立花蓮師院主辦，吳兆棠博士紀念學術講座手冊（第6-17頁）。花蓮市：作者。

湯志民（民88f）。臺灣的地震和學校建築的耐震設計。載於中華民國學校建築研究學會、教育資料館（主編），**校園文化與學校建築**（第135-178頁）。臺北市：作者。

湯志民（民89a）。**學校建築與校園規畫**（第二版）。臺北市：五南圖書公司。

湯志民（民89b）。學校建築之美——百年老校（建國中學）。**教育研究**，**75**，73-74。

湯志民（民89c）。學校建築之美——百年老校（新埔國小）。**教育研究**，**78**，82-83。

湯志民（民89d）。學校建築之美——百年老校（清水國小）。**教育研究**，**76**，85-86。

湯志民（民89e）。學校建築之美——百年老校（南師實小）。**教育研究**，**74**，68-69。

湯志民（民89f）。學校建築之美——百年老校（舊城國小）。**教育研究**，**79**，86-87。

湯志民（民89g）。學校建築之美——百年老校（太巴塑國小）。**教育研究**，**77**，68-69。

湯志民（民89h）。學校建築之美——百年老樹（刺桐）。**教育研究，72**，81-83。

湯志民（民89i）。學校建築之美——百年老樹（菩提樹、芒果樹）。**教育研究，73**，91-93。

湯志民（民89j）。體檢校園空間元素。**人本教育札記，135**，140-143。

湯志民（民89k）。邁向新千禧年學校。載於國立政治大學教育學系（主編），**第六次教育行政論壇論文集**（第227-271頁）。臺北市：作者。

湯志民（民89l）。學校建築的耐震設計與震害處置。**學校行政，5**，135-149。

湯志民（民89m）。學校空間革新的思維——「人—境」互動。載於中華民國學校建築研究學會（主編），**二十一世紀學校建築與設施**（第15-62頁）。臺北市：作者。

湯志民（民90a）。學校空間革新趨向之探析。載於中華民國學校建築研究學會主編，**e世紀的校園新貌**（第7-34頁）。臺北市：作者。

湯志民（民90b）。**幼兒學習環境設計**。臺北市：五南圖書公司。

湯志民（民90c）。知識經濟與教育轉型。載於臺北市立師範學院，**現代教育論壇：知識經濟與教育**（第33-39頁）。臺北市：作者。

湯志民（民90d）。新世紀臺灣教育設施規畫的方向。載於黃德祥（主編），**教育改革與教育發展**（第237-286頁）。臺北市：五南圖書公司。

湯志民（民91a）。**學校遊戲場**。臺北市：五南圖書公司。

湯志民（民91b）。無障礙校園環境設計之探析。載於中華民國學校建築研究學會（主編），**優質的學校環境**（第58-93頁）。臺北市：作者。

湯志民（民92a）。優質學校環境規畫與問題探析。臺北市立師院國民教育研究所，**初等教育學刊，14**，49-82。

湯志民（民92b）。學校綠建築規畫之探析。載於中華民國學校建築研究學會（主編），**永續發展的校園與建築**（第11-80頁）。臺北市：作者。

湯志民（民93a）。**幼兒學習環設計**（第二版）。臺北市：五南圖書公司。

湯志民（民93b）。學校建築評鑑：用後評估的發展與模式。載於國立教育資料館，**教育資料集刊（29輯）：教育評鑑專輯**（第381-412頁）。臺北市：作者。

湯志民（民94a）。**學校建築與校園規畫**（第三版）。臺北市：五南圖書公司。

湯志民（民94b）。學校建築用後評估：理念、實務與案例。載於中華民國學校建築研究學會、國立教育資料館，**學校建築與學習**（第35-81頁）。臺北市:作者。

湯志民和王馨敏（民89）。學校建築與社區空間資源共享之探討。載於中華民國學校建築研究學會（主編），**二十一世紀的學校建築與設施**（第163-184頁）。

臺北市：作者。

湯志民和廖文靜（民89）。教學空間的革新。載於中國教育學會（主編），**新世紀的教育願景**（第157-180頁）。臺北市：臺灣書局。

湯志民和廖文靜（民90）。校園文化藝術環境的規畫。載於中華民國學校建築研究學會（主編），**e世紀的校園新貌**（第35-68頁）。臺北市：作者。

湯志民和廖文靜（民91）。校園生活休憩空間之規畫。載於中華民國學校建築研究學會（主編），**優質的學校環境**（第133-155頁）。臺北市：作者。

湯志民編譯（民78）。美國大學校院新建學校建築規畫設計簡介。載於中華民國學校建築研究學會（主編），**大學及獨立學院學校建築與設備專題研究**（第107-187頁）。臺北市：臺灣書店。

黃世孟（民79）。日本中小學教室建築設計之演變。**教與學，20**，12-21。

黃世孟（民81）。國民學校建築轉型之理論與實際。載於高雄縣政府教育局，**高雄縣國民中小學校務發展暨校園規劃研討會專刊**。高雄縣：作者。

黃世孟（民82）。從臺北帝國大學到臺灣大學：臺灣大學校園規畫發展歷程之課題及對策。**建築師，217**，136-145

黃世孟（民84）。教育改革中之最大教具：國民小學學校建築之轉型。載於中華民國學校建築研究學會（主編），**第四屆優良學校建築規劃評介──臺灣地區高職篇**（第2-27頁）。臺北市：臺灣書局。

黃世孟（民85）。空間無間學習環境之開放教育。**教師天地，81**，36-40。

黃世孟（民89）。學校建築研究。臺北市：建築情報季刊雜誌社。

黃世孟（主編）（民82）。臺灣的學校建築（大學篇）**1981～1991**。臺北市：中華民國建築師公會全國聯合會。

黃世孟和李永展（民85）。**國民學校與鄰近社區資源共享模式之研究**。臺北市：內政部教育研究所。

黃玉英（民93）。**臺北市公立國民中學學校建築規劃現況與學生學業成就之相關研究**。未出版碩士論文，國立政治大學，臺北市。

黃有良（民75）。**大學校園規畫之過程與準則**。臺北市：正揚出版社。

黃有良（民82）。經營一所堅實、永恆、厚重的校園。**建築師，217**，130-132。

黃有良（民90）。臺北市麗山高級中學新建工程。**臺灣建築，65**，40-49。

黃志瑞（民91）。南投縣草屯鎮富功國民小學重建工程。**臺灣建築，76**，38-43。

黃宗輝（民91）。**南投縣921大地震影響校園重建因素之研究**。未出版碩士論文，國立暨南國際大學，南投縣。

黃宗輝（主編）（民 90a）。自然‧人文‧世紀新校園。南投市：南投縣政府。

黃宗輝（主編）（民 90b）。全國最美麗的校園在南投。南投市：南投縣政府。

黃定國、黃有良和黃世孟（民 82）。大學之道：談校園規畫。建築師，**217**，88-89。

黃建興（民 90a）。南投縣中寮鄉至誠國民小學重建工程。臺灣建築，**72**，12-19。

黃建興（民 90b）。臺中縣霧峰鄉桐林國小。建築師，**324**，88-93。

黃建興（民 91）。南投縣中寮鄉至誠國民小學重建工程。臺灣建築，**76**，26-31。

黃政傑（民 85）。開放教育的理念。北縣教育，**14**，54-58。

黃庭鈺（民 91）。臺北市國小室外空間規畫與兒童社會遊戲行為之研究。未出版
    碩士論文，國立政治大學，臺北市。

黃富祥（民 84）。以「用後評估」探討國中校園空間之規畫設計──以臺北市百
    齡國中為例。未出版碩士論文，中原大學，桃園縣。

黃瑞琴（民 81）。幼稚園的遊戲課程。臺北市：心理出版社。

黃耀榮（民 79）。國民小學學校建築計畫及設計問題之調查研究。臺北市：內政
    部建築研究所籌備處編輯委員會。

新竹市新竹國小（民 87）。新竹國小百週年校慶專刊。新竹市：作者。

新竹縣新埔鎮新埔國小（民 89）。新埔國小百週年校慶專刊。新竹縣：作者。

楊永斌（民 88）。淺談耐震建築的設計。載於洪家輝（主編），地震大解剖（第
    94-101 頁）。臺北市：牛頓出版公司。

楊永斌（民 89）。學校建築重建的原則──省思與期望。載於臺大城鄉基金會、
    人本教育文教基金會和專業者都市改革組織（主編），**921 校園重建──新校
    園運動工作坊會議資料**（第 18-20 頁）。臺北市：作者。

楊宗熹（民 88）。從舊市區學校新建學生活動中心過程探討其空間複合的角色扮
    演與調整。未出版碩士論文，中原大學，桃園縣。

楊捷安（民 87）。國民中學學生活動中心實質環境之使用管理調查研究。未出版
    碩士論文，私立東海大學，臺中市。

溫明正（民 84a）。臺北市興華國小校園步道教學活動設計。臺北市：臺北市興華
    國小。

溫明正（民 84b）。臺北市興華國小社區步道教學。臺北市：臺北市興華國小。

葉旭原（民 86）。學校建築耐震規畫設計參考手冊研擬。未出版碩士論文，國立
    成功大學，臺南市。

葉品妤（主編）（民 89）。老樹巡禮：臺北縣珍貴樹木。臺北市：中華民國自然
    與生態攝影學會。

葉憲峻（民 85）。臺灣初等教育之演進。載於徐南號（主編），**臺灣教育史**（第 85-132 頁）。臺北市：師大書苑。

虞君質（75）。**藝術概論**。臺北市：大中國圖書公司。

詹氏書局（民 94）。**最新建築技術規則**。臺北市：作者。

詹紹威（民 94）。**臺中縣市高級中學校園創意設計之研究**。未出版碩士論文，國立政治大學，臺北市。

賈馥茗（民 58）。學校建築的陶冶作用。**教與學**，**3**（1），11-13。

漢菊德（民 87）。**成為一個人的教育～南海實幼對全人教育的詮釋**。臺北市：光佑文化公司。

漢寶德（民 73）。教育精神之象徵。載於蔡保田（主編），**學校建築研究**（第 27-50 頁）。臺北市：臺灣商務印書館。

廖文靜（民 93）。永續發展的教室設計——教學革新與科技導向的思維。**中等教育**，**55**（1），32-45。

廖文靜（民 94）。高中自然科實驗室的規劃與設計。載於中華民國學校建築研究學會、國立教育資料館，**學校建築與學習**（第 139-157 頁）。臺北市：作者。

臺大地理系臺灣地形研究室（民 88）。**1999 年 9 月 21 日集集大地震災害分佈圖**。臺北市：作者。

臺中縣政府（民 90）。**臺中縣 921 震災專輯：國民教育篇（CD）**。臺中縣：作者。

臺北市士林國小（民 84）。**士林國小壹佰年紀念專輯**。臺北市：作者。

臺北市天母國中（民 83）。**數學步道手冊**。臺北市：作者。

臺北市立建國高中（民 86）。**建中世紀——臺北市立建國高中百年校慶專輯**。臺北市：作者。

臺北市立師範學院（民 84）。**春風化雨 100 年——臺北市立師範學院建校百週年紀念專刊**。臺北市：作者。

臺北市政府教育局（民 83）。**臺北我喜歡**。臺北市：作者。

臺北市政府教育局（民 84）。**徜徉田園追求成長——臺北市郊區九所國民小學田園教學專輯**。臺北市：作者。

臺北市政府教育局（民 85）。**故鄉臺北**。臺北市：作者。

臺北市政府教育局（民 86）。**悠游臺北**。臺北市：作者。

臺北市福林國小（民 83）。**福林國小數學步道手冊**。臺北市：作者。

臺北縣政府（民 75）。**我的家鄉臺北縣**。臺北縣：作者。

臺北縣三峽鎮五寮國小（民 87）。**開放教育簡介**。臺北縣：作者。

臺北縣坪林鄉漁光國小（民 94）。遊學牧場。臺北縣：作者。

臺北縣集美國小（民 86）。創校紀念冊。臺北縣：作者。

臺北縣集美國小（民 91）。臺北縣集美國小簡介。民 91 年 7 月 20 日，取自 http://www.jmes.tpc.edu.tw/beginl.htm

臺南市文廟管理委員會（民 86）。臺南孔子廟。臺南市：作者。

臺灣省政府交通處（民 78）。學校防震手冊。臺中縣：作者。

臺灣省政府教育廳（73）。臺灣教育發展史料彙編。臺中市：臺灣省立臺中圖書館。

臺灣省政府教育廳（民 61）。國民中學校舍工程之規劃與實施。臺中縣：作者。

臺灣省政府教育廳（民 66）。臺灣省國民中小學基本教育設施普查報告。臺中縣：作者。

臺灣省政府教育廳（民 80）。國民中小學校園規劃。臺中縣：作者。

臺灣省國民學校教師研習會（民 88）。臺灣省國民小學校園建築景觀蒐探。臺北縣：作者。

趙家麟（民 87）。校園規畫的時空觀──普林斯頓大學二百五十年校園的的探討與省思。臺北市：田園城市

遠流臺灣館（民 89）。臺灣史小事典。臺北市：遠流出版公司。

劉志鵬（民 85）。宜蘭縣大溪國民小學。建築師，260，110-115。

劉育東（民 91）。新竹交通大學校園總體規畫構想──數位城市中的數位建築。載於黃世孟（主編），2002 海峽兩岸大學的校園學術研討會：歷史的與新設的大學校園規畫與發展論文集（第 219-225 頁）。臺北市：建築情報季刊雜誌社。

劉慶仁（民 89）。美國教育改革研究。臺北市：國立教育資料館。

劉還月（民 88）。臺灣大地震斷層現場實錄。臺北市：常民文化公司。

樓琦庭（民 85）。「開放式學校」空間規畫設計準則之研究──以實施開放教育之學校為例。未出版碩士論文，國立臺灣大學，臺北市。

樓慶西（1999）。中國建築藝術全集（24）建築裝修與裝飾。北京：中國建築工業出版社。

歐用生、楊慧文（民 88）。國民教育課程綱要的內涵與特色。教育部國教司主辦，九年一貫課程研討會發表論文。臺北市：作者。

潘正安（民 90）。建築風、歷史情，建成新學校。載於中華民國學校建築研究學會，e 世紀的校園新貌（第 103-114 頁）。臺北市：作者。

蔡文杰（民 86）。校園開放空間規畫設計之探討。臺北縣：昌平國小。

蔡文杰（無日期）。菁桐有夢築夢踏實。民 91 年 4 月 7 日，取自 http://www.worldone. com.te/print-book/school/02-01.htm。

蔡保田（民 66）。學校建築學。臺北市：臺灣商務印書館。

蔡厚男（民 91）。社會變遷中的臺灣大學校園規畫與實踐：轉變與挑戰。載於黃世孟（主編），**2002 海峽兩岸大學的校園學術研討會：歷史的與新設的大學校園規畫與發展論文集**（第 193-215 頁）。臺北市：建築情報季刊雜誌社。

蔡春美、張翠娥和敖韻玲（民 81）。幼稚園與托兒所行政。臺北市：心理出版社。

蔡紹斌（民 87）。解讀清水國小百年影像史。臺北市：地景企業公司。

蔡禎雄（民 86）。日據時代臺灣初等學校體育發展史。臺北市：師大書苑。

鄧運林（民 83）。臺北縣實施開放教育之背景、緣起與構想。載於鄧運林（主編），現代開放教育（第 161-174 頁）。高雄市：復文圖書出版社。

鄧運林（民 86）。開放教育新論。高雄市：復文圖書出版社。

鄧運林（主編）（民 85）。**英日之旅談開放教育**。高雄市：復文圖書出版社。

鄧運林（主編）（民 86）。**開放教育日本經驗**。高雄市：復文圖書出版社。

鄭慶宗（民 92）。基隆市志（卷六文教志）：教育行政篇。基隆市：基隆市政府。

潘冀和王秋華（民 82）。中正大學圖書資訊大樓。建築師，**217**，156-159。

黎志濤（民 85）。托兒所幼兒園建築設計。臺北市：地景企業公司。

劍橋建築暨規劃事務所（民 93）。國立東勢高工遷校重建工程。臺灣建築，**103**，62-69。

盧美貴、王珮玲、何榮桂、吳清山、陳伯璋和蔡春美等（民 82）。**臺北市與國小一年級教學銜接之研究**（第二年）。臺北市：臺北市政府教育局。

盧美貴、王珮玲、林妃鶯、柳麗珍、葉春梅和吳國基等（民 81）。**臺北市與國小一年級教學銜接之研究**。臺北市：臺北市政府教育局。

盧美貴等（民 84）。打開兒童學習的另一扇門——開放教育的實踐。臺北市：臺北市立師範學院實習輔導室。

盧詩丁和張徽正（民 88）。簡介地震與活動斷層調查案例——梅山斷層的調查回顧。地質，**18**（2），29-49。

賴佳媛和姚孔嘉（1998）。幼兒園環境裝飾設計與制作。廣州：新世紀出版社。

賴協志（民 93）。臺北市國民小學運動場地規劃與用後評估之研究。未出版碩士論文，國立政治大學，臺北市。

賴朝俊和 Yudell（民 82）。國際的大學校園。建築師，**217**，106-109。

賴朝俊和 Yudell（民 85）。國立東華大學校園規畫。建築師，**257**，60-67。

錢紹明（民 82）。暨南大學校園配置計畫。建築師，**217**，128-129。

錢紹明（民 89）。國立暨南國際大學校園規畫。建築師，**310**，86-93

薛芳芸（民 93）。教師教學研究空間規劃之研究——以桃園縣國民小學為例。未出版碩士論文，國立政治大學，臺北市。

薛聰賢（民 87）。景觀植物造園應用實例（第 **3** 輯）。員林鎮：臺灣普綠公司。

謝佩璇（民 92）。臺北市國民中學知識管理空間規畫之研究。未出版碩士論文，國立政治大學，臺北市。

謝森展（民 83）。臺灣回想（**1895～1945**）。臺北市：創意力文化事業公司。

謝鳳香（民 94）。新竹縣國民中學校園公共藝術設置之研究。未出版碩士論文，國立政治大學，臺北市。

簡毓玲（民 86）。校園步道學習手冊。臺北市：臺北市日新國民小學。

簡學義（民 90）。臺北縣立桃子腳國民中小學設校建築計畫書。臺北縣：桃子腳國民中學籌備處。

藍之光和仲澤還（民 82）。中正大學學人宿舍第一期。建築師，**217**，168-171。

羅時瑋（民 91）。東海大學校園建築的「形式」理念與空間形式。載於黃世孟（主編），**2002** 海峽兩岸大學的校園學術研討會：歷史的與新設的大學校園規畫與發展論文集（第 107-114 頁）。臺北市：建築情報季刊雜誌社。

羅涵勻（民 94）。國民小學永續校園環境規劃與使用之研究。未出版碩士論文，國立政治大學，臺北市。

羅森和魏篙川（民 90）。大專學校校園總體規畫。載於建築設計資料集編委會，建築設計資料集（第三冊）：居住、教育建築（第 219-238 頁）。臺北市：建築情報季刊雜誌社。

羅融（民 93）。臺灣的 **921** 重建校園。臺北縣：遠足文化。

蘇育琪（民 87）。共築希望大工程。天下雜誌，特刊 **23**，16-19。

日文部分

オイレスエ工業株式會社（1998）。免震・制振〔建築用〕：總合カタロ **1998**。東京：作者。

日本建築學會（1974）。建築設計資料集成（**4**）。東京都：丸善株式會社。

日本建築學會（1983）。學校のブロックプラン。東京都：彰國社。

日本建築學會（1989）。學校の多目的スペース：計畫と設計。東京都：彰國社。

日本建築學會（1992）。建築設計資料集成（3）：單位空間Ⅰ。東京都：丸善株式會社。

加藤幸次（1995）。開放／個性化教育之實務。載於臺北市政府教育局，開放教育與學校建築研討會手冊暨論文集（第59-63頁）。臺北市：臺北市立師院幼教系。

加藤幸次（1996）。一所沒有圍牆的學校──開放教育之路（蘇南芬和林信甫譯）。臺北市：胡氏出版社。（原著出版年：1989年）

吉野秀公（1927）。臺灣教育史。臺北市：南天書局。

成田幸夫（1997）。開放教育的課程編排和教師的意識改革。載於臺北市政府教育局等，開放教育與教育視導國際學術研討會活動手冊（第34-45頁）。臺北市：作者。

西日本工高建築聯盟（1986）。建築設計：學校。東京都：彰國社。

谷口汎邦（1982）。學校建築設計計畫與實例（李政隆編譯）。臺北市：大佳出版社。

赤木一郎譯（1984）。世界現代建築寫真シリーズ13：教育施設。東京都：集文社。

岩內亮一、萩原元昭、深谷昌志和本吉修二（1992）。教育學用語辭典。東京都：學文社。

空氣調和‧衛生工學會（1989）。教育施設：計畫‧設計。東京都：オーム社。

阿部勝征（民89）。大地震（李毓昭和張佳微譯）。臺中市：晨星出版公司。

建築思潮研究所（1987）。學校──小學校‧中學校‧高等學校。建築設計資料，16，4-138。

建築思潮研究所（1993）。木造の教育施設。建築設計資料，40，30-207。

建築思潮研究所（1998）。學校2：小學校、中學校、高等學校。建築設計資料，67，4-207。

建築思潮研究所編（2004）。環境共生建築──多樣な省エネ‧環境技術の應用。東京都：建築資料研究社。

神戶市教育委員會（1998）。阪神‧淡路大震災被災學校園復舊‧復興記錄集。神戶市：作者。

健康環境システム研究會（1989）。身障者を考えた建築のディテール。東京都：理工圖書株式會社。

船越徹（主編）（1995）。Space design series 2：學校。東京都：新日本法規出版

株式會社。

富永讓（主編）（1994）。現代建築集成／教育施設。東京都：株式會社出版。

臺灣教育會（1939）。臺灣教育沿革誌。臺北市：南天書局。

龍居竹之介（1991）。庭 **Garden views** IV：木と苔の庭。東京都：建築資料研究
社。

英文部分

Abend, A. C.（2001）. *Planning and designing for students with disabilities*. Washing-
ton, D. C.: National Cleaninghouse for Educational Facilities. Retrieved September
30, 2001, from http://www.edfacilities.org

Almeida, R.（2000）. Patterns an design strategies for new school buildings. In
Organization for Economic Cooperation and Development（OECD）, *The appraisal
of investment in educational facilities*（pp.205-217）. Paris: European Investment
Bank.

American Institute of Architects（2002）. *Educational facilities*. Mulgrave Australia: The
Images Publishing Group Pty Ltd.

American Institute of Architects.（1996）. *Educational facilities: 1995-96 review*.
Washington, D. C.: Author.

American School & University.（1997, November）. *70*（3）, 20-201.

American School & University.（1998, January）. *70*（5）, 18-30.

American School & University.（1998, November）. *71*（3）, 22-264.

American School & University.（1999, November）. *72*（3）, 22-306.

American School & University.（2000, January）, *72*（5）, 18-25.

American School & University.（2000, November）. *73*（3）, 30-197.

American School & University.（2001, November）. *74*（3）, 28-145.

Ansley, J.（2000）. *Creating accessible schools*. Washington, D. C.: National
Clearinghouse for Educational Facilities. Retrieved September 30, 2001, from http://
www.edfacilities.org

Archiworld Co., Ltd.（2002）. *Interior world（04）: Education・Welfare space*。臺北
市：傳美行・黃氏出版社（代理）。

Archiworld Co., Ltd.（2003）. *Interior World（25）: Education ‧ Welfare Space* Ⅱ
（pp.4-19）. Korea: Author.

Archiworld Co., Ltd.（2004）. *2004 architecture competition annual* Ⅱ *: Education public official, residence, physical & the others.* Korea: Author.

Armstrong, T.（1997）。經營多元智慧：開展以學生為中心的教學（李平譯）。臺北市：遠流出版。（原著出版年：1994 年）

Bain, B.（Ed.）.（2000）. *Earthquake architecture: New construction techniques for earthquake disaster prevention*（W. Bain & H. Paul, Trans.）. New York: Loft Publications S. L. and HBI, an Imprint of Harper Colins Publishers.

Bar, L., & Galluzzo, J.（1999）. *The accessible school: Universal design for educational settings.* Berkeley, CA: MIG Communications.

Beaty, J. J.（1992）. Preschool: Appropriate practices. Orlando, FL: Harcourt Brace Jovanovich Collage Publishers.

Beaudin, J. A., & Sells, J. A.（2000）. Closed yet open: Barriers and deterrents are important elements of middle school security, but open communication can make all the difference. *American School & University, 72*（6）, 24-28.

Blake, D., & Hanley, V.（1995）.*The dictionary of educational terms.* England: Arena.

Brause, R. S.（1992）. *Enduring schools: Problems and possibilities.* Washington D. C.: The Falmer Press.

Brewer, J. A.（2001）. *Introduction to early childhood education: preschool through primary grades*（4th ed.）. Boston: Allyn and Bacon.

Brubacher, J. S.（1980）。西洋教育史──教育問題的歷史發展（林玉體譯）。臺北市：教育文物出版社。

Brubaker, C. W.（1998）. *Planning and designing schools.* New York: McGraw-Hill.

Calfee, C., Wittwer, F., & Meredith, M.（1998）. *Building a full-service school: A step-by-step guide.* San Francisco, C. A.: Jossey-Bass Publishers.

Carver, N. F. Jr.（1993）. *Form & space in Japanese architecture*（2nd ed.）. Kalamazoo, MI: Documan Press, Ltd.

Castaldi, B.（1994）. *Educational facilities: Planning, modernization, and management*（4th ed.）. Boston: Allyn and Bacon, Inc..

Cheng, Kai-ming（2000）. *School into the new millennium: In quest of a new paradigm.* Key-note prepared for International Council for School Effectiveness and Improvement.

Cheng, Yin Cheong（2000）. *Globalization, localization, and individualization for effective education.* Key-note prepared for International Council for School Effectiveness and Improvement.

Cobble, J. E.（2000）. *The 100-year school: How to design schools that will last a century.* Retrieved September 30, 2001, from http://www.asbj.com/lbd/2000/00inprint/00cobble. html

Cutler, W. W. Ⅲ.（1989）. Cathedral of culture: The schoolhouse in American educational thought and practice since 1820. *History of Education Quarterly, 29*（1）, 1-40.

Cutshall, S.（2003）. Building 21st century schools. *Techniques, 78*（3）, 18-23.

Cuttance, P., & Hill, P.（1999）. Through systemic reform to improved learning outcomes for students: The Australian experences. In T. Townsend, P. Clarke, & M. Ainscow （Eds.）, *Third millennium schools: A world of difference in effectiveness and improvement*（pp. 235-250）. Lisse, The Netherlands: Swets & Zeitlinger Publishers.

Day, C. W., & Spoor, D. L.（1998）. Planning schools for tomorrow's technology. *American School & University, 70*（6）, 31-48.

Deal, T. E., & Peterson, K. D.（1999）. *Shaping school culture: The heart of leadership.* San Francisco, CA: Jossey-Bass Publishes.

Deaux, K., & Wrightsman, L. S.（1988）. *Social psychology*（5th ed.）. Pacific Grove, CA: Brooks/Cole Publishing Company.

Deaux, K., Dane, F. C., & Wrightsman, L. S.（1993）. *Social psychology*（6th ed.）. Pacific Grove, CA: Brooks/Cole Publishing Company.

Department for Education and Employment（1997）. *Excellence in schools.* London: The Stationary office.

Dewey, J.（1938）. *Experience and education.* New York: The Macmillan Company.

Dewey, J.（1956）. *The child and the curriculum, and the school and society.* Chicago: University of Chicago Press.

Dober, R. P.（1992）. *Campus design.* New York: John Wiley & Sons, Inc..

Dober, R. P.（1996）. *Campus architecture: Building in the groves of academe.* New York: The McGraw-Hill Companies, Inc..

Dober, R. P.（2000）. *Campus landscape: Function, forms, feature.* New York: John Wiley & Sons, Inc..

Enge, T. O., & Schroer, C. F.（1990）. *Garden architecture in Europe.* Germany: Benedikt

Taschen Verlag GmbH & Co. KG.

Erikson, B.（1995）. It's not over yet. *Currents, 21*（8）, 20-24.

Essa, E.（1996）. *Introduction to early childhood education*（2nd ed.）. New York: Delmar Publishers.

Evertson, C. M., Emmer, E. T., & Worsham, M. E.（2000）. *Classroom management for elementary teachers*（5th ed.）. Boston: Allyn and Bacon.

Feeney, S., Christensen, D., & Moravcik, E.（1991）. *Who am I in the lives of children? An introduction to teaching young children.* New York: Macmillan Publishing Company.

Gaines, T. A.（1991）. *The campus as a work of art.* Westport, CT: Praeger Publishers.

Gardner, H.（1983）. *Frames of mind: The theory of multiple intelligence.* New York: Basic Books, A Subsidiary of Perseus Books, L. L. C..

George, P. S.（1975）. *Ten years of open space schools: A review of the research.* Gainesville, FL: Florida Educational Research and Development Council.

Gifford, R.（1987）. *Environmental psychology: Principles and practice.* Boston: Allyn and Bacon, Inc..

Good, C. V.（Ed.）.（1973）. *Dictionary of education*（3rd ed.）. New York: McGraw-Hill Book Company.

Graves, B. E.（1993）. *School ways: The planning and design of American's School.* New York: McGraw-Hill, Inc..

Graves, S. B., Gargiulo, R. M., & Sluder, L. C.（1996）. *Young children: An introduction to early childhood education.* New York: West Publishing Company.

Hammad, M. G.（1984）. *The impact philosophical and educational theories on school architecture（The British and American experience 1820-1970）.* Unpublished doctoral dissertation, University of Pennsylvania.

Images Publishing Group Pty Ltd.（1998）. *Educational spaces: A Pritorial review*（1）. Melbourne, Australia: Author.

Images Publishing Group Pty Ltd.（2000）. *Educational spaces: A Pritorial review*（2）. Melbourne, Australia: Author.

Kirby, C.（1999）. Making demands: Technology and changes in instructional techniques have changed the look of classrooms. *American School & University, 72*（4）, 34a-34d.

Kurz, D., & Wakefield, A.（2004）. *School buildings: The state of affairs*. Basel, Switzerland: Birkhäuser-Publishers for Architecture.

Lackney, J. A.（2001）. *The state of post-occupancy evaluation in the practice of educational design*. Paper Presented at the Environmental Design Research Association, EDRA 32, Edinburgh, Scotland, July 5, 2001. Retrieved August 23, 2004, from http://schoolstudio.engr.wisc.edu/poe.html

Lamm, Z.（1986）. *The architecture of schools and the philosophy of education*. Jerusalem, Israel: the Edusystems 2000 International Congress on Educational Facilities, Values & Contents.（ERIC Document Reproduction Service No. 283 287）

Laurie, M.（1998）。景觀建築概論（林靜娟、邱麗蓉譯）。臺北市：田園城市文化。

MacKenzie, D. G.（1989）. *Planning educational facilities*. Lanham: University Press of America Inc.

Marion, M.（1991）. *Guidance of young children*（3rd ed.）. New York: Maxwell Macmillan International Publishing Company.

McAndrew, F. T.（1993）. *Environmental psychology*. Pacific Grove, CA: Brooks/Cole Publishing Company.

Mcdonough, J.（2000）. Engaged learning. *American School & University*, 72（9）, 60-64.

Moore, G. T., & Lackney, J. A.（1994）. *Educational facilities for the twenty-first century: Research analysis and design patterns*. Milwaukee, WI: Center for Architecture and Urban Planning Research. University of Wisconsin-Milwaukee.

Moore, G. T., & Lackney, J. A.（1995）. Design patterns for American schools: Responding to the reform movement. In A. Meek（Ed.）. *Design places for learning*（pp. 11-22）. Alexandria, VA: Association for Supervision and Curriculum Development.

Moore, R. C., & Wong, H. H.（1997）. *Natural learning: The life history of an environmental schoolyard.* Berkeley, CA : MIG Communications.

New Jersey Schools Construction Corporation（2004）. *21st century schools design manual*. Retrieved February 28, 2005, from http://www.njscc.com/business/pdfsforms/dm_bul_51.pdf

Norberg-Schulz（1995）。場所精神——邁向建築現象學（施植明譯）。臺北市：田園城市文化。

North Carolina Department of Public Instruction（2002）. *Impact of technology on school facility design*. Raleigh, NC: School Planning, NC Department of Public Instruction. Retrieved February 11, 2005, from http://www.schoolclearinghouse.org/pubs/Impac-tofTechnology.pdf

Oldroyd, D., Elsner, D., & Poster, C.（1996）. *Educational management today: A concise dictionary and guide*. London: Paul Chapman Publishong Ltd..

Organization for Economic Cooperation and Development（OECD）.（1989）. *Using computers in building management*. Paris, France: Organization for Economic Cooperation and Development, Programme on Educational Building.（ERIC Document Reproduction Service No. ED 305 751）

Organization for Economic Cooperation and Development（OECD）.（1995）. *Redefining the place to learn*. Paris, France: Head of Publications Service, OECD.

Oster, M.（1993）. *Japanese garden style: eastern traditions in western garden design*. London: Quarto Inc..

Parson, S. R.（1999）. *Transforming schools into community learning centers*. Larchmont, NY: Eye on Education, Inc..

Pattillo, J., & Vaughan, E.（1992）. *Learning centers for child-centered classrooms*. Washington, D. C.: A National Education Association Publication.

Perkins, L. B.（2001）. *Building type basics for elementary and secondary schools*. New York: John Wiley & Sons, Inc..

Phillips, R., & Foy, N.（1995）. *A photographic garden history*. New York: Random House.

Preece, P. F. W.（1987）. Class size and learning: A theoretical model. *Journal of Educational Research, 80*（6）, 377-379.

Sackney, L.（1999）. New directions for effectiveness and improvement in Canada. In T. Townsend, P. Clarke, & M. Ainscow（Eds.）, *Third millennium schools: A world of difference in effectiveness and improvement*（pp.181-190）. Lisse, The Netherlands: Swets & Zeitlinger Publishers.

Saegert, S.（1997）. Schools and the ecology of gender。載於國立臺灣大學建築與城鄉研究所，校園環境與教育國際研討會論文集（第37-46頁）。臺北市：作者。

Sanoff, H.（1994）. *School design*. New York: Van Nostrand Reinhold.

Sebba, R.（1986）. *Architecture as determining the child's place in its school*. Jerusalem,

Israel: The Edusystems 2000 International Congress on Educational Facilities, Values & Contents. (ERIC Document Reproduction Service No. ED 284 367)

Seefeldt, C., & Barbour, N. (1994). *Early childhood education: An introduction* (3rd ed.). New York: Macmillan College Publish Company, Inc..

Shafritz, J. M., Koeppe, R. P., & Soper, E. W. (1988). *The facts on file dictionary of education.* New York: Facts on File.

Shoemaker, C. J. (1995). *Administration and management of programs for young children.* Englewood Cliffs, NJ: Merrill, an Imprint of Prentice Hall.

Smith, R. M., & Glass, G. V. (1980). Meta-analysis of Research on class size and its relationship to attitudes and instruction. *American Educational Research Journal, 17* (4), 419-433.

Smith, R. M., Neisworth, J. T., & Greer, J. G. (1978). *Evaluating educational environments.* Columbus, OH: Charles E. Merrill Publishing Company, A Bell & Howell Company.

Southern California Earthquake Center (1995). *Putting down roots in earthquake country.* Los Angeles, CA: University of Southern California.

Spodek, B., & Saracho, O. N. (1994). *Right from the start: Teaching children ages three to eight.* Boston: Allyn and Bacon.

Spodek, B., Saracho, O. N., & Davis, M. D. (1991). *Foundations of early childhood education: Teaching three-, four-, and five-year-old children* (2nd ed.). Boston: Allyn and Bacon.

Steinfeld, E., & Danford, G. S. (Eds.). (1999). *Enabling environments: Measuring the impact of environment on disablility and rehabilitation.* New York: Kluwer Academic / Plenum Publishers.

Stine, S. (1997). *Landscapes for learning: Creating outdoor environment for children and youth.* New York: John Wiley & Sons, Inc..

Tang, Chih-Min. (2000). *The Innovation of School Space: Problems and Possibilities.* Paper Presented at the Thirteenth Annual Conference of the International Congress for School Effectiveness and Improvement, January4-8, 2000, Hong Kong.

Taylor, B. B. (1996). *Education and the law: A dictionary.* Santa Barbara, CA: ABC-CLIO, Inc..

Testa, C. (1975). *New educational facilities.* Boulder, CO: Westview Press, Inc..

Titman, W. (1994). *Spacial places; Special people: The hidden curriculum of school grounds*. UK: World Wide Fund For Nature.

Townsend, T., & Otero, G. (1999). *The global classroom: Activities to engage students in third millennium schools*. Australia: Hawker Brownlow Education.

Turner, P. V. (1995). *Campus: An American planning tradition*. New York: The Architectural History Foundation.

UNESCO (1996). *Learning: the treasure within*. Paris: Author.

Vergeront, J. (1987). *Places and spaces for preschool and primary* (Indoors). Washington, D.C.: National Association for the Education of Young Children.

Webster's ninth new collegiate dictionary. (1987). Springfield, MA: Merriam-Webster Inc..

Weinstein, C. S. (1979). The physical environment of the school: A review of the research. *Review of Educational Research, 49* (4), 577-610.

Wolfe, M. (1986). *Institutional settings and children's lives: An historical, developmental and environmental perspective on educational facilities*. Jerusalem, Israel: The Edusystems 2000 International Congress on Educational Facilities, Values & Contents. (ERIC Document Reproduction Service No. ED 33 282 339)

Yee, R. (2005). *Educational environments* (No. 2). New York: Visual Reference Publications Inc.

Ziegler, S., & Andrews, H. F. (1987). Children and built environments. In R. B. Bechtel, R. W. Marans, & W. Michelson (Eds.), *Methods in environmental and behavioral research* (pp.301-336). New York: Van Nostrand Reinhold Company Inc.

索引

國家圖書館出版品預行編目資料

臺灣的學校建築／湯志民著.
--二版.—臺北市：五南, 2005 [民94]
面；　公分
參考書目：面
含索引
ISBN 978-957-11-4172-5（平裝）

1.學校建築
527　　　　　　94022221

1IKY

臺灣的學校建築

作　　者－湯志民(433.1)

發 行 人－楊榮川

總 編 輯－王翠華

主　　編－陳念祖

文字編輯－雅典編輯排版工作室

責任編輯－石曉蓉

出 版 者－五南圖書出版股份有限公司

地　　址：106台北市大安區和平東路二段339號4樓

電　　話：(02)2705-5066　傳　　真：(02)2706-6100

網　　址：http://www.wunan.com.tw

電子郵件：wunan@wunan.com.tw

劃撥帳號：01068953

戶　　名：五南圖書出版股份有限公司

台中市駐區辦公室/台中市中區中山路6號

電　　話：(04)2223-0891　傳　　真：(04)2223-3549

高雄市駐區辦公室/高雄市新興區中山一路290號

電　　話：(07)2358-702　傳　　真：(07)2350-236

法律顧問　林勝安律師事務所　林勝安律師

出版日期　2002年10月初版一刷
　　　　　2006年 1 月二版一刷
　　　　　2014年 3 月二版三刷

定　　價　新臺幣780元